Hans J. Rokohl

# Ohne Ufer, keine See

## Kreuzfahrtgeschichten Tag für Tag

Bibliografische Information der Deutschen Nationalbibliothek: Die Deutsche Nationalbibliothek verzeichnet diese Publikation in der Deutschen Nationalbibliografie; detaillierte bibliografische Daten sind im Internet über dnb.dnb.de abrufbar.

Verlag: BoD · Books on Demand GmbH, In de Tarpen 42, 22848 Norderstedt, bod@bod.de

Druck: Libri Plureos GmbH, Friedensallee 273, 22763 Hamburg

ISBN: 978-3-7693-2095-4

## Inhaltverzeichnis

**Fünfter Band**

**Das Neueste**

# Vorwort

Beschreibungen von Kreuzfahrten ufern schnell in langweiligen Reiseberichte aus. Und damit sind wir erstens beim Thema Wasser, denn ohne Ufer kein Meer, und zweitens sollte es nicht langweilig werden. Über Kreuzfahrten kann man Tagebuch führen, seine Lieben auf dem Laufenden halten, Blogs schreiben, kleine Berichte zum Nachlesen verfassen und was weiß ich noch alles. Tatsächlich habe ich das alles ausprobiert und dokumentiert, Törns durchnummeriert in Ordnern. Am Material sollte es nicht scheitern.

Ich habe mich gefragt, was könnte interessant sein, über die Kreuzfahrten eines älteren Ehepaares zu lesen, und bin zu dem Schluss gekommen, darüber zu schreiben, wie sie damit umgegangen sind. Mit der An- und Abreise, mit dem Leben auf dem Schiff, mit den Ausflügen an die Reiseziele, was haben sie davon mitgenommen. Diese Sequenz findet sich in meinen Geschichten wieder.

Im ersten Band waren es vier Kreuzfahrten, die wir von September 2004 bis April 2008 gemacht haben, alle von Europa nach Amerika und zurück. Einige Eindrücke habe ich illustriert.

Der zweite Band enthält Kreuzfahrten, die wir von August 2009 bis Oktober 2012 gebucht haben. Es waren wieder vier und man könnte sie mit drei Mal in den Norden und ein Mal in den Süden betiteln. Hier habe ich vielfach Blogs verwendet, die ich auf der Reiseplattform Tripadvisor veröffentlicht habe. Bei den beschriebenen Kreuzfahrten geht der Blick in verschiedene Richtungen: ein paar interessante Städte mit einer Kreuzfahrt verbinden, ein interessantes Land besuchen oder gleich mehrere, oder zur passenden Jahreszeit die passende Kabine buchen und es sich gut gehen lassen. Sicher auch eine Kombination von allem.

Die Kreuzfahrten, die ich im dritten Band beschreibe, haben wir zwischen April 2013 und August 2017 gemacht. Es waren wieder vier, und wenn man ihnen einen Titel geben wollte, dann wäre „Wieder Amerika, aber diesmal ganz anders" angebracht. So viel sei schon verraten, es war eine Zugfahrt dabei, etwas im wahrsten Sinne des Wortes Vergnügliches, wenn auch nicht für alle, und es ist etwas Unerwartetes passiert. Dann wird es spannend.

Die in diesem Band beschriebenen Fahrten sind Beispiele dafür, was man vorher oder nachher machen kann. Einiges davon habe ich schon in den früheren Bänden erwähnt, aber diesmal explizit. Sei es die Zugfahrt von NYC nach New Orleans, der Besuch von Las Vegas, die Stadt am Rio de la Plata entdecken oder eine Rundreise durch die USA mit den Niagarafällen. Also eine Reise mit einer Kreuzfahrt kombinieren. Eigentlich nichts Neues, unsere erste Kreuzfahrt hatten wir auch so gebucht

Im vierten Band beschreibe ich unsere Kreuzfahrten in den Jahren 2019 und 2020. Diesmal sind neben drei Hochseekreuzfahrten auch zwei Flusskreuzfahrten dabei, zählt man diese zur Hälfte mit, sind es wieder die üblichen vier. Dem Ganzen eine Überschrift zu geben, fällt schwer, wenn man nach Gemeinsamkeiten sucht. So bleibt nur das Gemeinsame, wie „Zwei Flüsse mit besonderen Zielen" und „Ganz weit weg und nicht Amerika". Was „Heia Safari" bedeutet und warum in einer bestimmten Stadt so viel Aufhebens um Frösche gemacht wird, verrate ich an entsprechender Stelle.

Neu ist die Beschreibung von zwei Flusskreuzfahrten, die nicht zu den üblichen auf Rhein und Donau gehören und auch nicht die billigsten sind. Bei fast jeder Kreuzfahrt haben wir etwas „angehängt" oder von vornherein eingeplant. In diesem Band sind das Aufenthalte in Paris, Porto und Singapur. Die Kreuzfahrt von Südafrika zurück nach Europa ist eher ein Anhängsel, wenn auch ein langes. Hier stand der Besuch der Naturparks im Vordergrund. Die Rückreise erfolgt in der Regel mit dem Flugzeug. Wenn man, wie wir, mit einer anderen Reederei als der gewohnten fährt, kommt ein besonderer Aspekt hinzu.

Zwischen 2020 und 2023 haben wir fünf Kreuzfahrten gemacht. Diese werden im fünften Band beschrieben. Diesmal sind es alles Hochseekreuzfahrten, aber sehr unterschiedlicher Art und in vielerlei Hinsicht. Das betrifft die Fahrtgebiete, die Schiffe und die Reedereien. Es ist schwierig, eine Überschrift zu geben, da es wenig Gemeinsamkeiten gibt. Wir waren auf Schiffen von zwei deutschen Reedereien, um zu sehen, wie es dort läuft, und auf zwei Schiffen unserer geliebten amerikanischen Reederei im Premiumsegment und einem im Luxussegment. Bleibt nur noch die alte Seemannsweisheit „eine Handbreit Wasser unterm Kiel" zu ergänzen mit „- aber was oben drauf ist, ist ganz anders".

Was war wichtig bei diesen Fahrten? Was hat uns motiviert, sie zu machen? Bei „Mit Phoenix an die Küsten Europas" interessierten uns die Gepflogenheiten auf deutschen Schiffen und natürlich die Reiseziele. Zumal wir mit dem Auto an- und abreisen konnten und es für meinen runden Geburtstag 500 Euro Rabatt gab. Die zweite deutsche Kreuzfahrt buchten wir nach dem Motto „Weil das Gute so nah liegt". gebucht. Attraktives Ziel war der Nord-Ostsee-Kanal. Die Mittelmeerkreuzfahrt haben wir auf einem innovativen Schiff von Celebrity

Cruises gemacht, mit dem Fazit, dass man sich daran gewöhnen kann. Warum es dann in die Karibik gehen musste, darüber berichten wir an entsprechender Stelle. Bei der letzten Kreuzfahrt in diesem Band wird über den Stand der Technik in diesem Bereich berichtet. Und da gibt es viel Neues.

Man könnte unter der Überschritt „Das Neueste" den neuesten Trend verstehen. Aber ich meine einfach die letzten beiden Kreuzfahrten. Die eine ging ins östliche Mittelmeer und ich habe sie "Griechische Inseln, aber kein griechischer Wein" genannt. Und wir mussten uns viel Mühe geben, diese durchzustehen, besonders das Drumherum kann einem diese Art von Reisen verleiden. Die andere und bisher letzte war vor Weihnachten. Diese Flusskreuzfahrt war gut, um die Woche vor Weihnachten mal anders zu verbringen. Wir haben viele schöne Weihnachtsmärkte gesehen und auch Städte, die wir noch nicht kannten. Passau, Wien, Bratislava und Budapest mit ihren Weihnachtsmärkten waren dabei.

Vielleicht sehen Sie mich auf einem Kreuzfahrtschiff sitzen und schreiben. Ganz hinten in der Lounge. Da habe ich meine Ruhe. Eigentlich schreibe da nicht so richtig, das kommt später. Ich mache mir Notizen, vielleicht schon kleine Beiträge. Worüber wohl?

## So fing alles an – unsere erste Kreuzfahrt

Wer kennt es nicht, das bekannte Lied der Bläck Fööss, das meist im Karneval stimmungsvoll gesungen wird: Unser Stammbaum. Die 1. Strophe endet mit ...su fing alles aan und dann heißt es im Refrain ... do sin mer all he hinjekumme... Verlassen wir das Kölsch und auch Kölle, aber bleiben wir beim Text.

Nun, wie hat das mit dem Kreuzfahren angefangen? Aufmerksam wurden wir durch ein Reiseangebot in der Fachzeitschrift meiner Frau. Dort bot ein bekanntes Bonner Reisebüro eine Gruppenreise zum Indian Summer in den Neuenglandstaaten an, inklusive einer Atlantikkreuzfahrt und zu einem moderaten Preis. Da dachten wir uns, das wäre doch was für uns und haben gebucht: Kreuzfahrt, Busrundreise, Hin- und Rückflug.

Was uns jetzt noch fehlte, war die passende Ausstattung, festliche Kleidung und Koffer, in die alles hineinpasst. Im Kopf hatten wir die schicken Herrschaften auf den Ozeanriesen. Gegen die heutigen Kreuzfahrtschiffe würden sie wie kleine Zubringerschiffe wirken. Selbst der Schnelldampfer Deutschland war nur 200 Meter lang, erreichte aber 45 km/h, wie unser Schiff, die Jewel of the Seas der Reederei Royal Carribian mit ihren 300 Metern. Und das war vor 100 Jahren.

Zurück zur Kleidung. Meine Frau ließ sich ein Abendkleid schneidern, ich kaufte mir einen Smoking und ein Dinnerjacket von der Stange. Das war, wie sich später herausstellte, etwas übertrieben, brachte aber meiner Frau Eleonore Komplimente und mir Verwechslungen mit dem Personal ein, Stichwort Oberkellner.

Nun zur Kreuzfahrt: Das Schiff kam von einer Ostseereise und legte in Harwich an, einem kleinen Nest an der Nordseeküste von Kent. Über Le Havre, Plymouth und Cork ging es in den Atlantik, dann fünf Tage über den großen Teich. Über Portland in Main erreichte es die Neue Welt und machte in Boston endgültig fest. Von dort ging es in den Indian Summer.

Von unserer Kreuzfahrt berichte ich meist in Form von Tagebuchnotizen, die ich an unsere Töchter gerichtet habe. Von der Rundreise im Indian Summer streife ich kurz die Highlights.

## Bis Harwich, England

*Liebe Töchter,*

*um 4.30 Uhr ging es los, der Taxifahrer war pünktlich. Beim Einchecken in Köln-Bonn gab es Stau, eine Gruppe Osteuropäer hielt uns auf, die Formalitäten dauerten. Vor dem Abflug nach Frankfurt haben wir unseren Reiseleiter Herrn H. abgeholt. Netter Mann, war noch etwas müde. In Frankfurt sind wir durch tausend Gänge zum Abflug nach London gekommen. Am schönsten war der Sonnenaufgang auf dem Rollfeld.*

*Weiter nach London mit Blick auf die Eifelmare, Brüssel, die Küstenlinie um Ostende, alles schön von oben zu sehen, also gutes Wetter. Über London-Heathrow wurde gewartet, in Schleifen, war eigentlich gut so, man konnte den Tower of London und die Themse sehen. Endlich gelandet, haben wir auf den zweiten Teil der Gruppe gewartet. Die kam dann nach 2 Stunden. Endlich waren alle im Bus und es ging nach Harwich, wieder 2 Stunden, einmal um London herum.*

*Das Schiff war schon von weitem zu sehen, sozusagen das einzige Hochhaus in dem kleinen Städtchen an der Nordsee. An Bord eine schöne Außenkabine bekommen, groß, Doppelbett. Dann gleich die Rettungsübung, Modellstation V17, na super. Um 18 Uhr gab es Abendessen, alle strömten ins Hauptrestaurant. Die Stimmung am Tisch war gedämpft, einige hatten ihre Koffer noch nicht.*

*Danach gab es eine Begrüßungsshow. Es waren viele Amerikaner da. Der folgende Witz war auch für sie bestimmt. Die Leute aus Harwich wunderten sich: „Seht mal die Reichen auf dem Schiff, die stehen da mit ihren Schwimmwesten und müssen noch schwimmen üben." Was haben die Amerikaner gelacht. Na ja, die Jewel of the Seas ist riesig.*

*Euer Papa*                                    *Harwich, den  01.09.2004*

## Le Havre, Frankreich

*Liebe Kinder,*

*am Morgen in Le Havre angekommen, sieht nach schönem Wetter aus. Also ist Landausflug angesagt. In Le Havre waren wir alle schon mal, mit der Fähre nach Irland.*

*Also mit dem Shuttle-Bus in die Stadt, Mama will nach Rouen. Das ist eine Stunde mit dem Zug. Wir sind zum Bahnhof gelaufen und haben den Zug verpasst, der nächste kam in einer Stunde.*

*Um 12 Uhr waren wir dann in Rouen, ist eine schöne Stadt (alles aus dem 15. Jahrhundert und älter), altes Fachwerk und eine sehr große Kathedrale, vergleichbar mit dem Kölner Dom. Aber zuerst haben wir zu Mittag gegessen. Elsässisches Restaurant, komplettes Menü im Freien, war gut, dazu Bier aus Belgien, Gremberger.*

*Dann den Dom besichtigt, riesige Gotik. Hier liegt Richard Löwenherz begraben, allerdings ohne Herz, und all die anderen Herzöge der Normandie. Auf dem Rückweg zum Bahnhof sind wir über den alten Markt gelaufen. Mama kaufte ein Kilo Renekloden, so hatten wir drei Tage lang frisches Obst.*

*Zurück zum Schiff. Abends Film, 4 Hochzeiten und ein Todesfall. Immer wieder schön anzusehen. Danach auf der Suche nach einem ruhigen Plätzchen noch ein paar Leute aus der Reisegruppe getroffen. Plaudern über den Tag. Noch ein Bierchen, nach dem Gremberger, schreckliches Zeug, dann ab ins Bett, es war schon Mitternacht.*

*Euer Papa*                                    *Le Havre, den 02.09.2004*

## Plymouth, England

*Liebe Töchter,*

*von Frankreich ging es zurück nach England, nach Plymouth in der Grafschaft Devon. Das große Schiff musste vor der Stadt ankern, also erst ins Tenderboot und dann mit dem Doppeldeckerbus in die Stadt.*

*Wir alle waren schon einmal in Plymouth, wisst ihr noch? Das ist die Stadt mit Sir Francis Drake, den Pilgervätern und dem Blitz (Luftangriff der deutschen Luftwaffe).*

*Mama will ins Museum, untergebracht in alten Kaufmannshäusern aus dem 16. Jahrhundert, also ins Heimatmuseum mit einem schönen elisabethanischen Garten. Jetzt das Highlight: Plymouth Gin, Brennereibesichtigung mit Führung und Verkostung. Anschließend Happy Hour (ein Drink gratis). Im Hafenviertel gab es dann Fish & Chips, eine große Portion für uns beide, fettig, aber gut.*

*Über die Zitadelle und The Hoe (Hügel mit schönem Aussicht auf den Hafen) zurück zum Schiff, Bus-Shuttle, Tenderboot, es hat gedauert.*

*Der Kapitän gab einen Empfang, Mama im langen Kleid, ich im Dinnerjacket. Haben Capt. James MacDonald die Hand geschüttelt und es wurde fotografiert. War alles ganz locker. Dann zum Dinner, diesmal kannten wir uns schon besser. Beim Plaudern mit Gin-Tonic habe ich viel über die Destillerie erzählt. So ging der Tag mit mehr zu Ende. Morgen sind wir in Irland.*

*Euer Papa*                                         *Plymouth, den 03.09.2004*


## Cork, Irland

*Liebe Solveig, liebe Louise,*

*wir sind heute in Cork, Irland angekommen, naja, nicht ganz, denn wir müssen noch 20 km in die Stadt hineinfahren. Cork ist nichts Besonderes, erinnert ihr euch noch an Dublin? Alles ziemlich laut, aber das Telefonieren nach Deutschland hat doch geklappt, oder?*

*Wir sind durch die Stadt gelaufen. Mama musste in eine katholische Kirche, evangelische gab's eh keine. Also mit allem Drum und Dran: Weihwasser, Bekreuzigung, Kniefall vor dem Altar und eine Kerze für die Oma mütterlicherseits.*

*Danach sind wir in eine Teestube gegangen. Dort gab es frische Scones, sehr lecker. Dann sind wir rechtzeitig mit dem Shuttlebus zurück zum Schiff gefahren, haben uns auf die Liegestühle gelegt und ein Nickerchen gemacht.*

*Um 16 Uhr gab es ein kleines Konzert von den Studenten der Musikhochschule: The Irish Fiddlers - 8 Leute mit Klavierbegleitung. Das war sehr schön, Mama hat verschlafen.*

*Nach dem Abendessen sind wir mit ein paar Leuten vom Tisch ins Theater gegangen. Es gab The Best of Broadway, eine Tanzshow. Danach ein paar Gin Tonic, da lernt man sich besser kennen, Lehrer, Juristen, Geographen, trotzdem alle nett. Mama blieb bis zum Mitternachtsbuffet.*

*Jetzt geht's über den großen Teich.*

*Euer Papa*                                                    *Cork, den 04.09.2004*

## Fünf Tage Atlantik, westwärts

### Sonntag, 05.09.2004 - auf See...

In der Nacht war einiges los, das Schiff hatte gewendet, um einen Notfall zu versorgen. Das Boot der Küstenwache hatten wir von der Kajüte aus gesehen. Um 6 Uhr morgens hatte sich ein Besatzungsmitglied das Genick gebrochen, ein Todesfall. Der Kapitän hat uns später darüber informiert.

Am Vormittag sind wir beide spazieren gegangen, haben uns das Sonntagskonzert angehört und waren im Restaurant essen. Nachmittags war ich in der Muckibude, Programm durchgezogen. Frau Eleonore ist später ins Kino gegangen. Um 18 Uhr Abendessen. Die Stimmung war locker, sogar unser Neurotiker taute etwas auf. Italienischer Abend war angesagt, Pasta mit Scampi plus Tiramisu. Alle Kellner mussten „O sole mio" singen, das konnten sie gut.

### Montag, 06.09.2004 - auf See...

Es wurde spät. Wir sind erst um 9 Uhr aufgestanden, haben gefrühstückt und sind dann drei Runden auf dem Oberdeck gelaufen. Jetzt sind wir auf halber Strecke von Land zu Land, 1.600 sm von Irland und die gleiche Strecke noch einmal bis Portland, Maine. Die See ist rau, bis zu 9 Beaufort, es pfeift an allen Ecken und Enden. So ist der Nordatlantik.

Nettes Mittagessen mit anderen Deutschen, kommen aus Hamburg. Nachmittags Bilderauktion, keine Bilder, die uns gefallen, eben Gebrauchskunst, amerikanisch hässlich. Habe Mittagsschläfchen gemacht, die Ehefrau besuchte die Schmuckausstellung, wo es passenden Ohrringe gab, je drei Steine Topas, Opal und Diamant. Ziemlich teuer, immerhin 750 Dollar. Mal sehen, was daraus wird.

Vor dem Abendessen gab es noch einen leckeren Martini-Cocktail, super teuer, Frau Eleonore war schon halb weg. Stimmung beim Dinner war ok, eine nette Dame mit ihrer Nichte kam dazu. Aufbruch zur Abendvorstellung: „Tango Argentina", wunderschön anzusehen, mehr Authentizität hätte professioneller gewirkt.

Danach wollte Herr T. vom Tisch spielen, also ab ins Casino. Ich habe Moonraker gespielt, das mit Münzenschieben, 10 $ verloren, Roulette wäre besser gewesen. Später noch mit den Tischnachbarn gequatscht, haben eine größere Eigentumswohnung in Lindenthal. Dann kam das Gespräch auf unsere evangelische Gemeinde, ich konnte mit interessanten Details aufwarten. Dann war es Mitternacht, die Uhr eine Stunde zurückstellen.

**Dienstag, *07.09.2004 - auf See...***

Heute hatten wir einen ziemlich faulen Tag. Die Frau war schon früh morgens zum Stetching, ohne Frühstück, unglaublich. Dann Frühstück und dann 3 Runden auf dem Oberdeck (1,5 km). Dann ist die Ehefrau abgehauen, zu irgendeiner Veranstaltung. Ich glaube, sie hat sich die Diamanten angesehen. Danach geduscht und halbförmlich angezogen. Die Gattin war total schick anzusehen.

Netter Abend bei Tisch. Unser Neurotiker erzählte von seiner Kindheit, aufgewachsen im Internat Herrenhuther bei Stuttgart, kein Wunder, dass er so geworden ist. Mit der Angetrauten an die Bar, Rum-Cocktail, sehr lecker. Die anderen aus der Gruppe haben wir beim Geigenkonzert kennengelernt. Das war ein schönes Konzert. Dann haben wir nach den Ohrclips gesucht, der Laden war Gott sei Dank schon zu. Absacker an der Bar, erzählten von unseren Karnevalsaktivitäten.

**Mittwoch, *08.09.2004 - auf See...***

Heute war viel los. Wir haben das Ehepaar T. mit einem amerikanischen Ehepaar Shuffleboard spielen lassen. Männer gegen Frauen. Die Frauen gewannen mit 8 zu 7. Alles mit großem Hallo.

Mittags den Chefkoch, einen Deutschen, wegen der zu scharfen Kartoffelecken angemacht. Früher hätte man so einen Koch über Bord geworfen. Naja, o.k.

saßen mit Amerikanern am Tisch, ließen immer die Hälfte auf dem Teller, schlechte Sitte. Dann Mittagsruhe, dann Muckibude.

Abends ging es dann richtig los, mit einer Art Captains Dinner. Die Frau Eleeonore in Maßkleidung, ich hatte die richtige Farbe als Schleife. Es gab Hummer plus zweimal Dessert für die Ehefrau. Zum Glück hatte Doris (Damenschneidermeisterin) auf Zuwachs genäht. Dann ab ins Theater: Die drei keltischen Tenöre. War schön anzuhören.

Später spielte die Bordkapelle in der Safari-Bar zum Tanz auf. Vorher noch ein Gruppenfoto, alle im feinen Zwirn. Mal sehen, wie die Bilder geworden sind. Tanzen musste auch die Ehefrau, hatte erst keine Lust, aber nach ein paar Cocktails ging es besser. Höhepunkt des Abends war das Mitternachtsbuffet, mit großen Skulpturen auf Eis, beleuchtet.

Morgen fahren wir in Küstennähe. Mit etwas Glück können wir dann Wale beobachten.

### Donnerstag, 09.09.2004 - auf See…

Nach dem Frühstück spielten wir wieder Shuffleboard oben auf dem Achterdeck. Das Ehepaar T. kam dazu und dann ging es los. Frauen gegen Männer, wir Männer haben haushoch gewonnen (41:6). Aber es hat allen Spaß gemacht.

Dann hat der Kapitän durchgesagt, dass Walle in Sicht sind, den ganzen Vormittag haben wir sie beobachten können, eigentlich sieht man nur die Atemfontäne.

Mittagessen: Wir saßen mit Leuten aus Baden-Württemberg zusammen. Die wohnen auf dem Land, irgendwo bei Heilbronn, und waren froh, mal rauszukommen. Wollten nach Freeport, um Jean von Kevin Klein zu kaufen. Nachmittags Mittagsschläfchen gemacht, die Frau auch. Schwer wieder hochzukriegen. Danach noch eine Runde Minigolf.

Abends gab's was Leckeres zu beißen, die Gattin Ente, ich japanisch (mit Tempura). Nach dem Essen in den Fotoladen, unsere Gruppenfotos finden und bewundern, eins war besonders gelungen. Absacker in der Scooner Bar, wieder ein schöner Abend. Morgen ist Land in Sicht, die Küste von Portland im U.S.-Bundesstaat Maine.

## Portland, Maine

*Liebe Kinder,*

*heute Morgen war Land in Sicht. Um 6.30 Uhr hat die Küstenwache unter unserer Kabine angelegt. Dann sind sie an Bord gekommen. Nach dem Frühstück stand ein Ausflug auf dem Programm. Portland und Umgebung sollte es sein. Was für eine Pleite, die Reiseleiterin sprach so schlecht Deutsch, dass der Reiseleiter einspringen musste. Naja, sie konnte es und er übersetzte.*

*Die Fahrt ging durch Städtchen und dann nach Kennebunkport, bekannt dadurch, dass der ehemalige Präsident Bush dort seinen Sommersitz hat. In Kennebunkport machte der Bus eine Stunde Pause. Wir mussten uns Hummerbrötchen teilen, waren ausgegangen. Hat trotzdem gut geschmeckt.*

*Weiter über die Sommerresidenz des Präsidenten, schönes Anwesen, schöne Lage, dann zurück zum Schiff. Mama in Portland abgesetzt, mich in den Mittagsschlaf getrieben. Dann Besprechung, wie der nächste Tag abläuft. Zollerklärung ausfüllen, Kofferanhänger beschriften, Trinkgelder verteilen, Koffer packen für die Neuenglandtour. Hektik macht sich breit.*

*Morgen geht es nach Boston. Der Freedom Trail soll sehr schön sein.*

*Euer Papa*                            *Portland, den 10.09.2004*


## Boston, Massachusetts

*Liebe Töchter,*

*heute sind wir endlich von Bord gegangen, immer nach den Farben auf den Koffern. Dann hatten wir Boston, Massachusetts unter den Füßen. Ungefähr so groß wie Berlin, aber viel übersichtlicher.*

*Eine mehrstündige Stadtrundfahrt war angesagt: J.F.K. Library, imposant mit Blick auf die Sky Line, lebender Hummer, vom Guide aus einem Laden geholt (und wieder zurückgebracht), Riesenvieh, Kriegsschiff von 1797, die „Constitution" segelt immer noch, Nationalerbe, Innenstadt mit seltsamer Kirche, Satehouse, M.I.T. und Havard University, Old und New Yard. Erstsemestereinschreibung, wenn man (die Eltern) $40.000 im Jahr und noch andere Qualifikationen hat. Quincy Market, alle raus, in die Fressmeile. Zwei Bier für 10 Dollar.*

*Dann ins Hilton Hotel, aber nichts Besonderes. Endlich Siesta, Mama auch, war platt und hatte danach keine Lust mehr. Aber der Stadtteil Back Bay ist beliebt, da mussten wir hin, boulevardähnlich, junge Leute, alle top gestylt. Aber nicht für Mama, siehe oben - lustlos. Kompromiss: Rein in die Prudential Arkaden, riesiges Einkaufszentrum im zweithöchsten Gebäude Bostons, 52 Stockwerke. Auf Empfehlung zum Hummeressen angemeldet. Das Lokal heißt Legal Sea Food, eine Dreiviertelstunde gewartet, und dann piepte es. Ausgerechnet im 52. Stock. Ich war in Erklärungsnot wegen der Sicherheit.*

*Nun zum Hummeressen, Mama hatte eine Ahnung, wie man dem Tier zu Leibe rückt, ich nicht. Eine nette junge Kellnerin hat das für mich gemacht, die hatte Routine. Hat auch ein gutes Trinkgeld bekommen, 20 Dollar. Der Abend war sehr schön, jetzt ab ins Hotel.*

*Übrigens, der 11. September ist in den U.S.A. ein Gedenktag wegen Ground Zero. Deshalb gab es am Morgen auch eine Schweigeminute. Beschäftigt die Amerikaner doch sehr, hat man gemerkt.*

*Morgen geht's aufs Land, in den Indian Summer.*

*Euer Papa*                                                    *Boston, den 11.09.2004*


## Indian Summer

### Sonntag, 12.09.2004

Mit dem Bus nach Plymouth Platation. Das ist die originalgetreue Nachbildung der ersten Siedlung der Pilgerväter. Schauspieler in historischen Kostümen laufen herum wie damals, sprechen auch altes Englisch. Weiter geht's zur Mayflower, liegt zwei Meilen weiter an der Küste. Ich habe noch etwas vergessen. In der Siedlung leben auch Indianer, auch Schauspieler, aber echte „Wilde". Die Mayflower, ein Nachbau, ist in 55 Tagen von Plymouth herübergesegelt. Man kann auf das Schiff steigen, es muss sehr eng gewesen sein, für 100 Leute.

Weiter nach Cap Cod, wo die Kennedy's gewohnt haben. Das Anwesen kann man nicht einsehen, aber es liegt sehr schön am Meer - Segelrevier. Dann nach Newport, Rhode Island. Auf dem Weg dorthin wurden wir auf große ausgemusterte Kriegsschiffe aufmerksam gemacht, hier war früher eine große Werftindustrie.

Erster Band

**Montag, 13.09.2004**

Heute nur eine kleine Bustour zu den Villen, die hier in der Gegend herumstehen. Sie wurden um 1900 von Industriebaronen wie den Vanderbilts gebaut. Die hatten ein Vermögen von, auf heute gerechnet, 100 Milliarden Dollar. Haben in Eisenbahnen und Dampfschiffe investiert. Das Cottage, oder besser das Schloss, haben wir besichtigt, groß, reich und geschmacklos.

Ansonsten haben wir es uns gut gehen lassen. Nach langer Zeit mal wieder im Pool geschwommen, uns zum Hummeressen verabredet, konnten das Tier nun selbst zerlegen, dann noch eine Single Whisky Tour mit dem Ehepaar K. gemacht.

**Dienstag, 14.09.2004**

Einsteigen in den Bus und ab an die Küste nach Providence, der Hauptstadt von Rhode Island. Wir besuchten die älteste Baptistenkirche, kein Kreuz, aber viele Stars and Stripes vor dem Eingang. Dann zum State House, viel zu groß für den kleinsten Staat der U.S.A. Kuriosität: vor dem Gebäude ein Wasserpark, Klein-Venedig mit Gondeln (alle automatisch angetrieben).

Über die Grenze nach New Hampshire, Richtung White Mountains. Halt in Lexington, berühmter Ort im Unabhängigkeitskrieg, kurz nach der Boston Tea Party. Pit bei Bunker Hill, 700 Rotröcke gegen 70 Kolonisten, die berühmten Minutemen. Auf dem Rückweg eine große Brauerei besucht, interessant waren die riesigen Brauereipferde, die Shirehorses. Das Bier eher nicht, in Deutschland gibt es besseres. Morgen geht's in die Berge.

**Mittwoch, 15.09.2004**

Diesmal ging es in die Hauptstadt von New Hampshire, ein kleines Nest namens Concord, aber mit einem großen Capitol mit goldener Kuppel. Drinnen ist viel aus dem Bürgerkrieg ausgestellt, Waffen, Uniformen, Regimentsfahnen, ein Bild von einem, der in Gettysburg gefallen ist. Weiter in die Berge, die hier White Mountains heißen und eine Mischung aus Mittelgebirge und Alpen sind, oft mit Laubwäldern im beginnenden Indian Summer. Vorbei am Lake Winnipesaukee, der Name stammt von einem alten Indianerstamm. Der See ist ziemlich groß, ein alter Dampfer fährt darauf, die Washington.

Weiter in die Berge über einen Pass, schon über 1.000 m hoch. Dazwischen eine Brücke besichtigt, die wie alle hier ein Dach hat, damit sie länger hält. Erinnert an den Film Sleeping Hollow. Dann hat der Bus das Bergdorf Lincoln erreicht.

Mitten durch den Ort rauscht ein Fluss. Noch höher liegt das Hotel The Mountain Club on Loon, von dem aus alle Gondeln und Skilifte starten. Wir sind mit der Gondel, die extra für uns in Betrieb genommen wurde, auf den Gipfel gefahren. Herrliche Aussicht auf den Altweibersommer, sprich Indian Summer. Ein erhebendes Erlebnis.

### Donnerstag, 16.09.2004

Heute durchqueren wir die White Mountains mit ihren Sehenswürdigkeiten. Erste Station: Das Franconia Valley, hier Notch genannt, weil es eine Gletscherschlucht ist. In der Schlucht (Gorge) mit Rundweg ging es auf und ab, zwei Meilen mit Wasserfall, Poole und den typischen überdachten Brücken. Alles sehr schön. Zweite Station: Brettenwoods, ein ganz wichtiger Ort. Hier fand 1944, also mitten im Krieg, die Weltwährungskonferenz statt. Stichwort Goldparität. Der Ort besteht aus einem großen Hotel. Ich war drinnen.

Dritte Station: White Mountains, mit der Zahnradbahn auf den Mt. Washington. Dauerte eine gute Stunde, mit 7 Meilen pro Stunde, mehr schaffte die alte Dampflok nicht. Oben angekommen und keine Sicht, der Gipfel lag in den Wolken. Vierte Station: Einkaufen im Supermarkt fürs Abendessen, Salami in oz. Dann in der Ferienwohnung Pizza plus Rotwein. An der Bar in lustiger Runde Gin-Tonic. Morgen geht's zu den Hexen nach Salem und abends in den Flieger.

### Freitag, 17.09.2004

Heute ist der letzte Tag in Amerika, also Koffer gepackt, gefrühstückt und ab in den Bus, runter von den Bergen, rauf auf den Ocean Drive New Hampshire, weiter nach Rockport, einem Künstlerdorf, dort einkaufen und zu Mittag gegessen (Clam Chouder = helle Muschelsuppe). Rockport liegt schön am Meer, ist aber eine Dry Town, man bekommt dort nichts mit Alkohol. Nachmittags nach Salem, die Hexenstadt. Sind aber nicht ins Hexenmuseum gegangen, alles Kitsch. Tatsache ist, dass Anfang des 18. Jahrunderts neunzehn Frauen gehängt und ein Mann gesteinigt wurden. Schlimme Sache.

Nun waren wir schon halb in Boston. Chris, der Busfahrer, hat sein Trinkgeld bekommen, ist auch super gefahren. Kurz vor Einbruch der Dunkelheit hatten wir noch einen schönen Ausblick auf den Atlantik. Dort haben wir eine Frau getroffen, die vor über 50 Jahren aus Deutschland ausgewandert ist. Sie erzählte von ihren Erlebnissen in der neuen Welt, es ist nicht alles Gold was glänzt.

Auf dem Logan Airport dauerte es lange, bis wir durch waren. Außerdem war die Maschine überbucht. Bis zum Abflug noch ein paar Amber Ale. Fröhlich auf den Langstreckenflug.

**Wieder im Lande, und wie war´s?**

*Liebe Kinder,*

*wir sind hundemüde in Frankfurt angekommen. Ich sitze hier und schreibe diese Zeilen. Mama liegt vor mir auf den Sitzen und schläft. In 2 Stunden fliegen wir weiter und hoffen, dass wir heil und mit Koffern ankommen. Ich werde jetzt telefonieren, vielleicht ist jemand zu Hause.*

*Kurzes Resümee: Wir hatten vor allem schönes Wetter. Die Atlantiküberquerung war schon was. Nur die Kreuzfahrt alleine wäre langweilig gewesen. Boston muss man gesehen haben. Die New England Tour war gut organisiert und interessant. Die Mitreisenden waren bis auf den Neurotiker sehr nett. Vielleicht machen wir in zwei Jahren wieder eine große Reise.*

*Euer Papa*                 *Frankfurt am Main, den 18.09.2004*

## Transatlantisches

Unter Transatlantik versteht man im Allgemeinen die Überfahrt von Europa in die Vereinigten Staaten von Nordamerika und umgekehrt. Wir haben es auf unserer zweiten Kreuzfahrt umgekehrt gemacht. Wir sind nach Miami geflogen, haben uns etwas aufgewärmt, die Bermudas und die Azoren besucht und sind schließlich in Lissabon angekommen. Wir haben uns nett verabschiedet und sind in Köln aus dem Flugzeug gestiegen.

Und noch etwas haben wir anders gemacht. Wir haben nicht alles über ein Reisebüro gebucht, sondern selbst Hand angelegt, also die Flugtickets besorgt und die Zimmer in den Hotels selbst reserviert. Nur die Kreuzfahrt haben wir über eine Kreuzfahrtagentur gebucht, da gibt es immer einen kleinen Bonus.

Und es eröffnet sich Optimierungspotenzial, wie Abflüge zu christlichen Zeiten, Zimmer nach eigenen Wünschen, Kabinenkategorie und -auswahl. Nur wird man nicht an der Hand genommen und ein bisschen Englisch sollte man schon können. Wenn man es nicht übertreibt, bleibt der Reisepreis ungefähr gleich. Der ist bei dieser Kreuzfahrt einem besonderen Umstand geschuldet. Die amerikanische Reederei verlegt ihre Schiffe im Sommer in die Karibik und im Winter ins Mittelmeer. Diese Überführungsfahrten bieten sie zu Preisen an, die unter denen eines Flugtickets für die gleiche Strecke liegen.

Nur einen Haken hat die Sache: Man muss Zeit mitbringen, wenn das Schiff nicht das Blaue Band gewinnen will, braucht es schon zehn Tage. Aber man wird umsorgt, bekommt leckeres Essen, wird unterhalten, kann Sport treiben und sich auch sonst amüsieren. Zum Beispiel in Bars und Casinos abhängen, andere Leute auf den Geist gehen und sich über die obligatorischen Trinkgelder ärgern, wenn etwas nicht klappt.

Das Schiff war die Legend of the Seas: Baujahr 1995, BRZ 69.130, Länge 240,20 m, Kabinen 900, Besatzung 720, Reederei Royal Caribbean International, Vision-Klasse, Vmax. 44 km/h)

### Bis Miami Beach

*Liebe Töchter,*

*um 18 Uhr ging es los, mit allem was wir hatten. Gerade noch rechtzeitig erreichten wir den Regio zum Flughafen Düsseldorf. Der Sky-Train brachte uns zum International und der Flieger startete pünktlich. Zehn Stunden später waren wir wieder international, in Miami, Florida, USA.*

*Eine gute Stunde standen wir in der Schlange vor der Immigration. Der Immigration Officer war ein netter Typ, ein Foto und zwei elektronische Fingerabdrücke, mit einem Welcome waren wir durch. Das Einreiseformular war auch richtig ausgefüllt. Koffer geholt, rein ins Taxi und für 28 Dollar waren wir im Hotel in Miami Beach.*

*Was macht man da so kurz vor 18 Uhr? Ich wollte mit einem Bierchen abhängen, Mama, schon umgezogen, wollte los - Richtung Art-Deco-District. Nach einer kleinen Diskussion dann doch los, erst immer am Strand entlang, dann durch die Stadt bis zum Bier.*

*Also, ich finde Florida hier ganz nett, alle in Shorts oder Top bei 20 Grad und alles etwas heruntergekommen. Morgen geht's richtig Sightseeing, mit dem Bus C oder S nach Down Town Miami.*

*Euer Papa*             *Miami Beach, den 08.04.2005*


*Liebe Kinder,*

*endlich mal ein anständiges amerikanisches Frühstück mit allem Drum und Dran. Das Hotel ist zwar ein alter Kasten, aber es hat einen schönen altmodischen Speisesaal. Hier kann man gut essen.*

*Gut gestärkt fuhren wir mit dem Bus C (eisgekühlt) in die Innenstadt, für weniger als mit der KVB. An der Fragler Rd. stiegen wir aus. Nur so: Henry Fragler war der Mann, der 1896 die Eisenbahnlinie bis hierher bauen ließ. Die Einkaufsstraße Miamis hinauf bis zum riesigen Gerichtsgebäude sind wir gelaufen, haben hoch zu den Geiern oder Adlern geschaut, die die Spitze umkreisten.*

*Weiter durch Downtown mit dem Metro-Mover zum Market Place Bayside, einspurig und kostenlos. Die Bayside ist ein Komplex von Geschäften und Restaurants. In einem haben wir zu Mittag gegessen. Zurück mit dem Bus, der direkt vor unserem Hotel hielt. Mama ist zum Pool gegangen und ich, na ja, ihr wisst schon, Mittagsschlaf war angesagt.*

*Gegen 6 Uhr hat sich Mama schick gemacht, hohe Absätze. Jetzt doch noch in den Art-Deco-District, in die hippe Lincoln Rd. mit den schönen Läden und der tollen Außengastronomie. Bis zur Biscaybe Bay sind wir gelaufen, von wo man einen schönen Blick auf die Downtown Waterfront hat.*

*Mama hatte schon die ersten Blasen an den Füßen, also einkehren, die Auswahl fiel schwer. Aber die Füße haben sich ausgeruht und als Fang des Tages gab es wohl Rochen, dazu einen Grauburgunder. Das Essen war nobel, der Preis auch, aber was für eine Atmosphäre. Der Bus brachte uns wieder nach Hause. 1-2 Gin Tonic rundeten den schönen Tag ab.*

*Euer Papa                                    Miami Beach, den 09.04.2005*


*Liebe Solveig, liebe Louise,*

*heute müssen wir uns auf den Weg machen, nach Fort Lauderdale zum Schiff. Aber bis dahin haben wir noch viel Zeit.*

*Wir sind früh aufgestanden, haben einen Morgenspaziergang am Strand gemacht und dann erst gefrühstückt: Obst, gebratene Eier, Toast und so weiter. Dann haben wir den Shuttle nach Fort Lauderdale organisiert. Dann ein Spaziergang durch Miami Beach zum Art-Deco-Viertel, keine Lust mehr zu laufen und mit dem Bus zurück zum Hotel. Vorher noch Hot Dogs und French Fries gegessen, weil Mama so hungrig war.*

*Aber jetzt sollte der Shuttlebus kommen. Eine Viertelstunde später rauschte er an uns vorbei und wir standen mit unseren Koffern da. Also ab ins Taxi, das uns zuverlässig zum Hafen von Fort Lauderdale brachte. Vergessen war der kleine Schreck.*

*Die Legend of the Seas ist ein kleineres Schiff und schon etwas älter. Die Kabine ist innen und man muss immer Licht haben. Das Schiff hatte Verspätung, es waren noch nicht alle Vorräte an Bord, aber drei Stunden später ging es los. Es war schön zu sehen, wie das Schiff den Hafen verließ. Es war schon Abend und alles war beleuchtet.*

*Viel spannender war es zu sehen, wer mit uns am Tisch sitzen würde. Einige „Berliner Pflanzen" haben wir schon gesichtet. Aber die waren es nicht, sondern drei amerikanische Paare: ein älteres (wie wir), ein mittleres und ein junges. Alle haben sich freundlich vorgestellt, mit Vornamen und where do you come from und schließlich nice to meet you.*

*Ein Markler aus Las Vegas ist dabei, ein Leutnant von der Coast Guard, zuletzt in Barain stationiert, und Leute aus New York City. Mama hat das meiste abbekommen und wurde vollgesabbelt, Morgen nehmen wir den nächsten Englischkurs.*

*Euer Papa*                                        *Fort Lauderdale, den 10.04.2005*


## Bis Royal Naval Dockyard, Bermudas

Unser nächstes Ziel sind die Bermudas, aber bis dahin ist es noch weit. So hatten wir unseren ersten Tag auf See und wieder zitiere ich aus dem Logbuch:

### Montag, 11.04 2005 - auf See

„...nach dem Frühstück drapierte sich Mama mit Buch und Sonnenöl auf dem Achterdeck und rührte sich bis zum Mittag nicht mehr. Aber - da war ja noch was - unsere Rettungsübung: um 10 Uhr der Musterstation antreten. Einigen Herren mussten wir noch in die Rettungsweste helfen, hätte im Ernstfall wohl nichts gebracht. Jedenfalls, tolles Happening. Danach war Mama schon wieder in der Horizontalen.

Um 15 Uhr wurde Mama munter, Kapitänsempfang war angesagt. Kurz vor 17 Uhr war es dann soweit, Mama in Lang, ich im Dinnerjacket. Kapitän Hakan Lindegren ist Norweger und hat bisher nur mit Containerschiffen zu tun gehabt, muss ein netter Kerl sein, merkt man beim Händeschütteln. Auch der Empfang mit Champagner, Orchester und Tanz war nett, danach Evening Dinner.

Diesmal saßen wir nur zu sechst am Tisch. Jetzt konnten wir uns auch die Namen merken: John und Barbara aus La Vegas, Carmen und Raquel aus ... Der junge Mann hieß tatsächlich Carmen. Zitat von ihm: My parents must have been crazy. Die junge Frau war nicht älter als Solveig.

Zum Schluss eine Unterhaltungsshow, sehr gut gemacht, alles Oldies. Die älteren Damen haben geweint. Nach Beefeater und Bombay Sapphire ins Bett.


*Liebe Louise. Liebe Solveig,*

*ja, was haben wir heute gemacht? Also gefrühstückt und ausgeruht, bis Mittag.*

*Dann wurde es spannend, die Bermudas kamen in Sicht. Um 17 Uhr waren wir da. Eigentlich wollten wir gleich los, mit der Fähre nach Hamilton in die King's Wharp, ein ziemlich kreisrunder Hafen, oben offen zum Atlantik.*

*Na ja, wir haben uns beim Abendessen unterhalten, über Deutschland. Die Amerikaner haben schon komische Vorstellungen davon, aber die Marken Mercedes, BMW und Audi kannten sie ganz genau.*

*Dann sind wir doch noch von Bord gegangen. Wir haben Jules und Mike getroffen, die wollten auch raus. Hatten sich an einen separaten Tisch gesetzt, konnten die anderen Landsleute nicht ertragen. Kommen, anders als wir dachten, aus dem Staat New York, ganz im Norden bei den Niagarafällen.*

*Da die beiden gut zu haben sind, machten wir einen gemeinsamen Spaziergang, landeten in einem netten Pub auf ein paar Bierchen. Was wir in der Scooner Bar mit fröhlichem Liederraten fortsetzten. Da lernt man die merkwürdigsten Leute kennen. Davon morgen mehr.*

*Euer Papa*                                        *Bermudas, den 12.04.2005*

*Liebe Kinder,*

*heute haben wir einen Landausflug mit dem Van-Taxi gemacht. Zu sechst sind wir durch die Bermudas gefahren. Der Taxifahrer hat den Reiseführer gemacht.*

*Alles ist sehr teuer, weil es importiert werden muss. Das einzige, was sie hier haben, ist Kalkstein, damit werden die Häuser gebaut, auch die Dächer sind weiß und der Regen darauf wird in Zisternen aufgefangen, aber die gibt es ziemlich selten. Was es reichlich gibt, sind Golfplätze und schöne Strände mit rosa Sand. Mama bringt eine Handvoll mit.*

*Was man selten sieht, sind die berühmten Bermuda-Shorts, die nur Polizisten und Männer in offiziellen Kleidung. So, nach drei Stunden quer über die Insel hatte ich Hunger, Mama aber immer noch nicht genug. Also nahm sie die Fähre nach Hamilton und ging shoppen.*

*Zurück wollten viele, also wurde eine Sonderfähre eingesetzt, die alle zurück zum Schiff brachte. So konnte das Schiff mit etwas Verspätung ablegen.*

*Abends waren dann alle platt und die Gespräche liefen etwas schleppend, die Themen gingen langsam aus. Wir gingen noch in die Vorstellung. Mama hielt durch, ich nicht. Habe dem Auslaufen des Schiffes zugesehen, wunderschön, so in den Abend hinein, Richtung Azoren. Bis dahin sehen wir drei Tage nur Wasser. Bis Europa sind es noch 2.000 sm, also 3.800 km.*

*Euer Papa*                                                    *Bermudas, den 13.04.2005*


**Vier Tage Atlantik, ostwärts**

*Donnerstag, 14.04 .2005 - auf See...*

Zuerst haben wir verschlafen, weil die Uhr um eine Stunde vorgestellt wurde. Schon 10 Uhr, gefrühstückt und dann ab in die Muckibude, ich gestärkt, die Frau Eleonore etwas schlapp. Dann war es schon Mittag. Diesmal hatten wir Glück, keiner hat uns ausgefragt, wer wir sind und woher wir kommen. Nachmittags ins Kino, ein Thiller - Ocean 12, wir haben nichts verstanden. Naja, bald war es 18 Uhr und Abendessen war angesagt. Zur Abendshow gab es ein Geigenkonzert. Wie die Geigerin hieß, weiß ich nicht mehr, aber neben der Musik hat sie auch eine gute Show gemacht. Ein bisschen was Russisches, was Irisches und zum Schluss das, was man von The Late Night oft he Proms so kennt. Danach die amerikanische Nationalhymne mit Standing Ovations. Noch an der Schooner Bar vorbei.

*Freitag, 15.04 20.05 - auf See...*

Was für ein Tag auf See. Zuerst eine Stunde vor, dann Frühstück, dann Muckibude. An der Rudermaschine kann man so lange rudern, bis man die Regatta gewonnen hat. Ich musste mich ganz schön anstrengen (10 min), dann war ich Erster. Zum Mittagessen gab es Chinesisches, danach Mittagsschlaf, Die Ehefrau hat das Essen verschlafen, kam eine halbe Stunde später. Danach zum Tanzkurs „Samba". Unverständlich für die Gattin. Unsere amerikanischen Freunde waren auch da. War ein Heidenspaß.

Thema des Abends war das Blind Date, das erste Treffen. Komisch, wie die Amerikaner damit umgehen, muss was Besonderes sein, sahen so glücklich aus. Alle saßen noch lange am Tisch. Julius und Maria-Theresa kamen dazu. International die Bedienung, die Kellner von den Philippinen und der Oberkellner aus der Türkei, heißt Hakan, wie unser Kapitän.

Kurz vor 11 Uhr war Rock'n'Roll angesagt. Ich muss wohl am Abend vorher einer Dame einen Tanz versprochen haben. Der wurde jetzt eingefordert und es hat ganz gut geklappt. Morgen gibt es einen Empfang für Wiederholungstäter von der Crown & Anchor Society. Dafür ziehen wir uns fein an.

### Samstag, 16.04 .2005 - auf See...

Heute war ein toller Tag, die Frau hat verschlafen, also um halb 11 gefrühstückt, dann ausgeruht. Maniküre im Spa vereinbart. Zum Mittagessen war es spät, aber danach kein Ausruhen, sondern stramm in die Muckibude. Danach ein Nickerchen, bevor der große Empfang für die Vielreisenden stattfand. Alle Schmuckstücke fanden ihren Platz an der Ehefrau, natürlich auch die neue Halskette plus die dazu passenden neuen Ohrstecker.

Beim Abendessen waren alle gut gelaunt. John hatte es sich nicht nehmen lassen, eine Runde Martini (weißer Wermut mit Wodka und Oliven) zu spendieren. Gerührt, nicht geschüttelt, wie man so sagt. Dann habe ich die ganze Truppe in die Scooner Bar eingeladen. Alle haben erzählt, was sie in Europa machen werden. Carmen und Raquel werden in Lissabon bleiben, bei Verwandten. John und Barbara wollen nach Paris, zum ersten Mal und nur für zwei Tage. Hoffentlich versteht sie dort jemand mit ihrem Amerikanisch. Später großer Abschied, ein gelungener Abend.

### Sontag, 17.04 .2005 - auf See...

Heute stand, um nicht aus der Übung zu kommen, ein Gottesdienst auf dem Programm. Er war gut besucht und angenehm kurz. Die Besucher wurden begrüßt, dann kam „Amazing Grace" im Stehen. Der Pfarrer, eine Frau, hat das ganz gut gemacht, die Predigt hat ihr Mann gehalten. Zum Schluss kam der Segen, Benediktion genannt. Den Segen habe ich auch gebraucht, denn wir haben uns zum Mittagessen an einen Tisch mit zwei alten Frauen gesetzt, denen man nichts recht machen konnte. Die Frau Eleonore wollte schon gehen.

Nachmittags ab in die Muckibude, verstärktes Bodentraining war angesagt, ich war an der Rudermaschine tätig. Das Abendessen war gut, es gab Hummer. Carmen hat einen ausgegeben. Wir haben uns über die Fotos amüsiert. Carmen hat in Uniform geheiratet und die Kameraden standen Spalier mit erhobenen Degen, die tragen sie nur zu besonderen Anlässen.

Eleonore hat sich noch einen Film im Fernsehen angeschaut, eine gute Gelegenheit, sich mit einem Bier in die Scooner Bar zu verdrücken. Morgen erreichen wir die Azoren, Sao Miquel, Ponta Delgada.

**Bis Ponta Delgada**

*Liebe Töchter,*

*wir sind heute Morgen auf den Azoren angekommen, auf der Hauptinsel Sao Miquel, wo auch die Hauptstadt Ponta Delgada liegt und sich auch der Flughafen befindet.*

*Wir haben eine Busrundfahrt gebucht. Also ging es los: Zuerst auf eine Ananasplantage, wo es leckeren Ananassaft zu probieren gab. Dann ging es in die Berge, besser gesagt zu einem erloschenen Vulkan, dem Lagoa do Fogo mit einem schönen Kratersee, riesig. Von hier oben kann man die Nord- und Südküste gleichzeitig sehen, so schmal ist die Insel. Eigentlich sind die Azoren die Gipfel eines Meeresgebirges. Nach Osten sind es noch 1.000 km bis Lissabon.*

*Am Nachmittag legte das Schiff ab. Danach gab es einen deutschen Empfang mit ein paar Erklärungen zur Abreise und etwas Werbung für die Reederei Royal Carribean Cruise Line. Beim Abendessen erzählten alle von ihren Erlebnissen. Carmen und Raquel wurden von Freunden abgeholt und hätten fast das Schiff verpasst. Barbara und John haben Pont Delgada unsicher gemacht. Abends gab es ein Klavierkonzert, nicht so mein Ding, aber der Frau Eleonore hat es gefallen. Morgen ist der letzte Tag auf See. Dann geht es den Tejo hinauf nach Lissabon. Hoffentlich bleibt das Wetter schön.*

*Euer Papa*             *Ponta Delgada, den 18.04.2005*


**Bis nach Lissabon**

**Dienstag, 19.04.2005 - auf See...**

Heute ist der letzte Tag auf See, morgen sind wir in Lissabon, soll toll dort sein. Zuerst haben wir wieder verschlafen, gegen 10 Uhr gefrühstückt. Dann ausruhen auf dem Achterdeck. Endlich Mittagessen, nur Salat. Am Nachmittag haben wir unsere Pässe abgeholt, so braucht man in Lissabon nur noch von Bord. Später hat mich die Gattin noch einmal in die Muckibude gezerrt.

Dann war schon Abendessenszeit und alle waren gedanklich schon bei der Abfahrt. Anschließend haben alle ihr Trinkgeld bekommen: Oberkellner, Kellner, Hilfskellner und Elisabeth, unser Zimmermädchen. Alle waren sehr nett, besonders Elisabeth aus Südafrika oder England. Danach gab es noch einen

Abschiedsdrink mit den Mitreisenden. Danach hieß es Koffer packen. Morgen früh um 7 Uhr gibt es wieder Frühstück, 45 Minuten später gehen wir von Bord. Mal sehen, wie Lissabon ist.

*Hallo ihr Lieben,*

*so um halb sieben aufgestanden und im Speisesaal gefrühstückt. Die Nachricht vom neuen Papst hatte sich herumgesprochen, Kardinal Ratzinger, Präfekt der Glaubenskongregation, früher war das der Großinquisitor, jetzt Papst Benedikt XVI. So weit, so gut.*

*Dann ging's von Bord, schnell noch Barbara und John ein herzliches Goodbye. Wir schnappten uns unsere Koffer (Rot 3) und wollten ein Taxi. Nur hatte es sich noch nicht in Lissabon herumgesprochen, dass 1.600 Leute vom Schiff ein Taxi brauchen. Nach langem Warten kamen plötzlich viele. Wir gingen ins Hotel und machten uns gleich wieder los.*

*Das Hotel liegt direkt an der Metrostation Marques Pompal, wo Mama für uns beide eine Tageskarte für 6,30 € gekauft hat. Damit ging es los, mit Umsteigen waren wir im Zentrum des Geschehens, will sagen, am Anfang unseres ersten Rundgangs durch die Alfama, die Altstadt. Eine gute Wegbeschreibung hatten wir dabei.*

*Man muss sich vorstellen, in Lissabon geht es rauf und runter. Deshalb gibt es Straßenaufzüge und Standseilbahnen, alle „uralt". Wir sind durch die Gassen gelaufen, malerisch und heruntergekommen. Haben in einem Kellerrestaurant zu Mittag gegessen, sozusagen bei „Mama". Mein Kotelett war nicht so gut, aber Mamas Fisch war ausgezeichnet. Zum Nachtisch Flan und Reispudding, einfach köstlich. Zurück mit dem Electrofico, der alten Straßenbahn.*

*Nach dem Mittagsschlaf wieder auf den Beinen, Mama hatte auf dem Programm: Portweinprobe in noblem Ambiente, Besuch auf der anderen Seite des Tejo, dort Fisch essen. Dort im Dorf gibt es urige Lokale. In einem kehrten wir ein und aßen wohl ein Nationalgericht, so eine portugiesische Paella, großer Topf mit Reis und Soße, Gambas und Muscheln, Fisch und Krabben. Statt Nachtisch einen leckeren Brandy, super gut, super viel und super teuer. Leicht beschwingt zurück zur Fähre.*

*Morgen ist unsere Reise zu Ende. Mit dem Taxi zum Flughafen, zweieinhalb Stunden im Flieger sitzen und mit der Bahn sind in einer Stunde zu Hause.*

*Es war eine tolle Reise, anders als die letzte, und es wird nicht die letzte sein.*

*Euer Papa*                              *Lissabon, den 20.04.2005*

### Wie ist es gelaufen?

Diese Frage lässt sich wie folgt zusammenfassen: Wir haben den Atlantik überquert, haben zehn Stunden hin und zehn Tage zurück gebraucht. Aber wir haben schöne Orte besucht und nette Menschen mit einer anderen Kultur kennengelernt. Lassen wir die anderen berichten.

### Betreff: Re: Greetings from Las Vegas to Hans and Eleonore

*Hi Hans and Eleonore,*

*Barbara and I were so glad to get your email. I tried to email you when we got home, but the email was return to us because I could read the letter K in your writing and I tried h and r and the email was returned.*

*I will do pictures of my son and get one of my daughter to forward to you. Your daughters are very pretty young ladies Yes, Eleonore their mother is pretty too!*

*Barbara and I were exhausted when we got home. Barcelona and Paris was very nice. The train trips were very romantic and fun. I am glad you got to see a feature on Las Vegas. Was it TV or news clip? We were up for 26 hours on our flight home to Las Vegas. We were always flying into the sun and backward in time. It took four days to adjust to our time again.*

*I will get the information on Lake Tahoe for you. We were so happy we met you on the ship. You made our cruise a lot more fun.*

*Your friends in America*        *John and Barbara*

**Betreff: RE, Greetings from Germany**

*Dear Hans & Eleonore,*

*Great to hear from both of you! Thanks for the e—mail (and for the pictures) ! Sorry for not responding earlier, but I was out to sea on my patrol boat all week and I just pulled in last night.*
*We really enj oyed our stay in Lisbon! We went to all the different monuments and tourist attractions. Raquel managed to find many good ice cream shops also! We both had to go on diets when he headed back home (no McDonald's or ice cream for awhile! ! ! )*

*I haven't heard from our friends from Las Vegas yet, but they may still be traveling (or selling Real Estate) throughout Europe. Raquel and I really enjoyed the cruise and we especially enj oyed your company. It was pleasure to meet both of you! Let us know when your headed to the United States!*

*I've attached a photo of the TYBEE. This was taken about 2 weeks ago while we were transiting through Vineyard Sound (body of water between Cape Cod, Massachusetts and Martha's Vineyard).*

*Sincirely*        *Carmen and Raquel*

Erster Band

## New York, New York, Sunshine State und die Karibik

Diesmal sind wir nicht mit dem Schiff nach Amerika gefahren, und eigentlich wollten wir erst in zwei Jahren wieder aufbrechen. Aber es gab Dinge, die uns in den Bann zogen: New York City, von dieser Stadt hatten wir noch längst nicht alles gesehen, die Everglades neben Florida zu erkunden und, um beim Thema zu bleiben, eine Karibikkreuzfahrt zu machen, von der ich hauptsächlich berichten werde. Die Lieblingsreederei der Amerikaner ist die Royal Carribian Cruise Line (RCCL). Mit ihr hatten wir gute Erfahrungen gemacht und so buchten wir die Kreuzfahrt gegen den Uhrzeigersinn, also zuerst nach Cozumel auf Yucatan, dann die Cayman Islands, Jamaika, Haiti und schließlich wieder Miami. Außerdem hatte RCCL gerade das größte Kreuzfahrtschiff der Welt in Dienst gestellt, die Freedom of the Seas. Sie fasste 4.400 Passagiere, Gott sei Dank waren auf unserer Kreuzfahrt nur gut die Hälfte an Bord, verriet mir der Kapitän bei einer eher zufälligen Begegnung.


### 10.13.06 - bis NYC

Wenn schon nach Amerika, dann mit entsprechendem Datum. So kommt man gleich zur Sache. Wir hatten einen Flug mit Swiss Air von Zürich, bis dort von Frankfurt mit Lufthansa. Angenehmer Flug, schön zu sehen war Cape Cod und der Long Island Sound beim Anflug auf den JFK-Airport. Nun will man nach Manhattan zu seinem Hotel. Da kann man sich ein Taxi nehmen, im Stau „die Beine in den Bauch stehen" und sich vom Fahrer übers Ohr hauen lassen. Erfahrene nehmen den Air Train JFK bis Jamaica Station (15 $) und dann die Long Island Railroad (LIRR) bis Pennsylvania Station (12 $). Zum Hotel waren es nur 10 Minuten zu Fuß, immer in Richtung Empire State Building. Das Hotel ist ein typischer alter Kasten, aber hoch.

Am frühen Abend fuhren wir mit der Subway zur Brooklyn Bridge und liefen über die halbe Brücke nach Brooklyn. Schön anzusehen, die Südspitze von Manhattan und, einmal umdrehen, die Manhattan Bridge weiter den East River hinunter die Williamsburg Bigde. Auf der Manhattan Seite fanden wir ein nettes Steakhouse. Als ich bezahlen wollte, ohne den ortsüblichen Ausdruck „The Check, please" zu benutzen, fragte mich der Kellner: „Do you want to pay or want you wash the dishes?" Da wussten wir, dass wir in New York angekommen waren.

## 10/14/06 - NYC

Heute haben wir uns vorgenommen, Manhattan zu umrunden. Das geht am besten mit der Circle Line Sightseeing Cruises an der 42th Street in der Nähe des Times Square. Und danach wollten wir in der legendären Oyster Bar in der Central Station essen. Aber zuerst die Manhattan-Rundfahrt. Wir mussten Richtung Times Square und dann ein Stück nach links zum Hudson River. Auf dem Weg dorthin konnten wir verschiedene Bonze-Skulpturen bewundern, die an den Garment District, das ehemalige Modeviertel, erinnern. Zum Beispiel die Näherin an der Nähmaschine aus Bronze. Heute zeugen die vielen Bekleidungsgeschäfte davon.

Die Bootstour, die wir gebucht hatten, war die 3-stündige Full Island Cruise, die klassischerweise rund um Manhattan führt. Also den Hudson hinunter in den Inner Harbor mit Freiheitsstatue und Ellis Island, eine Gedenkminute bei der Vorbeifahrt an Ground Zero, den East River hinauf mit seinen vielen Brücken, dann rechts das Yankee Stadium. Dann wurde es schon ländlich am Manhattan River, der wiederum in den Hudson mündet. Vorbei an den importierten mittelalterlichen Klöstern (The Cloisters), einer Zweigstelle des Metropolitan Museum of Art. Zurück zur Anlegestelle. Das war eine sehr schöne und interessante Tour, wir haben viel gelernt.

Nach so viel Sightseeing brauchten wir etwas zu essen. Wir pilgerten wie geplant zur Cental Station, in die berühmte Oyster Bar. Toller Laden und laut durch das Gewölbe, eher ein großes Restaurant mit vielen Bars. Und voll, erstaunlich für die Preise. Um es gleich vorweg zu nehmen, wir bestellten keine Austern, sondern Manhattan Clam Chowder (Muschelsuppe mit Tomate) und noch ein Fischgericht, als Getränk Beers on Daught (Bier vom Fass). Von der Alternative, den lebenden Hummer aus dem Bassin, frisch aus Maine, zu wählen, haben wir Abstand genommen. Allein schon wegen des Marktpreises von 25 € für ein knappes Pfund. Na ja, auch für ein kleineres Tier von 1,5 kg kommt schon was zusammen.

Irgendwie haben wir uns im Hotel rumgetrieben und sind abends wieder raus, gleich um die Ecke vom Empire State Building gab es einen Pub mit Craft Beer und Burgern. Also rein. Lange konnten wir nicht bleiben, denn morgen früh geht unser Flieger nach Miami.

## 10/15/06 – bis Miami

Gut drei Stunden dauerte der Flug mit American Airlines zum Miami International Airport. Dafür haben wir in aller Herrgottsfrühe ausgecheckt, sind zur Pen Station gelaufen, haben ganz unten im Bahnhof den Long Island Train genommen, sind in den Air Train eingestiegen und dann ins Flugzeug.

In Miami angekommen, mussten wir zum Schiff. Die Reederei bietet dafür einen Bustransfer an, der überteuert ist. Nicht nachmachen, ein Taxi kostet die Hälfte und man muss nicht warten, bis alle versammelt sind. Doch damit nicht genug. Eine große Menschenmenge hatte sich vor dem Schiff versammelt, aber es war noch nicht bereit für die neuen Passagiere. Nach einer Stunde geduldigen Wartens öffneten sich mehrere Türen. Endlich kamen wir in unsere Kabine, eine spezielle Innenkabine zur Promenade hin. Das ist eine 135 Meter lange Vergnügungsmeile in der Mitte des Schiffes.

Abendessen im großen Speisesaal. Wir bekamen einen 6er Tisch zugewiesen, an dem schon ein amerikanisches Ehepaar saß. Aus Richmond, Virginia. Nette Leute, nicht aufdringlich, wahrscheinlich was Besseres. Ich glaube, es waren Anwälte. Wir sind dann noch zur Begrüßungsshow gegangen und dann ins Bett. Auf der Promenade war noch etwas los, als wir die Vorhänge zuzogen. Das Schiff hatte schon abgelegt und war auf dem Weg nach Mexiko.

## 10/16/06 – Kurs Cozumel, Mexico

Wir waren den ganzen Tag auf See. Damit es den Passagieren nicht langweilig wird, gibt die Reederei eine Tageszeitung heraus, den Cruise Compass. Darin stehen alle Unterhaltungsangebote des Tages. Was wann stattfindet und wie man sich für den Abend kleiden sollte. Wir hatten uns neben dem Üblichen für die Eistanzshow, das Galadinner und den Kapitänsempfang entschieden.

In der Kabine hatte uns der Steward ein paar Postkarten hingelegt mit der Bemerkung: Jetzt könnt ihr eure Erlebnisse nach Hause zu euren Familien und Freunden schicken. Das war für uns Anlass, unseren Kindern zu schreiben, hier auf der Karte mit der Freedon of the Seas in Originalgröße.

*Liebe Kinder,*

*wir schreiben euch aus der Karibik, auf dem Weg zur Halbinsel Yucatan. Heute haben wir viel unternommen. Zuerst haben wir uns Holyday on Ice angesehen, dann gab es ein leckeres Gala-Dinner, Mama und ich in Schale, und schließlich haben wir dem Kapitän die Hand geschüttelt. An unserem Tisch saßen noch ein Vater und sein Sohn aus Deutschland. Sie waren von der konservativen Sorte. Sobald die Dame zu Tisch kam, standen sie altmodisch auf. Und als der Vater hörte, dass ich studierter Ingenieur bin, noch dazu promoviert, schien es ihm, selbst Dipl.-Ing., am Tisch zu gefallen. So, jetzt wollen wir mal sehen, was Mexiko morgen zu bieten hat.*

*Liebe Grüße - Eure Eltern*


## 10/17/06 – Yukatan, Mexiko

Wir hatten einen Ausflug zur Maya-Fundstätte Tulum gebucht. Und das ging so vonstatten: Wir bestiegen vom Schiff aus einen Katamaran, der uns als Shuttle zu einem Badeort auf der Küste von Yukatan brachte. Dort stiegen in einen Bus um, der uns in knappe 2 Stunden zur Fundstätte fuhr.

Zwischendurch unterhielt uns der Führer mit der Maya-Geschichte. Woher die vor tausenden von Jahren kamen (aus der Mongolei über die Landbücke nach Nordamerika bis weiter nach Zentralamerika). Das konnte er gut, denn er selbst ein Maya. Endlich waren wir in Tulum.

Tulum liegt direkt an einer Steilküste, und man hat einen weiten Blick über dem karibischen Meer. Der Guide erklärte uns die einzelnen Gebäude, welchen Zweck diese erfüllten. Von der astronomischen Ausrichtung bis zu den spirituellen Menschenopfern. Nachher hatten wir einen nachhaltigen Eindruck von den Mayas. Einige der Ausflügler gingen die Treppen zum Stand herunter, die wussten offensichtlich von der schönen Badestelle hier. Wir ließen uns in trauter Zweisamkeit vor den Ruinen fotografieren. Damit könne wir dokumentieren, dass wir keine Kulturbanausen sind und schon mal auf schon mal auf der Halbinsel Yukatan gewesen waren.

Zurück ging´s, alle waren ein bisschen schläfrig, mit Bus nach Cozumel, wo das Schiff Puerta Maya Cruise Pier angelegt hatte. Da war jetzt ein Anlegeplatz freigeworden. Jetzt haben wir auch verstanden, weshalb vor das Schiff nicht anlegen konnte. Der Bus setzte uns etwa einen Kilometer vor dem Schiff ab, damit die Ausflügler die Gelegenheit hatten, sich mit Souvenirs einzudecken. Wir kaufte ein Silberanhänger für die Bettelarmband unserer Tochter Solveig, einen kleinen Sombrero.

## 10/18/06 – Georg Town, Grand Cayman Inseln

Die Grand Caymans wurden uns so angekündigt: Die Grand Caymans sind eine Gruppe tropischer Inseln, die Christopher Columbus „Las Tortulas" (die Schildkröten) nannte, weil sie in großer Zahl die Gewässer um die Inseln bevölkerten. Doch der Name hielt sich nicht lange. Auf den Seekarten tauchte der Name „Caimanas" (Karibische Krokodile) auf. Das muss eine Verwechslung gewesen sein, sicher waren die hier heimischen Leguane gemeint.

Und noch eine Ankündigung: Von Deck 1 verkehren regelmäßig alle 15 bis 25 Minuten Tenderboote zum Festland. Bitte achten Sie auf die Durchsage zur Abfahrt des ersten Tenderbootes. Für Gäste, die einen Ausflug gebucht haben, ist der Treffpunkt am Anleger Georg Town. Das Tenderboot legt hier 45 Minuten vorher ab.

Nach so vielen Ankündigungen standen wir pünktlich am Pier, wo uns ein Van abholte. Fahrer und Guide in einer Person. Der erste Halt war bei einer bizarren schwarzen Sandsteinformation vulkanischen Ursprungs, die so spitz war, dass auf einem Schild stand: Bitte nicht in die Felsformation gehen. Die besagten Leguane hielten sich nicht daran. Den Namen hat diese Gegend von Britsh Commissoner bekommen, er sagte: My God, this must be what the Hell look like.

Beim zweiten Stopp hat uns der Fahrer zu einer Schildkrötenfarm gebracht. Dort konnte man die kleinen und großen Tiere anschauen und auch mal auf den Arm nehmen. Hatte Kolumbus doch recht?

Zuletzt entließ uns der Fahrer und Guide zu einem sogenannten Halbtaucher, einem Boot, mit dem man halb untergetaucht durch einen Glasboden und große Seitenscheiben die Meereswelt beobachten kann. Ein Taucher fütterte die exotischen Fische und auch die Korallenbänke waren schön anzusehen. Was wäre eine Karibikreise ohne dieses Unterwasserspektakel? Auch ohne Schnorcheln in Badehose.

Sehr zufrieden fuhren wir mit dem Tenderboot zurück zum Schiff. Ausgeruht gingen wir zum Abendessen und besuchten danach noch einmal FreedonIce.com (die Eistanzshow). Das war heute Kreuzfahrt vom Feinsten!

## 10/19/06 – Montego Bay, Jamaika

Montego Bay hat tolle Bars und Restaurants, bekannte Einkaufszentren und unglaublich viele Freizeitmöglichkeiten. Und dank der Gastfreundschaft der Jamaikaner werden Sie immer eine gute Zeit haben. Die Strände der Insel eignen sich hervorragend zum Schwimmen etc. Wir hörten nicht auf die Werbung der Reederei gehört, denn wir hatten etwas Anderes vor: eine Rumtour zur berühmten Appleton Destillerie im Landesinneren.

Wir waren eine kleine Gruppe und fuhren ziemlich lange durch die Gegend. Eine junge Frau erzählte uns viel von den Errungenschaften Jamaikas, die wir beim Vorbeifahren nicht so recht wahrhaben wollten. Kaputte Straßen, armselige Hütten in den Bananenplantagen. Ganz anders das Appleton Estate, die Rumbrennerei. Alles picobello, mit Restaurant und Verkostungsbar, umgeben von Zuckerrohrfeldern. Es gab eine Führung und Erklärungen zur Herstellung und Lagerung der Spirituose. Interessant ist die Fassstärke des Rums, über 90% Alkohol. Nach der Verkostung gab es ein leckeres Mittagessen. Dieses genossen wir zusammen mit einem kanadischen Ehepaar aus Calgary.

Zurück zeigten wir brav unseren Sea-Pass und durften wieder auf das Schiff. Dort wurden wir daran erinnert, dass die Hälfte der Kreuzfahrt vorbei ist und wir bis 18:00 Uhr das Ausreiseformular an der Rezeption abgeben müssen, auch an die Trinkgelder sollten wir denken, die können bis Mitternacht an der Rezeption abgegeben werden. Es folgte noch der Hinweis auf weitere Aktivitäten, die wir dem Tagesplan entnehmen konnten. Wir entschieden uns für die Theatervorstellung Once Upon a Time und anschließend für ein Gin Tonic in der Viking Crown Lounge. Das Schiff ist schon auf dem Weg nach Taiti.

## 10/20/06 – Labadee, Haiti

*Heute sind wir in Labadee, Haiti, der Privatinsel von Royal Caribbian International. Wir haben viele Aktivitäten für Sie am Strand und auch an Bord vorbereitet, wenn Sie zurückkommen, viel Spaß!* So lautet die Ansage für den Tag.

Tatsächlich, das Schiff ist in die Bucht eingelaufen, die Tenderboote werden nicht gebraucht, es gibt Fähren von Land aus. Die Reederei hat hier ein Urlaubsparadies geschaffen, das durch eine hohe bewachte Mauer vom Rest des Landes und damit von den desolaten Zuständen dort getrennt ist, die man keinem Passagier zumuten möchte. Wir halten uns nicht lange mit Baden und Sonnen auf, sondern suchen die interessanten Ecken auf. Dabei lesen wir:

In Labadee gibt es zwei historische Gebäude, Nell's Pleace und den Old Bell Tower. Die Engländerin Nell kam zur Zeit der Bukanier hierher, errichtete eine Poststation und eine Kneipe. „Fluch der Karibik" lässt grüßen. Die alte Glocke wurde benutzt, um zu verkünden, dass die Bauern ihre Produkte zur Verladung bringen sollten. Und dann ist da noch Dragon's Breath, der Atem des Drachen. Das Meer schlägt gegen eine ausgehöhlte Felsformation und es klingt wie das Brüllen eines Drachen.

Wir machten uns einen schönen Tag, fuhren mit dem Bus von einem Punkt zum anderen, meistens dorthin, wo es kühle Getränke gab.


### 10/21/06 – Kurs Miami, Florida

*Heute ist der letzte Tag. Auch wenn alle schönen Dinge einmal zu Ende gehen, möchten wir Ihnen eines sagen: ES IST NOCH NICHT VORBEI! Heute ist der Tag, an dem Sie Dinge tun können, die Sie sich schon die ganze Woche vorgenommen haben, und Dinge sehen können, die Sie noch nicht gesehen haben. Wir wollen einfach, dass Sie einen unvergesslichen Tag erleben. Hier ein paar Beispiele für die Höhepunkte des Tages:*

*- Oktoberfest, feiern Sie heute das traditionelle Oktoberfest. Deutsche Wurst, Brot und Gebäck werden zusammen mit Sam Adams Bier angeboten. 11:30 - 13:30 Uhr im Bull & Bear Pub, Royal Promenade, Deck 5*

*- Abendunterhaltung, Now You See It mit dem Magier Drew Thomas und den Tänzern und Sängern von Roya Carrribian, Arcadia 19:00 und 21:00 im Arcadia Theater, Deck 3 & 4*

*- Abreiseinformationen auf Deutsch, Sie sind herzlich eingeladen zu einem Treffen mit dem Internationalen Botschafter Mohamed, um die Abreiseformalitäten zu besprechen, 15:00 im Restaurant Galileo, Deck 5*

*Soweit die Ankündigungen im Cruise Compass.*

*Natürlich wollten wir sehen, was die Amerikaner unter Oktoberfest verstehen. War nicht authentisch, aber ganz lustig und alles war lecker. Zur Zaubershow sind wir auch gegangen, die Amerikaner verstehen was von Shows. Zwischendurch waren wir bei den Internationalen Botschaftern, haben aber nichts Neues erfahren.*

*Wir haben uns noch einmal das Schiff angeschaut. Was hat uns am besten gefallen? Auf jeden Fall die Royal Promenade, die so schön zum Flanieren einlud. Oben die O-Two Zone, das Wasserparadies, wo die Kinder so schön spielen konnten und gar nicht mehr wegwollten. Und ganz toll, die Eisshow.*

## Mietwagenrundreise Florida

### 10/22/06 – Ausschiffung und Mietwagenübernahme und dann los

Ziemlich früh sind wir von Bord gegangen. Dann das übliche Koffersuchen und weiter durch den Zoll, die Papiere hatten wir ordentlich ausgefüllt, andere nicht. Die Autovermietung hatte uns versprochen, dass wir abgeholt werden. Nur musste man den Abholer finden. Da wo Alamo draufstand, war der Richtige.

Wir bekamen einen Mittelklassewagen und fuhren los, Richtung Norden, denn wir hatten von unseren Tischnachbarn gehört, dass Titusville in der Nähe des Kennedy Space Centers in Cape Canaveral ein guter Ausgangspunkt sei, um die ganze Weltraumsache zu besichtigen. Wir fanden ein nettes Motel, eines von Best Western. Für den Abend fragten wir die Rezeptionistin nach einem empfehlenswerten Restaurant. Sie kannte ein nettes Fischrestaurant direkt am Meer und war so freundlich, uns einen Platz zu reservieren. Wir hatten einen wunderbaren Abend mit allem Drum und Dran.

### 10/23/06 – Cape Canaveral, Kennedy Space Center

Cape Canaveral ist eines der amerikanischen Heiligtümer. Und das wollten wir auch einmal besuchen. Also haben wir uns eine Eintrittskarte für zwei Tage gekauft, denn das ist eine riesige Sache.

Was macht man dort? Zuerst schaut man sich die 3-D-Show über das Apollo-Programm an, dann macht man einen Spaziergang durch den Raketenpark und fährt mit dem Bus zur Startrampe. Alles für die Massen organisiert. Trotzdem ist es beeindruckend, was die Amerikaner auf die Beine gestellt haben. Zum Schluss habe ich mir noch ein kleines Souvenir gekauft, ein Space-Shuttle.

## 10/24/06 – Lake Mamilton, Cental Florida´s Lake Country

Wir übernachteten wieder im Best Western. Nach dem amerikanischen Frühstück machten wir uns auf den Weg zum Kennedy Space Center, denn wir hatten ja für 2 Tage bezahlt. Jetzt noch die riesige Saturn-Mondrakete besichtigen und in die Hall of Fame, wo die Astronauten gefeiert werden. Die Zeit verging wie im Flug. Ich wollte noch nach Orlando in einen der Themenparks, meine Frau nicht. So fuhren wir im dicksten Feierabendverkehr durch Orlando und gelangten schließlich über den Highway 4 und 27 zum The Lake Hamilton Best Western mit Free Continental Breakfast.

Auf dem Zimmer fanden wir die üblichen Broschüren der Region mit Gutscheinen für Restaurants. Einer interessierte uns besonders: Wer zwei Mahlzeiten zu sich nimmt, bekommt eine umsonst. In Sonny's Real Pit Bar-B-Q. Dort gingen wir zum Abendessen hin und bestellten die kleinsten der angebotenen Riesenburger. Und wegen des Gutscheins noch einen drauf. Jetzt wurde uns auch klar, warum viele im Publikum so riesige Ausmaße hatten, kein Wunder bei den Fleischportionen und unter einem Liter gab es kein Cola-Getränk. Mehr als gesättigt fuhren wir zurück ins Motel, getreu dem Werbemotto We put feel good Bar-B-Q- on the map.

Da kam uns das Continental Breakfast gerade recht. Die amerikanischen Gäste wunderten sich über uns, denn die Deutschen verirrten sich nicht in diese doch sehr schöne Gegend, sondern faulenzten lieber an den Stränden von Naples. Wir verabschiedeten uns von den Kühen, die auf der Weide grasten, wo die Palmen nicht so recht ins Bild passen wollten, und fuhren nach Süden zu den Everglades.

## 10/25/06 – Everglades National Park

Ich zitiere aus dem Informationsblatt, das wir im Besucherzentrum an der Kreuzung US 41 und State Road 29 (auf der Karte leicht zu finden) erhalten haben.

Willkommen in den Everglades,

...Die Kreuzung ist historisch, der Tamiami Trail verbindet erst seit 1928 die Ost- mit der Westküste Floridas, und die State Road war bis zum Aufkommen des Automobils nur mit Ochsenkarren befahrbar. Vorher konnte man die Glades nur zu Fuß oder mit einem flachen Boot durchqueren.

...Aus dem 2. Weltkrieg zurückgekehrte Piloten erfanden das Airboat, ein breites, flaches Aluminiumboot mit Flugzeugmotor und Propeller. Die einheimischen Indianer lernten schnell damit umzugehen.

...Zu den einheimischen Fischen und Krustentieren gehören die Steinkrabben, von denen nur die Beine gegessen werden. Die Krabben werden im tiefen Wasser in Holzkäfigen gefangen, das größte Bein wird entfernt und die Krabben werden wieder freigelassen, damit das Bein nachwächst.

...Der Alligator ist der König der Fischwasser-Everglades, er fühlt sich im Salzwasser nicht wohl. Das Florida-Krokodil ist ein Salzwasserreptil, es ist sehr selten und schwer zu finden. Der Alligator teilt seinen Lebensraum mit Schlangen, Fischen und Schildkröten.

Wir wünschen Ihnen einen angenehmen Besuch und hoffen, dass Sie bald wiederkommen.

Wir haben tatsächlich eine Airboat-Tour gemacht. Haben uns in Everglades City umgeschaut, waren in einem der zahlreichen Besucherzentren mit angeschlossenem Alligator-Pool und sind über die Alligator-Alley zurück nach Miami in ein nettes Motel gefahren. Morgen fliegen wir nach Hause.

## 10/26/06 – Miami, Mietwagenabgabe und Flug nach Deutschland

Heute ist der letzte Tag in Amerika und wie immer geht es abends per Nachtflug zurück nach Deutschland. Nun erwarten uns 10 Stunden unbequemes Herumlungern plus Zeitverschiebung am nächsten Tag. Was machen wir also? Wir werden noch ein bisschen in Miami rumfahren, gut dafür ist Coconut Grove, ein schöner Stadtteil von Miami. Werden zu Mittag essen und bringen dann den Mietwagen weg.

Es bleibt Zeit, über unsere Kreuzfahrten und ihre Ziele nachzudenken. Wir sind ja nicht zum ersten Mal über den großen Teich in die Neue Welt gefahren, wie man früher sagte. Haben auch diesmal den Big Apple nicht ausgelassen. Zurück in die Alte Welt, nur nicht über New York City. Na ja, da werden wir noch öfter hinpilgern. Was noch? Ach ja, das Erlebnis mit dem Mietwagen und den dazugehörigen Motels, eben diese Art so zu reisen. Das machen viele Amerikareisende so.

## Klassisch schön

Wir haben alles gemacht, was man so macht, nichts ausgelassen. Die Klassiker eben: Mit der Circle Line ganz nah an der Freiheitsstatue in New York gewesen, die übliche Kreuzfahrt durch die Karibik gemacht, etwas über die Maya gelernt, Korallen und exotische Fische unter Wasser gesehen, echten Jamaika-Rum probiert und auf Haiti mehr oder weniger faul am Stand gelegen. Ebenso klassisch war die Mietwagentour: Kennedy Space Center in Cape Canaveral, Kühe unter Palmen, mit dem Air Boat in die Everglades. Das bleibt in Erinnerung.

Und dann das Mega-Kreuzfahrtschiff, die *Freedom of the Seas*. Man denkt, oh Gott, wie groß und wie viele Passagiere. Wir haben es als angenehm empfunden, viel Platz, unzählige Unterhaltungsmöglichkeiten. Die schöne Promenade im Schiff, die wir von unserer Kabine aus immer einsehen konnten.

## Portugiesisches hier und dort - einmal Brasilien und zurück

Diesmal blieben wir im portugiesischen Sprachraum, mit Ausnahme von Teneriffa und Cádiz auf dem Festland, beides Spanisch. Das blieb auch während der Atlantiküberquerung so, denn halb Basilien wollte die Verwandtschaft in Portugal besuchen. So wurde Portugiesisch zur Schiffssprache.

Was hat uns gereizt, diese Kreuzfahrt zu machen? Sicher nicht der lange Flug, wenn auch mit Lufthansa, nach Südamerika. Es war das Andere, das sich von unseren Reisen auf dem Nordkontinent unterscheidet. Die andere Kultur eben. Dann die Äquatorüberquerung und die schönen Sonnentage an Bord.

Auf die Kanaren wollten wir schon immer, mal sehen, was die deutschen Langzeiturlauber dort so machen. Dann wieder nach Madera und noch das spanische Festland, die Stadt Cadiz. Schließlich gingen wir in der Hauptstadt Portugals, Lissabon, von Bord. Diese Stadt haben wir bereits bei unserer Kreuzfahrt vor drei Jahren kennengelernt, , aber es gibt immer wieder Neues.

## München – Sao Paulo, den 5. April 2008

Ein langer Tag, dachten wir bei uns. Wir waren hundemüde, lösten aber noch den Gutschein für ein Glas Wein ein, den das Hotel unweit des Flughafens von São Paulo bei der Buchung als Zugabe beigelegt hatte.

Am späten Vormittag sind wir in München mit der Lufthansa losgeflogen. Noch früher von zu Hause, wegen des Zubringerflugs. Erst mal eine Brotzeit einnehmen. Das Flugzeug stand schon bereit. Während des Fluges überraschte uns die Kabinenchefin mit einer Flasche Sekt mit einem Gruß vom Reisebüro. Das war die erste Zugabe. In Südamerika flogen wir über Bergketten mit schneebedeckten Gipfeln und dann ging die Sonne unter, bevor wir landeten. Was für ein schöner Anblick. Dann waren wir da, durch Immigration und Zoll, rein ins Taxi. Eingecheckt.

## Sao Paulo – Santos, den 6. April 2008

Nun waren wir endlich auf dem Schiff und sahen zu, wie das Schiff, die Splendour of the Seas, aus dem Hafen geschleppt wurde. Es war wieder so ein Tag. Aber es gab auch eine Überraschung, aber dazu später.

Also, wir sind mit dem Taxi zum Flughafen gefahren, haben den Shuttlebus der Reederei genommen. Hat auch geklappt. Koffer verstaut, rein in den Bus und ab durch die Favelas der Vorstädte, Richtung Santos. Wo das Schiff auf uns wartete. Eine kleine Reise für sich.

Da viele Busse auf einmal ankamen, wurde das Einschiffen zum Chaos. Gott sei Dank nahm uns ein deutsches Ehepaar mit zum Prioritätsschalter, so dass uns die lange Schlange erspart blieb. Und, noch eine Überraschung, wir bekamen ein Upgrade auf unsere Außenkabine, eine mit Balkon achtern. Wer das wohl gemanagt hat. Von dort konnten wir auch die Schlepper sehen.

Abendessen im Speisesaal „The King and I" gab es um 19:30 Uhr, große Tafel, alles deutsch. Danach zur Wellcome Show mit den importierten Los Pampas Gauchos aus Argentinien.

## Rio de Janeiro, den 7. April 2008

Hier zeigt sich das Dilemma einer Kreuzfahrt. Man ist in einer bedeutenden Stadt angekommen und bleibt höchstens einen Tag, abends geht es weiter. Man hat kaum etwas gesehen, und wenn, dann nur flüchtig. So ging es auch uns. Dazu kam noch das schlechte Wetter.

Wir haben eine Stadtrundfahrt gemacht, sind mit der Seilbahn auf den Zuckerhut gefahren, haben von dort die berühmten Strände gesehen, in der Ferne den Corcovado mit der Christusstatue. Wir sind durch die Stadt gefahren, an den riesigen Karnevalstribünen vorbei zur noch viel größeren modernen Kathedrale. Das war's für mich.

Ehefrau Eleonore konnte sich am Nachmittag das Angebot von Amsterdam Sauer nicht entgehen lassen. Die Firma handelt mit Edelsteinen und Schmuck, hat Juweliergeschäfte in Rio und ein Museum. Für die vorwiegend weibliche Kundschaft bietet sie eine Shoppingtour durch die Läden an, kostenlos und ein kleines Schmuckstück bekommt jede obendrauf. Man wird in kleinen Gruppen mit dem Van vom Schiff abgeholt und mit etwas Erstandenem wieder zurückgebracht. Frau Eleonore beließ es bei einem Geschenk.

Das Schiff legte spät ab. Alle Passagiere waren auf dem Oberdeck mit seinen Pool-Bars und genossen das Abendlicht der Großstadt, vor allem das der startenden und landenden Privatflugzeuge auf dem kleinen Flugplatz unweit der Anlegestelle. Die Abendveranstaltung haben wir uns gespart und machten es uns mit einer Flasche Sekt gemütlich. Nun hatte das Schiff den Hafen schon wieder verlassen und nahm Kurs auf Salvador de Bahia, das wir erst übermorgen erreichen werden.

**Auf See, den 8. April 2007**

Ein Tag auf See und der Cruise meint folgendes dazu:

Heute ist ein Tag auf See und wir hoffen, dass Sie gut geschlafen haben, denn Sie sollten fit sein für die vielen Aktivitäten, die auf Sie warten. Von Sonnenaufgang bis Sonnenuntergang können Sie so aktiv oder entspannt sein, wie Sie möchten... Eines ist garantiert: Es wird ein unvergesslicher Tag.

Weiter unten auf der Seite - WILLKOMMENSEMPFANG DES KAPITÄNS

Der Kapitän der Splendour of the Sea. Yngvar Knutsen, lädt alle Gäste herzlich zu seinem Willkommensempfang ein. Gäste der Hauptsitzung 18:30 -19:30 Uhr.

Wir gingen in voller Montur zur Abendshow und anschließend in die Schooner-Bar.

**Salvador de Bahia, den 9. April 2007**

Das Schiff hat angelegt und schon sitzen wir im Bus zur Stadtrundfahrt mit Führung. Wir fahren mit dem Aufzug in die Oberstadt, sehen uns die Jesuitenkirchen an, gehen über den Sklavenmarkt hinunter in die Unterstadt, machen Pause in einem angesagten Restaurant, besuchen noch den ältesten Leuchtturm Südamerikas und dann geht es zurück zum Schiff.

Wir finden, jetzt sind wir wirklich in Brasilien, die Gegend, die Gebäude, die Menschen, die Farben, die Geschichte. Und das bei herrlichem Wetter, wenn auch für Europäer etwas zu heiß. Wir haben viel gesehen und gehört, als Andenken habe ich mir ein Poloshirt in den Farben Brasiliens gekauft. Ich habe viele Fotos gemacht, die ich auf Tripadvisor eingestellt habe.

**Recife, den 10. April 2007**

Im Cruise Compass steht: *Recife - Recife, ausgesprochen „he-see-feh", ist eine bezaubernde Küstenstadt, die ihren Namen den Korallenriffen verdankt, die die Küste säumen. Recife ist reich an Kultur, hat wunderschöne Strände und zieht während des Karnevals Touristen aus aller Welt an.*

So weit, so gut, und was nun? Wir nahmen den Shuttlebus, der uns am Paco Alfandega in der Innenstadt absetzte. Sollen wir zuerst die Casa de Ultra, das ehemalige Gefängnis, heute Kulturzentrum, besuchen oder das Viertel Olinda, übersetzt „O wie schön". Wir entschieden uns für Letzteres und nahmen ein Taxi dorthin. Das Taxi setzte uns am höchsten Punkt ab. Von dort hatten wir einen schönen Ausblick, sogar das Schiff im Hafen konnten wir sehen. Wir spazierten die „Schöne" hinunter, vorbei an bunten Kolonialhäusern, verzierten Kacheln und hübschen, mit Pflanzen bewachsenen Gassen. Kaum ein Tourist ist hier zu sehen, schon gar keine Gruppen. Fast ein Geheimtipp.

Wir verließen die „Schöne" und ein Taxi brachte uns zur Casa de Ultra. Dort trafen wir noch ein paar Mitreisende und marschierten alle gemeinsam durch den brasilianischen Alltag zurück zum Shuttle-Bus.

**Auf See vom 11. bis 15. April 2007**

Bis zum nächsten Hafen sind es gut fünf Tage, am sechsten werden wir in Teneriffa sein. Zeit genug, sich auf dem Schiff umzuschauen, wie es ist, wie die Mitreisenden so sind und was geboten wird. Nicht zu vergessen, dass wir den Äquator überqueren und die dazugehörige Taufe (des Kapitäns) miterleben dürfen. Für jeden Tag habe ich in chronologischer Reihenfolge die Ankündigung in der Bordzeitung (Cuise Compass) dokumentiert:

Tag 6    Swingtanzkurs - Kommen Sie zum Swingtanz und lernen Sie alle Schritte dieses Tanzes. 10.30 Uhr, Viking Lounge, Deck 11Revival of Rock and Roll - Reisen Sie zurück in die Zeit der Tellerröcke und Mädchensocken, als Rock and Roll der letzte Schrei war. Wie beweglich sind Sie? Tanzen Sie mit! 23.30 Uhr, Top Hat Lounge, Deck 5, Zeitumstellung - Bitte stellen Sie Ihre Uhren ab heute Mittag eine Stunde vor.

Tag 7    Shopping an Land - Fragen Sie Helene, Ihre Einkaufsberaterin, nach den besten Einkaufsmöglichkeiten im nächsten Hafen. 17:00 bis 19:00 Uhr, CentrumWettervorhersage für heute - Teilweise bewölkt max. 22 Grad Celsius / min. 10 Grad Celsius, Zeitumstellung - Bitte stellen Sie Ihre Uhren heute um eine Stunde vor.

Tag 8    Abendessen - Im Speisesaal „The King and I", Hauptsitzung 19.30 Uhr, formelle KleidungKaraoke - Decubra a la estrella pop del rock que lleva dentro cuando se pare frente al microfono esta noche de karaoke. No olivide trear su camera. 23.30 Uhr, Tot Hat Lounge, Deck 5 Spendour of the Seas Olympische Spiele - Extremsport. Machen Sie mit! 11.00 Uhr, Kletterwand, Deck 11

Tag 9    Showtime - Die Royal Carribian Singers and Dancers präsentieren „Ballroom Fever", rasant, romantisch und unvergesslich. Das Feuer des lateinamerikanischen Tanzes, die Leidenschaft des Tongos, die Freunde des Swings und das Glück der verschiedenen Tänze im Country- und Westernstil. 42nd Street Theater, 20.30 Uhr, Deck 4 Tanz der 80er Jahre unter dem Sternenhimmel - Bringen Sie sich in Stimmung für eine Party mit Musik der 80er Jahre mit der SP3 Showband, 23.30 Uhr, Pool, Deck 9, Zeitumstellung - Bitte stellen Sie Ihre Uhren heute eine Stunde vor.

Tag 10 Erkundungen! Landausflüge - Haben Sie schon Ihre Ausflüge für Teneriffa gebucht? Der Explorations Desk ist von 10:00 bis 13:00 Uhr und von 17:30 bis 20:00 Uhr geöffnet. Deck 5 Love & Marriage - Spielshow - Paare stellen die frechsten Fragen und die Spielshow muss es beweisen. Wer weiß? Vielleicht sind Sie unser nächstes Kandidatenpaar. Probieren Sie diese verrückten Situationen mit Ihrem Kreuzfahrtdirektor aus. Im 42nd Street Theater, 20:30 Uhr, Deck 3

Nächster Hafen - Teneriffa, Kanarische Inseln, Spanien.

**Teneriffa, den 16. April 2007**

Heute, nach mehreren Tagen auf See, haben wir endlich wieder festen Boden unter den Füßen und damit meine ich Teneriffa, die größte Insel der Kanaren. Wir erinnern uns an Christoph Kolumbus, der von hier aus in das ihm unbekannte Meer stach. So wurden die Inseln im Laufe der Jahrhunderte zur Brücke zwischen der Alten und der Neuen Welt.

Die Passagiere wurden von einer kleinen traditionellen Kapelle begrüßt. Eine nette Aufmerksamkeit der Reederei. Wir hatten eine Busrundfahrt gebucht, einmal rund um den Pico del Teide (weißer Berg). Wir sahen viele schöne Orte und Strände. Kein Wunder, dass viele hier im Winter Langzeiturlaub machen. Ob wir uns das auch einmal gönnen, weiß ich nicht.

**Funchal, Madeira, den 17. April 2007**

Wir sind in Funchal auf Madeira angekommen und der Cruise Compass sagte uns folgendes: *Die Insel Madeira liegt im Atlantik, etwa 600 km vor der Küste Marokkos. Seit mehr als 100 Jahren erfreuen sich Touristen an den schroffen Vulkangipfeln, der wunderschönen tropischen Küste und dem gemäßigten Klima. Klöppelspitze und Madeirawein werden hier noch auf traditionelle Weise hergestellt. Viele versteckte Täler, Gipfel und botanische Gärten warten darauf, entdeckt zu werden.*

Stichwort botanische Gärten. Wir sind mit der Seilbahn hinaufgefahren. Haben die tropischen Pflanzen bewundert und uns umgeschaut. Die Touristenattraktion sind die Schlitten, mit denen man, geführt von zwei kräftigen Männern, über den Asphalt ins Tal gleiten kann. Wir gönnten uns diesen Spaß nicht und nahmen den Bus. Im Bus hatten wir ein ähnliches Gefühl.

Mit wackeligen Beinen unten in der Stadt angekommen, beschlossen wir zu Mittag zu essen. Gleich neben dem schönen Blumenmarkt gibt es ein Fischrestaurant, dessen Spezialität Degenfisch ist. Diesen teuren Fisch haben wir schon auf dem Markt in Recife gesehen, nur viel billiger. Mit Freunden aus dem Speisesaal haben wir das Essen genossen, weniger die Bedienung.

Auf dem Weg zum Schiff probierten wir alle den Madeirawein in verschiedenen Sorten. Schmeckte furchtbar gut, ging aber auch ins Blut. Ehefrau Eleonore wollte noch etwas besorgen und driftete ab. Später erfuhr ich von zwei Blusen mit eingearbeiteter Klöppelspitze. Diese kamen per Paket nach Hause.

Für den Abend stand im Cruise Compass: Latin Fiesta - Bringen Sie sich in Stimmung, denn heute Abend gibt es eine Fiesta mit lateinamerikanischer Musik und Tanz, organisiert vom Team des Cruise Directors. 23:30 - 01:00 in der Top Hat Lounge.

Wir waren viel zu müde vom Tag.

**Auf See, den 18. April 2007**

**Tag 13**  Nautische Informationen - Ein großes, fantastisches Schiff. Möchten Sie das Schiff kennen lernen? Unser Kapitän und der Umweltoffizier laden Sie zu einer zwanglosen Präsentation ein, bei der Sie mehr über die Splendour of the Seas und ihre Besatzung erfahren. 11:00 Uhr, 42nd Street Theater, Deck 4 Explorationen! Landausflüge - Haben Sie schon Ihre Ausflüge in Cadiz gebucht? Der Explorations Desk ist von 10.00 bis 12.30 Uhr und von 17.30 bis 20.00 Uhr geöffnet, Deck 5 Last Chance Royal Bingo - Kartenverkauf ab 15.30 Uhr, Spielbeginn um 16.00 Uhr, Top Hat Lounge, Deck 5

**Cadiz, Spanien, den 19. April 2007**

Wir haben das spanische Festland erreicht, die Splendour of the Seas hat in Cádiz angelegt. Viele sind mit dem Ausflugsbus nach Sevilla gefahren. Uns war das zu weit und in Cadiz gibt es auch viel zu sehen. Also haben wir uns auf die

Socken gemacht. Auf dem Stadtplan der Altstadt von Cádiz kann man unseren Rundgang nachvollziehen. Wir starteten am Pasero Carlos III, schlenderten durch den Parque Genoves, um die Festung Santa Catalina herum und weiter zum Strand von Cadiz, der Playa de la Caleta. Dann durch die malerischen Gassen zum Zentralmarkt von 1837 an der Plaza de las Flores, Pause mit Imbiss. Weiter zur Alten Kathedrale, die auf einer Moschee erbaut wurde. An der Neuen Kathedrale wurde uns ein weiterer Weg durch die Stadt vorgeschlagen. Schließlich waren wir wieder auf dem Schiff, nicht ohne in einem netten Café einzukehren. Es war ein schöner Spaziergang, der mich auf die Idee gebracht hat, doch ein bisschen Spanisch zu lernen.

**Lissabon, vom 20. und 21. April 2007**

Nun ist unsere Kreuzfahrt zu Ende, aber wir haben noch zwei Tage bis zum Abflug nach Deutschland. Aber alles nacheinander.

Das Schiff fuhr den Tejo hinauf, vorbei an der Torre de Belem, dem Seefahrerdenkmal, unter der Ponte 25 Abril hindurch zum Anleger, wo schon zwei Schiffe festgemacht hatten.

Nun war unsere Neugier geweckt. So brachten wir schnell die Koffer ins Hotel und machten uns auf den Weg nach Belem, um uns den Turm und das Denkmal genauer anzusehen und kamen auch am berühmten Hieronymuskloster vorbei. Auf dem Tejo beobachteten wir die auslaufenden Kreuzfahrtschiffe und bestaunten die riesige Christusfigur jenseits der Brücke. Vielleicht war die auf dem Cocovado noch etwas größer.

Den Abend verbrachten wir in einem schön gekachelten Restaurant, nahmen die Seilstraßenbahn zum Portweininstitut, probierten und machten uns auf den Weg per Seilstraßenbahn wieder runter, zum belebten Rossio-Platz, wo wir noch ein Bier tranken.

Heute Nachmittag geht unser Flugzeug nach Hause. Wir haben noch Zeit, die Burg St. Georg zu besichtigen. Von dort hat man einen schönen Blick über Lissabon. Zur Burg fährt man mit der alten Straßenbahn. Die Eléctrico 28E ist nicht nur eine Touristenattraktion, sondern ein „normaler" Bestandteil des öffentlichen Nahverkehrs in Lissabon. Moderne, neue Straßenbahnen fahren auf dieser Strecke nicht, da die Schienen durch viel zu enge Gassen führen.

**Was bleibt in Erinnerung?**

Das war unsere vierte Atlantiküberquerung mit einem Schiff, abgesehen von der, wo wir über den Großen Teich geflogen sind, hin und zurück. Wie war es diesmal? Wir mussten lange fliegen, wenn auch renommiert. Die Hauptsprache war Portugiesisch, nicht Englisch, und ein bisschen Spanisch, die mich jetzt interessiert. Brasilien war eine andere Welt für uns. Farbenfroh und bereichernd. Teneriffa und Funchal waren Neuland, von den Kanaren und Madeira hätten wir gerne mehr gesehen. Cadiz macht noch mehr Lust auf Spanien. Lissabon als Endpunkt der Kreuzfahrt hatten wir schon einmal. Wir haben wieder etwas mehr entdeckt und beschlossen, wieder zu kommen. Ein letzter Blick auf den Rossio-Platz, offiziell Praça de D. Pedro IV, sagt uns zu mit seiner Großzügigkeit, der Säule mit der Bronzestatue von Pedro IV und den Wellenmustern der Calçada à portuguesa.

# Kopenhagen, Bergen und der Geirangerfjord

Warum nicht einmal eine der beliebtesten Kreuzfahrten machen, dachten wir uns. Die von der dänischen Hauptstadt zum berühmtesten norwegischen Fjord, der auch Weltnaturerbe ist. Mehrere Reedereien bieten diese Kreuzfahrt an, deutsche, italienische, amerikanische und natürlich die Postschiffe von Hurtig Routen. Aber die fahren erst ab Bergen und dann viel weiter hinauf. Wir sind bei der amerikanischen Royal Carribian Cruise Line geblieben, obwohl der Name so gar nicht zum Nordland passt.

Und die Kreuzfahrt stand auch nicht so sehr im Mittelpunkt, es war eher eine Schiffstour von Kopenhagen zu zwei interessanten Orten. So habe ich mehr Zeit damit verbracht, Dinge an Land zu beschreiben als auf See.

## Kopenhagen, den 11.08.2009

Was sind wir früh aufgestanden, es war noch halbe Nacht. Naja, wir mussten zum Internationalen Flughafen Düsseldorf, dort das Auto parken und das Gate finden. Das hätten wir fast nicht geschafft. Eineinhalb Stunden später waren wir schon am Flughafen Kopenhagen und mussten aufpassen, dass wir den richtigen Zug zum Hauptbahnhof erwischen, sonst landen wir in Malmö, Schweden.

Der Hauptbahnhof von Kopenhagen ist der altmodischste, den ich kenne, aber er hat Schließfächer, in denen wir unsere Koffer aufbewahren konnten. Wir hatten noch viel Zeit, uns Kopenhagen anzuschauen, bevor wir auf das Schiff stiegen. Also zu Fuß: um das Tivoli herum in die Einkaufsstraße Kopenhagens, die Ströget, weiter durch den inneren Hafen. Gleich danach ist man schon am Königsschloss, der Amalienburg. Dann kommt das Kastellet (die Festung) und schon steht man vor Kopenhagens Wahrzeichen, der Kleinen Meerjungfrau. Immer umringt. Schon sahen wir die Kreuzfahrtschiffe an der Langelinie liegen.

So, jetzt wurde es aber Zeit. Mit dem Öffentlichen Nachverkehr zurück, aber vorher noch die beliebte Röd Pölser (rote Bockwurst) vertilgen. Wir schnappten uns die Koffer und fuhren mit dem ÖPNV zum Schiff, der Vision of the Seas.

In der Kabine lag schon die Schiffszeitung, der *Cruise Compass*, bereit. Wir entnahmen ihm folgende Informationen:

Zweiter Band

*Mittagessen ist serviert - Genießen Sie unseren Willkommensgruß an Bord, das Mittagsbuffet wird im Windjammer Café, Deck 9, von 12:00 bis 16:00 Uhr serviert.*

*Gepäckausgabe - Wir möchten Sie darauf hinweisen, dass die Gepäckausgabe ein zeitaufwändiger Vorgang ist.*

*Rettungsübung für alle Gäste - Machen Sie sich mit den Rettungsabläufen an Bord vertraut, falls es zu einem Notfall kommen sollte. Bitte sehen Sie sich das Sicherheitsvideo auf dem Fernseher in Ihrer Kabine an, Kanal 14 in Englisch und Kanal 38 in Deutsch. Um 16.30 Uhr findet eine Rettungsübung statt.*

**Durchs Kattegat und Skagerrak, den 12.08.2009**

Am zweiten Tag sind wir auf See, durch Kattegat und Skagerrak. Im Cruise Compass steht unter anderem folgendes:

*Formeller Abend - Heute ist unser festlicher Abend und wir wissen, dass Sie sich von Ihrer besten Seite zeigen möchten. Vereinbaren Sie schon jetzt einen Friseurtermin und werden Sie zur Ballschönheit.*

*Begrüßungsempfang des Kapitäns - Kapitän Anders Ingebritsen lädt alle Gäste zu einem Begrüßungsempfang ein. Für Gäste der ersten Sitzung 17:15 - 18:00 Uhr, Some Enchanted Evening Lounge, Deck 6*

*Internet - Auch wenn Sie für ein paar Tage weg sind, möchten Sie vielleicht mit Ihren Lieben in Kontakt bleiben. Bitte beachten Sie, dass es von 22:00 bis 03:00 Uhr zu Satellitenstörungen kommen kann.*

*Krankenstation an Bord - Jedes Schiff der Royal Carribian verfügt über eine Krankenstation an Bord, die mit mindestens einem Arzt und zwei Krankenschwestern besetzt ist. Die Leistungen werden den Gästen in Rechnung gestellt und eine begrenzte Auswahl an Medikamenten ist gegen Gebühr erhältlich.*

Wir sind auf dem Weg nach Bergen, das wir morgen erreichen werden. Die norwegische Hauptstadt Oslo lassen wir rechts liegen, ebenso Kristiansund und Staganger, nach Bergen geht es in den Geirangerfjord.

Zweiter Band

**Bergen, den 13.08.2009**

*Bergen bietet eine Fülle von Attraktionen - von der atemberaubenden Pracht der rauen Gletscherlandschaft bis zur alten Steinkirche, dem schönsten Beispiel für Barockkunst in Norwegen. Ein Spaziergang am Kai entlang zur Seilbahnstation Floibanen .... und weitere Tipps folgten.*

Was in Bergen los ist, haben wir im Cruise Compass gelesen. Wann wir wieder an Bord sein müssen und wo wir ein- und aussteigen. Tatsächlich sind wir am Kai entlanggelaufen, haben uns die Handelshäuser der Hanse angeschaut und sind mit der Seilbahn gefahren, um uns einen Überblick zu verschaffen. Wir sind nicht gewandert und waren auch nicht im Aquarium. Die Gletscherlandschaft haben wir uns für Geiranger aufgehoben.

Was wir aber gemacht haben, war das Haus des Komponisten Edward Grieg zu besuchen. In der Touirist Information hat man uns gesagt, mit welchem Bus wir dorthin fahren müssen. Wir haben eine Passantin gefragt, wo die Bushaltestelle ist und den Busfahrer, wo wir aussteigen müssen. Das Anwesen liegt ziemlich weit draußen und es war ein kleiner Fußmarsch dorthin.

Wir haben eine Führung mitgemacht. Von Griegs Arbeitszimmer aus konnten wir uns vorstellen, wie die Landschaft den Komponisten inspiriert hat. Der See vor seinem Haus, die Birken, die Berge im Hintergrund. Dem Haus ist ein kleines Zentrum angeschlossen, in dem Konzerte stattfinden. Leider reichte die Zeit nicht, denn der Kreuzfahrtkompass zeigte die späteste Rückkehrzeit an. Aber wir hatten die Oper Peer Gynt und daraus Solveigs Lied im Kopf. Und nach ihr haben wir unsere Tochter benannt

.

**Der Geirangerfjord, den 14.08.2009**

Der Cruise Compass schreibt: *Bringen Sie auf diesem Ausflug unbedingt Ihre Kamera mit. Sie werden die natürliche Schönheit der bezaubernden Fjordlandschaft von Geiranger auf Film festhalten wollen. Entdecken Sie den Geirangerfjord, einen der schönsten Fjorde Norwegens, mit seinen steilen Felswänden und tosenden Wasserfällen. Besuchen Sie die Kirche von Geiranger, eine idyllische, achteckige Holzkirche, von der aus man einen herrlichen Blick über die Landschaft hat.*

Es ist wirklich wahr, der Geirangerfjord ist einer der schönsten Orte der Welt. Da wir vor der Bustour noch Zeit hatten, spazierten wir durch den Ort, der 100 km vom Meer entfernt liegt. Wunderschöne Landschaft, da hat der Cruise Compass nicht übertrieben. Aber es kam noch besser, als wir auf Tour waren. Zuerst besuchten wir eine Ausstellung und sahen, wie die Menschen damals lebten, abgeschnitten vom Land. Von dort hatten wir einen wunderbaren Blick auf den Fjord.

Weiter ging es zum Dalsnibba-Gletscher über eine riskante Piste in ca. einer Stunde auf 1.600 m Höhe. Die Aussicht ist nicht nur toll, sondern grandios. Das bläuliche Leuchten über dem Eis. Dann ging es zurück zu den Sieben Schwestern, dem sagenumwobenen Wasserfall. Während der langen Fahrt hörten wir Griegs Musik und die junge Führerin las uns ein norwegisches Märchen vor, einmal auf Englisch und einmal auf Deutsch. Auf Deutsch gebe ich den Inhalt des Märchens (aus dem Internet) wieder.

### Drei Ziegenböcke namens Zack

*Unter einer Brücke lebt ein hungriger Troll und wartet auf leckere Beute. Da hört er ein verheißungsvolles Klappern: Eine kleine Ziege versucht, die Brücke zu überqueren. Dem Troll läuft das Wasser im Mund zusammen. Doch die kleine Ziege überredet ihn, besser auf ihren großen Bruder zu warten. Der zweite Ziegenbock stellt dem Troll ein noch größeres Festmahl in Form des dritten Bruders in Aussicht. Aber der dritte Bock - nun, der ist wirklich SEHR groß!*

Das war der Höhepunkt der Eindrücke, die wir von der Kreuzfahrt mitgenommen haben. Das kann man auf Norwegisch sagen. Unterstrichen wurde dies durch die Ausfahrt aus dem Fjord gegen die untergehende Sonne. Was für ein schöner und erlebnisreicher Tag.

### In der Nordsee, den 15.08.2009

Fünfter Tag, wir sind auf See, auf der Nordsee Richtung Dänemark. Im Cruise Compass steht unter anderem folgendes:

*Flaggenparade - Es ist wie die schwimmende Vereinten Nationen. Schließen Sie sich den Offizieren, Mitarbeitern und Besatzungsmitgliedern aus über 50 Ländern an, die sich an Bord der Vision oft he Seas zu diesem einzigartigen*

*Ereignis versammelt haben. Fotoapparat nicht vergessen! 13:30 Uhr im Centrum, Deck 5*

Skandinavische Volkslieder - *Singen Sie gemeinsam mit Arne bekannte skandinavische Volkslieder, Some Enchanted Evening Lounge, 14:00 Uhr, Deck 6*

Bauchklatsch-Wettbewerb - *Applaus für den besten Bauchklatscher! Auf geht's, Leute, wagt den Sprung bei diesem einzigartigen Poolwettbewerb mit Activity-Managerin Maria. 14.30 Uhr, Pool, Deck 9*

Abschiedsvorstellung - *Eine Varietévorstellung mit dem niederländischen Jongleur Niels Duinker. Gastgeber ist der Kreuzfahrtdirektor Matt Sole mit den Sängern und Tänzern von Royal Carribian, Masquerade Theater, 21:00 Uhr, Deck 5 und 6*

Wir sahen uns die Flaggenparade an, sangen die Volkslieder so gut wir konnten mit und gingen zur Farewell Show. Der Bauchklatscher-Wettbewerb fiel wegen des schlechten Wetters aus. Wäre auch nichts für uns gewesen. Wir mussten auch ans Kofferpacken denken. Die sollten ja um 10:00 Uhr vor der Kabinentür stehen.

Fast hätte ich den Besuch bei den Royal Carribian Singers and Dancers vergessen. Die kamen alle vom Broadway und haben etwas über ihre Ausbildung erzählt. Sehr informativ. Und auch das Abschiedslied „O sole mio" der Kellner im Restaurant habe ich noch im Ohr. Immer wieder eine Attraktion.

**Zurück in Kopenhagen, den 16.08.2009**

Nach dem Ausschiffen fuhren wir zum Hauptbahnhof, irgendwie mussten wir ja unsere Koffer dort lassen und im Bahnhof gab es Schließfächer. Die konnten bis zum Abend warten, denn unser Flug ging spät. Ohne Gepäck ging es zum Schloss Amalienburg. Wir sahen uns die Wachablösung an. Immer wieder ein Spektakel.

Nur einen Katzensprung entfernt liegt Nyhavn, ein Stichkanal, der in den inneren Hafen von Kopenhagen führt. Von dort aus gibt es eine geführte Bootstour, die an vielen Sehenswürdigkeiten Kopenhagens vorbeiführt. Wären wir alle gefahren, hätten wir platte Füße bekommen.

Den späten Nachmittag verbrachten wir im Königsgarten mit Schloss Rosenborg. Ein schöner Ort, um zu verweilen und die wunderschön angelegten Gärten zu bewundern. Dann war es aber auch Zeit für den Heimflug.

### Wie hat es uns gefallen?

Diesmal sind wir in Europa geblieben und haben uns die lange Anreise gespart. Gut, wir waren auf See, aber die dänische Hauptstadt hat ohnehin viel zu bieten. Wir sind später noch ein paar Mal hingefahren und haben Schmörrebröd probiert. Der Ausflug zu Edward Griegs Idylle ist uns ebenso in Erinnerung geblieben wie das Märchen vom hungrigen Troll. Ich sehe noch das große Schiff im engen Fjord mit den Campern davor. Unweit davon ein Schild mit der Wechselstube, wo man seine €'s tatsächlich drinnen in norwegische Kronen umtauschen konnte.

Unvergesslich bleibt uns die Tischgesellschaft. Wir saßen mit drei Paaren an einem 8er-Tisch, je ein schwedisches, ein dänisches und ein norwegisches Paar. Man sollte meinen, dass sich die Skandinavier gut verstehen, aber ohne Englischkenntnisse war die Verständigung schwierig. Aber alle freuten sich über die preiswerten Spirituosen an Bord und schenkten reichlich ein. Vor allem Cognac war gefragt. Prost!

## Ab Stockholm in die Ostsee

Wir wählten Stockholm als Ausgangspunkt für unsere Ostseekreuzfahrt, einer der beliebtesten Anlaufhäfen, vor allem bei Deutschen, die von Kiel oder Warnemünde aus direkt in See stechen können. Kopenhagen wäre auch in Frage gekommen, aber da waren wir schon. Und unsere Lieblingsreederei fuhr von der schwedischen Hauptstadt aus, wie immer zu einem akzeptablen Preis für eine Außenkabine. Außerdem mit der Vision of the Seas, dem gleichen Schiff wie im Vorjahr.

Und wie im Vorjahr stand nicht so sehr die Kreuzfahrt im Vordergrund, sondern wir wollten Stockholm kennen lernen. Aber auch auf die anderen sehenswerten Großstädte an der Ostsee waren wir neugierig. Wir hatten einen späten Flug und kamen erst kurz vor Mitternacht in Stockholm an. Zum Glück hatten wir für zwei Nächte reserviert. Essen und Trinken gab es nur im nahegelegenen 24-Stunden-Supermarkt, und schwedische Kronen hatten wir auch nicht, dann eben mit EC-Karte.

Ich habe einige Bewertungen bei Tripadvisor geschrieben, die ich weiter unten wiedergebe.

### Stockholm, den 31.07.2010

Gleich nach dem Frühstück im Hotel ging es mit der Stadtbahn um die Ecke in die Innenstadt. Wir brauchten gar nicht erst den Stationsplan zu studieren, sondern fragten den Mitarbeiter, wo wir aussteigen müssten, um zum Königsschloss zu kommen. Einen solchen leistete sich die Stadtbahn an jeder Station, und wir konnten dort auch Fahrkarten zum richtigen Tarif kaufen. Mein Kommentar dazu:

### Der Nahverkehr in Stockholm

Er ist nicht ganz billig, der Nahverkehr in Stockholm, aber er ist komfortabel. An jeder (Stadtbahn-)Haltestelle sitzt einer, der Auskunft gibt und die Streifenkarte verkauft, die man für einen zweitägigen Aufenthalt braucht. Und das mit ein bisschen Englisch und ein paar schwedischen Kronen.

Auch der Schnellzug zum Flughafen, der Arlanda Express, war in diesem Sommer um 50 Prozent billiger. Und schneller kommt man nicht zum Flughafen oder zum Hauptbahnhof.

Wir besuchten die Altstadt Gamla Stan mit Dom und Schloss. Gingen durch die engen Gassen, bewunderten das Votivschiff in der Kirche und die Parade der Schosswache. Im Nobelmuseum waren wir nicht, haben es verpasst. Unweit des Schlosses liegen die Anlegestellen für die Ausflugschiffe. Wir machten eine Stadtrundfahrt per Schriff, ganz ähnlich wie in Amsterdam. Was wir alles gesehen haben, kann ich heute nicht mehr aufzählen, aber der Eindruck bleibt: Stockholm ist eine imposante Stadt.

Nach so viel Stadtbesichtigung mussten wir uns erst einmal ausruhen, um für den Abend fit zu sein, schließlich war Samstag. Der Reiseführer hatte uns das „Pelikan" empfohlen, ein klassisches Brauhaus in Södermalm, sehr empfehlenswert sind die Fleischbällchen (Köttbulla) mit Sahnesoße und Preiselbeeren. Nicht zu vergessen ist der ausgezeichnete Linien-Aquavit. Ein ebenso köstliches Erlebnis wie das Essen, nur nicht billig. Danach war der Abend vorbei. Hier meine Bewertung:

### Zum und im Pelikan in Södermalm, Stockholm

Man kann ganz einfach mit der U-Bahn fahren, Station Stanstull, und dann nach Norden laufen, 200 m rechts bis zum Lokal, Blekingegatan 40. Besser ist es, an der Schleuse den Aufzug zu nehmen. Ein freundlicher Mann kassiert dafür 10 SEK. Oben hat man einen schönen Blick über die Stadt. Dann langsam die Hauptstraße (Götgatan) entlang Richtung Pelikan. Rechts und links der Straße gibt es viel zu sehen. Das Pelikan erinnert stark an ein Köllner Brauhaus. Wir haben traditionell Köttbullar gegessen und dazu Bier vom Fass getrunken. Als Digestif gab es Linie Aquavit im Glas auf Eis. Wahrscheinlich der beste, mit 200 Kr. auf der Rechnung.

### Stockholm, den 01.08.2010

Heute ist Einschiffung, aber wir haben noch Zeit. Gestern sind wir auf dem Weg durch die Altstadt an der Deutschen Kirche vorbeigekommen. Auf dem Abkündigungszettel stand, dass am Sonntag ein deutscher evangelischer Gottesdienst stattfindet. Den haben wir dann auch besucht. Mein Bericht über die Deutsche Kirche in der Altstadt erzählt mehr darüber.

In der Altstadt (Gamla Stan) besuchten wir den Dom (Storkyrkan), in dem vor kurzem die schwedische Kronprinzessin geheiratet hat. Am besten haben uns dort der heilige Georg und das Votivschiff gefallen. Gleich neben dem Dom steht ein altes Telefonhäuschen, ein schönes Motiv.

## Die Deutsche Kirche in Stockholm

Unweit des Doms steht die Deutsche Kirche (Tyska Kyrkan). Die Kirche ist sowohl von außen als auch von innen sehenswert, da sie im Stil der deutschen Spätrenaissance und des deutschen Barock gestaltet ist. Wir besuchten den Gottesdienst mit einer ungewohnten evangelischen Liturgie, mit Sündenbekenntnis und kniendem Abendmahl. Die Orgel klang wunderschön. Leider reichte die Zeit nicht für einen Kirchenkaffee.

Mit den bewährten öffentlichen Verkehrsmitteln fuhren wir zum Hotel, holten unsere Koffer und ließen uns sagen, wie wir am besten zum Schiff kommen. Das geht mit der Buslinie 76 vom Hauptbahnhof aus. Beim Einchecken mussten wir dank unseres Platinum-Status nicht lange warten. In der Kabine lag schon der Plan für die ganze Kreuzfahrt. So wussten wir Tag für Tag, wo und wann wir ankommen, wann wir spätestens wieder auf dem Schiff sein müssen und was wir abends anziehen sollen. Und die wichtigen Dinge konnte man abhaken.

Um 18:00 Uhr gab es Abendessen im Restaurant, um 20:00 Uhr die Welcome Abroard Show und um 21:30 Uhr den Sonnenuntergang bei der Schärenrundfahrt. Morgen werden wir in Helsinki, Finnland sein.

## Helsinki, den 02.08.2010

Die Ausflugsbusse standen schon bereit. Wir hatten eine Tour gebucht, die uns versprach, den Dom von Helsinki zu besichtigen, in die Felsenkirche von Helsinki (Temppeliaukion Kirkko) zu gehen und im Freilichtmuseum Seurasaari Kaffee zu trinken. Es sollte ein ereignisreicher Tag zu werden, und das bei herrlichem Wetter.

Und so war es auch, viel und warm. Der Dom mit der großen Freitreppe hoch oben, strahlend weiß und schon mehr als imposant. Dann zur Felsenkirche, wir hörten auf der Orgel spätromantische Werke von Jean Sibelius, dem berühmten finnischen Komponisten. Danach ging es zum Freilichtmuseum, einem Museumsdorf. Alles wie zu Beginn des zwanzigsten Jahrhunderts. Es gab eine Führung und danach saßen alle bei Kaffee und Zimtgebäck zusammen.

**St. Petersburg, den 03.08.2010**

Bevor wir unseren gebuchten Ausflug mit Tagesprogramm machen konnten, mussten wir erst einmal durch die Immigration, ähnlich wie in den USA, und mit einer Visaerlaubnis, die immerhin 70 $ kostete. Das kam zu dem ohnehin schon teuren Ausflugspreis noch hinzu. Allerdings waren darin bereits Eintrittsgelder und Mittagessen enthalten. Wie bei der Ein- und Ausreise zu verfahren ist, zeigen die folgenden Informationen.

*Wichtiger Hinweis der russischen Einwanderungsbehörde Bitte beachten Sie, dass laut russischer Einwanderungsbehörde in St. Petersburg nur Gäste mit Royal Carribian - oder unabhängigen Ausflügen oder mit russischem Visum an Land gehen dürfen. Jeder Gast ist verpflichtet, eine Einreisekarte auszufüllen, die Sie in Ihrer Kabine finden. Diese Karte ist bereits mit den meisten Ihrer Daten ausgefüllt. Sie müssen nur noch Ihr Geschlecht, Ihre Passnummer (falls noch nicht eingetragen), Ihre Visumnummer (falls noch nicht eingetragen) und Ihre Unterschrift eintragen. Bitte halten Sie diese Karte griffbereit und vollständig ausgefüllt, bevor Sie das Schiff verlassen, um mögliche Verzögerungen Ihres Ausflugs zu vermeiden. Beide Seiten der Immigration Card müssen ausgefüllt und zusammen mit dem Originalreisepass dem Immigration Officer am Terminal vorgelegt werden. Der Beamte stempelt Teil A ab und reißt ihn ab. Der Teil B verbleibt im Pass und ist bei der Rückkehr zum Schiff dem Offizier auszuhändigen. - Vielen Dank für Ihre Aufmerksamkeit - Guest Services*

Hier unser Tagesprogramm: Besichtigung der Isaakskathedrale und der Bluterlöserkirche von außen, Besichtigung der Hermitage (Winterpalais) von innen, Mittagessen mit Vorführung und Schnaps im ehemaligen Postministerium, Panzerkreuzer Arora auf der Newa, Besichtigung der Peter- und-Paul-Festung von innen und außen und schließlich der obligatorische Souvenirkauf mit Schnaps. Um es gleich vorweg zu nehmen, wir waren danach platt, haben aber halb Russland gezeigt bekommen. Nun im Einzelnen.

Die Auferstehungskirche (Bluterlöserkirche) ist zweifellos die Vorzeigekirche, russischer kann eine Kirche nicht sein. Die Zwiebeltürme, so wurde uns erzählt, stellen Kerzen dar, deren Flammen spitz auslaufen. Die Isaakskathedrale gleicht eher der Hauptstadt in Washington. Nur mit der goldenen Kuppel ist sie prächtiger. Und wie überall an großen  Sehenswürdigkeiten sind auch hier Andenkenstände, vorzuweise mit den ineinandergesteckten Matrjoschkas.

Zweiter Band

Dann hatten wir unser Zeitfenster für die Hermitage. Vorbei an der Schlage und hinein in die riesige Kunstausstellung. Unsere Führerin setzte Schwerpunkte, sonst hätten wir es mit der Zeit nicht geschafft. Für diejenigen, die im Gedränge nicht mithalten konnten, gab sie folgenden Hinweis: "Gehen Sie zu einer der älteren Damen, die hier Aufsicht führen und sagen Sie: Babuschka, Exit Neva? und wir treffen uns dort zur vereinbarten Zeit. Wir brauchen diesen Hinweis nicht. Auf der Eintrittskarte ist der Winterpalast abgebildet, dreht man sie um, sieht man den imposanten Dvortsovaya-Platz.

Weiter ging es zum Mittagessen in die Katine des ehemaligen Telekommunikationsministeriums, eher ein Festsaal. Es gab wohl Boeuf Stroganoff und ein paar Gläschen Wodga. Die Amerikaner am Tisch staunten, als Ehefrau Eleonore erzählte, dass sie schon zu Sowjetzeiten hier gewesen sei, als die Stadt noch Leningrad hieß. Die Amerikaner raunten - you must be a hero! Um uns noch mehr Russland näher zu bringen, wurde getanzt und gesungen, nach Kosakenart.

Auf dem Weg zur Peter-und-Paul-Festung kamen wir am Panzerkreuzer Arora vorbei. Das imposante Kriegsschiff soll an die Oktoberrevolution erinnern.

Endlich sind wir an der Peter-und-Paul-Festung angekommen. Sie liegt auf der Haseninsel direkt an der Newa. Und auf ihr steht die Peter-und-Paul-Kathedrale mit ihrem 122 Meter hohen spitzen Turm. Hier liegen alle Romanows in ihren Sarkophagen. In einer Nebenkapelle stimmen liturgisch gekleidete Männer sakrale Gesänge an, mit der Kollekte wird nicht gespart. Wir nehmen Abschied von Peter dem Großen und seiner Festung. Das können wir am besten an seinem etwas komisch anmutenden Denkmal.

Nun neigt sich der Ausflug langsam dem Ende zu. Aber nicht, um noch ein bisschen shoppen zu gehen. Die Einkaufsmöglichkeit war schon vorher ausgekundschaftet und der Wodka schon kalt. Ich glaube, wir haben nichts gekauft. Waren einfach zu müde dazu. Wollten nur noch aufs Schiff, das Abendessen haben wir nicht mehr gegessen. Die russische Folkloreshow im Theater um 22:00 Uhr mochten auch nicht mehr. Das war zu viel Russland.

**Auf der Ostsee, den 04.08.2010**

Heute sind wir auf See. Wir können uns von gestern erholen und was wir in St. Petersburg vergessen haben einzukaufen, können wir vom Schiff aus in den Duty Free Shops nachholen.

Das Cruise Specials and More weiß Bescheid:

- Nehmen Sie die exquisiten St. Petersburger Schätze mit nach Hause, die von den direkten Nachfahren der berühmten Faberge-Familie hergestellt wurden. Sie werden die Eier in limitierter Auflage und die exklusive Auswahl an Schmuckstücken lieben, alles zollfrei, eine besondere Gelegenheit im Konferenzraum um 17.00 Uhr. Deck 6
- T-Shirt-Verkauf, nach Farben sortiert am Pool. Zwei T-Shirts für $20. Kaufen Sie eines für jeden in Ihrer Gruppe oder zwei verschiedene für sich selbst. Pool Deck, von 10 a.m. bis 3 p.m.
- Erstaunliche russische Souvenirs: Ein Besuch in Russland ist ein einmaliges Erlebnis. Warum nicht ein Souvenir für sich und Ihre Lieben mit nach Hause nehmen? In den Tax-and-Duty-Free-Shops auf Deck 6 finden Sie eine große Auswahl an russischen Souvenirs, darunter auch Matrjoschkas.

**Riga, Lettkand, den 05.08.2010**

Jetzt sind wir im Baltikum, genauer gesagt in der lettischen Hauptstadt Riga. Das Schiff ist die Daugava - zu Deutsch Düna - hinaufgefahren und hat vor der Vansu-Brücke angelegt. Ein privater Shuttle-Service zur Altstadt wurde eingerichtet. Da wir nicht wussten, wie weit es ist, zahlten wir 8 € und mussten warten, bis der Bus voll war. Bis zum Schwarzhäupterhaus waren es nur 1,6 km. Da kam schon Unmut über die Abzocke auf. Wir beschlossen, zu Fuß zurück zum Schiff zu gehen.

Auf dem Schiff bekamen wir einen Plan mit den Sehenswürdigkeiten in die Hand gedrückt, sogar auf Deutsch. Den haben wir Stück für Stück abgeklappert und fotografiert. Zuerst zum Domplatz mit der massiven Kathedrale aus rotem Backstein direkt im Zentrum von Riga, dann zu den Drei Brüdern, das sind drei nebeneinanderstehende Steinhäuser, die zu den ältesten Gebäuden der Stadt gehören. Jedes der Häuser hat einen anderen Stil - vom Mittelalter bis zum Barock. Am Rande der Altstadt liegt das Schloss, der Sitz des lettischen Präsidenten.

Weiter ging es entlang des Pilsetas-Kanals, der wie ein Park die Altstadt umgibt, und schließlich kamen wir in das Jugendstilviertel. Und wir informierten uns im Internet: Riga gehörte zu den europäischen Hauptstädten, in denen sich der neugeborene Stil laut, überzeugend und markant genug äußerte, er fand auch in der Architektur anderer lettischer Städte und sogar auf dem Lande seinen Widerhall.

Zweiter Band

Gut, dass wir ein Faltblatt mitgenommen hatten, das einen Spaziergang durch das Jugendstil-Riga beschrieb.

Spätestens um 16:00 Uhr mussten wir an Bord sein, gut, dass es vom Jugendstilviertel nicht weit zum Schiff war. Vom Oberdeck hatten wir einen schönen Blick auf die Altstadt. Nun ging es die Düna hinunter zur Ostsee in Richtung Gdingen / Danzig.


**Gdingen/Danzig, den 06.08.2010**

Man nennt sie die Dreistadt, zu deutsch - Gdingen-Sopot-Danzig, sie bilden die Seehauptstadt Polens. Gdynia, einst ein Fischerdorf, wurde nach dem Zweiten Weltkrieg zum Seehafen. Sopot ist ein bekannter Kurort mit einer einen halben Kilometer langen Seebrücke. Und Danzig, im 2. Weltkrieg fast völlig zerstört, ist mit seiner mittelalterlichen Bebauung wieder neu erstanden. Soweit die Orientierung.

Wir hatten einen Ausflug gebucht, mit dem Bus zur Rechtstadt in Danzig. Eigentlich dauert die Fahrt dorthin eine gute halbe Stunde, aber aus einer wurden fast zwei. Der Verkehr staute sich bis nach Danzig hinein. In der Zwischenzeit haben wir viel über die Dreistadt erfahren. Über die tausendjährige Hansestadt, die Freie Reichsstadt, die Solidarnosc-Bewegung. Die Stadtführerin blühte richtig auf.

Hätten wir die Rückseite des Stadtplans gelesen, den es auf dem Schiff gab, hätten wir den Zug genommen, für wenig Geld. Eine knappe halbe Stunde und man ist mittendrin. Gut, der Bahnhof in Gdynia war auch nicht gerade um die Ecke. Also hat uns der Bus am Alten Hafen abgesetzt und nach zwei Stunden wieder eingesammelt. Zurück ging es dann schneller.

In Gdansk war wegen eines Festes richtig was los. Eine Stadtführung war wegen der Menschenmassen nicht möglich. Also haben wir unseren Stadtplan geschnappt und uns auf den Weg gemacht. Ich musste auch in einen Bernsteinladen. Erstaunlich, wie gut die junge Verkäuferin deutsch sprach.

Sehenswert, eine kleine Auswahl:

*Die **Marienkirche** ist in ihrer vollen Pracht vom Rathausturm bestaunen.*

*Das **Rechtstädtische Rathaus** mit seinem Turm ist eine der Top-Sehenswürdigkeiten am Langen Markt.*

Zweiter Band

*Am westlichen Ende der Langgasse befindet sich das **Goldene Tor** und dahinter der Stockturm.,*

*Der **Artushof** ist ein weiteres Bauwerk am Langen Markt, dass alle Blicke auf sich zieht*

*Das **Grüne Tor** befindet sich zwischen dem Langen Markt und der Mottlau*

*An der Mottlau gelegen ragt das imposante **Krantor** in die Höhe. Es ist ein Wahrzeichen von Danzig und gilt als **größter mittelalterlicher Hafenkran Europas**.*

*Das **Westerplatte-Denkmal** ehrt die polnischen Soldaten, die die Halbinsel gegen die Deutschen verteidigt haben.*

### Visby auf Godland, Schweden,den 07.08.2010

Visby an einem Samstag. Wir sind in Visby, der größten Stadt auf Gotland, die zu Schweden gehört, aber 90 km vom Festland entfernt liegt. Hier tummelten sich im Mittelalter viele, die Wikinger, die Kaufleute der Hanse und auch die Vitalienbrüder mit ihrem Anführer Klaus Störtebecker. Dass Visby im mittelalterlichen Handel führend war, sieht man an der Stadtmauer mit den vielen Türmen rund um die Stadt, den 28 Kirchen und Klöstern und den 200 mittelalterlichen Steinhäusern mit den Rosengärten ringsum.

In Visby muss das Schiff auf Reede liegen. Tenderboote bringen die Passagiere in den kleinen Hafen. Verlaufen kann man sich nicht, leider regnet es unaufhörlich, ein Spaziergang macht keinen Spaß und so sind die wenigen Restaurants und Cafés überfüllt. Wir suchen Schutz vor dem Regen in der Marienkathedrale. Dort finden in kurzen Abständen Folklorekonzerte statt. Die Frauen haben wunderschöne Stimmen. Als der Regen etwas nachlässt, schlendern wir langsam zum Schiff zurück. Gerade noch rechtzeitig, denn danach hat es richtig geplätschert.

### Zurück in Stockholm, den 06.08.2010

Nach dem Aussteigen fuhren wir zum Hauptbahnhof, um unsere Koffer abzugeben. Die konnten warten, bis wir das Vasa-Museum besucht hatten. So viel Zeit blieb uns bis zu unserem Flug nach Hause. Das Vasa-Museum hatten wir bei der Bootsfahrt schon von außen gesehen, jetzt wollten wir auch mal reinschauen.

Im Vasa Museum und drum herum

Das Vasa Museum ist ein Muss. Im Halbdunkel ein erhaltenes Kriegsschiff aus dem 17. Jahrhundert. Die Führung auf Deutsch war hervorragend, den Film über die Bergung sollte man sich ansehen. Ganz unten sind die Köpfe der beim Untergang umgekommenen Menschen mit ihrer Kleidung nachgebildet und dazu ihre Geschichte. Sehr beeindruckend und lehrreich. Das Drumherum: Das Café ist sehr schön. Auf der Veranda lässt es sich gut sitzen. Auch die Würstchenbuden auf dem Weg zum Eingang waren gut besucht. Nächstes Mal probieren wir. Und das blau-goldene Tor lockt zu einem Spaziergang in den Park. Oder vielleicht doch ins Junibacken, das Pippi-Langstrumpf-Museum.

Ich zitiere weiter aus dem Museumsprospekt: *Willkommen im Vasa.Museum - Am 10. August 1628 sank das Kriegsschiff Vas auf seiner Jungfernfahrt im Stockholmer Hafen. Nach 333 Jahren auf dem Meeresgrund konnte das Wrack 1961 geborgen werden. Das restaurierte Schiff mit seinen Hunderten von geschnitzten, prachtvollen Skulpturen besteht zu 95 % aus Originalteilen. Die Vasa bietet einen einzigartigen Einblick in das Schweden des frühen 17. Jahrhunderts und zählt heute zu den größten Touristenattraktionen der Welt - wir wünschen Ihnen einen interessanten Besuch!*

Ja, es hat uns sehr gut gefallen und es wäre schade, wenn wir es nicht gemacht hätten. So fand unsere Kreuzfahrt ein schönes Ende. Jetzt ab zum Hauptbahnhof, den Airport Express nehmen und ab nach Hause.

**Wie hat uns die Kreuzfahrt gefallen?**

Wir sind auch dieses Mal in Europa geblieben, die weite Anreise haben uns gespart. Eigentlich war es eine Städtereise mit dem Schiff. Jede der Städte wäre eine Reise wert. Bis auf Stockholm, das wir uns näher anschauen konnten, blieben die anderen nur flüchtige Eindrücke, was uns besonders bei St. Petersburg auffiel. Visby fiel aus dem Rahmen, trotz des schlechten Wetters hatten wir etwas überschaubares, landestypisches vor uns. Es war ein schöner Ausflug ohne Bus und Führung.

## North to Alaska – Auf nach Alaska – und mit der Familie weiter durch die U.S.A.

North to Alaska ist ein bekannter Country-Schlager, der vom Goldrausch dort handelt. Nun, wir wollten nicht nach Gold schürfen, sondern wieder eine Kreuzfahrt in den Norden machen. Diesmal nicht in Europa, sondern es zog uns wieder nach Amerika. Mit dem Goldrausch wurden wir auch konfrontiert, wir sind auf den White Pass Trail gewesen, mit dem Zug. So konnten wir nachvollziehen, wie die Goldsucher nach Dawson City im Yukon Territory kamen, ohne Bahnanschluss. Aber davon später.

Zurück zum Norden und zur Quizfrage: Was liegt höher im Norden, der Geiranger Fjord in Norwegen oder Anchorage in Alaska? Tatsächlich liegt der norwegische Fjord einen Breitengrad höher als die Stadt am Cook Inlet, bei 62 Grad nördlicher Breite.

Und dann war da noch der Wunsch meiner Tochter Solveig, das Nachbarskind und ihre beste Freundin zu besuchen. Und meine Tochter Louise wollte unbedingt in New York City shoppen gehen. So wurde vereinbart, dass wir uns in NYC treffen und dann weiter in den Mittleren Westen nach Des Moines, Iowa fahren. So kommt es, dass ich auch darüber berichten muss, wenn auch kürzer.

Also erst die Kreuzfahrt, wieder mit der Royal Carribian Cruise Line, dann die Tage in Vancouver, von Newark mit dem Mietwagen in die Plains und schließlich

Chicago. Auch der Zwischenstopp in Dublin war ein Erlebnis. In die Beschreibung der Kreuzfahrt habe ich viele Beiträge von Tripadvisor einfließen lassen. Was man einmal geschrieben hat, kann man immer wieder verwenden und hier gleich der erste Tipp, wie man es besser machen kann.

### Zug zum Flug, Köln — Frakfurt/M. Und wie man es besser machen kann

Ein ICE-Ticket zu buchen für 29,00 €, das wär's. Das gab es nicht mehr, also dann für 49,00 €. Mit Kreditkarte gebucht und zur Identifikation mitgenommen. Als ich das für meine Frau buchen wollte, gab es dieses Angebot auch nicht mehr. Jetzt den vollen Preis von 122,00 € wollte ich auch nicht zahlen. Dann eben 1. Klasse Sparpreis für 79,00 €. Irgendwie hat es sich gelohnt: „Wollen Sie eine Zeitung oder einen Kaffee" usw., bequeme Sitze, viel Platz. 2. Klasse Gedränge. Trotzdem ist der Zug eine echte Alternative (Dauer 54 Minuten, keine Parkplatzprobleme/-gebühren. Und vielleicht buche ich nächstes Mal 2 Tickets auf eine Kreditkarte, wenn ich weiß, wie das geht. Der Flughafen FRA hält die Passagiere fit, 20 Minuten bis zum Check-in sind nichts. Wer mit Lufthansa oder Condor fliegt, für den gibt es Schalter direkt über dem Fernbahnhof. Das ist praktisch, wenn man sich verspätet. Für USA-Flüge gibt es besondere Kontrollen, abgesehen von den übereinstimmenden Daten in ESTA und APIS. Und manche müssen sich in der Umkleidekabine einer Leibesvisitation unterziehen. Zum Boarding muss man den Abflugbereich verlassen und die F.I.S. auf dem Pass muss mit der Bordkarte übereinstimmen, sonst kommt man nicht rein. Übrigens, wenn man das ESTA gemacht hat, braucht man die Immigration Card nicht mehr auszufüllen (Immigration Officer: „That's old, you dont need it"), nur die Zollerklärung beim US-Customs abgeben. So haben wir wieder etwas gelernt.

### Über den Wolken nach Anchorage, Alaska, den 12.07.2011

Es war ein schöner Flug. So über Grönland mit den eisbedeckten Bergen und mit den Eisschollen auf dem Meer. Den Flug habe ich weiter unten ausführlich beschrieben. Was wir sonst noch an dem Tag gemacht haben, darüber habe ich gepostet, siehe weiter unten.

### Flug nach Anchorage und Anbindung zur Stadt

Wir waren etwas früher am Schalter in Frankfurt. Dort haben wir von Condor einen schönen 2er-Platz am Anfang der Kabine bekommen. Das waren fast 15 qm für uns allein, fast wie 1. Klasse. Der Flug war pünktlich und ruhig und dauerte etwas mehr als 9 Stunden. Zwischendurch gab es den Film "The King's Speech" und reichlich zu essen und zu trinken. Die nette junge Stewardess toppte das Ganze. Für den Flug haben wir keine 500 € bezahlt und der ging direkt. Die Amerikaner, die wir trafen, sagten, sie hätten länger von Reno / Nevada gebraucht und mussten mehrmals umsteigen. Wir kamen am North Terminal an. Dort ging es schnell mit der Immigration und, da wir keine Früchte, Krankheiten oder Drogen zu deklarieren hatten, auch schnell durch den Zoll. Mit dem Gepäck waren wir leider die letzten. Mit dem Hotelshuttle hat es nicht geklappt, der fährt zu festen Zeiten vom Südterminal ab. Der Flughafenbus fährt alle 30 Minuten, wenn man die Haltestelle am Ende des Terminals findet. Also haben wir ein Taxi genommen, für erschwingliche 10 $ + Trinkgeld (nach Midtown Anchorage). Übrigens ist der größte Wasserflughafen nur 2 Blocks entfernt.

### *Das Glacier Brewing House in der Downtown*

Wenn man in Alaska ankommt, hat man 10 Stunden Zeitersparnis. Wir sind mittags angekommen, in unser Hotel SpingHill Suites gefahren und dann gleich mit dem 75er Bus vor der Tür (der 102er geht auch) zur Downtown. Das SpingHill Suites Hotel ist übrigens sehr zu empfehlen, auch wenn im Hauptreisemonat alles teuer ist. Der Bus (Peoplemover) fährt allerdings nur jede Stunde und kostet für Senioren (60+) nur 50 Cent.

Als wir ankamen, hatten wir den "Alaska-Sommer", d.h. leichten aber beständigen Regen. Da sahen wir an einer Hauswand groß GLACIER BREWING HOUSE. Da wir uns schon gestern, oder war es vorgestern, auf einen Brauhausbesuch "vorbereitet" hatten (es war das UNKELBACH in Köln-Klettenberg), konnte es nicht schaden, dort einzukehren. Es war gut besucht, aber an den High Tables konnte man sich wie gewohnt hinsetzen.

Wir setzten uns neben zwei junge Damen, die uns empfahlen, ein Test Set (6 Sorten Bier) zu probieren (das stand nicht auf der Karte). Die Brauerei hatte verschiedene Biere im Angebot, darunter auch Bavarien Beer (Hefeweizen). Wir blieben bei Outmeal Stought (dem Guinness sehr ähnlich) und bestellten dazu eine Portion Fish (Cot von bester Qualität) & Chips (noch besser als in Belgien).

Der Bus zum Hotel fuhr auf der Parallelstraße (C-Str) zurück. Dort stiegen wir eine Station zu früh aus und mussten eine Viertelstunde laufen. Also immer bis zur 36th Ave fahren.

**Anchorage, Alaska, den 13.07.2011**

Den ganzen Tag in Anchorage, was macht man da? Wir haben Erfahrungen gesammelt: Wie es sich in einem Wasserflugzeug anfühlt, was es alles in einem Walmart Supermarkt gibt und wie spezielle Fleischsorten schmecken. Erfahrungen, die man in Europa kaum machen kann. Dazu zwei weitere Postings.

### *Anchorage Floatplane Experiences*

Heute wollten wir mit dem Wasserflugzeug fliegen. Nach dem Frühstück (Buffet), so viel Plastikgeschirr (dann Plastikmüll) habe ich noch nie gesehen, hat uns die freundliche Dame von Spring Hill Suites by Marriott mit dem Shuttle zum Flughafen gebracht. Direkt neben dem Flughafen liegt der Spenard Lake. Dieser dient mehreren Wasserflugzeugfirmen als Start- und Landebahn. Die bekannte Firma Rust's Flying Service hatte leider einen Beförderungsstau. Die wegen Regen ausgefallenen Flüge mussten nachgeholt werden. Schade, für 100 $ hätten wir einen kleinen Rundflug machen können, naja, gleich nebenan ist das Alaska Aviation Museum. Es zeigt das Leben der Buschpiloten und viel altes Fluggerät, kurioserweise auch die Kamikaze-Binde aus den japanischen Angriffen. Das Museum ist eine Empfehlung. So richtig angemacht wollten wir vom Fliegen nicht mehr lassen. Aber die 750 Dollar für einen eineinhalbstündigen Privatflug waren uns dann doch zu viel. Nach endlosem Warten auf den Bus nach Downtown wollten wir in der Paradestraße (5th Street) etwas essen. Die Restaurants dort sind nicht zu empfehlen. Es war das erste Mal in Amerika, dass wir nicht bedient wurden. Sehr gut ist aber Sack's Cafe, beim Visitor Center um die Ecke (Eklectric American Food).

### *Anchorage Midtown - der Walmart*

Anchorage ist in nordwestlicher Richtung wie folgt strukturiert: Downtown, Parks (das ehemalige Rollfeld), Midtown, Flughäfen. Midtown hat den Charakter eines Industriegebietes mit Hotels, Einkaufszentren und Firmensitzen. Unter anderem gibt es einen riesigen Walmart. Eigentlich wollten wir nur einen Adapter für die Steckdose kaufen. Die freundliche Verkäuferin war hilfsbereit, nur den richtigen fanden wir nicht. An unserem für amerikanische Ohren exotischen Englisch merkte sie, dass wir aus Deutschland kamen. Sie war vor kurzem dort gewesen, im bergischen Hückeswagen (bei Wuppertal), bei ihren Verwandten. Ich erzählte ihr, dass meine Tochter dort unterrichtete. Sie hat sich sehr gefreut. So klein ist die Welt. Gleich neben der Haushaltsabteilung konnte man alle möglichen Kurz- und Langwaffen kaufen (fast wie auf dem Krabbeltisch). Pistolen ab $238, 45er Revolver bis zu $958. Bei den halbautomatischen Gewehren habe ich nicht hingeschaut und auch nicht nach den Erwerbsbedingungen gefragt (in Virginia haben schon 12-Jährige das Recht auf eine Waffe). Ich weiß aber, dass der Verkauf an Personen unter 21 Jahren verboten ist. Meine Töchter (28 und 24 Jahre alt) mussten sich oft ausweisen. In diesem Walmart gibt es auch eine Apotheke. Das war die beste Gelegenheit, ein vergessenes Medikament zu kaufen. Der Apotheker wollte ein Rezept von einem amerikanischen Arzt sehen (Sorry, what you need is a prescription from an american doctor). Jetzt weiß ich es, für solche Fälle gibt es beim ADAC Auslandspaket eine Hotline und entsprechende Unterstützung.

Am frühen Abend fuhren wir in die Innenstadt, umsonst, denn es ist Mittwoch, Senior Day im öffentlichen Nahverkehr. Donnerstag ist Childrens Day, da fahren die Kleinen umsonst. Das „Snow Goose" ist wieder eine Empfehlung von Einheimischen. Das Lokal hat eine eigene Terrasse mit Blick auf den Hafen im Cook Inlet. Es gibt leckeres Bier (Alaska Amber ist meine Empfehlung) und Karibu, Rentier und Samon in allen Variationen, als Wrap, Burger etc. Dafür muss man eine Vorliebe haben, sonst sollte man bei Hühnchen und Kabeljau bleiben. Die Rückfahrt war natürlich kostenlos und wir stiegen an der richtigen Haltestelle aus,

**Auf dem Weg nach Seward, Alaska, den 14.07.2011**

Heute verlassen wir Anchorage und fahren nach Seward, unserem Einschiffungshafen. Dort erwartet uns die Radiance of the Seas. Wir haben die Tickets für den Transfer im Souvenirladen gekauft. Der Bus fährt vom Anchorage Museum am Rasmuson Center ab. Dazu habe ich folgendes für Tripadvisor geschrieben:

*Im Museum ist sehr schön dargestellt, welche Völker eingewandert sind bzw. seit Urzeiten dort gelebt haben. Im Panhandle waren es die Stämme der Haida und Tlingit (Indianer), dann die Eskimos an der Küste und Leute, die über die*

*Beringstraße kamen (Aleuten und Zentralalaska). Dann die Russen und die Amerikaner.*

Im Museum sprach uns die Mutter eines Mädchens im Grundschulalter an, weil ihre Tochter uns deutsch sprechen hörte. Wir erfuhren, dass das Kind in eine Schule geht, in der gleichzeitig Englisch und Deutsch unterrichtet wird. Das Mädchen war zu schüchtern, um uns etwas auf Deutsch zu fragen. Auf meine Frage "Do you know what goodbye is in German?" kam ein schüchternes Auf Wiedersehn. Wie süß!

Im Cafe' des Museums, mit dem bezeichnenden Namen MUSE. gab es neben gutem Essen einen hervorragenden Chocolate Cake. Die Bedienung, ein All American Girl, sagte nur: "You will hate it". Exelent. Wer nach Seward zum Cruise Ship will, muss Zug oder Bus nehmen (oder selber fahren).

Die Alaska Railroad fährt um 6 Uhr morgens, das war uns zu früh. Also Bus um 2 Uhr nachmittags. Die Haltestelle ist gleich um die Ecke vom Museum und wir nutzten die Wartezeit für den Museumsbesuch. Der Bus fuhr auf dem Seward Highway am Turnagain Arm des Cook Inlet entlang. Dann über den Moos Pass, entlang der Resurrection Bay. Immer auf der einen Seite Wasser, auf der anderen Bergkette. Landschaftlich wunderschön, sogar ein Dall-Schaf (sieht aus wie ein Steinbock) haben wir gesehen. Schließlich waren wir nach 3 Stunden am Small Boat Habour in Seward.

### Der Small Boat Habour in Seward

Da standen wir nun, von Anchorage kommend, mit Sack und Pack bei der Hafenmeisterei in Seward, mitten im Small Boat Habour. Von Taxis keine Spur, dafür ein kostenloser Rundbus. Ein Schulbus, wie man ihn aus amerikanischen Filmen kennt, gelb, lang, laut und für Kreuzfahrtkoffer völlig ungeeignet Das Gute war, dass er direkt vor unserem Hotel hielt. Das Van Gilder Hotel ist ein Hotel aus der guten alten Zeit (Dusche und Toilette extra) und wurde 1916 im Zusammenhang mit dem Bau der Alaska Railroad erbaut. Seward war der Landungshafen. Heute legen neben dem Small Boat Habour die großen Kreuzfahrtschiffe an (eins). In Seward gibt es einen Rundgang zu einigen erhaltenen Häusern und Kirchen. Belebt ist eigentlich nur der Small Boat Habour (hier tobt das Leben) und die Straße zum Sea Life Center, dazwischen liegen 2,5 km Campingplätze im Seward Waterfront Park. Jetzt wissen wir auch, warum der Bus alle halbe Stunde seine Runden dreht.

## Das Chinook-Fischrestaurant in Seward

Der Hunger trieb uns wieder hinaus. Also ab in den Shuttle-Bus zum Small Boat Habour. Um 19 Uhr war dort richtig was los. Wir wollten King Crab probieren, eine teure, aber sehr beliebte Spezialität. Unter Hotelwirt hatte uns das Chinook Fish Restaurant empfohlen. Die Leute warteten schon auf der Straße. Wir hatten Glück und warteten an der Bar mit einem Glas dunklem Alaska-Bier. Dann wurde uns ein Tisch mit wunderbaren Blick auf den Hafen im Obergeschoss zu gewiesen. Das Krabbeltier war ein Gedicht (es werden nur die Beine serviert, die geknackt und der Inhalt mit zerlassener Butter und Zitrone gegessen werden). Der amerikanische Pinot Gris passte gut dazu. Im Hafen war etwas los. Der angelandete Fisch (Lachs) wurde öffentlich zerlegt und zum Räuchern vorbereitet.

Gut gesättigt liefen wir die 2 Meilen an der Waterfront entlang zum Hotel. Es war ein wundervoller Abend, der Sonnenuntergang trug seinen Teil dazu bei.

### Seward, Alaska, den 15.07.2011

Heute ist Einschiffung, wir haben also noch bis zum Nachmittag Zeit. Die Koffer haben wir so lange im Hotel gelassen. Wir machten die Historic Seward Walking Tour und fühlten uns ins späte 19. Jahrhundert zurückversetzt. Und ein Souvenir haben wir auch gekauft, einen kleinen Totempfahl. Dann waren wir im Sea Life Center, der Attraktion in Seward. Hier, was ich geschrieben habe:

Senioren zahlen in angelsächsischen Ländern weniger, so auch im Sea Liefe Center, 10% off. Die Stars dort sind die Puffins (Papageientaucher). Ein Vogel hatte sich darauf spezialisiert, die Besucher im Becken nass zu machen, indem er sich auf den Rücken drehte und mit den Flügeln schlug. Es war ihm ein Vergnügen. Beeindruckend war es auch, die Seelöwen im Unterwasserbereich zu beobachten. Nicht versäumen sollte man den schönen Blick von der Aussichtsplattform auf den Resumtionsfjord. Im Visitor Shop kaufte meine Frau ein Paar entzückende Puffin Earrings, die leider verloren gingen. Die Wiederbeschaffung ist schwierig und zeitaufwendig. Von dort aus starteten wir unsere Kreuzfahrt. Als wir auf den Bus zum Hafen warteten, sah ich eine Büste von Senator William H. Seward, dem Namensgeber des Ortes. Der Senator war verantwortlich für den Erwerb der russischen Gebiete in Nordamerika, Alaska wurde für 7,2 Millionen Dollar gekauft. Man nannte ihn auch den "kleinen

Löwen", er war ein Intimfeind des Einwanderers Carl Schurz (ebenfalls Senator, Innenminister und Bürgerkriegsgeneral).

*Cruise Feature: „Von Beliebigkeit und fehlender Kommunikation" (Von Seward zum Hubbard Gletscher. Kreuzfahrtimpressionen)*

Von Seward aus ging es los. Mit einem Seetag zum Hubbard Gletscher, ein echtes Highlight. Wir fuhren mit der 311 Meter langen Radiance of the Sea. Wie auf allen Schiffen der Royal Caribbian International gibt es zwei Abendessen. ein frühes und ein spätes. Das frühe (18.30 Uhr) ist sehr beliebt. das späte (20.30 Uhr) nicht so sehr. Wir hatten das späte Dinner. Der Tisch wird für die Reisedauer zugeteilt, nach welchen Kriterien kann ich heute noch nicht sagen, obwohl wir einige Kreuzfahrten mit RCCL gemacht habe. Sicherlich setzt der Oberkellner die Leute nach Sprachgruppen zusammen. Wenn gut die Hälfte Amerikaner an Bord sind, wird es für eine Handvoll Deutsche schwierig. So kam es, dass wir alleine an einem 10er Tisch saßen. Wir hatten einen schönen Fensterplatz und einen super Service (Kellner, Hilfskellner und Oberkellner alles fest in indischer Hand). Ein Inder fiel aus, dafür kam ein Guatemalteke (sehr nett).

Am 2. Seetag bekamen wir Zuwachs, zwei amerikanische Paare. Sie nahmen „unsere" Plätze ein und sagten kein Wort, weder untereinander noch zu uns. Wir bekamen noch bessere Plätze, aber keine Kommunikation (und ich glaube, unser Englisch ist verständlich). Am nächsten Abend war festliche Kleidung angesagt (Formal Dinner). Unsere Tischnachbarn hatten nur Polohemden an. Wir hatten die Hoffnung aufgegeben, noch ein paar Worte mit unseren Mitreisenden zu wechseln, manchmal scheinen die kulturellen Unterschiede nicht so leicht überbrückbar zu sein. Am Ende der Reise wussten wir, dass sie aus North Carolina kamen und einen Gletscherflug gemacht hatten. Das obligatorische Tischfoto durfte auch nicht fehlen, es gab eine herzliche Verabschiedung, nicht nur vom Serviceteam. Die Ankunft am Gletscher entschuldigte uns für alles.

**Hubbard Gletscher, Alaska, den 16.07.2011**

Annäherung an einen blauen Traum - den Hubbard Gletscher. Gegen Mittag näherte sich das Kreuzfahrtschiff dem Hubbard Gletscher. Es wurde deutlich kühler und das erste Eis schwamm auf der glatten See. Der Hubschrauberlandeplatz diente ausnahmsweise als Aussichtsplattform. Die

Versorgung mit warmen Getränken (auch Hochprozentiges war dabei) war während des gesamten Besuchs (4 Stunden) gewährleistet. Seitlich grüne Hänge und vor uns der Gletscherabbruch. Immer wieder brachen Teile ab. Trotz des wolkenverhangenen Himmels sah man das zarte Blau, hervorgerufen durch die Dichte des Eises. Einfach schön - ein Erlebnis. Schließlich drehte das Kreuzfahrtschiff bei und fuhr in Richtung Juneau.

## Juneau, Alaska, den 17.07.2011

Heute Morgen sind wir in der Hauptstadt Alaskas angekommen. Wir haben keine Tour gebucht, da die Attraktion gleich neben der Anlegestelle war, die Mount Roberts Tramway. Ich habe darüber folgendes gepostet:

### *Mount Roberts Tramway (Seilbahn und Trail auf den Mount Roberts)*

Nur wenige Schritte vom Kreuzfahrtschiff entfernt befindet sich die Talstation. Für 27 $ kann man rauf und runter fahren, oben durch den "Park" spazieren und den Blick auf den Gastineau Channel und die Stadt Juneau genießen. Ich will von Kuriositäten berichten. Die Gondelführerin, eine junge Tlingit-Indianerin, gibt während der Fahrt Informationen über die Seilbahn, sich selbst und ihren Stamm. Lesenswert sind die Bear-Precautions: Zeige dem Bären, dass du ein Mensch bist und mache Lärm. Schau dem Bären nicht in die Augen usw. Schließlich gelangten wir zum lahme Seeadler in seinem Käfig, armes Vieh. 500 m über dem Ort hat man einen sehr schönen Rundblick - einfach herrlich, und das Wetter spielte mit.

Jueau als Hauptstadt des US-Bundesstaates Alaska ist überschaubar. Und so schlenderten wir einfach durch. In einem Laden wurden wir auf eine Biersorte aufmerksam, die wir schon von zu Hause kannten, das Kölsch hieß hier Alaskan Summer Ale. Die Verkäuferin freute sich über unseren Tipp. Als Souvenir kauften wir einen Flaschenöffner. Wir liefen noch ein Stück weiter und besuchten zwei kleine Kirchen, die sehr unterschiedlich waren.

### *Zwei Kirchen auf der 5th Street in Juneau, Allaska*

Etwas abseits des Trubels, in der 5th Street, gleich hinter dem Capitol, liegen die russisch-orthodoxe Kirche St. Nicholas und die "Kathedrale" der Geburt der gesegneten Jungfrau Maria. Beide nur ein paar Schritte entfernt, aus Holz und weiß gestrichen. Sehr schön, zum einmal Hineingehen. In der orthodoxen Kirche das Inventar, in der katholischen die schönen Fenster. Auf dem Rückweg zum Kreuzfahrtschiff am Capitol vorbei zum Bären(denkmal) und auf der anderen Seite zum Totempfahl. Die Kneipe Silverbow Inn ist aus den 30er Jahren und die Juneau Laundry auch. Also ein schöner Spaziergang etwas abseits des Gedrängels. Bei einem Bier kann man den Wasserflugzeugen beim Starten und Landen zuschauen.

**Skagway, Alaska, den 18.07.2011**

Heute haben wir in Skagway angelegt. Hier begann Ende der 1890er Jahre der Klondike-Goldrausch. Deshalb ist Skagway Teil des National Historic Parks. Viele Gebäude stammen noch aus dieser Zeit. Und die Geschichten auch.

Wir haben zwei Dinge gemacht: Zuerst sind wir durch die historische Altstadt gelaufen und dann mit dem Zug auf den Pass gefahren. Jetzt kommt, was ich auf Tripadvisor veröffentlicht habe.

### *Vom Railroad Dock über die White Pass Railroad die Broadway Street enlang*

Die Broadway Street ist die Hauptstraße der Gold Rush Town. Mit der Fähre kommt man direkt hinauf, mit dem Kreuzfahrtschiff muss man etwas laufen, am Dock entlang zur White Railroad Junction über den Bahnhof in die Stadt. Wer die knappe halbe Stunde nicht zu Fuß zurücklegen will, nimmt ein Street Car im Stil der 20er Jahre mit einer Chauffeurin im entsprechenden Kostüm. Die Straße hoch gibt es den Museumssalon zu sehen, in dem Soapy Smith und Frank Reid ihr Unwesen trieben. Jetzt liegen sie auf dem Goldgräberfriedhof, etwas außerhalb. Dann das Skagway Theater, in dem Szenen aus der Goldrauschzeit nachgespielt werden. Die ehrenwerten *Herren* am Eingang laden ein, die netten *Damen* tun ihr Übriges. Die Straße hinunter gibt es ein kleines Museum, einen größeren Souvenirladen und etwas weiter den Red Onion Saloon. Hier kann man sehen, wie die Straße um 1898 ausgesehen hat und wie sie heute aussieht. Ein Spaziergang lohnt sich also. Und vielleicht sieht man ja die Dampflok der White Pass Railroad unter Dampf.

### *White Pass and Yukon Railroad – Skagway*

Man kann viel im Prospekt nachlesen, aber man muss es erlebt haben. Die White Pass Railroad fährt direkt von den Kreuzfahrtschiffen ab, wie praktisch. Das Ticket kostet 120 $, nicht gerade billig. Dafür bekommt man gute 3 Stunden

Unterhaltung. Der Brake Man knipst die Tickets, der Conducteur schaut nach dem rechten und der Engineer gibt der Maschine (Diesel alternativ Dampf) Power. Es geht entlang des alten Trails von 1898, vorbei am alten Friedhof, immer den Pass hinauf. Die Goldgräber von damals hatten drei Möglichkeiten, zum Klondike zu gelangen: Die über 1000 ins Eis geschlagenen Stufen hinauf (die Bilder kennt man), den Trail oder etwas später die Schmalspurbahn zu nehmen. Oder, wenn man reich war, mit dem Schiff durch halb Alaska zum Yukon River nach Dawson City. Während der Fahrt hatte ich ein nettes Gespräch mit einem Amerikaner aus Utah. Er plauderte in schlechtem Deutsch und ich antwortete in schlechtem Englisch. So unterhielten wir uns auf der Plattform und machten unsere Fotos. Oben angekommen wurde rangiert und es ging die ganze Strecke zurück. Wasser in Flaschen gab es umsonst. Wirklich ein schöner und lohnenswerter Ausflug, zumal man an der Endstation direkt ins Schiff purzeln kann.

### Icy Strait Point, Alaska, den 19.07.2011

So die Ankündigung der Reederei: *Wenn wir in Icy Strait Point vor Anker gehen, landen die Gäste in einer restaurierten Konservenfabrik, die um die Jahrhundertwende erbaut wurde. Sie erinnert an eine Zeit, in der die Fischindustrie florierte und das Einkommen der Gemeinde ausmachte. Die Konservenfabrik ist als lebendiges Museum konzipiert, in dem die alten Maschinen sowohl ausgestellt als auch benutzt werden. Auf dem Gelände befinden sich ein Restaurant, ein Ausflugslokal und ein Laden, in dem kulturelle und religiöse Souvenirs der Ureinwohner verkauft werden.*

Wir schauten uns im Museum um, wanderten ein wenig durch den Regenwald und besuchten das Indianerdorf.

### Kleine Wanderung zum leckeren Essen

In der Nähe der Kreuzfahrtdistination Icy Strait Point liegt das Dorf Hoonuh der Tlingit-Indianer. Icy Strait Point ist eigentlich eine Konservenfabrik, heute ein Museum, sehr interessant. Dann kann man ein wenig durch den Regenwald wandern und den Leuten zusehen, wie sie mit dem Zip Raider den Berg hinuntersausen. Ein rasantes, aber teures Vergnügen (120 $). Wir wanderten die 2 Meilen nach Hoonah. Immer am Fjord entlang. Die 8 $ für den Bus kann man sich sparen und lieber für Bier ausgeben. Sehenswert sind die kleine russisch-orthodoxe Kirche, die Totempfähle und die Rotfuchs- und Otterfelle im

Souvenirladen (beim Kauf überlegen, ob sie eingeführt werden dürfen). Am besten war das Krabbenessen in dem kleinen Indiana-Restaurant auf dem Rückweg, Dungeness Crab schmeckt noch besser als King Crab. Man wartet mit einem Körbchen Erdnüsse und einem frischen Alaska Summer Ale (Kölsch-Typ), bis die Krabbe gar ist. Schmeckt am besten mit Zitrone und zerlassener Butter. Und der Service ist super. Sehr zu empfehlen.

*Cruise Feature „Wie Profis verkaufen und wie sammelt man Werbegeschenke ein" (Zwischen Juneau und Ketchikan auf Kreuzfahrt - Einkaufen)*

Gleich zu Beginn der Alaska-Kreuzfahrt haben wir an einer (US-amerikanischen) Werbeveranstaltung teilgenommen, bei der es darum ging, in den Anlaufhäfen zwischen Juneau und Ketchikan vor allem (hochwertigen) Schmuck zu verkaufen. Jetzt wissen wir, wie das geht: Zuerst wurde das Publikum mit kleinen Geschenken "gefüttert", Schlüsselanhänger, Reiseplaner etc. Dann konnte man eine Tragetasche für $30 kaufen, mit einem Überraschungsinhalt und Gutscheinen für $85. Wahrscheinlich für alles, was man später nicht braucht. Dann kam der Schmuckverkauf, präsentiert von zwei jungen Damen in High Heels und schulterfrei. Alles für einen Rabatt von 100 $ (bei einem Warenwert über 1.000 $). Und dann kam das Beste: Gutscheine für kostenlosen Schmuck, einzulösen bei bestimmten Juwelier(ketten) in den Ports of Cal]. Da war meine Frau ganz vorne mit dabei: In Juneau, Skagway und Ketchikan wurden, der Ehemann musste mitmachen, die Werbegeschenke "eingefahren". So kamen wir in den Besitz von vier silbernen Halsketten mit passenden Anhängern aus Halbedelsteinen (in vier verschiedenen Farben), einem Perlenanhänger, einem Totem-Anhänger und einem, der aussah wie ein Walschwanz. Jetzt fehlten nur noch die passenden Ohrstecker, aber die waren teuer. So wurden wir am Ende doch noch freiwillig zur Kasse gebeten.

**Ketchikan, Alaska, den 20.07.2011**

Wiederum aus der Ankündigung der Reederei: Ketchikan ist das Zentrum der Tlingit und Haida (Indianer) Kultur. Hier befinden sich zwei Nachbauten von Clanhäusern und Parks mit Totempfählen sowie das einzige Museum, das ausschließlich der Erhaltung der alten Originalpfähle aus der Zeit dient, als die Traditionen der Tlingit und Haida noch intakter waren. Ketchikan ist die viertgrößte Stadt Alaskas und der Verkehrsknotenpunkt für den südlichen Teil von Südost-Alaska. Der Spitzname „Gateway City" bezieht sich auf die geographische Lage und die Drehscheibenfunktion. Mit 400 mm Niederschlag pro Jahr ist Ketchikan auch der regenreichste Ort der Welt.

Wir schlenderten über die Frontstreet und liefen später zum Ketchikan Creek. Und natürlich waren wir im Totem Museum. Ich habe alles gepostet.

### Über die Front Street in Ketchikan

Das Kreuzfahrtschiff liegt fast direkt an der Front Street (Water Front). Sie entlang zu gehen, ist ein schöner Spaziergang. Man beginnt am Fischereihafen (Stedman Street). Vorbei an den Kreuzfahrtschiffen geht es in Richtung Tunnel. Man trifft auf das Visitor Center, das Denkmal mit den typischen Figuren Südalaskas: Bergleute, Fischer, Buschpiloten, Indianer etc. Man weiß auch, dass Ketchikan die Welthauptstadt des Lachses ist. Vielleicht kehren Sie in die kleine Kneipe ein, Arctic Bar, the home of the happy bears. Man beachte das Plakat. Weiter geht es zum Adler, einem hölzernen Denkmal, kurz vor dem Tunnel Uber die Down Town (Main Street) kommt man zurück. So kann man zwei schöne Stunden verbringen.

### Der Ketchikan Creek und die Creek Street

Ein Blick auf die Karte zeigt, dass der Ketchikan Creek vom Hafen in einem Bogen ins Landesinnere fließt und ein idealer Laichplatz für Lachse ist. Für die Lachse wurde eigens eine Fischtreppe gebaut. Die Creek Street ist eigentlich ein breiter Holzsteg, der dem unteren Creek folgt. Hier kann man flanieren, Dollys House und die kleinen Geschäfte besuchen und immer wieder auf den schnell fließenden Bach schauen. Einfach schön. Weniger schön war die Internierung der Japaner nach dem Angriff auf Pearl Harbor. Auf einer Tafel ist das dargestellt. Wir sind nicht weiter am Bach entlanggegangen, aber irgendwie kommt man von dort zum Totem Heritage Museum. Wenn man dorthin will, nimmt man am besten den kostenlosen Ringbus. Der hält direkt vor dem Kreuzfahrtschiff (Dock #2). Und der fährt auch am Creek vorbei, für die, die das kleine Stück nicht laufen wollen.

### Inside Passage, den 21.07.2011

Ich übersetze mal, was der Cruise Compass über die Inside Passage schreibt. *Die Fahrt durch die Inside Passage ist das, was eine Alaska-Kreuzfahrt so beliebt macht. Auf dieser Reise sieht man viel von dem, was Alaska so liebenswert macht. Gletscher so groß wie Rhode Island. Nebelverhangene Regenwälder und geheimnisvolle blaue Fjorde. Und enthusiastische Gemeinden, die ihr Erbe feiern. Seien Sie versichert, dass Sie fast alle diese schönen Teile Alaskas auf Ihrer Reise sehen werden.*

Das können wir nur unterstreichen. Zumal wir gerade durch die Inside Passage fahren, zwischen dem pazifischen Gebirge und dem kanadischen Festland. Und da wir gerade bei Kanada sind, fällt mir ein, dass wir Gerry, einen Mountie, getroffen haben, der uns zwei Vorträge über die Royal Canadian Mounted Police gehalten hat. Sehr interessant. Unser Interesse galt auch den Orcas, die sich hier herumtreiben sollen. Leider haben wir keine Flosse gesehen. Heute Abend ist eine Abschiedsparty. Da müssen wir uns schick machen. Morgen sind wir in Vancouver und gehen von Bord.

### Zwischen Vancouver Island und Festland

Im kanadischen Teil der Inneren Passage durchquert man sozusagen die Provinz British Columbia, faktisch getrennt durch die Strait of Georgia, die Johnson Strait und die Charlotte Strait. Das muss man sich nicht alles merken, man kann die Fahrt auch nur genießen. Wenn man mit einem großen Schiff durchfährt, merkt man, wie schmal die Wasserstraße ist. Bemerkenswert ist die Vancouver Island Range mit den über 2000 m hohen Bergen und den sehr grünen Berghängen, die nach Osten abfallen. Das gibt eine besondere Stimmung und ist sehr entspannend. Ab und zu sieht man eine Barge, ein Lastkahn, der von Schleppern gezogen wird. Die angekündigten Orcas zwischen Alaska und BC haben wir nicht gesichtet. Wie enttäuschend.

### Vancouver, den 22.07.2011

Das Schöne an Vancouver ist, dass man mit dem Kreuzfahrtschiff mitten in der Stadt am Canada Place anlegen kann. Mit dem Taxi war es nicht weit zu unserem Hotel. Dort stellten wir unsere Koffer ab und machten uns gleich wieder auf den Weg. Wir fuhren mit dem Skytrain (eine Art Einschienenbahn) und dann mit dem Bus zum Stanley Park, dem größten Stadtpark Kanadas. Achtung, der Busfahrer nimmt nur Münzen. Ein schöner Park mit riesigen alten Bäumen und einer Sammlung von Totempfählen. Dort gibt es auch ein schönes Gartenrestaurant. In dem wir zu Mittag gegessen haben. Nochmal Achtung, Bier wird nach Unzen abgerechnet, ein sehr großes Bier hat 20 Unzen (0,7 l).

Auf dem Rückweg kamen wir an der Altstadt vorbei, die Gastown heißt. Der Name hat nichts mit Gas zu tun, sondern mit dem Besitzer eines Pubs in den 60er Jahren des 19. Er hieß John Deighton, auch "Gassy Jack" genannt, Jack mit der großen Klappe. Die Attraktion des Viertels ist die Dampfuhr. Die Gastown Steam Clock zeigt die Zeit auf vier Seiten an. Jede Viertelstunde wird mit einem Westminster Quarter aus vier von fünf Dampfpfeifen "angepfiffen", zur vollen Stunde ertönt die größte in der Mitte des Aufbaus.

Danach haben wir uns erst einmal ausgeruht. Schließlich wollten wir am Abend nach China Town. Was wir dort erlebt haben, habe ich Tripadvisor anvertraut.

### Die Chinatown in Vancouver

In Downtown Vancouver befindet sich auch Chinatown, ein riesiges Viertel, das sich von West nach Ost über zwei und fünf Blocks erstreckt. Man erreicht sie bequem mit fast jedem Bus über die Pender Street, die mitten durch die Innenstadt führt. Achtung, der Bus nimmt nur Münzen, keine Scheine, aber auch vorher gekaufte Tickets, der Eingang ist das Millennium Gate. Hier gibt es alle möglichen Geschäfte und Restaurants. Sehr schön zum Bummeln. In der Mitte ist der Dr. Sun Yat-Sen Garden, ein klassischer chinesischer Garten. Schön zum Spazierengehen. Interessant ist auch das Denkmal davor. Es zeigt einen Soldaten und einen Eisenbahnarbeiter und soll zeigen, was die Chinesen für die (kanadische) Nation getan haben. Ich habe eher daran gedacht, dass es in Kanada Gesetze gab, welche die Chinesen heraushaben wollten (siehe Chinese Immigration Act von 1923). Trotzdem, das Rumspazieren lohnt sich, ist schon eine andere Welt.

### So stelle ich mir ein China-Restaurant vor

*Man sagt, dass alle chinesischen Restaurants gleich sind, aber das Gain Wan ist gleicher. Viel authentischer als zum Beispiel die in Deutschland. Und sogar die Leute aus dem Viertel (China Town) essen dort. Es macht wirklich Spaß, die verschiedenen (klassischen) Gerichte zu probieren. Nicht alles Hautes Cuisise, aber es hat geschmeckt. Ambiente und Service sind so, wie man es erwartet. So gestärkt kann man noch ein wenig durch China Town schlendern. Sehr schön.*

**Vancouver, den 23.07.2011**

Wir hatten noch einen Tag bis zu unserer Abreise und haben uns schon bei der Touristen Information erkundigt, wie man nach Vanvouver Island kommt. Man muss pünktlich am Busbahnhof sein, einsteigen und los geht's. Was wir dort erlebt haben, könnt ihr im zweiten Post nachlesen. Zurück in Vancouver City sind wir auf den Hobour Tower gestiegen, da hat man einen wunderschönen Rundblick. Und dann waren wir noch in einem Steakhouse. Das habe ich auch bei Tripadvisor eingetragen.

### Mit der Tsawwassen-Fähre nach Victoria — Vancouver Island, BC

*Wer einen Tagesausflug nach Victoria auf Vancouver Island machen will, kommt um die Twaswassen-Fähre nicht herum. Die Tickets kauft man sich am Vancouver Pacific Central, dem alten Bahnhof. Der Skytrain geht dorthin. Nachdem man 168 CAN$ (für zwei Personen) ausgegeben hat, begibt man sich dann auf die dreieinhalbstündige Reise. Eine gute Stunde mit dem Bus auf die Fahre Tsawwassen, eine Stunde auf der Fahre bis Swartz Bay und eine gute Stunde bis Victoria. Der Bus macht das zweimal am Tage. Die riesige Fähre durchfährt die Street of Georgia, teilweise durch US-amerikanisches Gewässer, um sich dann durch die vorgelagerten Inseln zu schlängeln. Eine fantastische Route! Unbedingt machen, zumal einem noch etwas über das Leben im Ozean vorgetragen wird. Sehr anschaulich von einer Indianerin.*

Das habe ich im Internet gefunden: *Victoria ist nicht nur die Hauptstadt der Provinz British Columbia in Kanada, sondern auch die schönste Stadt auf Vancouver Island. Wunderschöne Parks, ein lebendiges Zentrum am Inner Harbour und spannende Ausflüge in die Umgebung erwarten dich bei einer Reise nach Victoria. Der britische Einfluss ist in Victoria auch heute noch unübersehbar. Man muss sich nur das Parlament oder das imposante Fairmont Empress Hotel anschauen. Unsere persönlichen Highlights in Victoria sind aber die Orca Whale Watching Tour, die niedlichen Wassertaxis und Fisherman's Wharf.*

### Im Umfeld des Royal BC Museums

Wir sind nicht ins Museum gegangen' Der Tag war schon so lang und viel Zeit hatten wir bei unserem Tagesausflug von Vancouver aus auch nicht. Stattdessen haben wir uns in der Umgebung umgesehen. Die Totempfahlsammlung lässt sich gut fotografieren. Es erinnert an die Ureinwohner. Im alten Schulhaus (das katholische St. Ann's Schoolhouse): Jungen links, Mädchen rechts. Die Aufseherin gab sich als Lehrerin aus. Weiter zum ältesten Haus Victorias, dem Helmcken House. Eine Besichtigung der Räume lohnt sich. So verbrachten wir eine interessante Zeit im schönen Arial. Und in's Museum hatten wir doch reingehen sollen, stattdessen sind wir um die Ecke zu Inner Habour gelaufen. Da war ein Trubel!

*Der Habour Tower in Vancouver*

Der Habour Tower befindet sich direkt gegenüber dem Hauptbahnhof, inklusive der Anlegestelle für Kreuzfahrtschiffe. Eigentlich wollte ich nur auf die Toilette, da es im Bahnhof keine gibt, so wurden wir in das Gebäude des Habour Towers geschickt, wo sich tatsächlich die gesuchten Washrooms befinden. Dort angekommen, wollten wir auf die Aussichtsplattform. Das geht aber nicht mit den Büroaufzügen, sondern nur mit dem Außenaufzug auf der Rückseite (W Hastings Street). Das haben wir dann auch kurz vor Sonnenuntergang gemacht. Fast 177 Meter hoch für 22 CAN$. Hat sich auf jeden Fall gelohnt. Auf dem Turm hat man einen 360 Grad Blick, atemberaubend. Nach Norden auf den Vancouver Habour mit der Bergkette im Hintergrund, links und rechts die Downtown mit ihren Lichtern, nach Süden die Vororte Richtung Vancouver Inland. Danach waren wir essen, ich meine, im Gotham Steakhouse & Cocktail Bar ganz in der Nähe. Man sitzt dort sehr schön, nur bekommt man nicht immer das Richtige, der Geschäftsführer hat sich entschuldigt und das wiedergutgemacht.

**Vancouver - Newark, den 24.07.2011**

Heute ist unsere Kreuzfahrt endgültig zu Ende, mit etwas vorher in Anchorage und ein bisschen nachher in Vancouver. Wir haben den nördlichsten Staat der USA verlassen, sind jetzt in Kanada und fliegen in einen der östlichen Staaten, genauer gesagt nach New Jersey. Dort treffen wir unsere Töchter und ziehen weiter.

Wenn uns jemand fragt, wie uns die Kreuzfahrt gefallen hat, können wir nur sagen: „Sehr". Alaska war ein Erlebnis: Anchorage mit den Wasserflugzeugen, Seward mit den Lachsen und den Königskrabben, die Papageientaucher im Sea Live, der Seegletscher, das Krabbenessen in der Indianerkneipe, Gerry von den Mounties, die White Pass Railroad, Chinatown in Vancouver. Ich könnte noch viel mehr aufzählen und jedem empfehlen, der mal etwas anderes, etwas Ungewöhnliches machen möchte.

Wir werden unsere Reise fortsetzen, als Familie. Wir werden wieder durch die halbe USA fahren, mit einem Mietwagen. Wir werden die Freundin meiner großen Tochter mit ihrer Familie treffen. Und schließlich mit einem Zwischenstopp in Dublin nach Hause fliegen. Hier noch ein Posting, wie man von Kanada in die U.S.A. kommt.

### Landung in den USA ohne Behandlung als internationaler Flug

Wir sind von Alaska nach Vancouver gekommen und wollten nach einem Aufenthalt wieder in die USA (NYC). Zum Flughafen kann man den Shuttlebus nehmen (der fährt nur stündlich für 28 CAN$) oder ein Taxi (das fährt genauso und kostet 35 CAN$ inkl. Trinkgeld, auch mit Kreditkarte, wenn die CAN$ knapp werden). Das Taxi war eindeutig im Vorteil.

Am Schalter von Canadian Airlines (es gab 3) war immer nur eine Person, aber das dauerte, warum auch immer. Nach 20 Minuten Warten waren wir in zwei Minuten durch, da wir ja vorher unsere APIS-Daten an die Fluggesellschaft übermittelt hatten. Ausgestattet mit Kofferanhängern durften wir unsere Koffer selbst aufgeben. Das war bei dem Low-Cost-Flug nicht anders zu erwarten. Zur Sicherheitskontrolle ging es auf Socken, das kennt man ja. Aber ich kam in den Ganzkörperscanner, Arme hoch und es tat nicht weh. Wieder eine neue Erfahrung.

Dann zu US-Einwanderungsbehörde. Die macht in einem separaten Bereich eine sogenannte Preclearance, d.h. der ganze Einreisekram wird vorgezogen. Jetzt noch die Zollerklärung ausfüllen, auf den Haufen werfen (beim Zollbeamten) und durch. In der Rekordzeit von 60 Minuten hatten wir alles erledigt, inklusive sinnlosem Stehenbleiben. Die letzten CAN$ gingen für Getränke drauf, notfalls bezahlt man mit US$. Ach ja, der Flug nach New York (Flugzeit gut 5 Stunden) zählt als Inlandsflug. Da gibt es höchstens einen Kaffee oder einen Saft. Man kann sich aber ein (übilteuertes) Sandwich kaufen. Vom Ansehen her sollte man es lieber lassen.

**Jersey City – New York City, den 25.07.2011**

Gestern Abend sind wir am Newark International Airport angekommen. Wie wir zu unserem Hotel in Jersey gelangten, habe ich weiter unten beschrieben. Unsere Töchter waren sehr müde vom Flug über den großen Teich und schliefen schon. Ich war noch nicht müde und habe noch einen Drink in einem Pub um die Ecke genommen.

### *Das Familienhotel - wenn nur die Umstände nicht wären*

Wir haben das Hotel als Treffpunkt für das Familientreffen gewählt, denn 2 Doppelzimmer in Manhattan für 3 Tage waren uns zu teuer. Unsere Töchter kamen nachmittags aus Düsseldorf an. Sie haben den Hotelshuttle nicht gefunden und sind mit dem Taxi zum Hotel gefahren. Davon später.

Das Hotel war so nett und hat die beiden einchecken lassen. Wir hatten ein Zimmer mit zwei Doppelbetten gebucht, tatsächlich war noch ein Zimmer frei. Gut gelöst.

Meine Frau und ich kamen spät abends aus Vancouver an. Fünf Stunden ohne vernünftiges Essen. Da der Hotelshuttle um diese Zeit nicht mehr zu haben war, nahmen wir das offizielle Taxi. Ich beschreibe die Prozedur: In der Schlange stehen und unter freundlichen Anweisungen des Taxifahrers den Fahrpreis im Voraus mit Kreditkarte bezahlen. Erhalt eines gelben Zettels als Fahrberechtigung. Kurze Fahrt zum Hotel (9,2 km oder 15 km für 52 $). Nach dem Aussteigen Fahrberechtigung ausfüllen (Unterlage Kotflügel). Fahrtkosten eintragen (47 $), amerikanische Zahlen und Datum nicht vergessen, Unterschrift. Und alles ziemlich müde, weil gegen Mitternacht. Eine Transportalternative gibt es abends und nachts nicht. Sonst kann man den Flughafenbus bis zur Endstation der PATH nehmen und dann mit der Schnellbahn zum Journal Square fahren. Das Hotel liegt quasi um die Ecke. Zurück zum Flughafen ging es dann mit dem Hotelbus „easy".

Das Hotel habe ich wegen der guten Verbindung nach Manhattan zu einem akzeptablen Preis gewählt. Die Strecke wird von der Port Authority Trans-Hudson (PAHT) betrieben und man ist in 20 Minuten in Midtown Manhattan, 33ste Straße. Eingestiegen sind wir immer am Journal Square mit seinen alten und neuen Gebäuden.

Da unsere Töchter noch nicht in New York waren, haben wir zuerst die übliche Runde durch Manhattan gemacht. Mit der Staten Island Ferry ging es über die Upper Bay mit Blick auf die Freiheitsstatue und Ellis Island und zurück blickt man die volle Skyline von NY. Anschließend sind mit der Subway zur Central Station gefahren und sind in der Qyster Bar eingekehrt. Mehr darüber habe ich auf Tripadvisor geschrieben. Über den Rest des Tages kann ich nichts berichten.

Zweiter Band

## 5 Meilen über die Upper New York Bay - mit der Staten Island Ferry

In 25 Minuten überqueren wir die Upper Bay, geographisch gesehen. Die Fähre befördert 20 Millionen Passagieren pro Jahr. Diesmal haben wir die Überfahrt als Familie gemacht. Nur hatten die Kleinen Sommerferien und wollten auch alle nach Staten Island ins Sommercamp oder wenigstens einen Ausflug machen. Also orange Base Ball Caps hier, blaue dort, zu Hunderten. Dementsprechend lebhaft war es auf der Fahre, aber die ist groß. Immer wieder schön ist die Fahrt vorbei an Ellis Island und der Freiheitsstatue, zurück an die Südspitze von Manhattan und auf die Brooklyn Bridge. Wenn man auf der Rückfahrt nach Steuerbord schaut, sollte man noch vor den Docks die Verrazonas-Narrows Bridge sehen. Die großen Kreuzfahrtschiffe passieren sie gerade noch und befinden sich dann in der Lower Bay, geographisch fast schon im Atlantik.

## Manhattan Follies: Battery Park und Grand Central

*Ich möchte über Müttergymnastik in Sichtweite der Freiheitsstatue berichten und über den kleinen Unterschied zwischen Rosa und Blau in der Grand Central Oyster Bar. Das habe ich noch nie gesehen, Side Step für Mütter, und die Babys im Buggy schauen zu, sozusagen Sport und Betreuung zugleich. Und das alles mit Blick auf die Bay. In und um Battery Park gibt es noch mehr zu sehen: das Irish Hunger Memorial, das Museum of Jewish Heritage, die Staten Island Fähre und nicht weit davon Ground Zero als Baustelle.*

*In der Oyster Bar (Restaurant) habe ich mich verlaufen. Ich war in der falschen Restroom, den für Frauen. Die rosa Tür hätte mich warnen müssen. Gott sei Dank hat mich niemand angetroffen. Nächstes Mal nehme ich die blaue Tür, bestimmt. Und den Begriffswandel von Washroom in Kanada zu Restroom habe ich auch vollzogen.*

## Jersey City – New York City, den 26.07.2011

Heute ist der große Sightseeing-Tag und ein bisschen Geschichte sollte auch dabei sein. Nicht immer nur Schoppengehen, auch Kultur muss sein. Also auf zum Carl-Schurz-Denkmal in der Upper West Site von Manhattan. Da muss man mit der Subway nach Harlem. Und ziemlich heiß war es an diesem Tag auch. Endlich haben wir es gefunden. Hier ist, was wir gesehen haben.

Zweiter Band

## *Zum Carl-Schurz-Denkmal in der Upper West Side Weil*

Da das Denkmal in unserem Reiseführer nicht verzeichnet war, fragte ich an der Rezeption nach, wo sich das Carl Schurz Monument in Manhattan befindet. Die von der Rezeption hatten keinen blassen Dunst. Übrigens kannten die beiden jungen Touristen aus Deutschland, die meine Anfrage mitgehört hatten, Carl Schurz auch nicht. Sie kamen auch nicht aus dem Rheinland. Dabei hatte es der „preußische Vaterlandsverräter" in Amerika zum Bürgerkriegsgeneral und Innenminister unter Abraham Lincoln gebracht. Mein Tipp: Lesen Sie seine Lebenserinnerungen.

Erst die Internetrecherche ergab: Morningside Park in der Upper West Side. Zu erreichen mit der Subway Richtung Harlem 145 St. Ausstieg 116 St. Von dort geht man nach Westen zum Park, im Park hoch zum Denkmal auf der Terrasse, nicht wie wir erst durch den halben Park. Der Park ist übrigens sehr schön. Das Denkmal ist recht groß und hat den Vorteil, dass es links und rechts Steinbänke gibt, denn der Aufstieg hatte es insich, ganz schön steil und das bei 30 Grad Außentemperatur. Wenn man vom Monument weiter nach Westen blickt, sieht man die Kathedrale der Erzdiözese New York, Cathedral of Saint John the Divine, nach dem Petersdom und Notre Dame die drittgrößte Kirche der Welt. Das nächste Mal statten wir ihr einen Besuch ab. Auf dem Rückweg haben wir gemerkt, wie ärmlich Harlem doch ist. Der Kontrast zur Upper West Side ist krass.

Nun von der Upper West Side zurück in den Central Park, den verlockenden Angeboten der 5th Avenue folgend, und dann nach Greenwich Village. Die drei weiblichen Mitglieder meiner Familie müssen das gelesen haben: *Ein Bummel durch Greenwich Village lässt sich sehr gut mit einer kleinen Shoppingtour verbinden, denn an Auswahl mangelt es im Village auf keinen Fall. Neben vielen kleinen Boutiquen, Stores großer Labels und verspielten, kreativen Läden entdeckt man hier so einiges, was das Shopping-Herz höherschlagen lässt.*

## „Streifzug" durch den Central Park, NYC

Wir kamen gerade aus Harlem und wollten nur einen Blick in den Central Park werfen, denn die "Shopping-Verlockungen" der 5th Avenue standen an. Außerdem war es heiß. Also stiegen wir am Columbus Circle aus und schlenderten unter schattigen Bäumen durch den großen Park. Vorbei am Rummelplatz für die Kleinen, den wirklich guten Toiletten einen Besuch abstatten, vorbei am Pond mit der Steinbrücke, ein schönes Fotomotiv. Wenn man den Blick nach oben richtet, sieht man die alten und die neuen Wolkenkratzer. Jetzt am pompösen Eingang des Plaza Hotels entlang nur noch zur berühmten Einkaufsstraße. Bei Tiffany's rein und in den neuen Thump Tower. Beeindruckend der Wasservorhang in der goldenen Eingangshalle. Von dort irgendwie in die Nike Town, wo dann zielsicher die aktuellen Schuhe gekauft wurden. Zur Belohnung ging es dann weiter ins Rockefeller Center zu Harry's Italian Restaurant. Das war genau das Richtige zum Verschnaufen, dann ging es weiter mit dem Shoppen. Ich ließ die drei ziehen und ging zum Mittagsschlaf ins Hotel. Abends wollten wir uns wieder am Pier 17 bei der Brooklyn Bridge treffen. Da waren sie dann auch, die Füße platt. Was wir sonst noch erlebt haben, habe ich auf Tripadvisor gepostet. Wir blieben lange, obwohl wir am nächsten Tag mit dem Mietwagen Richtung Westen fahren wollten.

### Abends am Pier 17 — Brooklyn Bridge, NYC

Nach einem anstrengenden Einkaufstag entspannen wir uns vom Tag am Pier 17 kurz vor der Brooklyn Bridge. Auf dem kann man oben etwas essen, das Angebot ist riesig. Wenn man alles probiert, braucht man nur noch etwas zu trinken. Ich fand das Bier vom Fass unten geschmacklich und preislich in Ordnung, ansonsten geht man in den Biergarten gleich nebenan. Nur schaut man dann nicht auf den East River. Gerade abends ist der Blick einmalig, mit all den Lichtern: nach Norden die Brücken über den Fluss, geradeaus nach Brooklyn, auf dem East River die Boote der Circle Line, nach Süden auf die Südspitze von Manhattan, rechts der kleine Hafen mit den Segelbooten, und einmal herum die beleuchteten Wolkenkratzer. Einzigartig. Gekrönt von einem richtigen Gewitter. Dann zurück durch die Maiden Lane Richtung WTC.

### Jersey City – Gettysburg, Pennsylvania, den 27.07.2011

Nach New York ging es weiter nach Westen, zu Nicki, der Freundin meiner großen Tochter in Des Moines, Iowa. Der Shuttleservice vom Hotel zum Flughafen war kostenlos. Dort holten wir unseren Mietwagen ab. Wir fuhren zuerst ins Amish Country und dann weiter nach Gettyburg, unserem Tagesziel. Mit etwas Verspätung kamen wir dann in Lancaster an, wo wir das Amish Museum besuchen wollten. Um es gleich vorweg zu nehmen, es gab keins, dort ist alles „life". Hier, was ich dazu gepostet habe.

## *Durch das Amish County*

Der Titel ist wörtlich zu nehmen, denn irgendwie sind wir in Lancaster gelandet und haben uns geärgert, dass wir so wenig gesehen haben. Und eigentlich waren wir auf der Durchreise nach Iowa. Dementsprechend sah das Tagesprogramm aus: Mietauto am Flughafen Newark abholen, 120 km nach Lancaster County zu den Amish fahren und nach weiteren 100 km in Gettysburg übernachten.

Newark Liberty International Airport liegt an der Magistrale NYC-Washington. Wer von dort zielsicher nach Lancaster County fahren will, braucht unbedingt ein Navi. Wir hatten nur eine Karte von der Autovermietung. Nach zwei Versuchen waren wir dann richtig auf der US 30. Wir hätten nicht nur ein Navi mieten sollen, sondern auch ein größeres Auto. Und wir hatten schon ein Full Size Car und die 3 weiblichen Mitfahrer nur das Nötigste. Und den Umgang mit dem Responder muss man üben. So ein Responder befindet sich vor dem Innenspiegel und reflektiert das Signal an den Mautstraßen (Turnpikes gibt es einige auf der Strecke). Das Ding muss ausgeklappt sein, sonst zahlt man bar (wenn es geht). Nach fast 3 Stunden haben wir dann das Amish Farmland gesehen. Gut zu erkennen an den fehlenden Stromleitungen. Wir haben einen Buggy gesehen, ein paar Leute mit Strohhüten. Das Amish County ist aber kein Freilichtmuseum, sondern das wirkliche Leben von 60.000 Amish People. Entlang der US 30 (Federal Highway) bzw. State Highway 340 nach Lancaster (von Osten kommend) gibt es viele Möglichkeiten, sich etwas anzusehen oder in ein Restaurant zu gehen. Das haben wir verpasst und wissen es jetzt dank der freundlichen Dame in der Tourist Information (die auch etwas Deutsch sprach, aber auf Englisch ging es besser). Nun wollten wir nicht mehr zurück, sondern auf der US 30 weiter nach Gettysburg.

Von den Amish People ging es weiter nach Gettysburg zu den berühmten Schlachtfeldern des amerikanischen Bürgerkrieges. Die Familie wollte nicht ins „War Museum", also bin ich für zwei Stunden rein. Da kann man nur Schwerpunkte setzen. Was ich darüber geschrieben habe, siehe weiter unten.

Alle waren müde von der langen Fahrt und wollten sich ausruhen. Wir suchten uns ein schönes Motel und erholten uns für das Abendessen im Restaurant.

### *Ein kurzer Blick ins Gettysburg Museum und Besucherzentrum*

Das Gettysburg Museum und Besucherzentrum ist Teil des National Military Park. Eigentlich braucht man einen ganzen Tag, um das Museum und das

Schlachtfeld zu besichtigen. Zwei Dinge hielten uns davon ab, länger zu bleiben: Ein großer Teil meiner Familie lehnt "Kriegsmuseen" ab und wir waren auf der Durchreise, was für Amerikaner ein Muss ist, ist für Deutsche wohl mit Vergangenheitsbewältigung behaftet. Ich war zwei Stunden im Museum. Wer sich für amerikanische Geschichte interessiert, sollte das auch tun. Das Museum hat unzählige Räume, da kann man nur Schwerpunkte setzen: die Sklavenfrage, die Aufstellung und Ausrüstung der Armeen, die Quintessenz der Schlacht. Alles sehr gut präsentiert. Die historische Bedeutung der Schlacht ist meiner Meinung nach vergleichbar mit der Völkerschlacht bei Leipzig. Nur der nationale Einigungsprozess war kürzer. Ich habe etwas gelernt. Besonders beeindruckt hat mich die Werbung für ein deutsches Feldregiment. Im Museumsshop kaufte ich eine CD mit Bürgerkriegsliedern (Mormon Tabernacle Choir). Seltsamerweise erinnerte mich das erste Lied an das bekannte Karnevalslied "Dat Hatz vun dr Welt, jo dat es Kolle". Das darf man keinem Amerikaner erzählen, dass die Melodie des Hoffnungsliedes der Nordstaatler „Tramp, Tramp, the boys are marching" fir einen Karnevalsschlager herhalten muss. Im Kontext gesehen.

Die Dobbin House Tavern ist geschichtsträchtig. Hier wurden entflohene Sklaven versteckt, vielleicht trug der eine oder andere noch die ausgestellten Fesseln.

### Abendessen inmitten Historie

Wenige Schritte von unserem Motel entfernt gingen wir in die Dobbin House Tavern. Der Hunger war groß und die übliche Schlange der Eintretenden auch. Zum Glück war es eine Party, die im Restaurant (fine dining) reserviert hatte. In die Taverne (casual dining) kamen wir rein. Da es die beste Essenszeit war, mussten wir etwas warten. Eine Kellnerin im historischen Kostüm besorgte uns einen schönen Tisch. Während wir auf das Essen warteten, hatten wir Gelegenheit, etwas über die Geschichte des Hauses zu lesen. Das Haus wurde im Jahr der Unabhängigkeit erbaut und gehörte dem Pfarrer Alexander Dobbin. Heute besteht es aus mehreren Gebäudeteilen: The Springhouse Tavern, The Alexander Dobbin Dining-Rooms, Abigail Ballroom und das Gettysburg Inn. Vor und während des Bürgerkrieges wurden hier entlaufene Sklaven auf ihrem Weg nach Norden versteckt. Wir verbrachten einen schönen Abend bei kühlem Bier, leckerem Essen und zuvorkommender Bedienung.

## Gettysburg, Pennsylvania - Chicago, Illinois, den 28.07.2011

Heute geht es weiter, der Westen ruft, bzw. die Freundin hat schon angerufen, wo wir bleiben. Ich bin früh aufgestanden und der Fahne der Konföderierten gefolgt, die ich von der Rückseite des Motels aus gesehen habe. Die Fahne gehörte zu einem Soldatenfriedhof aus dem Bürgerkrieg. Mir gefiel die Würde des Ortes. Ich habe mehr darüber geschrieben.

### *Soldatenfriedhöfe in Gettysburg*

Wir hatten unser Motel in der Steinwehr Ave, einer der südlichen Zufahrtsstraßen. Eines der alten, wo es morgen Kaffee und Danish gibt. Auf der Rückseite wehte die Rebellenflagge einträchtig neben den Stars and Stripes. Dort auf der anderen Straßenseite liegt der Soldatenfriedhof mit dem Gedenkstein der 73d Ohio Infantry. Schon am frühen Morgen sind die Gräber zu sehen. Läuft man zur Hauptstraße hinunter, gelangt man zum Eingang des Freimaurer-Soldatenfriedhofs, der eine Erweiterung des Nationalfriedhofs darstellt, und betritt die interessante Anlage, in der die Gräber konzentrisch um ein Denkmal gruppiert sind. Das Denkmal zeigt einen tödlich verwundeten Südstaaten-General (Brig.Gen. Lewis A. Armistead) und einen Yankee-Offizier (Cap. Henry Bingham), der den Verwundeten stützt. Beide Freimaurer. Inschrift frei übersetzt - Bruder zu Bruder. Unzertrennlich. Ich finde, das ist ein würdiger Ort.

Bald brachen wir auf, wir haben noch einen weiten Weg vor uns. Ich musste noch tanken. Die Tankstelle hatte Kavalleriesäbel im Angebot, für knapp 40 Dollar. So ein Souvenir wäre schön gewesen, aber wegen der Einfuhrbestimmungen habe ich darauf verzichtet.

Auf halber Strecke merkten wir, dass ein schnelles Vorankommen nicht möglich war. Pittsburgh, Columbus und Indianapolis mussten umfahren werden. So kamen wir nach 9 Stunden Fahrt erst in Lafayette, Indiana an. Lafayette ist eine nette kleine Stadt, in der wir ein nettes Motel und auch ein nettes Restaurant für den späten Abend fanden. Die Töchter mussten ihre Ausweise vorzeigen, kamen nicht durch für 21, obwohl sie schon 25 und 29 waren, aber das Essen und Trinken war ganz akzeptabel. Morgen werden wir Chicago besichtigen.

**Chicago, Illinois, den 29.07.2011**

Von Lafayette aus hätten wir eigentlich mit dem Zug nach Chicago fahren
können. Das kam aber wegen der Fahrzeit und des Fahrpreises nicht in Frage.
Also sind wir mit dem Auto nach Chicago gefahren. Ich hatte mich über Park &
Ride informiert. Und es hat tatsächlich geklappt, wir konnten das Auto dort
günstig parken. Wir wollten bis zum Abend mit Chicago durch sein und uns auf
dem Weg nach Des Moines ein Motel suchen. So der Plan. Aber es dauerte: die
Fahrt nach Downtown Chicago, das Warten am Sears Tower, die Schifffahrt auf
dem Chicago River und zurück. Da waren wir froh, als wir spät noch ein Motel
auf der Strecke fanden. Was wir in Chicago erlebt haben, habe ich auf
Tripadvisor beschrieben. Es lässt mich zu dem Schluss kommen, dass Chicago
nicht an einem Tag zu schaffen ist.

*Der Sears Tower in Chicago, von Tiirmen, die nicht heißen und
Wolkenkratzerschluchten*

Um Chicago in einem halben Tag zu erkunden, gibt es nur zwei Dinge: hoch auf
den Sears Tower und eine Chicago River Cruise. Aber wie kommt man schnell in
diese Riesenstadt und dann auch noch hin? Wir fuhren über die Interstate 55
North zum Flughafen Midway und hatten Glück, dass wir auf dem Park & Ride-
Parkplatz der Hochbahn einen Platz fanden. Für ganze $4 am Tag. In die Stadt
geht es mit der Orange Line zum Loop. An der Quincy Station aussteigen und
fragen, welcher von den Sky Creapers der Sears Tower ist, da steht Wills Tower
drauf. Wir waren zur Stoßzeit da, d.h. warten auf den Aufzug zur Kasse, dann
muss man sich einen Film über das Gebäude ansehen und dann warten auf den
Aufzug zur Plattform. Insgesamt etwas mehr als eine Stunde. Dafür 15 Minuten
atemberaubende Aussicht: auf den Lake Michigan, auf den Chicago River, auf
die endlosen Vororte. Den Navy Pier schenken wir uns und gönnen uns
stattdessen eine Flussfahrt durch die Wolkenkratzerschluchten. Hier haben sich
alle namhaften Architekten verewigt. Zwei haben mir besonders gefallen: der
Hard Rock Tower, karbonfarben und an der Spitze vergoldet, und ein Hochhaus
mit Maßwerk wie eine gotische Kathedrale, erbaut 1920. Beeindruckend war
ein Ensemble aus 3 Wohntürmen, das als Stadt in der Stadt (für die ganz
Reichen) gepriesen wurde. Unten die Bootshäuser für die Yachten, in den
nächsten 5 Stockwerken die Garagen und darüber in 60 Stockwerken die
Wohnungen mit Balkon. Eigentlich fanden wir Chicago schöner als New York.

## *Chicago Flussfahrt und Hafentour*

Eine Dampferfahrt auf dem Chicago River und dem Lake Michigan ist ein absolutes Muss. In den Reiseführern wird immer die Chicago Architecture Foundation River Cruise angeboten. Die wollten wir auch machen, aber es hat zeitlich nicht gepasst. Wir konnten nicht sagen, ob diese Cruise oder die, die wir dann genommen haben, die bessere war. Die, die wir hatten, startete schräg gegenüber am Trump Tower 105. Erst ging es stadteinwärts durch die Hochhausschluchten, dann stadtauswärts durch die Seeschleuse auf den See. Die Namen all der berühmten Architekten, die sich hier architektonisch verewigt haben, konnten wir uns nicht merken. Ein bisschen von der Geschichte Chicagos blieb hängen und warum die Seeschleuse. Sie verhindert, dass der Fluss austrocknet. Es war ein schönes Erlebnis: ein sehr warmer Sommernachmittag, eine leichte Brise auf dem See. So lässt es sich aushalten. Die Flussfahrt wird uns in Erinnerung bleiben.

### Bis Des Moines, Iowa, den 30.07.2011

Heute waren wir mit Nicki und ihrer Familie verabredet, nur gut 5 Stunden Fahrt trennten uns. Wenn man in den USA eine Staatsgrenze überquert, ist man an jeder Interstate mit einem Wellcome Center willkommen. Dort gibt es Kartenmaterial und man kann alles über sein Ziel erfragen. Das Iowa Wellcome Center Wilton liegt hoch über dem Mississippi. Wir haben eine Pause gemacht. Dann waren wir im Hotel angekommen, wo Nicki schon auf uns wartete. Zum Abendessen haben wir sie alle zum Italiener eingeladen.

### *Iowa Welcome Center Wilton - jenseits des Mississippi*

Fährt man auf der Interstate 80 von Illinois in Richtung Des Moines, überquert man den großen Fluss. Rechts auf einem Hügel sieht man das Welcome Center. Ein schönes weißes Gebäude mit einer Veranda, von der aus man einen schönen Blick auf den Fluss hat. Es gibt vernünftiges Kartenmaterial, einen Spendenkaffee und einen kleinen Flohmarkt. Schön für eine Pause. Vor uns lagen noch 3 Stunden Fahrt. Gefühlt ist Iowa 800 x 600 km groß, im Westen der Mississippi, im Osten der Missouri, im Süden der gleichnamige Staat und im Norden Minnesota. Des Moines liegt mittendrin. Die befreundete Familie wohnt im Stadtteil Alkeny, einem typisch amerikanischen Vorort: von der Interstate 35 auf die "Hauptstraße", die wie ein Industriegebiet aussieht, und dann die Einfamilienhäuser weit auseinander. Zu Fuß geht hier niemand, schon wegen der Entfernungen. Aber es gibt alles: den Italiener um die Ecke, den Einkaufsbummel in einer großen Mall und das obligatorische Barbecue mit der Familie.

**Des Moines, Iowa, den 31.07.2011**

Es ist Sonntag und in der Innenstadt von Des Moines ist nichts los. Wird auch sonst nicht viel sein, denn es besteht aus dem Capitol am einen Ende und dem Kulturpark am anderen Ende. Das ist an einem Vormittag gut zu schaffen. Und zwei Berichte für Tripadvisor sind dabei herausgekommen. Den Nachmittag haben wir dann alle in einem der größten Einkaufszentren der USA verbracht. Meine Familie und ich fielen auf wie bunte Hunde, wir sahen wohl so unamerikanisch aus mit unseren Klamotten und unserem Englisch. Ständig wurden wir gefragt: „Where do you come from?" Antwort: „From Germany", - „How nice!"

### Das Kapitol in Des Moines

Auch Iowas Hauptstadt hat ein Kapitol. Dessen goldene Kuppel erblickt man schon von weitem. Der Regierungssitz liegt am westlichen Ende der Downtown. Wir waren mit unseren Bekannten am Sonntagvormittag da, "Der Governor wird dich nicht empfangen", scherzte mein amerikanischer Gastgeber. Das Ganze ist etwas oversized für den amerikanischen „Durchschnittsstaat" (wahlmäßig betrachtet). Aber schon gelegen auf einen terrassierten Hügel mit Denkmal und Kanonen (deutscher Herkunft, 9 cm Kal. vom Bochumer Verein 1869 gegossen). Das Denkmal zeigt einen Pionier, Trapper und Indianer. Vom Kapitol hat man einen schönen Blick durch die Stadt, an dessen anderem Ende der neue Kulturpark liegt. Auch sehr besuchenswert.

### Der Pappajohn Sculpture Park in Des Moines, Iowa

Man muss nicht nach Des Moines reisen, um den erst 2009 errichteten Pappajohn Skulpturenpark zu sehen. Ein Spaziergang lohnt sich aber allemal: Vielleicht, weil er sich am östlichen Ende der Innenstadt befindet und man sich so vom Einkaufsbummel erholen kann, oder weil man ihn mit einem Besuch des State Capitol Building und seiner 24-karätigen Goldkuppel verbinden kann. Die Skulpturen wurden von dem philanthropischen Ehepaar Mary und John Papajohn für 40 Millionen Dollar gestiftet. Es wurde eine hervorragende Auswahl getroffen, die auch Kinder begeistern wird. Ein Beispiel ist der

Zweiter Band

Buchstabenkopf, in den man hineingehen kann. Das Ganze ist wie ein Freilichtmuseum zu sehen und der richtige Ort für Kunst- und Kulturfestivals (im August). Der Sohn unserer Gastgeber war so begeistert, dass er zwischen den für ihn riesigen Skulpturen hin und her lief.

### Des Moines, Iowa – Chicago, Illinois, den 01.08.2011

***Besuch der Freunde in Des Moines, Iowa - und die Rückreise (Fairfield Inn & Suites Ankeny)***

Das Hotel war gut gewählt, aber nicht ganz billig. Tiptop an einem Teich gelegen, alles in der Nähe. Nach Down Town war es nicht weit, eben mit guter Verkehrsanbindung (Auto). Auch zu einem der größten Einkaufszentren der USA, dem Jordan Creek Town Center im Westen der Stadt, lohnt es sich nicht wirklich. Die Rückfahrt begann mit einem geplatzten Ei in der Mikrowelle. Das war eine große Sauerei, aber wer isst schon eiskalte hartgekochte Eier? Nun waren es nur noch 533 km bis zum Intern. O'Hara Airport in Chicago vor uns. Wir schafften es in 5 Stunden, mit schlechtem Gewissen vor der Highway Patrol. Die Tochter wurde bei Lufthansa rausgelassen und das Auto mussten wir bei AVIS abgeben. Die hatten übrigens die besten Preise für eine Einwegfahrt. Das Auto am O'Hara Airport abzugeben ist nicht ganz einfach, da man eine kleine Runde um alle 4 Terminals fahren muss. Wir hatten einen Flug über Dublin nach Deutschland gebucht und hatten dort noch einen halben Tag Spaß (die Old Jameson Distillery war das Beste).

### Dublin, Republik Irland, den 02.08.2011

Wir landeten in Dublin zwischen und hatten bis zum Abend Zeit, um nach Hause zu fliegen. Am Flughafen erklärte uns ein netter Mann, wie wir mit dem Flughafenbus nach Temple Bar, dem Vergnügungsviertel, kommen. Von dort aus wollten wir das Zentrum Dublins erkunden. Die erste Station war das Trinity College, genauer gesagt dessen Bibliothek. Dazu habe ich folgendes gepostet.

***Das Beste ist die Alte Bibliothek im sogenannten Long Room***

Wer in der irischen Hauptstadt ist, muss das Trinity College besuchen. Kurioserweise eine protestantische Gründung im katholischen Kernland. Das Gelände ist weitläufig, mit Kapelle, Campanile und der alten Bibliothek. Hinein

92

kommt man per Eintritt in die Ausstellung der Texte des berühmten Book of Kelts. Sehenswert, aber nicht überwältigend, aber ich bin auch kein Kenner mittelalterlicher Schriften. Viel besser gefiel mir ein paar Stufen höher der Long Room mit seinen alten Büchern und dem vollständigen Skelett eines Riesen(menschen). Die älteste Harfe Irlands habe ich nicht gefunden. Und am meisten hat mich geärgert, dass ich die Kneipe der Universität, "The Buttery", nicht entdeckt habe. Nächstes Mal suche ich gezielter und trinke ein Pint Bier auf Samuel Beckett.

Danach ging es Richtung Schloss. An einem Café kamen wir nicht vorbei, ein leckeres Frühstück war angesagt, mehr ein Kaffeekränzchen. Und überall fanden wir eingelassene Bronzetafeln mit Zitaten aus Bernhard Shaws Ulisses. Die zweite Station war dann Dublin Castle mit seinen Gärten. Dort fand gerade ein Sandskulpturenwettbewerb statt.

### Dublin Castle und die Sandskulpturen

Dublin Castle liegt mitten in der Altstadt in der Dame Street. Es ist ein großer Komplex mit angrenzendem Garten (sehr schön) und einem großen, dicken Turm, dem Record Tower. Das Schloss wird auch heute noch für offizielle Anlässe genutzt. Im Hof finden wohl jedes Jahr „Sandkastenspiele" statt. Nein! Hier wird Sandbaukunst vom Feinsten gezeigt. Wer will, kann sich durch die prunkvollen Räume führen lassen. Wer danach durstig ist, geht zur Guinness Brauerei in der Taylor's Lane oder zur Old Jameson Distillery in Smithfield, beide in 20 Minuten (1,5 km) zu erreichen.

Die dritte Station war eher zufällig. Wieder in Richtung James-Connolly-Street entdeckten wir das Schild der Old Jameson Distillery. Also nichts wie hin. Wie es uns gefallen hat, habe ich Tripadvisor anvertraut.

### Für Freunde des dreifach gebrannten Whiskeys

Nun, wir hatten schon einiges in Dublin gesehen, als uns das Schild der Old Jameson Distillery auffiel. Als Whiskeyexperten war das die Gelegenheit. Also vom Dublin Castle durch das alte Stadttor, das einzige noch erhaltene und schwer zu findende (Cookstreet), dann links über den Fluss, den Inns Quay entlang und durch die Lincoln Lane. Die Whiskyherstellung kannten wir, deshalb haben wir auch keine der angebotenen Touren gemacht, sondern sind direkt zum Tasting gegangen. Man sitzt in der schönen Bar in bequemen Sesseln. Es gab vier verschiedene Whiskeys, nach Alter gestaffelt. Alle sehr lecker. Ein schönes Erlebnis. Wer noch nie eine Destillerie besucht hat, sollte sich die Führung (nicht billig) oder beides gönnen.

Nach der Whiskyverkostung überkam uns der Hunger. Ganz in der Nähe fanden wir unsere vierte Station, eine umgewidmete Kirche. Jetzt Restaurant und Bar mit dem klangvollen Namen „Church".

### Was aus einer Kirche so werden kann

Dass Kirchen mangels Besucher umgewidmet werden, kenne ich schon aus Deutschland und anderswo, aber hier ist man aufs Ganze gegangen. Die Church Café Bar ist gelungen. Im Kirchenschiff eine riesige Bar, auf der Empore die Restauranttische, im Turm die Bar und auf der Terrasse das Café. Alles hat Atmosphäre. Wir haben zu Mittag gegessen und ein erfrischendes Bier getrunken. Dann hieß es los, um den Flughafenbus nicht zu verpassen.

Auf dem Flug hatten wir Zeit, unsere Erlebnisse nach der Kreuzfahrt Revue passieren zu lassen. Nun, wir waren wieder in New York City, der Abend auf der Brooklyn Bridge mit Blick auf die Südspitze von Manhattan bleibt in Erinnerung. Dann die Fahrt in den Mittleren Westen: Lancaster Country mit den Amish, das Nationalheiligtum Gettysburg, der kurze Einblick in das Leben einer jungen amerikanischen Familie und schließlich Chicago mit seiner Lage am Lake Michigan und den Wolkenkratzerschluchten am Chicago River. All das hätten wir verpasst.

Zweiter Band

## Zum Kontrast einmal ins Mittelmeer

Warum nicht einmal in südliche Gefilde, wieder eine der beliebten Kreuzfahrten machen, nicht immer nur in nördlichen Breiten und schon gar nicht so weit weg. Unsere Lieblingsreederei Royal Carribian hatte ein Angebot mit Balkonkabinen, zu dem man nicht nein sagen konnte. Das passte zu der Jahreszeit und es war auch viel Kultur dabei. Außerdem hatte meine Tochter sonderpädagogische Schulferien und ist für ihre Mutter eingesprungen. Wollte sich wohl eine Orientierungspause gönnen.

Mein Kreuzfahrtbericht folgt der Reiseroute: Civitavecchia (Italien) - Messalina (Sizilien) - Kusadasi (Türkei) - Athen (Griechenland) - Chania (Kreta) - Civitavecchia (Italien). Die meisten Beiträge habe ich auch auf der Reiseplattform Tripadvisor veröffentlicht.

Im Gegensatz zu den vorherigen Schiffsreisen stand diesmal die Kreuzfahrt im Mittelpunkt, obwohl auch interessante Orte wie Ephesus und Athen dabei waren. Ich beschreibe die Dinge auf See genauso wie an Land.

### Rom / Civitavecchia, den 14.10.2012

Wir hatten einen herrlichen Hinflug, konnten Herrenchiemsee und das Po-Delta von oben sehen. Dann landeten wir auf dem Flughafen Fluimicimo „Leonado da Vinci".

Die Reederei bot den Transfer zum Schiff zu überhöhten Preisen an. Es lohnt sich also, nach einer Alternative zu suchen. Wir wählten einen Kleinbus als Transportmittel und sammelten Leute ein, die ebenfalls zum Schiff wollten. Besonders dankbar waren uns zwei ältere Amerikanerinnen aus Ohio. Dann noch vier Personen. Dann ging es los. Ich sammelte von jedem 20 € ein und bezahlte alles. Offensichtlich kommen viele Passagiere mit dem eigenen Auto, wie aus der Wegbeschreibung von Royal Carribian hervorgeht.

*Hafen Civitavecchia (Rom), Italien Pier Terminal Port of Civitavecchia Einschiffungszeit Um die Einschiffung so angenehm wie möglich zu gestalten, bitten wir Sie, nicht vor 12.30 Uhr am Pier zu sein.*

*Flughafen Fiumicino „Leonardo Da Vinci" International Airport; Die Fahrtzeit zum Pier beträgt ca. 75 Minuten. Anfahrt - Aus Richtung Süden (Rom - Flughafen Fiumicino/Leonardo da Vinci): Autobahn A12. Den Schildern nach Civitavecchia folgen. An der Ausfahrt die Mautgebühr entrichten und geradeaus weiterfahren bis zur Ausfahrt Civitavecchia Nord. - Von Norden (Florenz/Assisi): Autobahn A1. Ausfahrt Orte. Nehmen Sie die SP 11, dann die SS1 (Aurelia) in Richtung Rom/Civitavecchia. Die SS1 bei Civitavecchia verlassen. - Der Beschilderung nach Porto folgen. Die richtige Einfahrt ist "Ingresso Nord". An der Hafeneinfahrt ist die Pier-Nummer angeschrieben. Das Personal vor Ort kann Ihnen weitere Informationen geben. - Im Hafen selbst gibt es Hinweisschilder zum jeweiligen Pier/Terminal.*

*Langzeitparken am Pier: Es gibt Parkplätze in der Nähe der Terminals (z.B. Parking Cruise am Pier 25 Süd - Bramante Parking für Pier 10, 12 Süd und 12 Nord) ab € 60 für eine 7-tägige Kreuzfahrt plus € 12 für jeden weiteren Tag (Preise für 2011 - Preise können sich ohne Vorankündigung ändern). Die Gebühren sind am Tag der Abfahrt in bar zu entrichten (keine Kreditkarten, keine Schecks). Die Parkplätze befinden sich im Hafenbereich. Es gibt keinen Shuttle-Service zu den Piers. Je nach Verfügbarkeit können Taxis zum und vom Terminal gemietet werden.*

*Sicherheit am Pier; Auf dem Pier kann es aufgrund von Sicherheits- und Einreisebestimmungen zu Verzögerungen bei der Einschiffung kommen. Diese Vorkehrungen dienen Ihrer Sicherheit und wir bemühen uns, den Prozess so kurz wie möglich zu halten.*

Um es gleich vorweg zu nehmen, unsere Tischnachbarn sind mit dem Auto aus Deutschland angereist, haben zwei Tage gebraucht und standen schon früh morgens auf dem besagten Parkplatz. Am Ende dieses Berichtes werde ich bessere Alternativen aufzeigen, außer der oben genannten.

Nun waren wir an Bord und schauten uns um. Da lag noch ein Kreuzfahrtschiff von Costa, das wir bei der Seenotrettungsübung beobachten konnten. Dann ging es los, das Lotsenboot kam und dann waren wir auch schon in Richtung Sizilien. Wir haben uns das Tagesprogramm angeschaut. Da war um 19:00 Uhr „Missinos Impossible" im Kino und um 19:45 Uhr die Welcome on Board Variete Show im Metropolis Theater. Ich glaube, wir sind in die Show gegangen.

**Messina, Sizilien, den 15.10.2012**

Das Kreuzfahrtschiff machte direkt an der Stadtmole fest. Die Fahrt dorthin führte durch die nur 300 m breite Meerenge, gekennzeichnet durch die beiden Strommasten, vorbei an der Madonnenstatue an der Hafeneinfahrt.

Wer nicht zum Ätna oder nach Taormina (zu den alten Griechen) will, macht sich auf den Weg in die Stadt. Es geht ziemlich bergauf zur Kirche Christo Re, von der man einen schönen Blick auf die Stadt und den Hafen hat. Dann die Via Sant'Augostino hinauf bis zur Piazza, weiter die Via Grattoni hinauf, gleich nach dem Viadukt links auf den Viadukt. Ganze Heerscharen laufen weiter hoch und finden die Kirche nicht. Dann gegen Mittag wieder zurück zum Domplatz, um das Spektakel am Glockenturm nicht zu verpassen. Dann hat man sich einen "Espresso, per favore" verdient.

Nun zum Dom-Spektakel: Um 12 Uhr ist der Platz vor dem Dom voller Touristen, alle wollen das Spektakel am Campanile sehen. Nach dem Glockenschlag richtet sich der Löwe auf und brüllt dreimal fürchterlich. Dann kräht der Hahn darunter dreimal und schlägt mit den Flügeln. Dann erklingt das Ave-Maria, eine Kirche im Kleinformat erhebt sich und eine Taube fliegt zu den Heiligen darüber.

Der Dom selbst ist eigentlich ein "Neubau", erst zerstörte ihn ein Erdbeben, dann taten die Bombenangriffe im Zweiten Weltkrieg ihr Übriges. Schön anzusehen ist die größte mechanische Uhr der Welt an der Seite des Glockenturms. Auch das Innere des Doms ist einen Besuch wert. Außen kann man den florentinischen Orion-Brunnen bewundern. Der Weg zum Dom von Messina lohnt sich auf jeden Fall.

Übrigens haben die Amerikanerinnen, die uns zum Schiff geführt haben, ein Foto von uns gemacht - Vater und Tochter. In einem Souvenirladen fotografierten wir die Auslagen. Wer kommt da schon vorbei.

Zurück auf dem Schiff überlegten wir, wie wir den Abend gestalten könnten. Zur Auswahl standen „Ballroom Fever" um 19:00 Uhr im Theater oder Eislaufen für alle um 19:45 Uhr bzw. 20:30 Uhr. Das Theater besuchten wir beide, aufs Eis traute ich mich später nicht mehr. Den Abend ließen wir in der Schooner Bar bei Pianomusik und Gin Tonic ausklingen.

**Auf dem Mittelmeer am 16.10.2012**

Heute ist Seetag, meist Erholung auf See genannt. Die Navigator of the Seas hat Kurs auf Kleinasien genommen, genauer gesagt auf Kusadasi in der Türkei. Von dort aus erreichen wir die großartigen Ruinen von Ephesus. Es bleibt noch Zeit, das Schiff näher zu beschreiben. Ich gebe wieder, was unsere Kreuzfahrtagentur über das Schiff berichtet:

*Die Navigator of the Seas wurde im Dezember 2002 als viertes von fünf Schiffen der "Voyager"-Klasse von Royal Caribbean International in Dienst gestellt. Auf ihren 311 Metern Länge, 48 Metern Breite und 15 Decks bietet sie bis zu 3.276 Passagieren (bei Doppelbelegung) jede Menge Aktivitäten und Erlebnisse. Inzwischen wurde es generalüberholt.*

*An Bord der Navigator of the Seas gibt es Unterhaltung für jeden Geschmack. Von ruhigen Klängen am Abend bis zu wilden Partynächten im Club - hier kommt jeder auf seine Kosten. Tagsüber locken verschiedene Attraktionen wie zahlreiche Pools und Whirlpools, der Surfsimulator Flowrider, eine Kletterwand oder eine Eislaufbahn. Das große Casino lädt dazu ein, sein Glück zu versuchen und den großen Gewinn zu machen. Entspannung pur bietet das Vitality Spa mit modernstem Service und wohltuenden Verwöhn- und Beautyanwendungen gegen Gebühr. Der großzügige Fitnessbereich mit herrlichem Meerblick lädt zu sportlichen Höchstleistungen ein, nach denen man sich im Pool mit Ruhebereich ("Solarium") oder in der Sauna erholen kann. Auch im Außenbereich des Schiffes gibt es zahlreiche Möglichkeiten, sich sportlich zu betätigen.*

An unserem Tisch im Hauptrestaurant saßen wir zu sechst. Eine junge Frau mit ihrer Oma, ein junges Ehepaar aus Gardelegen in Sachsen-Anhalt, meine Tochter Solveig und ich, also Vater und Tochter. Die Enkelin hatte ihre Oma zu ihrer ersten Seereise eingeladen. Und die war ganz begeistert vom Service und vom Essen ringsum. Das Ehepaar aus Gardelegen, das dort eine, die einzige Eisdiele betreibt, war mit dem Auto zum Hafen von Civitavecchia gefahren. Die Frau wollte nicht fliegen. So also unsere deutsche Tischgesellschaft.

**Kusadasi, Türkei, den 17.10.2012**

Würden die Kreuzfahrtschiffe nicht wegen des antiken Ephesus hier anlegen, wäre die Kreisstadt an der türkischen Ägäisküste trotz Sandstränden, Inselburg und Yachthafen wohl kaum das Ziel der Urlaubsträume. Zu den Schiffen gelangt man durch ein Einkaufszentrum, in dem man weder einen Eingang noch einen Ausgang findet. Für die Shoppingfreunde steht noch das halbe Hafenviertel zur Verfügung. Die Art und Weise, wie man zum Einkaufen eingeladen wird, ist nicht jedermanns Sache. Spätestens nach der Einladung zum Tee kauft man etwas. Dort zu Bummeln hatten wir keine Lust.

Nun zum antiken Weltkulturerbe mit Katzen und Spektakel. In der jetzt ausgegrabenen Stadt lebten Griechen, Römer, Byzantiner, Osmanen etc. Vieles ist nur noch Ruine, das Odeon, die Celsus-Bibliothek, der Hadrianstempel an der Kuretenstraße, das große Theater, die berühmte Artemis-Statue (im Museum) und die antiken Latrinen (draußen). Die Stadt liegt so, wie man sich das antike Griechenland vorstellt. Erklärungen gibt es auch auf Deutsch.

Wir hatten eine sehr professionelle Führung von TURA gebucht. Der Führer sprach nicht nur ausgezeichnetes Englisch, sondern fütterte nebenbei auch noch die dort lebenden Katzen (unser Kater ist mindestens dreimal so groß). Über einen Sender konnte man seine Erklärungen auch aus einiger Entfernung in guter Qualität hören. Die Führung beginnt am oberen Tor und endet am unteren Tor. Man hat genügend Zeit, sich das Spektakel in der Nähe des großen Theaters anzusehen: Fanfaren, Einzug des Königs, ägyptische Tänzerinnen, Gladiatorenkämpfe. Liebhaber bleiben länger und durchstreifen das Gelände, aber bitte nicht in der heißen Mittagszeit.

Wenn man schon mal da ist, muss auch ein prominentes Foto her. Diesmal hat es die Tochter erwischt. Und auf dem Rückweg habe ich unser Schiff im Hafen entdeckt und ein paar Fotos gemacht.


**Athen, Piräus, den 18.10.2012**

*Am Vormittag auf die Akropolis - ein Bericht*

Es versprach heiß zu werden, also nutzten wir den Vormittag, um das berühmte Bau zu besichtigen. Mit dem Bus ging es von Piräus aus los. An der Bushaltestelle unterhalb der Akropolis wurden alle ausgeladen und die Reiseleiterin zeigte uns den Souvenirladen, in dem wir uns nach der Besichtigung einfinden sollten. Mit dem kleinen Mann im Ohr und der Wasserflasche in der Tasche stiegen wir zum Monument hinauf.

Es war voll, denn viele Besucher wollten in die Oberstadt. Selbst Leute mit wenig Kondition fanden den Weg über ungesicherte Treppen und glatten Stein, einfach erstaunlich. Am Pantheon löste uns die Führerin aus der Herde mit der Bitte, pünktlich am Treffpunkt zu sein. Wir bewunderten die Ruinen und die herrliche Aussicht auf die Stadt Athen. Wunderschön! Dann schlenderten wir vom Berg hinunter und kauften noch einen Eulenanhänger im Souvenirladen an der Ecke Erechthiou. Das alles muss man gesehen haben und eine kleine Stadtrundfahrt gab es auch noch.

Zweiter Band

**Die Wohlgegürteten (Evzonen) lassen grüßen - am Syntagmaplatz in Athen**

Nach der Besichtigung der Akropolis machte der Busfahrer noch eine kleine Stadtrundfahrt mit der Option, uns am Syntagma-Platz aussteigen zu lassen. Aber nach dem Vormittag in der Oberstadt hatten wir wirklich keine Lust mehr - die Luft war raus. So blieben uns die Eindrücke vom Bus aus: die Wachen (Evzonen) am Grabmal des Unbekannten Soldaten am Parlamentsgebäude, vorbei an Apollo und Minerva an der Akademie von Athen, vorbei an der Villa von Schliemann.

Das nächste Mal steigen wir aus. Schauen uns den Schlossgarten an, gehen hinauf zum neuen Akropolismuseum oder durch die Altstadt zum Lykabettus, dem Aussichtsberg. Vielleicht kommen wir vor Weihnachten wieder, wenn auf dem Syntagma-Platz die Buden stehen.

**Chania, Kreta, den 19.10.2012**

Eigentlich ist Souda der Fährhafen der Stadt Chania, von wo aus täglich Fähren nach Piräus fahren. Aber auch Kreuzfahrtschiffe legen hier an. Mit dem Nahverkehrsbus kann man für 3 Euro round trip nach Chania fahren. Unser Bus war deutscher Herkunft, was sich an den Schildern für die Notausgänge und dem Durchgehen nach vorne bemerkbar machte. Kein Wunder, dass sich niemand daran hielt.
Da wir Chania nun schon kennen, werden wir das nächste Mal ein Taxi nehmen und die Umgebung erkunden. Denn in der Souda-Bucht gibt es Geschichtsträchtiges zu sehen. Die Ruinenstadt Aptera oberhalb der Stadt oder das Denkmal in Form eines Marmorkreuzes für die Gefallenen der Schlacht von 1941. Vielleicht sehen wir auch eine Nike-Rakete fliegen, die in der Nähe zu Übungszwecken abgeschossen wird.

**_Griechisch-orthodoxes Kerzenanzünden, Oldtimer-Motorräder und eine Demo - ein Rundgang durch Chania_**

Ich staune noch heute, wie der Linienbus durch die engen Straßen bis zur Endhaltestelle am venezianischen Fort gekommen ist. Dort umrundet man das Bauwerk (heute Schifffahrtsmuseum) und gelangt an die schöne Hafenpromenade. Der Hafen mit seinen Restaurants und Ausflugsschiffen ist eine wahre Pracht und lädt zum Verweilen ein.

Wir schlendern durch die Gassen zur Hauptstraße. Über die Odos Chalidon erreichen wir die Kathedrale der drei Märtyrer. Wir bewunderten die Ikonostase und zündeten Kerzen an (trotz anderer Konfession). Weiter die Straße hinauf startete eine Demonstration zum angekündigten Generalstreik. Wir ließen den Streik links liegen und gingen durch die Gassen hinunter zum Hafen. Vorher aber noch in einem gemütlichen Biergarten eingekehrt. Neben (sehr) kühlem Bier gab es ein Royal Enfield Motorrad zu bestaunen.

Eigentlich waren wir viel zu kurz dort. Wiederkommen lohnt sich. Denn es gibt viel zu sehen, zum Beispiel: das Archäologische Museum, das Byzantinische Museum, das Nautische Museum, das Historische Museum und das Kriegsmuseum (gegen die Türken und die deutschen Besatzer), aber man kann auch einfach in die Markthalle gehen.

**Auf dem Mittelmeer am 20.10.2012**

Heute geht es zurück, wieder durch die Straße von Messina. Bestes Wetter, um am Pool zu liegen. Und auch die Gelegenheit, einige Einblicke in das Schiffsleben zu bekommen. Das Schiff gehört zur Adventure-Klasse und hat eine Royal Promenade. Das ist eine Straße in der Mitte des Schiffes mit Geschäften, Cafés, einer Bar usw. Darüber sind die Innenkabinen wie Appartements mit Blick auf die Promenade. Eine schöne Lösung.

Dann gibt es einen Innen- und einen Außenpool. Das sind schon größere Anlagen für die vielen Gäste an Bord, denn jeder soll seinen Platz finden. Bei dem schönen Wetter ist draußen wie drinnen viel los. Das kann man sich auch vorstellen, bei so viel Kultur vorher.

Und ganz toll ist die Eisbahn im unteren Teil des Schiffes. Die ist zu bestimmten Zeiten für die Öffentlichkeit zugänglich. Zu anderen Zeiten finden dort Eislaufshows im Stil von „Holiday on Ice" statt. Eine solche Show haben wir uns auch angesehen. Toll gemacht!

Hier sieht man meine Tochter mit unseren Tischnachbarn beim Schlittschuhlaufen. Schlittschuhe braucht man nicht mitzubringen.

Ja, das war der letzte Tag der Kreuzfahrt, morgen sind wir wieder im Ausgangshafen. Und deshalb gibt es eine große Abschlussparade auf der Royal Promenade. Royal Carribian inszeniert das wunderbar.

Als wir danach in der Kabine unsere Koffer packen wollten, lag eine Urkunde auf meinem Bett. Jetzt hatte ich den DIAMOND-Status, damit kann man in die Lounge gehen, sich kostenlos bedienen lassen mit allen möglichen Getränken und kleinen Snacks. Also, bis zum nächsten Mal.

## Civitavecchia, Rom, den 21.10.2012

### *Nach und vor Kreuzfahrthafen Civitavecchia*

Nach dem Auschecken aus dem Schiff hat man ein Transportproblem, es sei denn, man nimmt mit mehreren Personen einen Van (kostet zum Flughafen Flumichino 180 Euro für 6 Personen) oder den überteuerten Bus (z.b. von RCCL für 2 Personen 132 Euro). Alle anderen nehmen lieber den kostenlosen Shuttle-Bus bis zum Hafentor. Auf keinen Fall laufen, denn bis dahin ist es weit. Also für 5 Minuten Fahrt die Koffer in den Bus und sich gemütlich fahren lassen. Dort angekommen, ist man der Lösung des Transportproblems einen Schritt näher gekommen. Jetzt kann man den Zug nehmen, das sind 800 m zum Bahnhof zu Fuß oder mit dem Taxi, Fahrkarte kaufen (Tabacci geht auch), einmal umsteigen in Trastevere und für 10 Euro pro Person ist man am Flughafen.

Die beste Lösung ist der Bus, z.B. von CIVITATOURS. Das kostet 20 Euro pro Person und nette Leute ziehen einem die Koffer zum Bus, fragen einen (auf Deutsch), ob man sich nicht noch Rom anschauen will, wenn man Zeit hat (da fährt der Bus eigentlich hin) oder, wenn man Rom kennt, ob man nicht lieber Ostia anschauen will. Das haben wir dann gemacht. Wir besuchten das antike Ostia (Museum) und den Lido. Vorweg, Fahrt und Besuch waren eine sehr gute Entscheidung.

Am Flughafen haben wir unsere Koffer aufgegeben, ganz hinten im Terminal 5, glaube ich. Dann zurück zur Touristeninformation und gefragt, was wir machen können, bis wir für den Flug einchecken müssen. Die freundliche Antwort war, wir sollten mit dem Bus nach Ostia fahren, Ostia Antica besichtigen und auch zum Lido di Ostia gehen. Gesagt, getan, Tickets an der Porta Romana gekauft und rein ins antike Rom, oder was davon noch übrig ist.

Nach ausgiebigem Betrachten der alten Gemäuer und einem Imbiss im Museumscafé, inklusive Treffen einer deutschen Klassenfahrt, ging es mit der Metro zum Strand. Es war Sonntagnachmittag und die Strandbrücke war mit italienischen Großfamilien belegt. Aber es war ein schöner Nachmittag am Meer.


**Wie hat es uns gefallen?**

Die Navigator of the Seas war das richtige Schiff zur richtigen Zeit, auch wenn die zugeteilte Balkonkabine etwas nahe an der Wasserlinie lag und das Rauschen des Fahrwassers störte. Das Schiff hat alle Möglichkeiten, was das Platzangebot, also die Größe angeht. Da kommt keiner zu kurz. Ein Foto zeigt das Oberdeck der Navigator of the Seas beim Passieren der Straße von Messina.

Kulturelle Höhepunkte waren sicherlich Ephesus und die Akropolis, das sind Kulturstätten, die man einfach einmal im Leben besucht haben muss. Und wie hat die Tochter als Neuling die Kreuzfahrt erlebt? Sie fand es schön und angenehm. Aber nicht so, dass sie gleich die nächste Kreuzfahrt machen muss.

# Mit AMTRAK über New Orleans nach Europa

Die Fernsehsendung *Eisenbahnromantik* hat uns auf die Idee gebracht, einmal mit dem Zug durch Amerika zu fahren, und zwar mit AMTRAK von New York nach New Orleans. Das ist eine Fahrt von 33 Stunden, die man am besten im Schlafabteil verbringt. Zuerst muss man natürlich in Pennsylvania Station ankommen. Das haben wir mit Iceland Air von Frankfurt mit Zwischenladung in Reykjavik gemacht. In NYC hatten wir eine merkwürdige Unterkunft gebucht, Gott sei Dank blieben wir nur eine Nacht.

Noch auf dem Mississippi startete die *Navigator of the Seas* der Reederei Royal Carribian Cruise Line über den großen Teich in Richtung Mittelmeer. Doch bevor wir an Bord gingen, sahen wir uns einige Tage in New Orleans an. Dann erreichte das Schiff die Azoren, fuhr durch die Straße von Gibraltar ins Mittelmeer, legte im französischen Toulon und im italienischen Livorno an und machte schließlich in Civitivecchia fest. Zu diesem Zeitpunkt hatten wir 5.725 Seemeilen oder gut 10.000 km zurückgelegt. Für diese Langstreckenfahrt gab es ein Diplom.


## Bis New York City, Vereinigte Staaten

*Liebe Töchter,*

*Linz Hbf - 5 Grad, einen Parkplatz haben wir doch noch gefunden und der Schienenersatzverkehr war pünktlich. Nach einer guten Stunde rheinaufwärts, an jeder Milchkanne angehalten, kamen wir in Mainz Hbf an. Der EC kam 10 min später, also war unsere Planung im Eimer. Dafür war der Zug rappelvoll und so verbrachten wir die 50 min Fahrt nach Mainz Hbf stehend, der ICE zum Flughafen war weg. Dafür kam etwas später die S-Bahn mit einer Klasse Jugendlicher. Am Flughafen hat Mama erst mal einen Koffergurt gekauft und ein paar Euros in Dollar getauscht. Dann sind wir zum Terminal E gepilgert und haben nach dem Einchecken erst mal gegessen, was wir mitgebracht haben.*

*Mit der Iceland Air sind wir direkt über Balmoral, Schottland geflogen und fast pünktlich in Reykjavik gelandet. Vorher haben wir noch die Gletscher auf dem Meer in Island gesehen, toll. Schon eine Stunde später ging es weiter. Wieder ein wunderschöner Blick auf die Küste Grönlands. Nach 6 Stunden waren wir über Long Island, pünktlich gelandet, Immigration und Koffer, alles in zehn Minuten.*

*Mama hat ein Kombiticket nach New York gekauft. Jetzt nur noch die Subway zur Unterkunft in der 34th Street finden, nach Westen oder nach Osten. Dazu waren wir nach 16 Stunden zu müde und nahmen uns ein Taxi mit Trinkgeld 20 Dollar zur Bowery in China Town. Etwas essen mussten wir, beim Chinesen natürlich, was sonst. Die Unterkunft bestand aus Holzverschlägen, so wohnten die Reisenden um 1900. Mama hatte ihre Toilette auf dem Flur, meine war über die Treppe ein Stockwerk höher. Geschlafen haben wir nicht viel.*

*Euer Papa*                                              *New York, den 02.04.2013*

Eigentlich wussten wir, worauf wir uns einlassen, denn wir hatten eine Doppelkabine gebucht. Gott sei Dank nur für eine Nacht. Die Koffer fast zwei Stockwerke hochschleppen (uns wurde geholfen), nachts ein Stockwerk höher an der Rezeption vorbei zur Toilette, die Kabinen haben offene Decken, das ist nichts für ein älteres Ehepaar. Wir haben erfahren, dass das Bowery House schon immer ein Schlafplatz für arme Reisende war. Kleiner Scherz.

Aber die Lage machte die Unterkunft so attraktiv: Chinatown, Little Italy, Cast Iron District, mit guter U-Bahn-Anbindung. Bis in die 80er Jahre war das Viertel kriminell, heute ist es furchtbar hip. Wer bei ohrenbetäubender Musik "hip" essen will, kann das in der Kneipe im Erdgeschoss tun.

## New York City, Vereinigte Staaten- 2. Tag

*Liebe Solveig, liebe Louise,*

*Frisch auf in China Town, Mama hat einen kleinen Rundgang ausgesucht, Frühstück in einer Dampfbäckerei, unter Chinesen. Schönes Wetter, aber saukalt (5 Grad), der Wintermantel war nicht verkehrt. Ich habe schöne Fotos von der Lower East Site gemacht. Dann sind wir rüber nach Little Italy und dann nach Houston, wo ihr shoppen wart. Dann war es aber auch Zeit, zum Bahnhof zu fahren, diesmal mit der Subway.*

*Kurz nach 14:00 Uhr ging es los, in einem riesigen, langen Zug. Rein ins Liegewagenabteil. Die Schaffnerin räumte unsere Koffer weg, die passten wirklich nicht mehr rein. Bis Washington ging's schnell, weil elektrisch, dann lahm mit der Diesellok, oder auch zwei davon. Um 19.30 Uhr gab's Abendessen, im Fahrpreis inbegriffen, nicht das Bier, wir hatten Steak.*

*Als wir vom Essen zurückkamen, hatte die Schaffnerin schon die Betten gemacht. Im Abteil gab es neben dem Waschbecken auch eine Kombitoilette. Außerdem diente die „Gelegenheits"-Angelegenheit als Ablage für das obere Bett. Da hat Mama geschlafen, ganz gut.*

*Bis morgen*

*Euer Papa*                                        *New York City, den 03.04.2013*

### Auch das ist Manhattan: Chinatown, Little Italy, der Cast Iron District

Die Bowery war bis in die 1980er Jahre ein berüchtigtes Viertel. Wir gingen los an der Hausnummer 220 in südlicher Richtung und erreichen die Kreuzung mit der Delancy Street. Links sieht man die prachtvolle Auffahrt zur Williansburg Bridge. Wir bogen rechts ab und landeten in einer chinesischen Dampfbäckerei. Eine andere Welt, schließlich waren wir in Chinatown NY. Weiter die Straße runder und dann in nördlicher Richtung ist man plötzlich in Little Italy. Der Laden, der Polizeiwaffen verkauft, beeindruckt uns durch seine riesigen Revolver als Reklameschild. In den Straßenfluchten des Viertels tauchen im Hintergrund immer wieder moderne Hochhäuser auf. So stelle ich mir NYC vor. Richtung Broadway und Norden kommt man in den Gusseisenbezirk (SOHO). Das war ein schöner Spaziergang. Und in der Nähe gibt es hippe Café-Bars.

### Auf nach New Orleans, Louisiana

*Liebe Solveig, liebe Louise,*

*kurz vor Atlanta haben wir mit einem Ehepaar von dort gefrühstückt. Sie machten eine Erinnerungsreise nach New Orleans, zu ihrer Nichte, die dort heiraten wird. Mittags waren wir auf der Georgia-Alabama-Line, ab hier gibt es eine andere Ortszeit, also eine Stunde zurück. In den Sitzabteilen wurde die Hautfarbe immer dunkler. Das Express-Dinner um 16:00 Uhr haben wir uns geschenkt.*

*Dann fuhr der Zug über den riesigen See, der nördlich vor New Orleans liegt. Pünktlich um 19:32 Uhr kam er an, in einem riesig, langen Bahnhof. Wir wurden mit unseren Koffern per Caddycar zum Ausgang gebracht. Rein ins Taxi und ab ins Hotel namens Cotton Exchange (Baumwollbörse). Das Hotel war keine 5 Minuten von der berühmten Bourbon Street entfernt.*

*Dort sind wir auch gleich hingegangen, empfangen wurden wir mit einem ganz schlimmen Trubel und extrem lauten Musik-/Tanzlokalen. Etwas abseits ist das French Quarter mit seinen Gaslaternen schon sehr romantisch. Auf der Suche nach etwas Essbarem entdeckte Mama einen wie immer attraktiven Souvenir-Schmuckladen. Es stand „CLOSED" dran, aber es war offen. Der Besitzer machte gerade seine Abrechnung. Er verkaufte uns etwas und hatte noch ein paar gute Tipps für uns. Auf seine Empfehlung hin sind wir stilvoll essen gegangen. Nach einer Weile kam der Besitzer ins Restaurant und fragte uns, wie es uns geschmeckt hat.*

*Schöner Abend*

*Euer Papa*                                          *New Orleans, den 04.04.2013*

### Ein kurzer Blick aufs Capitol

Nur einmal auf der Fahrt von New York nach New Orleans kann man einen Blick auf ein so imposantes Gebäude erhaschen. Plötzlich taucht es zwischen den Häuserzeilen auf - und verschwindet, zu kurz, um es zu fotografieren. Wir waren in Washington, D.C. Meistens sieht man nur die Innenstädte mit ihren Wolkenkratzern (Philadelphia, Atlanta) oder die großen Flüsse (Delaware oder Potomac). Gemütlich fahren wir in unserem Abteil mit eingebauter Toilette und Stockbett unserem Ziel entgegen.

### Leider am Birmingham Railroard Park vorbei - Eindrücke aus Alabama

Der Zug aus New York hielt am Amtrak-Bahnhof in Birmingham. Da sind wir schon fast am Railroad Park vorbeigefahren. Den hätten wir gerne gesehen, aber wir mussten ja weiter nach New Orleans. Auch so bekamen wir einen Eindruck vom Süden. Das schlechte Wetter hat die Trostlosigkeit noch unterstrichen. Aber es müssen ja nicht immer schöne Bilder sein.

### Abends zur Bourbon Street

Als wir mit dem Zug über den großen Lake Pontchartrain fuhren, wussten wir, gleich sind wir in New Orleans, the Crescent City (wegen des Mississippi-Bogens). Raus aus dem Zug, rein ins Taxi, Hotel im Business District, dann über die Canal Street in die Bourbon Street. Am frühen Abend war hier schon richtig was los: ohrenbetäubende Voodoo-Lokale, volle Pubs - eigentlich nichts für ältere Ehepaare. Aber die French Corner ist mehr als das. Geht man von der Bourbon Street die kleine Runde nach Norden (Richtung Armstrong Park), ist alles ruhig, schön und beschaulich. Macht man die Runde nach Süden (Richtung Jackson Square), trifft man auf nette Lokale, zum Beispiel den Camellia Grill in der Chartres Street. Den Tipp hatten wir in einem Souvenirladen bekommen. Es wurde noch ein netter Abend.

### New Orleans, Louisiana- 2. Tag

*Liebe Kinder,*

*nach dem üblichen Plastikfrühstück im Hotel sind wir mit der Straßenbahn gefahren. Für 3 $ den ganzen Tag, erst zum French Market und dann zurück zur Canal Street. Das war die richtige Zeit für eine Dampferfahrt. Der Raddampfer Natchez fährt den Mississippi rauf und runter mit einer alten Dampfmaschine, wahrscheinlich noch aus Mark Twains Zeiten.*

*Danach Mittagessen in einer Privatbrauerei, hatten gutes Weizenbier. Am Nachmittag dann wieder Straßenbahn (Streetcar)-Fahren, zum Gardendistrict, leider sind wir zu weit gefahren und in einem schönen Park gelandet Da gab's dann Schienenersatzverkehr, den gewohnten, für zurück. Gleich nachsehen, wo wir am nächsten Tag hin müssen (Port of New Orleans). In der Nähe gab es ein Restaurant, wo Crawfish (Krabben) auf der Straße gekocht wurden. Im French Quarter haben wir dann abends eine Kneipe gefunden, in der man landestypisch essen konnte und das Bier (Amber Beer) war nicht von schlechten Eltern.*

*Euer Papa*                                     *New Orleans, den 05.04.2013*

### Mit dem Raddampfer Natchez auf dem Mississippi

Was wäre der Mississippi ohne Schaufelraddampfer? Eine Fahrt mit der Natchez macht es möglich. Während die Hafenrundfahrt, ein Stück flussabwärts, ein Stück flussaufwärts, was nichts Besonderes ist, man aber alles erklärt bekommt (größte Zuckerfabrik, Militärtransportschiffe, Schäden durch Hurrikan Katrina), ist es das Dampfschiff, das wirklich sehenswert ist. Angetrieben von einer großen Dampfmaschine mit 7 m langen Pleuelstangen zum Schaufelrad am

Heck. Alles im Original zu sehen. Und erst die Dampfpfeife! Und was sucht ein schwarze Mann mit dem weißem Hündchen an der Hafenpromenade?

Zur Riverfront, in den Garden District, zu den Friedhöfen oder zum Kreuzfahrtterminal, die Streetcars in New Orleans sind ideal: für 3 Dollar den ganzen Tag fahren. Die Canal Street nach Norden zu den riesigen Friedhöfen (Cemeteries) mit den oberirdischen Gräbern wegen des Grundwassers, nach Süden zum Mississippi, dann links zum French Market oder rechts zum Cruise Ship Terminal. Auch eine Fahrt in den Garden District lohnt sich, ein Stück weiter kommt man zur Tulane University mit dem schönen Audubon Park. Bummeln und mit dem Bus (man hat ja die Tageskarte) über die Magazine Street zurück ins French Quarter. Zum Essen empfehlen wir das Daisy Dukes, 121 Chartres Street. Uriger Laden und kein Schnickschnack.


**New Orleans, Louisiana – 3. Tag**

*Hallo Töchter,*

*bis zur Einschiffung hatten wir noch einen halben Tag Zeit. Besuchenswert sind die Friedhöfe außerhalb der Stadt. Die Toten werden nicht begraben, denn in 6 Fuß Tiefe gibt es nur Wasser. Man baut deshalb kleine Gruften und stellt sie wie Häuser in einer Straße auf, und fährt mit dem Auto dorthin. Es blieb noch Zeit für die Besichtigung eines Apartments in einem Ante-Bellum-Haus (um 1850) am Jackson Square, mit kompletter Einrichtung und Dienstbotenwohnung (Sklaven), sehr beeindruckend.*

*Dann wurde es sportlich: Disziplin Straßenbahnfahren mit Überseegepäck inklusive Umsteigen. Super gemeistert. Gut, dass wir unsere Koffer selbst mitgenommen haben. Wegen der Koffer von gut 3.000 Leuten legte das Schiff erst eine Stunde später ab. Wann die Koffer dann vor der Kabine standen, wissen wir nicht.*

*Die Tischfrage war noch nicht entschieden: 3 Paare, eins aus New Orleans, zwei aus Deutschland. Das Ehepaar aus Bochum war, wie man so schön sagt, in schlechter Verfassung. Der Mann hatte einen Schlaganfall und konnte nicht mehr hören, die Frau war Diabetikerin und wollte gleich vom Tisch weg. Englisch konnten beide nicht so gut. Mal sehen, wie es weitergeht. Die Balkonkabine hat Mama und mir sehr gut gefallen.*

*Mal sehen, wie es morgen weitergeht.*

*Euer Papa*                                                      *New Orleans, den 06.04.2013*

### Rund um den Jackson Square - eine Orientierung

Fangen wir bei den Muli-gezogenen Kutschen an, die vor dem Platz zum Fluss hin stehen und auf Kundschaft warten. Kein Problem damit hatte das Café du Mondo auf der anderen Straßenseite, wo man Schlage steht, um die berühmten Beignets zu naschen. Links und rechts des Platzes stehen Apartmenthäuser aus der Vorkriegszeit. Eines der dreistöckigen Häuser ist das Museum (rechtes Gebäude). Hinten wohnten die Sklaven, vorne die Herrschaften. An der Stirnseite des Parks stehen das Cabildo, der ehemalige spanische Regierungssitz, das Louisiana State Museum mit der Galerie (früher Presbytere) und mittendrin die St. Louis Cathedral (älteste Kirche Louisianas). Wer danach eine Pause braucht, setzt sich in den Park mit den großen alten Bäumen und bewundert die Statue von Andrew Jackson, der 1815 die Briten aus New Orleans vertrieb (They ran so fast that the hounds couldn't catch 'em, down the Mississippi to the Gulf of Mexico). Ringsum kann man auch andere Gesänge hören, alle sehr schön.

### Auf See und doch nicht ganz, vom 07. bis zum 14.04.2013

### Sonntag, 07.04.2013

Eigentlich ist nichts Außergewöhnliches passiert, doch am...

### Montag, 08.04.2013

...musste das Schiff in Fort Lauderdale anlegen, ein Besatzungsmitglied und ein Passagier mussten ins Krankenhaus. Eine nette Abwechslung bei traumhaftem Wetter. Abends schick zum Dinner. Von unserem Tischnachbarn bekamen wir den Tipp, wo es Champagner und Wein umsonst gibt, schließlich ist man ja Diamond Member. Danach ab in die Broadway-Show, wie immer hervorragend.

### Dienstag, 09.04.2013

Wir haben uns schon gewundert, warum wir einen speziellen Aufkleber auf unserer Bordkarte haben. Jetzt haben wir es herausgefunden, es ist ein Getränkepaket, das wir aber nicht bestellt hatten, aber uns als Diamond Member zusteht.

Dritter Band

Mit unserem Tisch haben wir uns jetzt geeinigt, wir sitzen zu viert, Doris, Dieter, Hans und Ele. Die Bedienung haben wir auf Vordermann gebracht, die ließen nämlich alle Deutschkenntnisse auf uns los, schrecklich und falsch. Jetzt ist alles wieder auf Englisch eingestellt.

Anmerkung: Hätten wir die Information für Diamond Members richtig gelesen, da steht auch was von freien Getränken.

### Mittwoch, 10.04.2013

Heute Morgen hatte der neuseeländische Küchenchef das Wort. Es war interessant zu hören, was die Küche leistet: 20.000 Portionen am Tag, zubereitet von 16 Köchen und Bäckern. Und die nehmen es mit der Frische ziemlich genau. Was die Gäste nicht essen, geht an die Crew. Frisches wird an die Fische verfüttert. Und die Küche ist ein Lehrbetrieb. War alles glaubwürdig.

Am Nachmittag bin ich ins kalte Wasser gesprungen, heldenhaft. Der Ehepartner traut sich wohl nicht mehr, sich im Badeanzug zu zeigen. Oder war es nur das kalte Wasser?

### Donnerstag, 11.04.2013

Heute gab es zum Mittagessen Weißwürste und Brezeln mit Kartoffelsalat. Abgesehen davon, dass die Weißwürste keine waren und den Brezeln die Lauge fehlte, war der Kartoffelsalat genießbar, fast lecker. Dank unserer „Freigetränkekarte" konnten wir uns ein Bier leisten. Danach haben wir noch etwas Interessantes im Cruise Compass gelesen.

*SET A NEW RECORD FOR FUN Many adventurers have crossed the Atlantic Ocean. Dream skipper Charlie Barry set the record for the fastest crossing on a sailing yacht. Recently, Frank Campaigns and his Crew beat the record. Then, cross the Atlantic from here on a rowboat. The youngest person to do so was Kevin. Challenge yourself on your map. Pick a game: basketball's 513 m dunk, perfect your 90" swing or beat the biggest Pac'Man score. Today, set a new record*

### Freitag, 12.04.2013

Heute hatten wir einen schönen Clubabend, wie man ihn sich nicht besser vorstellen kann. Tolle Stimmung mit Band, Singers und Dancers. So stelle ich mir den berühmten Cotton Club in NYC vor. Den passenden Cocktail gab es auch, am liebsten jetzt "Yellow Bird".

Die Ice-Show fiel in unsere Mittagspause, aber die haben wir ein anderes Mal nachgeholt. Die späte Erwachsenenshow haben wir auch nicht mehr besucht, zwei Shows hintereinander sind uns zu viel. Interessant ist folgendes: In den ersten 7 Reihen ist der Ton lauter als sonst, Kinder sollten bei den Eltern bleiben (in einer Erwachsenenvorstellung?). Und natürlich keine Handyaufnahmen.

### Samstag, 13.04.2013

In der Nacht war schlechtes Wetter. Es hat geschaukelt und gerumpelt. Gegen Mittag wurde es besser. Im Cruise Compass steht etwas über „An Bord der Navigator oft he Seas: Ja, Sie haben richtig gelesen. Der aufregendste Ort, den die Karibik derzeit zu bieten hat, ist genau hier. Die 2002 gebaute Navigator of the Seas ist eines der innovativsten Schiffe der Welt mit Einrichtungen wie einer Eislaufbahn, einer Kletterwand und vielem mehr. Jetzt können Sie von Deck zu Deck schlendern und all das genießen. Unternehmen Sie alles, was Sie sich schon die ganze Woche vorgenommen haben. Oder machen Sie gar nichts. Wie Sie sich auch entscheiden, wir möchten, dass Sie Ihren letzten Tag auf See in vollen Zügen genießen.

### Sonntag, den 14.04.2013

Jetzt sind wir schon eine Woche ununterbrochen auf See. Na ja, für mich ist das noch nicht so lange. Morgen gehen wir wieder an Land, auf die Azoren. Dann haben wir wieder festen Boden unter den Füßen.

Im Cruise Compass stehen folgende Aktivitäten:

- Ein Vortrag über den nächsten Anlaufpunkt (haben wir uns angehört)

- Ich konnte früher Schlittschuh laufen, aber jetzt traue ich mich nicht mehr

- Wir haben keine Lust, Servietten zu falten

- Den Vortrag über die 20th Century Fox Studios haben wir uns nicht angehört.

- Ein Trivia Quiz zu spielen ist einfach. Jeder weiß, dass es darauf ankommt, die Fragen richtig zu beantworten. Wir haben noch nie daran teilgenommen.

- Unsere Talente auf einer Bühne zu zeigen, ist nicht unser Ding, weil wir keine Talente haben.

**Azoren, Portugal, den 15.04.2013**

*Die Türen zum Meer - Portas do Mar*

Im Jahr 2006 legte das Kreuzfahrtschiff noch am langen Kai bei der Festung Sao Bras an. Seit sieben Jahren machen die Kreuzfahrtschiffe am großen Kai der Portas do Mar fest. Hier ist alles vorhanden: der große Yachthafen, die Fähren zu den anderen Inseln, eine große Tiefgarage, das Kreuzfahrtterminal. Dahinter eine moderne Einkaufsstraße und Hochhäuser. Wie so oft verliert sich das Ursprüngliche, die alten Kirchen, Plätze und Paläste haben keinen Platz mehr. Ja, die neue Zeit ist auch auf den Azoren angekommen. Der Blick vom großen Kreuzfahrtschiff ist der beste.

*Rund um die historische Altstadt bis hin zu den botanischen Gärten*

Wer schon den Landausflug zur Ananasplantage oder zum Feuersee gemacht hat, kann sich auch mal in der Altstadt umsehen. Am besten geht man bergauf zu den beiden botanischen Gärten. Im "Jardim José do Canto" stehen einige riesige Bäume, unter anderem ein Gummibaum mit riesigen Wurzeln. Hier kann man sehen, was nach 150 Jahren Pflege herauskommt. Durch die engen Gassen geht es bergab zum Campo des Heiligen Franziskus. Nicht der Heiligen genug: Kirche des Heiligen Sebastian, Kirche des Heiligen Josef, Kirche des Heiligen Petrus. Aber es gibt auch schöne typisch portugiesische Profanbauten. Und eine Pause in einer der kleinen Bars: Auch ein Espresso (Bica) und ein Belem-Törtchen (Queria um Cafe e um Pastéis (de Belém), por favor). Zeigen geht auch.

**Auf See im Atlantik und im Mittelmeer, vom 16. bis zum 18.04.2013**

*Liebe Töchter,*

*wir hätten fast verschlafen, immer die Uhr eine Stunde vorstellen. Ich bin erkältet und habe keine Lust auf Landgang. Aber wenn man schon mal da ist!*

*Ponta Delgada hat sich sehr verändert, am neuen Terminal können auch „größere" Schiffe anlegen. Unser Schiff überragt den ganzen Hafen. Vor sieben Jahren war alles noch viel ursprünglicher. Mama musste in den Botanischen Garten. Da kann man sehen, wie groß ein Gummibaum werden kann, wenn man ihn gut pflegt. Der war gut 150 Jahre alt. Mama ist weiter „über die Dörfer" gefahren, ich habe mich gepflegt. Morgen sind wir wieder auf See.*

Dritter Band

*Wünscht mir gute Besserung*

*Euer Papa*                               *Ponta Delgada, Azoren, den 15.04.2013*


**Dienstag, den 16.04.2013**

*Liebe Töchter,*

*wir haben eine tolle Eisshow gesehen. Solveig, du kennst das ja, das war auch auf der Navigator of the Seas. Vorher hat Mama beim Abendessen gemeckert. Der Chardonnay hatte nämlich Firne, schmeckte alt. Der Service war untröstlich, der Oberkellner, der Barkellner. Ergebnis: Wir bekamen zum Abendessen noch zwei Flaschen Weißwein und Käseschnitten. Probiert haben wir noch nicht.*

*So viel für heute*

*Euer Papa*                               *P.S. Mama scheint gut drauf zu sein.*


**Mittwoch, den 17.04.2013**

Der Höhepunkt des heutigen Tages war die abendliche Fahrt durch die Straße von Gibraltar. Das Schiff fuhr sehr nah an der marokkanischen Seite entlang, so dass man die Küstengebirge sehen konnte. Wunderschön! Von den Felsen aus muss man etwas ahnen, die Sicht war schlecht. Und dann gab es noch eine Parade auf der Royal Promenade. Was für ein Spektakel!


**Donnerstag, den 18.04.2013**

Wir sind auf dem Weg nach Toulon, das wir morgen erreichen werden. Am Abend ist wieder Gala. Mamas Kleider passen nicht mehr, und mir wird der Smokingbund zu eng. Wir sind zu später Stunde in den Pub an der Promenade gegangen. Da gab es schöne Live-Musik, zum Beispiel irischen Pop, alles zum Mitsingen. Und da waren ältere Ehepaare. Die tanzten schmusig danach.


**Toulon. Provence, den 19.04.2013**

Royal Carribian legt seit einiger Zeit nicht mehr in Marseille an, weil dort so viel gestreikt wird. Sondern in Toulon, aber eigentlich in einem Nest namens Seyne-sur-Mer nebenan. In dieses Städtchen kommt man zu Fuß in 20 Minuten oder mit dem Wassertaxi. Wir haben aber einen Busausflug nach Marseille gemacht, eben die Standardtour. Vor der Abfahrt war ein großes Gedränge. Die eine Hälfte wollte nach Marseille, die andere Hälfte in die Provence. Wenn wir wieder in Toulon landen, nehmen wir den Zug nach Marseille - St. Charles.

### Hier versteckte sich die französische Flotte vor den Deutschen

Im den schönen natürlichen Hafen versteckte sich die französische Flotte in letzten Weltkrieg vor den Deutschen. Die Stadt wurde daraufhin bombardiert. Wenn das Kreuzfahrtschiff einläuft und am Kai von Seyne-sur-Mer festmacht, sieht man auch heute noch überall Kriegsschiffe. Aber bis hin ist die Küstenlinie schön und man sollte sie genießen. Und dann ab ins Wassertaxi nach Seyne - sur-Mer, in einem der Cafes einkehren.

### Die heilige Maria wacht über Marseille

Golden steht sie da, Notre Dame, und wacht über Marseille. Wie es der Name verspricht. Die Basilika ist sehenswert, noch besser ist der Blick über Marseille nach allen Seiten. Man sollte die Kirche umrunden: Nach Südosten geht es steil ins Meer, dann im Uhrzeigersinn die vorgelagerten Inseln mit Monte Christo, zum Zentrum mit dem Alten Hafen, weiter zur historisierenden Stadt Napoleons III. Wieder oben, Gedränge, die zwei Millionen Besucher pro Jahr machen sich bemerkbar. Raus aus dem Bus, Besichtigung, rein in den Bus, nicht anders als auf einem Busbahnhof. Der Aufstieg auf den Hügel (161 m ü.d.M.) ist mühsam, beim Abstieg kommt man an einem Sherman-Panzer vorbei, der geholfen hat, den Hügel von den Deutschen zurückzuerobern.

Wer in Marseille ist, sollte unbedingt die Basilique de Notre Dame de la Garde besuchen - und die Aussicht genießen.

### Das Herz von Marseille schlägt am Alten Hafen

Die Royal Caribbian Cruise Line bietet von Toulon, genauer gesagt von Seyne-sur-Mer, eine Tour nach Marseille und eine andere in die Provence an. In Unkenntnis der örtlichen Gegebenheiten hatten wir die Stadtrundfahrt gebucht. Mit dem Bus und vielen Amerikanern, das Schiff kam aus New Orleans, ging es über die Autobahn nach Marseille. Hoch zur Basilika Notre Dame de la Garde und dann zum alten Hafen. Alle aussteigen, eine halbe Stunde raus, dann wieder einsteigen. Schließlich das Palais Longchamp. Zurück über die langweilige Autobahn. Es geht auch anders: Mit dem Wassertaxi (am Schiff) nach Seyne-sur-Mer und dann nach Toulon oder direkt dorthin. Zum Bahnhof in Toulon mit öffentlichen Verkehrsmitteln oder Taxi. Der Schnellzug fährt stündlich nach Marseille-St.Charles. Dann in die Metro und alles in Ruhe anschauen. Marseille ist die Stadt des Historismus und erlebte seine Blütezeit unter Napoleon III.

**Livorno, Italien, den 20.04.2013**

*Liebe Töchter,*

*heute hat unser Schiff in Livorno angelegt. Wir haben unseren Tischnachbarn versprochen, sie mit nach Pisa zu nehmen. Also ab in den Hafenbus (5 € hin und zurück) nach Livorno-Mitte. Dann mit dem Bahnhofsbus (1R) zum Bahnhof (schwarz, weil der Fahrer uns keine Fahrkarten verkaufen wollte). Mama hat dann für alle Biglietti gekauft (10 € roundtrip) und in 20 min waren wir in Pisa-Bahnhof. Jetzt nur noch mit dem Bus zum Schiefen Turm. Der steht in einem Ensemble aus Dom, Taufkapelle und Friedhof. Toll, ich meine die Menschen, die ihn stützen wollen.  In der Kirche kommt man umsonst rein, wenn man eine Freikarte hat. Zurück habe ich noch ein Bier spendiert, dann sind wir über den Arno zum Bahnhof gelaufen, vorbei an der alten Universität. Ein schöner Ausflug und, wie gesagt, billig. Royal Carribian wollte 66 Dollar pro Person.*

*Alles Liebe* *Euer Papa*

**Von Livorno aus zum Schiefen Turm von Pisa**

Viele Kreuzfahrtgesellschaften bieten Ausflüge nach Pisa an. Man kann sich auch mit dem Taxi hinbringen lassen. Dies hier ist eine Möglichkeit, das Weltkulturerbe für einen Bruchteil des Geldes zu erreichen. Man kann den Shuttlebus vom Schiff bis Livorno Zentrum nicht umgehen, aber man kann ihn für 5 € den ganzen Tag benutzen. Dann kauft man sich für 2,40 € (hin und zurück) die Biglietti für die Buslinie 1R. Die Fahrkarte nach Pisa kostet 10 €. Der Zug fährt ein paar Mal pro Stunde. In 20 Minuten ist man in Pisa. Dort kauft man einen Einzelfahrschein für 1,20 € und sucht sich den richtigen Bus. Nach 10 Minuten Fahrt hat man das Ensemble mit dem Turm erreicht. Wem das zu umständlich ist, der nimmt lieber das Taxi für über 100 €.

Um die Kathedrale zu besichtigen, braucht man eine Eintrittskarte, die es umsonst gibt. Für 18 € kann man den Turm besteigen und die vielen Menschen fotografieren, die versuchen, den Torre Pendente aus seiner Schieflage von 3,9 Grad zu bringen. Einige kehren im McCafe ein, andere trinken lieber einen Cappuccino in einer Bar. Für den Rückweg über den Arno braucht man 25 Minuten zu Fuß, dann sieht man das echte Pisa. Diese schöne Tour kann man an einem Vormittag machen. Und vielleicht geht man zum Mittagessen in ein nettes Ristorante mit italienischer Speisekarte.

**Civitavecchia, Italien, den 21.04.2013**

*Am Sonntag im Hafen von Fiumicino (Porto di Traiano).*

*Bis zum Abflug hatten wir noch ein paar Stunden Zeit. Es war herrliches Sonntagswetter und so bot sich ein Abstecher nach Fiumicino an. Die Busse der Firma Coral fahren vom Terminal 2 nach Fiumicino oder Ostia. Am besten den Fahrer fragen, wohin er fährt. Kosten hin und zurück 2,40 €, Biglietti erhältlich bei Tabacci. Die Via Portuese ist eine Straße am Kanal (Einbahnstraße). Der Bus für die Rückfahrt kommt aus der gleichen Richtung und Gott sei Dank steht dann Aeroporto dran. Ich habe die Haltestelle abgebildet, weil sie nicht so leicht zu erkennen ist. Den Fahrplan am Tabacci kann man getrost vergessen.*

*Fiumicino und hat immer noch die Atmosphäre eines Fischerdorfes. Essen kann man in Pizzerien, Trattorien oder Ristorantes. Ich empfehle das La Perla, wo es die besten frittierten Meeresfrüchte und zum Nachtisch Zuppa inglese gibt. Zum Abschluss noch ein kleiner Verdauungsspaziergang zur Kanalmündung. Für die ganz Schlauen: Der Name Fiumicico kommt vom lateinischen Flumen Micinum, dem Kanal, der den Hafen des Trajan mit dem Tiber verband.*

*Heute trägt der große internationale Flughafen diesen Namen. Zum Hafen Fiumicino zu fahren ist allemal besser, als am Flughafen die Zeit totzuschlagen.*

*Liebe Solveig, liebe Louise,*

*früh legte das Schiff in Civitavecchia an, mit einem „wunderschönen" Flugzeugträger vom Balkon zur Ansicht. Wir nahmen wieder den 20-Euro-Bus zum Flughafen. Die liebe Ursula, die wir noch vom letzten Mal kannten, gab uns diesmal den Tipp, die Zeit bis zum Abflug in Fumicino zu verbringen. Fuimicino ist die Gemeinde, in der der Flughafen liegt (und nach der er auch benannt ist), Nun waren unsere lieben Tischnachbarn mit, Gott sei Dank hatten sie einen frühen Flug. Wir haben die rechtzeitgt in den Bus zum Flughafen gesetzt und sind dann essen gegangen, im „La Perla". Es gab Spagetti mit Muscheln, frittierte Meeresfrüchte (super lecker) und Suppa Inglese, dazu Fascati-Wein. Das war der Höhepunkt nach dem Essen auf dem Schiff.*

*Nach so viel gutem Essen musste aber auch etwas passieren, das Flugzeug startete 45 Minuten später. Damit war unser Plan nach Hause zu kommen hinfällig. Plan B war nun, den letzten Zug nach Troisdorf zu nehmen. Leider hatte der Taxifahrer keine Ahnung, sonst hätte er Troisdorf richtig in sein Navi eingegeben. Im letzten Moment erreichten wir den Zug. Doch der hielten an: Polizei sperrte die Strecke wegen Personen auf den Gleisen. Nach 40 Minuten ging es dann doch weiter, Richtung Heimat. Was für ein Stress am Ende!*

*Bis bald*

*Euer Papa*                        *Wieder zu Hause, den 21.04.2013*

Dritter Band

## Viva Las Vegas -Panama Kanal - Fiasko Cartagena

Viva Las Vegas sang Elvis Presley während seiner Tournee in Las Vegas. Nun, wir konnten ihn nicht mehr sehen und hören, den berühmten Rockstar, der am 16.08.1977 verstarb, als wir auf dem Weg zu unserer Kreuzfahrt dort vorbeikamen. Da hatten wir schon den Flug von Frankfurt nach Miami und von dort nach Las Vegas hinter uns. Dort haben wir uns den Rummel angeschaut, nicht für jeden ist das was. Aber Las Vegas ist ein guter Ausgangspunkt für das Death Valley und den Colorado-Schlucht, den Gran Cannon. Das muss man gesehen haben.

Unsere Kreuzfahrt begann in Kalifornien, in San Diego. Das Schiff, die Vision of the Seas der Royal Carribian Cruise Line, kannten wir schon von früher. Es ging die Pazifikküste hinunter, durch den Panamakanal und dann mit nördlichem Kurs durch den Golf von Mexiko zurück nach Miami. Wenn, ja wenn nicht Ehefrau Eleonore kurz nach der Einfahrt in den Golf verunglückt wäre.

Und so stand weniger die Kreuzfahrt im Mittelpunkt, als vielmehr die Frage, was man tut, wenn man nicht mehr weiterreisen kann. Die Eindrücke von Mittelamerika kamen dennoch nicht zu kurz.

## Nach Miami, Florida, den 24.11.2014

### *Eben ein Hotel zum Übernachten*

Wer aus Europa kommt und 10 Stunden oder mehr hinter sich hat, will eigentlich nur eins: Ruhe. Und wer am Flughafen das richtige "Taxi"-Level gefunden und ein blaues Taxi genommen hat, die gelben sind für Kurzstrecken nicht zuständig (den Dispatcher fragen), ist für 15 $ + Trinkgeld am Ziel. Man kann aber auch nach dem Sammelshuttle zum Hotel fragen. Das Hotel war ruhig gelegen, große Zimmer und Betten. Das kontinentale Frühstück ist reichlich. Wo bekommt man schon selbstgemachte Waffeln. Für den Weiterflug am nächsten Tag bekamen wir den Sammelshuttle (kostenlos). Wer Zeit hat, sollte es mit öffentlichen Verkehrsmitteln versuchen. Es fährt ein Bus zur nächsten S-Bahn-Station, nur in welche Richtung soll man einsteigen, zwischen den Haltestellen liegt eine 6-spurige stark befahrene Straße. Wir gaben auf und nahmen, wie gesagt, den Shuttlebus. Naja, wir hatten ja noch Zeit.

**Miami, Florida, den 25.11.2014**

### *Zum Bayfront Park in Downtown Miami*

Wer auf seinen Flug wartet und nicht stundenlang im eiskalten Miami International Airport herumstehen will, es sei denn, er oder sie lernt Spanisch durch die vielen Durchsagen, sollte folgendes tun: Koffer bei der Fluggesellschaft abgeben, Handgepäck bei der Gepäckaufbewahrung (Baggage Storage im Terminal E) für 6 $ pro Tag und Stück abgeben, zum Air Train gehen und damit zum Bahnhof (Station) fahren. Am Automaten (Vending Machine) eine Tageskarte für $ 5,35 kaufen und mit der roten Linie in die Innenstadt fahren. Der Zug (S-Bahn) kommt alle 10 Min. An der Station Gouvernement Center aussteigen, in den Miami City Mover (kostenlose Einschienenbahn, Miami-Dade Metromover genannt) nebenan einsteigen. Am Bayfront Park aussteigen. Im Park zum Wasser laufen, die Mall besuchen, ins Hard Rock Café gehen oder eine kleine Bootstour machen. Für den Rückweg muss man mit 1 Stunde rechnen. Viel Spaß. Und wenn man sich so umschaut, der Weihnachtsbaum stand auch schon da, etwas seltsam in dieser tropischen Umgebung.

Unser Flug nach Vegas ging am Nachmittag, 5 Stunden und 30 Minuten. Gerade rechtzeitig, um ein Foto vom Gran Cannon zu machen. Der Runaway-Bus brachte uns zum Hotel. Der Fahrer hielt die Hand auf für einen guten Tipp, wie alle hier, sagte er.


**Las Vega, Nevada, Florida, den 26.11.2014**

### *König Artus würde sich im Grabe umdrehen, aber das ist Las Vegas*

Nein - es ist kein Camelot, auch wenn es so aussieht. Es ist eine billige Massenunterkunft (3000 Zimmer) inmitten einer riesigen Vergnügungsmeile, dem Strip. Wer seine Kinder im Fun Dungeon oder lieber bei den Ritterspielen im Keller lassen und selbst spielen will, ist hier genau richtig. Der günstige Übernachtungspreis ist das eine. Dafür bekommt man geräumige Zimmer und Betten, alles gut und sauber. Das teure Essen und Trinken macht das wieder wett. Pizza für $20 mit Anstehen, da sind die 3 Gänge im Restaurant für $50 (Onion Soup, Sirlion Steak, Chocolate Cake, ein Bier) ein Schnäppchen. Rezeption mit Warteschlange, aber der Concierge war gut. Das war zu viel für 4 Nächte. Wenn wieder, gehen wir lieber nach New York-New York nebenan.

Dritter Band

### Der Deuce-Doppeldecker-Bus

Wer nicht den ganzen Strip (Teil des Las Vegas Boulevards) "begehen" will, das sind immerhin 6,8 km, nimmt den Doppeldecker "Deuce"). Tickets gibt es beim Fahrer nur gegen Geldscheine. Kandidaten mit höheren Verwaltungskenntnissen und gutem Englisch ziehen die Tickets aus dem Automaten. 8 $ für 24 Stunden. Das reicht für 2 Rundfahrten. Tagsüber empfiehlt sich die Fahrt von Süden (Mandalay Bay Hotel mit Haie gucken) nach Norden (Stratosphere Tower Hotel mit Leuten, die sich freiwillig aus 350 m Höhe abseilen). Auf dem Rückweg unbedingt über Venice Las Vegas (Venedig braucht man dann nicht mehr zu besuchen, viel besser). Abends, das Busticket gilt noch, hoch auf den Eiffelturm Las Vegas (16 $), besser als in die Shows gehen, dann die Vulkane im Mirage Garden bestaunen. Zum Abschluss bei den Seven Fishermen in New York-New York einkehren (Außengastronomie mit Blick auf die Brooklyn Bridge Las Vegas). Prost.

### Die Sphinx am Boulevard oder doch lieber die Rialtobrücke

Imposant die schwarze Pyramide am Abend mit dem Scheinwerferstahl an der Spitze, Luxor einmal anders. An der Größe der Statuen (Tal der Könige) am Eingang sollte es auch nicht liegen. Im Casino, welches das innere Quadrat ausfüllt, geht es vergleichsweise ruhig zu, anders als nebenan im Excalibur. Was das große Modell der Titanic hier zu suchen hat, hat sich uns nicht erschlossen. Die Zimmer sind in Galerien an der Innenseite angeordnet. Darauf muss man erst kommen. Und die Sphinx wacht über den Boulevard. Ein paar Kilometer weiter nördlich überquert eine Kopie der Rialtobrücke den Boulevard. Sie gehört zu "Klein-Venedig", dem Venetian Resort Las Vegas. Vom Boulevard in die Gondel (mit Gesang) rein in die Einkaufspassage a la Canal Grande. Das ist Las Vegas.

### Außen und innen eine Pracht

Das ist wohl das beste Casino und Hotel in ganz Las Vegas, außen und innen eine Pracht. Und man muss nicht unbedingt spielen wollen oder vielleicht mit der Gondel in die Mall fahren. Hier gibt es alles, was das echte Venedig zu bieten hat: den Markusplatz mit Campanile und Löwe, die Rialtobrücke über den Boulevard, die Gondeln, die Palazzi inklusive üppiger Deckenmalereien. Alles, nur schöner. Für Silvester ist nichts mehr frei. Gegenüber im Caesars Palace geht es noch. 830 Dollar das Zimmer.

Dritter Band

**Las Vega, Nevada, Florida, den 27.11.2014**

*Per Flugzeug zum Westrand des Grand Canyon, Skywalk inbegriffen*

Um es gleich vorweg zu nehmen, der Flug zum und über den Grand Canyon war das Beste. Der Rest bestenfalls gut. Aber von Anfang an. Wir wurden vom Hotel abgeholt und stiegen in eine 8-sitzige Maschine, eine einmotorige Piper. Der Pilot, gleichzeitig Flugbegleiter und Reiseführer, flog eine große Schleife über den Hoover Damm und dann zum Westrand des Canyons. Ein wunderbarer Flug, das Geld hat sich gelohnt. Die Hualapai Indianer haben am West Rim einen Flugplatz und ein Besucherzentrum gebaut. Ein Rundbus brachte einem zu den verschiedenen Attraktionen: Ranch, Skywalk, Eagle Point und Guano View, alles am Rand des Canyons. Den Skywalk fanden wir enttäuschend, aber für Leute, die mehr als 1.000 m unter ihren Füßen sehen wollen, ist er ein Muss. Die 36 $ lohnen sich nicht, besser ist es, an den Klippen des Eagle Point zu stehen und vorsichtig nach unten nach dem Colorado zu schauen. Weiter auf dem Rundweg wurde am Guano Point zu Mittag gegessen. Wer ein rotes Bändchen hat, darf sich in der Cafeteria etwas zu essen und zu trinken holen, sich an den Rand des Canyons setzen und den großen Raben das Fressen verweigern. Auf einem Felsvorsprung steht der Rest einer Seilbahnstation. Das Seil über die Schlucht wurde von einem Kampfflugzeug abgerissen. Die Aussicht von dort ist atemberaubend. Unser Pilot schaukelte uns nach Hause und am späten Nachmittag waren wir wieder im Hotel. Den Ausflug haben wir von zu Hause aus über Viator gebucht. Man kann aber auch überall in Las Vegas Ausflüge buchen, was das kostet, wissen wir nicht.

Morgen haben wir unseren Ausflug ins Death Valley. Und nach dem Besuch des Gran Cannon haben wir abends noch Zeit, uns Las Vegas von oben anzuschauen. Das geht am besten auf dem nachgebauten Eiffelturm. Der gehört dem Hotel Paris, wem sonst. Er ist zwar nur halb so hoch wie sein großer Bruder, bietet aber einen einmaligen Blick auf den Strip. Auf dem Rückweg entdecken wir an der Haltestelle eine Werbung der besonderen Art. Maschinengewehrschießen, was soll man dazu sagen. Wir schauten uns lieber das bunte Treiben auf dem Strip an und gingen etwas trinken. Alkohol ist in Las Vegas öffentlich, wie auch das Schießen.

**Las Vega, Nevada, Florida, den 28.11.2014**

*Wenn Death Valley, dann zuerst hier hin*

Vom Hotel in Las Vegas ging es los, knapp 3 Stunden zum Death Valley, mit Zwischenstopp. Schon die Fahrt dorthin war nicht langweilig, man bekommt vom Fahrer einiges erzählt, z.b. so etwa von kleinen Opernhaus, welches auf der Strecke liegen. Wir waren gespannt, wie es aussieht, wenn es nur alle 10 Jahre mal regnet. Und dann, da liegt das Tal des Todes, das war mal ein Meer, vor fünf Millionen Jahren. Ein Erlebnis. Aber es geht ja noch weiter: zur Furnace Ranch, um sich frisch zu machen, Badwater Basin, Devil's Golf Course, Zabriskie Point usw. abends sind wir um einige Eindrücke reicher wohlbehalten im Hotel abgeliefert worden.

### Eine Oase im Toten Tal

Am Highway 190 gelegen, kommt man hier einfach nicht vorbei. Und sei es nur, um auf eine ordentliche Toilette zu gehen. Wir haben dort eine Mittagspause eingelegt, um gestärkt noch eine Sehenswürdigkeit zu besichtigen. Hier kann man gut essen, Golf spielen, übernachten oder sich das kleine Borax-Museum anschauen, von der kompletten Lokomotive bis zum Gerippe einer Postkutsche ist alles da. Vor dem Eingang steht eine alte Lokomotive mit Wagen für den Borax-Transport. So konnte man sich die 20 Maultiere zum Ziehen sparen. Für eine Pause mit einem Spaziergang im Resort, immer gut. Übrigens, als wir dort waren, zeigte das Thermometer 75°F, das sind gerade mal 24°C.

### Wer denkt bei Zabriskie Point nicht an Flower-Power

Die Älteren kennen den gleichnamigen Film aus der Zeit der Flower-Power-Bewegung. Auch uns kam der Streifen beim Anblick der Jahrmillionen alten Sedimentablagerung in den Sinn. Alles prähistorischer Modder (Schlamm), sagte der Führer. Das ist schon eine außergewöhnliche Umgebung, auch zum Herunterfallen.

### Tiefer geht's in Amerika nicht

Badwater Basis ist eine der Attraktionen im Death Valley. Eigentlich gibt es nur einen prähistorischen Meeresspiegel zu bestaunen. Aber die Tiefe macht's: 86 Meter unter Normalnull. Schaut man an der gegenüberliegenden Felswand hoch, erkennt man den Meeresspiegel. Eine Tafel gibt Auskunft über die monatlichen Höchst- und Tiefsttemperaturen. Vor Sonnenuntergang und nach Sonnenaufgang soll es am schönsten sein. Es gibt noch eine weitere Attraktion im Tal: A Palette of Color. Beides muss man gesehen haben.

## Mit der Achterbahn (Roller Coaster) durchs Casino

Eigentlich wollten wir auch mal mit der Achterbahn durchs Casino und durch die Skyline von Manhattan rasen. Aber das haben wir dann doch gelassen. Wir sind durch den riesigen Spielsaal gelaufen und haben dann die Pappgassen von New York um 1900 besucht. Wir haben Fish and Chips gegessen, die erstaunlich billig sind, und eine Cola getrunken. Schließlich sind wir im Irish Pub gelandet, auf ein Guinness und einen Cider. Wenn wir wieder nach Las Vegas kommen, werden wir dort übernachten. Und dann fahren wir Achterbahn, raus aus dem Casino, vorbei an der Freiheitsstatue und dem Chrysler Building. Das würde uns gefallen.

## Nach San Diego, Kalifornien, den 29.11.2014

Heute geht der Flug nach San Diego, wo sich der Einschiffungshafen für unsere Kreuzfahrt befindet. Wir stehen im Terminal und blicken auf die Skyline von Las Vegas, die durch die verschiedensten Hotelbauten geprägt ist. Dann geht es los, über die Sierra Nevada. In der Ebene dazwischen sieht man vom Flugzeug aus ein Solarkraftwerk aufblitzen. Endlich sind wir gelandet. Wie wir vom Flughafen in die Stadt kommen, haben wir dem Plan entnommen, den uns freundliche ältere Damen im Terminal gegeben haben.

### Da lagen wir richtig

Wir haben uns für das etwas teurere Hotel entschieden, weil es günstig am West Broadway liegt. Ein paar Blocks weiter befindet sich das Gaslamp Quarter (die Vergnügungsmeile), die S-Bahn zur Old Town (Santa Fee Station, von dort auch mit AMTRAK nach LA) und zum Pier, wo die Kreuzfahrtschiffe anlegen. Der Bus 992 fährt direkt gegenüber zum Flughafen, 20 Minuten Fahrt für seniorenfreundliche 1,10 $.

Das Hotel ist geräumig, mit Außenaufzug, der bis ins Restaurant geht. Das Zimmer hatte was von Luxus, alles piek fein. Super Personal, kam gleich mit einem Stadtplan. Eine große Empfehlung.

### Und das Kreuzfahrtschiff konnten wir von dort auch schon sehen.

Im Zimmer fanden wir einen Bildband über San Diego. Darin wurde das Gaslamp Quarter in den höchsten Tönen gelobt. Die Rezeptionistin empfahl es uns auch für den abendlichen Spaziergang. War ja auch gleich um die Ecke. Wir zogen los und fanden ein nettes Lokal mit mexikanischer Küche. Welches, kann ich nicht mehr sagen, es gibt mehrere. Die Küche war top, wir freuten uns über unsere Entscheidung und waren gespannt, was wir an den Reisezielen noch Leckeres in den Schnabel bekommen würden.

**San Diego, Kalifornien, den 30.11.2014**

*Alles ist hübsch anzuschauen, einfach rumgehen*

Die Old Town ist die Wiege der Republik Kalifornien. Leicht zu erreichen mit der grünen S-Bahn, 4 Stationen von Santa Fee. Die einfache Fahrt kostet $1.25 für Senioren. Von dort ist alles ausgeschildert. Um einen großen Platz (Fahnen) gruppieren sich (historische) Gebäude. Heute sind es Geschäfte oder Restaurants, es gibt auch ein kleines, aber sehenswertes Museum, Postkutsche von Wells Fargo, Friedensrichter, Sheriff etc. Von der am Platz stehenden Kirche (erbaut um 1850) geht eine Straße mit Geschäften und Restaurants ab, alles schon sehr mexikanisch. Irgendwo haben wir sehr gut gefrühstückt. Und einige Gebäude waren festlich geschmückt mit Fiesta de Reyes, also dem Fest der Heiligen Drei Könige, es war ja schon fast Weihnachten.

In der Old Town kam keine Langeweile auf und wir kamen fast zu spät zum Kreuzfahrtschiff. Eigentlich wollten wir uns noch den Flugzeugträger Midway ansehen, der gleich nebenan als Museumsschiff liegt. Das machen wir ein anderes Mal. Dann haben wir uns auch an das in Kalifornien vorherrschende Amerikanisch gewöhnt.

Am Nachmittag gingen wir an Bord, das Schiff kannten wir ja schon. Wir mussten noch etwas warten, unsere Kabine war noch nicht fertig. Kleiner Plausch mit einer leiner eingewanderten Dame (Spielerin) und ihrem amerikanischen (viel jüngeren) Mann. Dann gab's den Cruise Compass, die Tageszeitung des Schiffes, ein Zeichen, dass die Kabine bezugsfertig ist. Am Abend ging es dann Richtung Mexiko.

**Auf See nach Cabo San Lucas, Mexiko, den 01.12.2014**

Jetzt sind wir schon eine gute Woche unterwegs und haben Zeit, das bisher Erlebte Revue passieren zu lassen. Wir haben den amerikanischen Kontinent durchquert, waren in Las Vegas und in Kalifornien. Miami kannten wir schon, aber es ist immer wieder schön, über den Market Place Bayside zu schlendern. Dann die Tage in Las Vegas, der Rummel dort, aber abends wurde es schön. Dann die beiden Ausflüge, die wohl jeder mal gemacht haben muss. Der Flug über die Colorado Cannon zur Rim und die Fahrt durch das Death Valley. Die Bilder blieben in Erinnerung. Zum Schluss in San Diego, wo alles schon mexikanisch angehaucht ist. Das war schon so viel, dass wir von LA aus nach Hause hätten fliegen können. Aber jetzt geht die Kreuzfahrt erst richtig los. Morgen legen wir in Capo San Lucas in Baja California an.

**Cabo San Lucas, Mexiko, den 02.12.2014**

***Surf to the Sky und Uferpromenade statt Einkaufs-Mall und Wal-Mart?***

Ja - was tun? Das Boot liegt gegenüber einer riesigen Shopping Mall und einem noch größeren Wal-Mart, dazwischen eine 6-spurige Schnellstraße (Motorräder haben in Mexiko keinen Auspuff). Draußen also tierischer Lärm, gute 30 Grad und die Sonne brennt. Rein in die gut gekühlten Geschäfte oder doch lieber an die Strandpromenade, mit dem Taxi für 5 $ die Strecke nach Malecon? Meine Frau ging shoppen, ich in den Pool. Oder hätte ich doch lieber "Surf to the Sky" machen sollen? Da wird man an einen Druckschlauch angeschlossen und kann sich bis zu 5 m aus dem Wasser heben.

The pleasures of Cabo San Lucas are plenty, schreibt der Cruis Compass. Ich übersetze weiter: Als Herman Cortes entschied, dass es in Baja California nichts Wertvolles gäbe, lag er falsch. Es gab kein Gold, aber Perlen, wie schöne Strände und kristallklares Wasser. Wer hätte gedacht, dass Cabo Sa Lucas 400 Jahre später eine Goldmine sein würde? Es begann in den 30er Jahren, als die Hollywood-Prominenz den Ort als ihr Paradies entdeckte, erreichbar mit kleinen Flugzeugen oder Yachten. In den 50er und 60er Jahren und Hoteliers sammelten ein, was Cortes nicht gefunden hatte.

**Puerto Vallarta, Mexiko, den 03.12.2014**

Heute Mittag sind wir in Puerto Vallarta angekommen, noch so ein mexikanisches Urlaubs- und Einkaufsparadies. Ich bin gar nicht erst von Bord gegangen. Meine Frau schon, den Verlockungen des Shoppings und was sonst noch so los ist erlegen. Als sie zurückkam, meinte sie nur, ich hätte nichts verpasst, außer einer riesigen Shopping Mall. Das hatte ich schon beim Blick aus der Kabine geahnt.

Interessantes habe ich auf dem Pooldeck gesehen, eine Seenotrettungsübung mit einer Rettungsinsel im Poolbecken. Es war gar nicht so einfach, da reinzukommen. Und bei starkem Seegang kann die Rettungsinsel umkippen. Um 6.30 Uhr mussten die Passagiere wieder an Bord sein. Gott sei Dank war es nur ein kurzer Besuch. Ich habe noch einmal im Cruise Compass nachgelesen, was uns erwartet.

**Auf See nach Puerto Quetzal, Guatemala, den 04. und 05.12.2014**

Today we are at sea - so hieß es zwei Tage lang. Als Bildungshungrige hörten wir uns an beiden Tagen die Vorträge des Gastredners Daniel Schutzer an.

*HISTORY a. CULTURE WITH GUEST SPEAKER DANIEL SCHUTZER*

- Die Geschichte Spaniens auf dem amerikanischen Kontinent und sein Einfluss in Mittelamerika und der Karibik - Wie Spanien die Region beherrschte und wie und warum es schließlich seinen Einfluss verlor. 13:30 Uhr, That's Entertainment Theater, Deck 4.

- Geschichte und Kultur Zentralamerikas mit Schwerpunkt auf Guatemala und Costa Rica - Wie sich Zentralamerika von der spanischen Kolonialzeit bis in die Neuzeit entwickelte 13:30 Uhr, That's Entertainment Theater. Deck 4.


**Puerto Quetzal, Guatemala, den 06.12.2014**

*Haltestelle Jade-Museum*

Anderthalb Stunden dauert die Fahrt von Puerto Quetzal zum Weltkulturerbe Antigua, der ehemaligen Hauptstadt Guatemalas. Immer bergauf ins Hochland, vorbei an Zuckerrohrplantagen und Vulkanen (natürlich aktiven). Halt war am Jade-Museum, dann hatten wir 4 Stunden Zeit, um uns umzusehen und eine Stunde, den Haltepunkt wieder zu finden. Aber kein Problem, die Fremdenpolizei bringt einen zurück. Im Museum, eigentlich eine Jademanufaktur mit angeschlossener Verkaufsausstellung, herrschte Trubel, aber kein Jubel. Ein Bus nach dem anderen, Leute, die zur Toilette wollten, zu einem Vortrag über die Jadegewinnung oder wie man am besten durch die Stadt kommt. Trotzdem ist das Museum klasse, vor allem die Zeittafel, die zeigt, zu welcher Zeit die verschiedenen Völker existierten. Das Ganze garniert mit Jadeskulpturen aus der jeweiligen Epoche. 1521 kamen die Konquistadoren und gründeten Antigua.

### Zentrales und doch ruhiges Café (im Hinterhof)

Wenn man den Schuhputzern auf dem Parque Central entkommen will, sucht man sich den Buchladen auf der Nordseite, durchquert ihn und schon ist man in einem schönen, schattigen Hinterhofcafé (wohl eine Institution auf Antigua). Wir aßen landestypisch zu Mittag (lecker), tranken auf Empfehlung lokales Bier (noch leckerer) und konnten uns ein Stück Kuchen (am leckersten) nicht verkneifen. Die nette Bedienung konnte kaum Englisch, so dass wir uns mit noch schlechterem Spanisch behelfen mussten. Als Entschädigung gab es ein ordentliches Trinkgeld, natürlich in USD. Der Name des Cafés stammt übrigens von der untreuen Gräfin (Condesa), deren Liebhaber der Graf einmauern ließ (stehend). In dem alten Gemäuer wurde tatsächlich ein Skelett gefunden. Die Gruselgeschichte sollte aber nicht davon abhalten, dem Café einen Besuch abzustatten.

### Ein Traum in Barock - die Kirche Unserer Lieben Frau von der Gnade

Geht man vom Parque Central Richtung Norden, dort wo auch die Märkte sind, findet man die Kirche "Nuestra Senora de la Merced". Ein Traum in gelb-weißem Barock. Auch das Innere ist sehenswert. Gerade wurde eine Hochzeit gefeiert. Schön ist auch der parkähnliche Garten drumherum. Auf dem Weg zurück zum zentralen Platz kommt man wieder durch den schönen Torbogen.

### Davor sind die Gemeinschaftswaschbecken

Vom Parque Central in südlicher Richtung findet man nach einem Block geradeaus und einem Block rechts die Kirche San Pedro, ganz in sattem Gelb und mit Hochzeitsfeier (als wir hineinschauten). Weiter rechts liegt ein kleiner Park (Tanque La Unión,) und dahinter das Kloster St. Klara (Ruine). Durch die Holztür kommt man ins Innere (Achtung: Öffnungszeiten). Wir waren nicht drinnen, sondern bewunderten die Gemeinschaftswaschküche unter den Arkaden davor. Wie viel Wäsche hier wohl gewaschen wurde? überlegte meine Frau.

## Dritter Band

**Auf See nach Puntarenas, Costa Rica, den 07.12.2014**

Nach so viel Kultur machen wir heute Pause. Aber den Vortrag "Geschichte und Kultur" mit Gastdozent Daniel Schutzer verpassen wir nicht. Der Vortrag ist um 13:30 Uhr im Theater auf Deck 4. Wir hören von der Geschichte des Panamakanals und wie er die Wirtschaft und die Region beeinflusst hat.

**Puntarenas, Costa Rica, den 08.12.2014**

### *Da lernt man Kaffee schmecken*

Nach dem Durcheinander saßen wir im richtigen Bus zur Kaffeeplantage Espiritu Santo Cooperative. Die Fahrt vom Hafen Puntarenas ins Hochland dauert eineinhalb Stunden. Wir wollten schon immer wissen, wie Kaffee in der Natur angebaut und verarbeitet wird. Nach dem Toilettenstopp teilten wir uns in Gruppen auf und gingen durch die Plantage. Wir haben mit echten Pflückern gesprochen. Für 12 Kilogramm rote Kaffeekirschen bekommt man 2 Dollar. Geübte schaffen 10, manche sogar 20 Körbe am Tag. Die Unterkunft war frei. Unsere Führerin war klasse. Wir haben gelernt, wie die einjährigen Pflanzen aussehen, welche mit zwei Jahren verpflanzt werden und nach sieben Jahren tragen. Wir wissen jetzt, dass es eine Oberbepflanzung gibt, zum Beispiel Bananen, weil Kaffee es gern schattig mag. Dann ging´s zum Kaffeebrühen. Dafür haben wir die Bohnen gemahlen. Das habe ich mit einer alten Kaffeemühle gemacht. Der Kaffee schmeckt lecker, ganz anders als hier (auch ohne Milch und Zucker). Dann ging es zur Puhl- und Trockenmaschine und schließlich zum Rösten. Im Shop haben wir ein Kilo Kaffee gekauft. Der Preis war hoch, aber die Kooperative hat davon profitiert. Der Besuch einer Kaffeeplantage ist ein Muss.

### *Alles bunt hier - die Karrenfabrik, sogar die Kirche*

Die Ochsenkarrenfabrik in Sarchi ist leicht zu finden. Ein großer bunter Karren zeigt den Weg. Früher wurden damit Rohkaffee-Säcke transportiert. heute bewegen Touristen Mini-Karren nach Hause, einschließlich Mini-Ochsen. Bunt ist auch die Kirche auf dem Platz davor, wo gibt es schon pink gestrichenen Kirchen.

Die Karren werden mittels eines wasserkraftgetriebenen Sägewerks fabriziert. Sie sind aus Mahagoniholz und halten ewig. Alles was aus der Fabrik kommt, wird schön bunt bemalt, nicht eben so, sondern künstlerisch. Bemerkenswert ist das Wandgemälde, das eine Szene aus dem Kaffeeanbau und -transport zeigt: die Frauen sind hell, die Männer dunkel. Ich hätte mal fragen sollen warum.

Im ersten Stock ist eine Kantine. Das landestypische Buffetessen konnte sich sehen lassen. Gut gestärkt ging es in die obligatorische Verkaufsausstellung, irgendetwas aus Costa Rica muss man ja mitbringen.

### Auf See, Richtung Panama Kanal, den 09.12.2014

*Die Legend of the Seas* hatte Kurs genommen auf den Panama Kanal. Diese Mal hörten wir uns was an über den Panama Kanal. Und wir waren gespannt, durch ihn zu fahren. Geschichte und Kultur mit unseren Gastdozenten Gary Fuller: *Die Geschichte des Panama-Kanal-Engineerings und des Ausweitungs-Projekts – Ingenieurbau und spätere Verbreitung, 14:00 Uhr im Theater auf Deck 4.*

### Panama Kanal, den 09. bis 10.12.2014

### *Vom Kreuzfahrtschiff ist die Besichtigung frei*

Die Skyline von Panama City lag noch im Morgenlicht, als sich das Schiff der Kanaleinfahrt näherte. Ein herrlicher Anblick. Durch die Panamerikabrücke konnte man bereits die Miraflores-Schleusen sehen. Treidelloks hielten das Schiff von den Schleusenmauern fern. Weiter ging es durch den Regenwaldkanal zu den Pedro-Miguel-Schleusen, die das Schiff auf das Niveau des Gatun-Sees hoben, nach dessen Durchfahrt in die Gatún-Schleusen wieder bergab. Und schließlich war am anderen Tag das karibische Colon (Cristobal) erreicht. Von hier aus ließ sich viel unternehmen: Ausflüge zu den Indianern, zu den Gatún-Schleusen oder einfach gegenüber in die Freihandelszone. Durch den Panamakanal muss man durch, das ist einmalig. Von der Kanalbehörde bekamen wir eine Broschüre in die Hand gedrückt, deren Inhalt ich sehr informativ fand, sie beschreibt die Entstehung der Wasserstraße, wie die Schleusen funktionieren und welche Erweiterungsarbeiten am Kanal geplant bzw. schon im Gange sind.

**Colon, Panama, den 11.12.2014**

Das Schiff hat den Panamakanal durchquert, ist im Atlantik angekommen und liegt nun vor der Freihandelszone von Colon. Was kann man hier tun? Das Schiff verlassen und sich in der großen, ummauerten Freihandelszone umsehen, die nicht sehr vertrauenserweckend wirkt. Weiter bis zum Bahnhof wird es gefährlich, nur in Begleitung von Polizisten. Das haben wir nicht gemacht, sondern stattdessen einen Ausflug zu den Gatun-Schleusen und anschließend zu einem Indianerstamm im Regenwald gebucht. Dazu gleich mehr.

### *Dort wo die Schiffe um 23 m gehoben werden*

Die vom Atlantik kommenden Schiffe werden durch die Gatún-Schleusen auf das Niveau des Gatún-Sees gehoben. Das wollten wir sehen. Mit dem Bus fuhren wir durch die riesige Baustelle für die Kanalerweiterung zum Schleusenhaus. Von der Besucherplattform aus kann man beobachten, wie geschleust wird. Um das Schiff in der Mitte zu halten, fahren sechs Lokomotiven parallel. Sie sind über Seilwinden mit dem Schiff verbunden. Für den Vortrieb sorgt das Schiff selbst. Geschleust wird durch 2 x drei Kammern (parallel). Die alte Lokomotive vor dem Schleusenhaus lädt zu einem Foto mit den Lieben ein.

### *Willkommen beim Indianerstamm der Embera*

Von der Gatunschleuse aus fuhr der Bus zu einer imposanten Hotelanlage am Gatunsee. Von dort aus ging es mit kleinen Ausflugsbooten am Ufer des Regenwaldes entlang. Und tatsächlich - oben in den Baumwipfeln saßen Affen, welche Art kann ich nicht sagen. Dann schrie alles, ein Sloth, womit die Amerikaner ein Faultier meinen. Der räkelte sich gemächlich in den Ästen.

Weiter ging es zu den Embera-Indianern. Die Männer machten Musik und die Frauen tanzten, die süßen Kleinen machten beides mit. Dann zeigten sie uns ihr Dorf und die Handarbeiten, die man kaufen konnte. Schöne Sachen zu einem fairen Preis. Die Embera sind eigentlich im Landesinneren Kolumbiens zu Hause. Hierher kamen sie, um damals die US-Truppen im Dschungelkampf auszubilden. Sie sind geblieben und nehmen den Touristen gerne das Geld ab. Trotzdem ist es ein Einblick in eine uns fremde Kultur.

### *Fiasko Cartagena*

Dann passierte es - unser Cartagena-Fiasko. Wir saßen nach dem Abendessen gemütlich in der Diamond Lounge. Meine Frau musste gerade mal weg. Da hörte ich die Lautsprecherdurchsage „Code Alpha, Code Alpha, Code Alpha", das bedeutet Notfall an Bord. Kurze Zeit später nahm mich die Concierge bei der Hand und zeigte mir den „Salat". Meine Frau war vor dem Lift gestürzt und hatte sich einen Oberschenkelhalsbruch zugezogen. Sie hatte es erkannt, weil ihr das auf der anderen Seite schon mal passiert war. Also ab ins Schiffshospital, Körper ruhiggestellt, Katheter gelegt. Patientin in die Krankenkabine geschoben.

Für mich blieb der administrative Teil: Formulare ausfüllen, dass kein Fremdverschulden vorliegt. Krankenkasse informieren, Kabine räumen, wobei mir ein 3. Offizier half. Koffer packen und ab ins Krankenzimmer, Rooming. Eine unruhige Nacht.

Das Schiff war schon auf dem Weg nach Cartagena de Indias, Kolumbien. Nach der Ankunft war geplant, meine Frau in eine Privatklinik zu bringen, wo sie operiert werden sollte. Dies musste mit der Krankenversicherung abgesprochen werden. Wir, der 3. Offizier und ich, verbrachten einige Zeit am Satellitentelefon. Außerdem musste die kolumbianische Einreisebehörde informiert werden.

**Cartagena de Indias, Kolumbien, den 12.12.2014**

Mit gemischten Gefühlen sah ich dem Tag entgegen, früh wurden wir vom Schiff gebracht, die Ambulanz stand schon bereit. Dieser fuhr uns in eine Privatklinik im Stadtteil Bocagrande (frei übersetzt: „Großer Mund"). Dieser liegt auf einer Halbinsel mit weißen Hochhäusern. Die Wohnungen dort umfasst meistens eine ganze Etage, wie wir später erfuhren und sind nicht für sozial Schwache gedacht, also nicht für 85% der Bevölkerung Kolumbiens.

In der Klinik empfingen uns Dan und Berit, Amerikaner, die sich um Gestrandete wie uns kümmerten. Sie nannten sich Friends of Columbia und hatten einen Verein (Fundation) gegründet. Die Diagnose ergab, dass eine Halbprothese, der untere Teil des Hüftgelenks, eingesetzt werden musste. Morgen könnte das Implantat eingesetzt werden. Voraussetzung war allerdings eine Vorauszahlung von 15.000 $. Unser neuer Freund Dan klärte das mit der Versicherung. So wurde meine Frau in eines der besten Zimmer verlegt und wartete am nächsten Morgen auf die Operation. Dan und Begit kümmerten sich auch um mich. Ich bekam ein Gästezimmer in ihrer sehr großen Etagenwohnung mit Blick auf das Meer zwischen der Isla de Terra Bomba, wo auch die Kreuzfahrtschiffe zum

Hafen durchfahren mussten. Abends luden sie mich in ein einheimisches Restaurant ein.

## Cartagena de Indias, Kolumbien, den 13.12.2014

Meine Frau wurde am Vormittag operiert. Sie hat den Eingriff gut überstanden, sagt mir Dan, der mit dem Arzt telefoniert hat. Wir können sie am Nachmittag besuchen. In der Zwischenzeit gab es noch einiges zu organisieren. Es war geplant, dass Dan und Berit meine Frau bei sich zuhause betreuen würden, bis sie zurückfliegen kann. Dafür haben wir gemeinsam Geld abgehoben. Außerdem habe ich den Flug nach Miami gebucht. Der morgen starten soll, so dass ich in Miami den regulären Rückflug bekomme.

Am Nachmittag haben wir meine Frau besucht, es ging ihr den Umständen entsprechend gut. Wir haben ihr gesagt, dass die Betreuung gesichert ist, eine Krankenschwester aus der Klinik wird sich privat um sie kümmern. Wenn ich in Deutschland bin, werde ich alles Weitere veranlassen. Dann ließen wir sie sich ausruhen. Ein kleiner Abschied.

Unser Schiff war im Golf von Mexiko und beendete die Kreuzfahrt im Heimathafen Miami. Wir haben eine Urkunde für die Durchquerung des Panamakanals bekommen.

### *Abends zur Altstadt*

Ich hatte die Freunde Kolumbiens zum Dinner eingeladen. Ach, sagten sie, wir kennen ein deutsches Restaurant in der Altstadt. Gesagt, getan, wir fuhren also Richtung Castillogrande in die Feliz Navidad schwangere Stadt. So einen Weihnachtszauber habe ich noch nicht gesehen, da können die Kölner Weihnachtsmärkte nicht mithalten. Wir haben irgendwo an der 400 Jahre alten Stadtmauer geparkt. Sind dann durch die Gassen gegangen, sehr schön und romantisch. Das deutsche Lokal "Le Petit" war eigentlich kein deutsches Lokal, bis auf das Bier vom Fass, gebraut in Bogota. Es gab dunkles Bockbier, Münchener Hell und Märzen (das kenne ich nur aus Franken). Und es gibt eine deutsche Patrone (aus meiner Heimatstadt Berlin). Die Konservation war dementsprechend. Er sagte, deutsches Essen geht gar nicht, also sind wir auf karibisches Essen umgestiegen, sehr lecker. Auf den Rückweg haben wir noch in einem alten Luxushotel reingeschaut. Das Atrium war fantastisch. Da würden wir gerne mal übernachten.

## Cartagena de Indias, Kolumbien / Miami, Vereinigte Staaten, den 14.12.2014

Es war noch nicht ganz hell, als Dan und Berit mich zum mittelkleinen Flughafen brachten. Es gab einen herzlichen Abschied und das passende Foto dazu. Es gab noch ein paar Ausreiseformalitäten: Ich bekam einen Teil meiner Visagebühren zurück und wurde nach Drogen durchsucht. Der Flug über den Golf von Mexiko dauerte knapp 3 Stunden mit Avianca (kolumbianische Fluggesellschaft). In Miami International Airport verbrachte ich einige Stunden, aber nicht lange bei der Immigration. Das kannte ich schon anders. Abends ging dann der Lufthansa-Flug nach Frankfurt ab, mit einem nagelneuen Airbus A 380, voll mit einem Startgewicht von 430 t. Das war ein sehr angenehmer Flug, geräumig, leise und schnell.

**Was für eine Kreuzfahrt!**

Zuerst quer durch die USA, Halt gemacht im Spielerparadies Las Vegas, über den Grand Canyon geflogen und durch das Death Valley spazieren gefahren. Ein bisschen Kalifornien und die Strände Mexikos kennen gelernt. In der ehemaligen Hauptstadt Guatemalas das Weltkulturerbe Antigua erkundet und in Costa Rica echten Kaffee getrunken. Dann durch den Panamakanal gefahren, einen Indianerstamm besucht und gesehen, wie die großen Kanalschleusen funktionieren. Das war alles toll.

Bis auf das Fiasko. Nach einem kurzen Krankenhausaufenthalt wurde meine Frau bei Dan und Berit „heimisch". Kurz vor Weihnachten kam dann der Arzt aus Deutschland und holte sie ab. In der Business Class ging es dann bequem nach Frankfurt, mit dem Krankenwagen wurde sie nach Köln gebracht. Da sie Weihnachten nicht im Krankenhaus verbringen wollte, haben meine Töchter und ich sie nach Hause geholt. Sie kam im Krankenwagen. So kann eine Kreuzfahrt enden. Trotzdem war es schön, an Heiligabend zusammen zu sein.

## Einmal um Cap Horn - nicht wirklich

Unsere Reiseunterlagen waren da, nach Südamerika sollte es gehen. Nun brauchten wir noch die passenden Flüge und Unterkünfte. Flüge wurden es drei, mit Umsteigen. Zum besten Preis-Leistungs-Verhältnis, aber der Komfort blieb auf der Strecke. Und die war lang. Also flogen wir mit Alitalia, umsteigen in Rom Fiumicino Airport, nach Buenos Aires Ezeiza Airport. 15 Stunden im Käfig Economy, ohne Käfig wäre es teuer gewesen, jedoch überlegenswert, Übernachtung in Buenos Aires und dann weiter nach Santiago de Chile mit KLM, das war um Klassen besser. Dann mit dem Bus nach Valparaíso zu unserem Schiff. Zurück wieder mit Alitalia. So sind die Umstände einer solchen Kreuzfahrt und die Kosten für An- und Abreise können schnell den Kreuzfahrtpreis übersteigen.

Was verspricht man sich von einer Tour in die südlichsten Gefilde dieser Welt. Gut, in Südamerika waren wir schon, haben die großen Städte an der Küste Brasiliens besucht. Aber jetzt mal ganz tief hinunter, dorthin, wo man sagt, das sei das Ende der Welt. Zur Orientierung habe ich die Reiseroute beigefügt. Daraus kann man ersehen, dass viel gekreuzt wird (C = Crusing). Um es gleich vorweg zu nehmen, Cap Horn hat das Schiff wegen des schlechten Wetters nicht angesteuert und auch einige Häfen in Argentinien konnten wir nicht anlaufen, Wind und Wellen waren zu stark. Royal Caribbian entschädigte uns mit einem kostenlosen Ausflug und 15% Rabatt auf die nächste Kreuzfahrt mit ihnen.

Reiseverlauf - Kreuzfahrtroute: VALDARASO, CHILE - Crusing - PUERTO MONT, CHILE - CHILEAN FJORDS - STRAIT OF MAGELLAN - PUNTA ARENAS, CHILE - USHUNIA, ARGENTINA - CAPE HORN, CHILE - Crusing - PUERTO MADRYN, ARGENTINA - PUNTA DEL ESTE, URUGUAY - MONTEVIDEO, URUGUAY - BUENOS AIRES, ARGENTINA

Wer so weit reist, will auch die Metropolen am Rio de la Plata sehen. Neben Montevideo hat es uns besonders Buenos Aires angetan. Dort blieben wir noch ein paar Tage länger. Leider habe ich die Fotos von dieser Reise verlegt. Wenn ich sie wiederfinde, gibt es ein Update.

**Nach Rom (Fiumicino Airport), den 24.02.2016**

Wir hatten eine Umsteigeverbindung, also erst von Köln zum Flughafen Fiumicino, Rom. Je nachdem, wann der Anschlussflug geht, kann man die Zeit nutzen. Nachtflüge, wie der nach Buenos Aires, gehen abends. Mit viel Zeit dazwischen nimmt man den Schnellzug und fährt nach Roma Termini, mit etwas weniger Zeit fährt man mit dem Bus nach Ostia Antica (Museum) und besichtigt die Überreste des antiken Roms. Wir empfehlen eine Busfahrt nach Fiumicino, dem kleinen Fischerdorf, das der Stadt ihren Namen gab. Die Mole hinunter ans Meer und dann gemütlich einkehren. Und zurück zum Flughafen ist es auch nicht weit, so verpasst man seinen Flug nicht. All diese Möglichkeiten hatten wir schon einmal genutzt, nur diesmal nicht. Der Flughafen wurde umgebaut und wir mussten zu dem neuen Termin für die Langstreckenflüge fahren. Das war schon eine Busfahrt.

**Buenos Aires (Ezeiza Airport), den 25.02.2016**

Nach 15 Stunden Flug kamen wir hundemüde in Buenos Aires an und fuhren mit dem Taxi in unser gebuchtes Hotel. Nach einem Nickerchen nutzten wir den Nachmittag, um in die Stadt zu fahren. Wir nahmen einfach den Flughafenbus mit Hilfe des Hotelshuttles.

Der Bus hält vor dem Hauptbahnhof und von dort kommt man in die Innenstadt, einfach die Floridastraße entlang. In den Restaurants dort kann man gut essen. Wir hatten ein argentinisches Steak mit Pommes und ein Glas Rotwein. Dann haben wir uns auf den Rückweg gemacht, denn morgen mussten wir früh raus. Der nächste Flug stand an.

## Eine Nacht reicht

Zuerst die gute Nachricht: Die Herberge (Posada) liegt recht nahe am Flughafen, der funktionierende Shuttlebus ist in 10 Minuten da. Man kann anrufen, wer kein Spanisch oder Englisch kann, hat Pech. Man bekommt 10% Rabatt, wenn man in € bezahlt. Jetzt die schlechte Nachricht: Kleines Zimmer, Toilettentür ging nicht zu, Minifrühstück. Alle Hotels in Flughafennähe haben überhöhte Preise, so auch der Gasthof de las Aguilas. Wer nicht am nächsten Morgen weiterfliegen will, nimmt besser eines im Zentrum, aber 3/4 Stunde Anfahrt (Taxi kostet 5.000 $ arg. oder 33 €). Weitere Infos: Wer ein paar Stunden Zeit für eine kurze Stadtbesichtigung hat, nimmt am Flughafen einen Bus der Verkehrsgesellschaft Tienda León. Der Bus fährt schnell auf der Busspur zum Retiro (Hauptbahnhof). Für 20 € roundtrip. Von dort ist es nicht weit zur Einkaufsmeile Florida. Und niemals dem Taxifahrer die Geldscheine zeigen, wir wurden bestohlen (in einem lizenzierten Taxi).

## Santiago de Chile (De Pudahuel Airport) / Valparaíso, den 26.02.2016

Sehr früh ging es los. Der Transfer zum Flughafen klappte hervorragend, ein kleiner Pluspunkt für das Hotel. Diesmal sind wir KML geflogen, ohne Käfighaltung, aber mit schönem Blick auf die Anden. Und die typisch holländische Karamellwaffel gab es auch noch dazu, alles in 2 ½ Stunden. Wie es dann nach Valparaíso weiterging, kann man gleich lesen.

## Auf den Standort kommt es an, wie hingelangt und abfährt

Das Hotel ist nicht nur für Kreuzfahrer erste Wahl. Man ist direkt am Hafen und kann das bunte Treiben beobachten. Die Fahrstühle in die Oberstadt sind nicht weit. Die Dame an der Rezeption sprach neben Englisch auch ein wenig Deutsch. Für manche eine Hilfe. Der Zimmerpreis ist sehr günstig, der Frühstückspreis nicht. Ein Tipp für die Anreise vom Flughafen und wie man günstig und schnell zum Kreuzfahrtterminal kommt. Die beste und günstigste Verbindung Flughafen - Hotel ist folgende: Tur-Bus (grün) oder Centropuerto (blau) vor dem

Ausgang für 1.500 $ chil. nehmen und bis zum Busterminal (Los Pajaritos) fahren. In den Überlandbus umsteigen (beim Fahrer bezahlen, 2.000 $ chil.) und auf dem Oberdeck die schöne Landschaft bis Valparaíso genießen. Das letzte Stück mit dem Taxi für 'ne kleine Mark. Das Hotel präferiert eine Taxe (mit Wartezeiten) zum Kreuzfahrtterminal. So ein Quatsch! Unter dem Hotel ist die Metrostation Puerto. Dort kauft man sich ein Einzelticket (Chipkarte extra) und fährt 3 Stationen bis "Borón". Der Zugang zum Terminal ist direkt über den Gleisen rechts.

### Einer der schönsten Aussichten ohne zu laufen

Man muss ein Stück am Hafen entlang gehen, bis man zum Aufzug kommt. Wenn eine kleine Menschenmenge davor steht, muss man ein bisschen warten. Die Wagen sind wirklich alt. Oben hat man den besten Blick über die Bucht von Valparaiso. Läden und Bars gibt es auch ein paar. In den Gassen nach unten sollte man alles gut festhalten, denn man kann beklaut werden. Wir haben von einem Einheimischen gehört (hablabamos Español), also haben wir uns die Fahrt nach unten für ein paar Cents (300 $ chil.) gegönnt.

## Valparaíso, Chile, den 27.02.2016

### Auf der Plaza Sotomoyor ist immer etwas los

Vorsicht, Fahrbahn und Fußgängerzone vermischen sich. Umschauen! Steht man am Denkmal des Seehelden aus dem Salpeterkrieg, sieht man zwischen den Art-Déco-Gebäuden den Hafen mit dem Ausflugsbetrieb. Im Urzeigersinn weiter rechts kommt man ins Bankenviertel mit schönen Restaurants. Man entdeckt auch die Feuerwehr (die Wagen sind aus Deutschland). Das hellblaue Gebäude gehört der Marine, gleich daneben ist der Aufzug in die Oberstadt. Weiter rechts kommt man in ein eher zwielichtiges Viertel. Die Gendarmerie (mit Hunden) hat uns vor Dieben gewarnt. Vom Platz aus gibt es also viel zu sehen und zu tun. Für Elektromobilität sorgt der Trolleybus.

### Angenehm, mit Ausblick auf das Hafengeschehen

Wir hatten einen super Tisch auf der Veranda mit Blick auf die Hafenrundfahrten, Schiffsentladungen, Aktivitäten der Kriegsmarine etc. Nach einem Pisco Sour bestellten wir typisch chilenische Fischgerichte und einen lokalen Weißwein. Gut, dass wir etwas Spanisch konnten. Die Speisen kamen dann auch, aber wir saßen gut. Am Essen und Wein gab es nichts zu meckern, die Bedienung freundlich, etwas umständlich. Das Lokal wird von der Seenotrettung betrieben.

**Valparaíso, Chile, den 28.02.2016**

Heute war Einschiffung, aber vor 14 Uhr brauchten wir uns nicht sehen lassen. Wir fragten uns, wo das Kreuzfahrtterminal ist. Das war nicht vor unserem Hotel, wo auch die große Hafeneinfahrt ist, sondern drei Haltestellen mit der Stadtbahn entfernt. Wir haben eine Probefahrt dorthin gemacht und das Terminal gefunden. Jetzt wussten wir Bescheid.

Wir wollten nicht gleich zurück, denn es war schönes Wetter und man konnte auf die Stege des dort ansässigen Wassersportvereins gehen. Wir gingen bis zum Ende und genossen den Panoramablick über die Hafenbucht von Valparaíso. Schade, dass ich die Fotos nicht mehr finde. Also zurück, Koffer gepackt, wieder drei Stationen gefahren (mit Vielfahrer-Ticket) und eingecheckt. Dann in den Tenderbus zum Schiff, das uns am Hotel vor der Nase lag. Wie umständlich. Wir „enterten" unsere Kabine und da lag auch schon die bekannte Schiffszeitung auf dem Bett. Das Wichtigste war schnell übersetzt:

- Kleiderempfehlung für den Abend

- Kofferlieferung in die Kabine

- Doppelbett oder Einzelbetten

- Raucherzonen auf dem Schiff

- Sicherheit/Aufsicht am Pool

- Satellitenkommunikation

- Krankheiten durch Mückenstiche (ZIKA-Virus und andere Viren), Dengue-Fieber

**Auf See nach Puerto Monnt, Chile, den 29.02.2016**

Heute war der erste Ruhetag an Bord und wir haben einen Blick in den Cruise Compass (Bordzeitung) geworfen und nach Aktivitäten für den Tag gesucht. Das

Wetter war gemäßigt, abwechselnd bewölkt und sonnig bei 19 Grad C. In der deutschen Version des Cruise Compass wurden wir fündig: 10:00 Anlaufhafen-Vorführung auf Englisch im Broadway Melodies Theater, 11:00 Kulinarische Savor Kochvorführung im Centrum, 13:00 Kulturvortrag mit Patrik Goodness im Broadway Melodies Theater, 15:15 Willkommen an Bord-Besprechung auf Deutsch mit Rosie in der Shall We Dance Lounge, 20:00 bis 21:00 Kapitäns-Willkommen an Bord Empfang im Centrum, danach „Chandelier"-Flugshow mit den Royal Carribian Akrobaten. Zum Abschluss gab es um 21:15 Uhr die Abendmusikshow mit dem Tenor Jorge Durian im Broadway Melodies Theater.

Ich weiß nicht, ob wir alles gesehen haben. Dann gab es noch Mittagessen und zum Abendessen mussten wir uns in Schale werfen, denn es war „formal attire" angesagt. Morgen läuft das Schiff die erste Destination an: Puerto Montt, Chile.

**Puerto Monnt, Chile, den 01.03.2016**

*Nix Fuji in Japan, Osorno in Chile*

Los ging's mit dem Bus in Puerto Montt, schon überall etwas Deutsches. Zum Beispiel an einem Aussichtspunkt ein Kiosk mit dem Namen "Ausblick", war eine Sparkassenfiliale. Weiter nach Fruitillar zum deutschen Heimatmuseum. Über den See den Vulkan Osorne gesehen. Sieht dem Fujiyama sehr ähnlich. Noch ein Stück Streuselkuchen gekauft und ab nach Puerto Varas. Noch ein schöner Blick auf den Vulkan. Auf dem Markt war die letzte deutsche Bratwurst ausverkauft. Zurück zum Schiff. Ein schöner Ausflug, bei bestem Wetter mit einer netten Reiseleiterin.

**Chilenische Fjorde, den 02.03.2016**

*Der Hexengletscher (El Bruto Glacier)*

Alle waren auf den Beinen, als sich das Kreuzfahrtschiff über das Eisfeld dem Gletscher näherte. Ein wirklich schöner Anblick, auch die Berge des O'Higgins Nationalparks (Parque Nac. Bernodo O'Higgins) ringsum. Aber es war eiskalt. Der Gletscher hat keine hohe Abbruchkante und das Wasser war voller Eisbrocken, das Aussetzen eines Schlauchbootes wurde geübt und dabei Eis für den Barkeeper übernommen. Mit diesem Eis wurden dann Getränke serviert. Dann fuhr das Schiff langsam aus dem Fjord. Die Ausfahrt - ein Genuss.

## Magellan Straße, Chile, den 03.03.2016

Jetzt hatte das Schiff die Magellan Straße erreicht und im Cruise Compass lasen wir folgendes nach:

### STRAIT OF MAGELLAII LINKS ATLANTIC TO PACIFIC

*Die Magellanstraße, spanisch Estrecho de Magallanes, ist ein Kanal, der den Atlantischen und den Pazifischen Ozean miteinander verbindet und die Festlandspitze Südamerikas mit der Insel Feuerland verbindet. Sie liegt vollständig in chilenischen Hoheitsgewässern, mit Ausnahme ihres östlichsten Endes, das von Argentinien berührt wird, ist 350 Meilen (560 km) lang und 2-20 Meilen (3-32 km) breit. Sie erstreckt sich westlich des Atlantiks zwischen Kap Virgenes und Kap Esplritu Santo, verläuft weiter nach Südwesten und biegt am Kap Froward an der Südspitze der Halbinsel Braunschweig nach Nordwesten ab, um nach dem Passieren von Kap Pillar auf der Insel Desolación den Pazifik zu erreichen. Der wichtigste Hafen der Meerenge ist Punta Arenas auf der Braunschweiger Halbinsel; der Hafen ist ein Umschlagplatz für chilenisches Hammelfleisch. Der erste Europäer, der die Meerenge durchquerte, war Ferdinand Magellan, ein Portugiese, der vom 21. Oktober bis 28. November 1520 für Spanien segelte und dessen Expedition schließlich die erste Weltumsegelung gelang. Obwohl die Meerenge einen etwas gewundenen Verlauf zwischen zahlreichen Inseln und Kanälen aufweist und ein kaltes, nebliges Klima herrscht, war sie eine wichtige Route für Segelschiffe, bevor der Bau des Panamakanals (fertiggestellt 1914) die Atlantik-Pazifik-Passage um mehrere tausend Meilen verkürzte.*

*Übersetzt mit DeepL.com (kostenlose Version)*

## Punta Arenas, den 04.03.2016

### Alles spielt sich um die Plaza de Armas ab

Punta Arenas ist eine kleine Stadt an der Magellanstraße. Von der Plaza de Armas aus ist alles gut zu erreichen. Dort steht auch der Informationspavillon mit freundlichen, auskunftsfreudigen Menschen (Englisch). Hier stehen auch das Seefahrerdenkmal und die Allegorien von Feuerland und Patagonien zu Füßen des großen Magellan. In nördlicher Richtung kommt man zur Kathedrale und darüber zum Aussichtskreuz (ziemlich weit und steil). In westlicher Richtung um die Ecke die Gründerzeitvilla Sara Braun. Sehenswert ist nicht nur die kleine Magellan-Ausstellung, sondern auch die Unterbringung der Bediensteten. Bemerkenswert ist auch das ehemalige Bankhaus an der rechten unteren Ecke des Platzes. Es könnte so auch in Bonn-Oberkassel stehen. Nicht besucht haben wir den Städtischen Friedhof Sara Braun. Er soll aber sehr schön sein, wurde uns gesagt. Wir nahmen ein Taxi zum Nao Victoria.

### Ein kleiner Ausflug zum Schiffsmuseum

Das Museum befindet sich etwas außerhalb der Stadt. Man kann nicht zu Fuß hingehen, sondern muss ein Taxi nehmen. Und das geht für Gringos so: Am Magellan-Denkmal ist eine Info. Dort erkundigt man sich, was so etwas kostet, 5.000 $ chil. für Hin- und Rückfahrt plus eine halbe Stunde Warten des Fahrers am Museum. Also wartete der Fahrer geduldig und wir schauten uns die Schiffsnachbauten an (die Nao Victoria, die Beagle von Darwin und die Coleta, das erste rein chilenische Schiff). Alles sehr interessant. Am Stand der Magellanstraße haben wir noch versehentlich eine Vogelkolonie verunreinigt und dann hat uns das Taxi bis vor das Schiff gebracht. Trinkgeld extra. Dieser Ausflug ist ein schönes Beispiel dafür, dass man nicht die überteuerten Ausflüge der Reederei buchen muss. Allerdings sollte man in diesem Fall etwas Spanisch mitbringen.

### The „End oft he World" Certificate

*Let it be known that (my name) conpleted saling through the Strait of Magellan Chilian Fjords onboard MS Rhapsody of the Seas, Voyage 860, sailing February 4th,2016.*

*Captain Dimas Manrique. Master MS Rhapsody of the Seas*

### Ushuaia, Argentinen, den 05.03.2016

Der Cruise Compass hat uns den Mund wässrig gemacht, was es in Ushuaia und Umgebung alles zu sehen gibt. Und so haben wir einen Ausflug gebucht. Was die südlichste Stadt der Welt zu bieten hat, kann man im Cruise Compass nachlesen.

### EXPLORE USHUAIA - THE SOUTHERNMOST CITY IN THE WORLD.

*Für eine Stadt am Ende der Welt hatte Ushuaia schon immer ein Händchen dafür, Menschen anzuziehen. Trotz des rauen Klimas haben die Yamanas die Stadt seit Tausenden von Jahren als ihre Heimat bezeichnet. Britische Missionare und argentinische Pioniere schienen sich nicht an der bitteren Kälte zu stören. Und selbst als 1947 das legendäre Gefängnis von Ushuaia geschlossen wurde, blieben die meisten Wärter hier. Was ist es also, was die Menschen an diesem subpolaren Teil des Planeten so fasziniert? Ushuaia ist das ultimative Portal für Abenteuer. Umgeben von bergigem Terrain und atemberaubenden Gletschern, weckt die Hauptstadt Feuerlands den modernen Entdecker in uns allen. Zu dieser Jahreszeit sind die Möglichkeiten für Outdoor-Aktivitäten endlos. Wandern Sie auf den Martial-Gletscher, um einen unglaublichen Panoramablick zu genießen. Fahren Sie den Beagle-Kanal hinunter, um Seelöwen und Pinguine aus der Nähe zu betrachten. Oder fahren Sie mit dem „Zug vom Ende der Welt" zum Feuerland-Nationalpark. Das alte Gefängnis - heute ein Museum - ist voller faszinierender Geschichten. Und für das perfekte Souvenir bieten die Geschäfte entlang von San Martin alle Arten von handgefertigten Waren an.*

*Übersetzt mit DeepL.com (kostenlose Version)*

### Auf der Panamericana durch den Nationalpark zum Garibaldi-Pass

Eigentlich sind wir auf der Panamericana von Ushuaia bis zum Garibaldi-Pass mit einigen Zwischenstopps gefahren. Aber was wir gesehen haben, war sehr schön. Wir haben über dem Feuer gegrilltes Lamm gegessen, mit gutem argentinischen Wein und Gaucho-Gitarre. Sehr schön. Dann konnten wir ein ganzes Rudel Schlittenhunde streicheln. Am Garibaldi-Pass hat man einen wunderschönen Blick auf zwei Seen, den Lago Fagnano im Hintergrund und den Lago Escondida davor. Ich denke, der Ausflug hat sich gelohnt.

### Das Museumsgefängnis an Ende der Welt

Nach der Tagestour landeten wir im Gefängnis, nicht wirklich, in einem Gefängnis, das in ein Museum umgewandelt wurde. Das Museum hat eine Kunstsammlung und informiert über Expeditionen in die Antarktis und vieles mehr. Für uns war das Gefängnis wichtig. Es beherbergte von 1902 an 600 Gefangene in 2 x 1,5 m großen Zellen. Das Klima war hart, Gefangene und Wärter froren und waren hier am Ende der Welt eine Schicksalsgemeinschaft. Alles sehr anschaulich und eindrucksvoll dargestellt. Der Eintritt war, glaube ich, frei.

**Cap Horn, Chile, den 06.03.2016**

In Ushuaia war bereits klar, dass das Wetter eine Umrundung von Kap Hoorn nicht zulassen würde. Es dauerte Stunden, bis das Schiff ablegen konnte. Der Wind drückte es immer wieder an den Kai. Auch die Schlepper halfen nicht. Also wurde die Route geändert. Es ging durch den Beagle-Kanal in den Atlantik.

Was sagt Internet-Wikipedia dazu: *Der Beagle-Kanal ist eine natürliche Wasserstraße südlich von Feuerland an der Südspitze Südamerikas, die den Atlantik mit dem Pazifik verbindet. Der Kanal ist nach dem britischen Forschungsschiff Beagle benannt, mit dem Robert FitzRoy 1831 die Wasserstraße entdeckte. Neben der bekannteren Magellanstraße ist der Beagle-Kanal im Süden des amerikanischen Kontinents die einzige Wasserstraße zwischen Pazifik und Atlantik, wenn man von der Drakestraße absieht, die auf offener See um Kap Hoorn führt.*

**Auf See nach Puerto Madryn, Argentinen, den 07.03.2016**

Die *Rhapsody of the Seas* befindet sich nun auf dem Atlantik, Kurs Nord. Der Cruise Compass sagt "today's the perfect chance to explore" und empfiehlt allerlei „Notwendigkeiten" und Aktivitäten.

Zu den Notwendigkeiten: Wir sollen für den Abend leger gekleidet sein, unsere Pässe einzeln zur angegebenen Zeit abholen, sonst kommen wir in Buenos Aires nicht von Bord, am Pool ist es rutschig und wir sollen aufpassen und wir sollen uns gründlich die Hände waschen, denn der Norovirus geht um.

Zu den Aktivitäten: Da ist Ivone Berne, die Kurse in brasilianischem Kunsthandwerk gibt, um 8:00 Uhr, der Kulturvortrag mit Paktrick Goodness über die Geschichte von Puerto Madryn und den dort lebenden Pinguinen und See-Elefanten, Seelöwen und Walen, um 13:00 Uhr, Tanzunterricht Argentinische Rhythmen mit den Pampas Devil Gauchos, um 14:00 Uhr, Produktionsshow „Pure Country" mit den Royal Caribbian Singers and Dancers um 19:30 Uhr.

Was wir alles gemacht haben, weiß ich heute nicht mehr. Zusammen mit den Verkostungen war es bestimmt nicht langweilig.

## Puerto Madryn, Argentinen, den 08.03.2016

*Manches Mal reicht´s nicht - viele haben sich auf die Pinguine an der Küste gefreut*

Mit den See-Elefanten und den Magelallan-Pinguinen war es nicht weit her. Darauf hatten sich viele Kreuzfahrer gefreut. Nur wer ein starkes Fernglas hatte, konnte etwas ausmachen. Der starke Wind machte das Anlegen im Hafen unmöglich. Der Hafen musste geschlossen werden, das Lotsenboot fuhr zurück. Die Ein- und Ausfahrt in den Golfo Nuevo war trotzdem schön - Sonne. Nur der Wind, der Wind...

## Auf See nach Punta del Este, Uruguay, den 09.03.2016

Es ist an der Zeit zu zeigen, wie es um das leibliche Wohl der Passagiere bestellt ist. Essen und Trinken gehören zu den wichtigsten Dingen an Bord. Der Daily Planner für den heutigen Seetag zeigt alle Möglichkeiten auf, wann und wo man zu Speisen und Getränken greifen kann. Bei Royal Caribbian Cruise Line ist vieles im Reisepreis inbegriffen (Kaffee, Limonade, Softeis), nicht aber Cola und alkoholische Getränke. Die kann man teuer dazu kaufen. Oder man gehört zu den Glücklichen, die als Vielreisende fast alles umsonst bekommen. Aber bei den Spezialitätenrestaurants hört es auf, da muss man unterschiedlich viel zuzahlen, aber ab und zu gibt es Angebote bis zu 50%. Das Essen im Hauptrestaurant besteht aus einer Auswahl von Vorspeisen mit weinigen Variationen, aber viel Standard. Der Hauptgang wechselt je nach Themenabend mit drei verschiedenen Gerichten, auch vegane. Beim Dessert gibt es wenig Abwechslung, aber immer etwas Besonderes, zum Beispiel Backed Alaska (geschmolzenes Eis mit flüssiger Schokoladensauce darüber). Je nach Schiffsroute und Mehrheit der Passagiere wird das Essen angepasst, bleibt aber amerikanisch.

## Punta del Este, Uruguay, den 10.03.2016

Eigentlich sollte das Schiff in Punta del Este vor Anker gehen, aber das Wetter ließ es nicht zu. So legte es im Hafen von Montevideo an und für alle, die wollten, wurde ein Ausflug nach Punta del Este organisiert. Wir haben die Busse gezählt, die die Ausflügler aufgenommen haben. Es waren vierzig, also rund

1.600 Passagiere wollten in den Badeort am Atlantik. Was für eine organisatorische Leistung, alle wieder einzusammeln und zurückzubringen. Wir nahmen an dieser Massenveranstaltung nicht teil und machten uns auf die Socken, um die Altstadt zu erkunden. Bei ganz miesem Wetter.

### Versuchen Sie es einmal bei Regen - die Altstadt von Montevideo

Wir waren mutig und sind im Regen losgegangen. Das Rundgangprospekt haben wir bei der Info am Hafen abgefasst. Ziel war der Platz der Unabhängigkeit mit dem Palacíon Salvo. Zuerst in die Markthalle. Fleischmarkt im Sinne von Essen, ein Restaurant neben dem anderen. Aber wir wollten weiter. Hoch zur Calle Sarandi und durch bis zur Kathedrale Metropolitana am Verfassungsplatz. Innen sehr schön. Dann weiter durch das alte Stadttor zur Plaza Independencia, vorbei am großen Reiterstandbild zum Palast Salvo. Und es regnete. Der Palast, das allgegenwärtige Wahrzeichen Montevideos. Wir haben ihn nicht besichtigt, weil wir zu nass waren. Auch die anderen Sehenswürdigkeiten haben wir uns nicht angesehen, wir wollten nur noch ins Trockene. Bei besserem Wetter besuchten wir das Karnevalsmuseum, gleich links vom Markt auf der Rambla. Auch in Uruguay wird Karneval gefeiert, nicht nur in Köln.


### Montevideo, Uruguay, den 11.03.2016

### Stadtrundfahrt mit "Descubrí Montevideo" - hopp on hopp off in Montevideo

Als Kreuzfahrer sollte man auf die vom Schiff angebotene überteuerte Stadtrundfahrt verzichten. Die gibt es für gut 20 Dollar und man kann an 11 Haltestellen (Paradas) aussteigen und die nächste nehmen. Der Bus kommt in einer Stunde. Der Bus hat ein offenes Oberdeck und über Kopfhörer kann man sich in den gängigsten Sprachen anhören, was es zu sehen gibt. Manches schön, manches nicht so schön. Das berühmte "Haus in Montevideo" haben wir nicht gesehen. Wie findet man den Bus? Ganz einfach, man kommt aus dem Hafengelände, überquert eine sehr breite Straße, sieht den Kiosk, die Schlange davor oder den Bus selbst. Nicht zu übersehen. Einfach hingehen.

### Zurück bleibt die Rambla – Adios Montevideo

Um viertel nach vier am Nachmittag legte unser Dampfer ab, mit Blick auf die Stadt. Mittendrin das Wahrzeichen, der Palacio Salvo. Langsam wurde das Schiff vom Schlepper gedreht, der Bug Richtung Hafenausgang und wir achtern.

Vorbei an der Fähre nach Buenos Aires, vorbei am Schiffsfriedhof, immer den Blick auf den Hafen und das große Marinegebäude / Zollamt und die Stadt mit der Rambla. Unvergesslich.

**Buenos Aires, Argentinen, vom 12.03. bis zum 15.03.2016**

Das Schiff kam früh an. Es musste nicht weit fahren, nur über den Rio de la Plata. Es hat sich in ein Hotelschiff verwandelt, d.h. es bleibt bis morgen dort. Wir haben eine Bustour gebucht, ins Touristenviertel La Boca soll es gehen, dann zum Mittagessen mit Tangoshow und schließlich zum Friedhof La Recolete, um der berühmten María Eva Duarte de Perón die letzte Ehre zu erweisen. Elvita: „Weine nicht um mich, Argentinien".

***Buenos Aires, Argentinien, den12. März 2016***

***Ankunft am Hafen früh um 5 Uhr:*** *BAK8 Buenos Aires Highlights with Lunch and Tango Show in Deutsch, Dauer 8 Stunden, Erw. $ 124,75. Entdecken Sie die Sehenswürdigkeiten von Buenos Aires sowie die historischen Viertel der Stadt. Fahren Sie durch die Straßen von San Telmo und die bunten Straßen von La Boca, das für seine farbenfrohen Mietshäuser bekannt ist. Auf Ihrem Ausflug besuchen Sie die Plaza de Mayo (Mai-Platz), wo sich auch die Case Rosada, der heutige Präsidentensitz, das Cabildo, das alte koloniale Rathaus, und die Kathedrale befinden. Genießen Sie anschließend ein köstliches Essen und eine faszinierende Tangoshow. Ein weiterer Stopp wird im Einkaufsviertel in der Calle Florida eingelegt.*

***Das schönste sind die Figuren auf den Balkonen***

Bei einer Stadtrundfahrt mit dem Bus darf das Touristenviertel La Boca nicht fehlen. Vorbei am farbenfrohen Stadion und an einer Ecke aussteigen. In den Gassen tummelt sich alles Mögliche: Souvenirstände, Damen und Herren, die zum Tango posieren und gegen Bares mitgenommen werden wollen, Außengastronomie mit Tangoeinlagen, Galerien, manchmal saubere Toiletten, Verkauf von kühlen Getränken. Etwas abseits ist es ursprünglicher, aber für Kleinkriminelle besser. Das Beste sind die bunten Fassaden und von den Balkonen grüßen der Papst, Evita, Juan Peron und Maradona. Ich frage mich, wie das Viertel früher ausgesehen hat. Es gibt ein paar große Fotos davon.

## Buenos Aires ohne Tango ist „nichts" ...

Der Tango ist aus Buenos Aires nicht wegzudenken. Die Tanzdarbietungen können als Unterhaltung in Restaurants oder als große Show genossen werden. Ein gutes Essen (Cena) gehört meistens dazu. Allerdings keine billige Angelegenheit (ca. 120 $). Wir waren mit Leuten aus drei Bussen der Stadtrundfahrt im La Ventana. Das Essen kam (Vorspeise, Beef, Dessert, Wein reichlich und gut). Ein bisschen Massenabfertigung. Die Tango-Show selbst war nicht nur Tango, sondern Bandoneon-Orchester, Gaucho-Aufführung (Bolas), Panflöten auf Peru und das berühmte Lied von Evita (mit Schwingen der Nationale). Viel (und lange) für viel Geld. Kann man machen, wir würden (wenn wir es wüssten) woanders hingehen. Es gibt sicher Besseres.

## Auf zu Evitas Grab in einer anderen Friedhofskultur

Schon der Friedhof ist anders als bei uns in Deutschland. Wo bei uns einzelne Mausoleen stehen, gibt es auf La Recolete ganze Siedlungen. Durch die Gittertüren sieht man die Särge mit den Verstorbenen. Wir pilgern zum Grab der Familie Duarte, wo Evita (María Eva Duarte de Perón) begraben liegt. Ein paar Blumen schmücken das Grab. Wieder am Ausgang die Mahnung (aus dem Lateinischen etwa "Wartet auf den Herrn"). Ein schöner Besuch in einer ruhigen Umgebung der sonst so quirligen Stadt.

## An zentraler Stelle einmal rundherum, historisch und politisch

Dies ist nicht nur ein Platz mit historischen Gebäuden ringsum: die Casa Rosado, die Stadtkathedrale, das Cabildo (alte Kirche) etc. Auf dem Platz stehen die Unabhängigkeitspyramide und die Kreuze der Gefallenen des Falklandkrieges. Alles schön zu fotografieren. Auf der Plaza de Mayo war viel los: Hier wurden Exekutionen durchgeführt, Bomben gelegt, Demonstranten erschossen, hier begann der Peronismus, hier gedenken noch heute Mütter mit weißen Kopftüchern der Verschwundenen (Kinder der Gefangenen). All das sieht man nicht. Von der Plaza de Mayo ist es nicht weit zur "Florida", einer anderen Welt.

Am nächsten Tag, dem 13.03.2016, mussten wir das Schiff verlassen, wie immer furchtbar früh. Wie heißt es so schön: Jede Kreuzfahrt geht einmal zu Ende, aber unsere Reise nicht. Wir nahmen ein Taxi und brachten unsere Koffer ins Hotel. Ab 15:00 Uhr sollte das Zimmer bezugsfertig sein. So hatten wir noch Zeit, uns die Umgebung anzuschauen.

Dritter Band

### *Ein Highlight auf einer sonst gewöhnlichen Einkaufsstraße*

Das "Florida" ist eigentlich nichts Besonderes, ähnlich wie die Hohe Straße / Schildergasse in Köln. Aber der Kaufhof in Köln kann mit der Galerias Pacifico nicht mithalten, das KaDeWe in Berlin auch nicht, vielleicht das Lafayette. Im Pacifico muss man reingehen, über alle Etagen schauen. Im obersten Stock soll es eine tolle Tangoshow geben. Und die Toiletten erst.

### *Trotz der prominenten Lage kein 4-Sterne.Hotel*

Das Hotel hat schon bessere Zeiten gesehen, nur notdürftig reparierte Wasserschäden in Flur und Bad, Toilettentür schließt nicht richtig etc. Mit der Sauberkeit ist es auch nicht weit her und das Personal sollte auch mal einen kleinen Kurs in Freundlichkeit machen. Aber die Lage: Blick direkt auf die Plaza de la Republica mit dem Obelisken und seitlich raus auf die Einkaufsmeile Av. Corrientes. Das pulsierende Leben vor der Tür. Alles andere ist auch nicht weit und die Subte (Metro) ist nur ein paar Schritte entfernt. Plastikkarte kaufen und aufladen. Dient nicht nur als Zahlkarte für Bus und Bahn, sondern für alles, was man mit Kleingeld bezahlen kann. Wer zum Flughafen Ezeiza will, nimmt ein Taxi. Zahlt den Promopreis (umgerechnet 30 €) und ist in einer knappen Stunde am Flughafen. Das Hotel ist nichts für Erholungssuchende. Aber für die Lage sehr günstig.

### *Von außen vielversprechend. innen na ja*

Wir wollten eigentlich nur ein Bier oder ein Glas Wein. Wir hatten einfach keinen Hunger nach der Monster-Mozzarella-Pizza am Mittag. Nun ist es aber so, dass man abends zum Cena (Abendessen) ausgeht. Also räumte der mürrische Kellner Teller und Besteck weg und brachte uns die Weinkarte. Wir nahmen ein einheimisches Rosé (Weingut Uxmal), der im Eiskübel serviert wurde und ein Wässerchen. Alles gut und kostete mit (nicht verdientem) Trinkgeld umgerechnet 13 €. Ob etwas Deutsches dabei war, können wir nicht sagen. Aber Spanisch (nennt sich hier Kastilliano) haben wir gut geübt.

### Nächter Tag, den 14.03.2016

### *Sonntags auf dem Markt in San Telmo*

Wohin gehen die Portenós sonntags: nach San Telmo auf den Floh- und Antikmarkt, zur Togo-Show, ins Restaurant etc. Wir Gringos auch: in die alte

Markthalle, ein bisschen auf den endlosen Flohmarkt, mehr auf den Antiquitätenmarkt. Der alte Señor, schick und mit Gitarre, da kann man etwas Kleingeld springen lassen (am besten $). Danach in die Kneipe an der Ecke mit Bier (und Erdnüssen) zu europäischen Preisen. Vor der Tür traditionelle Musik. Alles sehr szenig und vor allem voll (die Portenós = Einheimische). Man kommt mit der Subte (Metro) hin, muss aber ein bisschen laufen. Es war ein schöner Vormittag.

### Lichterglanz am Sonntagabend

Das neue Hafenviertel ist hip. Halb Buenos Aires pilgert am Sonntagabend mit Kind und Kegel dorthin. Am besten nimmt man die Subte (Metro) bis Leonoro M. Alem (Endstation), überquert zwei sehr breite Straßen und steht schon vor dem alten beleuchteten Kran. Dann rechts bis zum Museumsschiff, über die Brücke bis zur Puerte de la Mujer (Frauenbrücke). Diese ist nicht zu übersehen, weiß, beleuchtet und jeder geht darüber. Auf dem Rückweg kommt man an vielen Lokalen vorbei, alternativ kann man auch eine Gondel nehmen. Ein wunderschöner Spaziergang.

### Von Buenos Aires über Rom (Fiumicino Airport) nach Haus, den 16.03.2016

Unser Flug ging erst am Nachmittag. So konnten wir in Ruhe frühstücken und noch eine Sightseeingtour machen. Ausgangspunkt war der Obelisk, den wir vom Hotelfenster aus direkt vor der Nase hatten. Der Platz mit dem Obelisken dient als Orientierungspunkt

Der Obelisk steht auf der Avenida 9 de Julio, die zu überqueren mindestens 5 Minuten dauert (Parkstreifen, 4 Spuren, Grünstreifen, 2 Busspuren und alles wieder von vorne). Meistens überquert man die Avenida an der Av. Corrients, einer weiteren Einkaufsstraße neben der Calle Florida.

Vom Obelisken aus gelangt man zu zwei wichtigen Sehenswürdigkeiten: Das Teatro Colon mit dem schönen Park dahinter (Synagoge, Teotro Cervantes), zum berühmten Palacio Barilo und zum Parlamentsgebäude (2 Stationen mit der Subte, nicht zu Fuß). Übrigens, der Obelisk ist 67 m hoch und hat keine historische Bedeutung, er sollte eigentlich nur der Orientierung dienen und nach drei Jahren abgerissen werden. Aber die Porteños (Einwohner von Buenos Aires) wollten ihn nicht mehr missen.

So, das war unsere letzte Tour durch Buenos Aires. Dann nahmen wir unseren Koffer und das Taxi brachte uns zu „Sonderkonditionen" zum Flughafen. Wieder verbrachten wir einen ungemütlichen 15-Stunden-Flug, Stichwort „Käfighaltung", in der Economy. Am nächsten Tag landeten wir in Fiumicino, Rom. Der Rückflug ging bald los, viel bequemer als zuvor.

**Was bleibt uns in Erinnerung**

Fangen wir mit den schönen Dingen an. Da war der Flug über die Anden, das schöne Tal nach Valparaíso, in der großen Bucht die bunten Häuser und die klapprigen Fahrstühle. Weiter in Erinnerung bleibt die Fahrt durch die chilenischen Fjorde, die kleinen Städte bis ans Ende der Welt. Besonders der Ausflug auf dem letzten Stück der Panamericana. Und wir haben die Nachbauten berühmter Schiffe gesehen, die Nao Victoria von Magellan, die Beagle" von Darwin. So konnten wir uns vorstellen, wie sie durch die Magellanstraße gesegelt sind.

Dann die beiden Metropolen am Rio de la Plata, Montevideo und Buenos Aires. In Buenos Aires waren wir vor und nach der Kreuzfahrt und haben viel gesehen, alles organisiert und selbst erkundet. In Buenos Aires denke ich besonders gerne an den abendlichen Spaziergang um die alten Hafenbecken mit der neuen Bebauung.

Nicht so gut waren dort die Unterkünfte. Da muss man beim Buchen schon genau hinschauen. Und bei den Taxifahrern, die schummeln bis klauen gerne. Wir sind eben Gringos oder einfach alt. Schade, drei Ziele hat das Schiff nicht angefahren. Das hat die Reederei kompensiert.

Wer lange Flüge in Kauf nimmt, bekommt auch etwas Besonderes geboten. Und es ist nicht mehr das Ende der Welt, denn von Ushuaia aus starten die Expeditionsschiffe in die Antarktis. Von dort aus kann man mit den Zodiacs die Pinguine auf dem Schelfeis besuchen. Wir haben auf unserer Kreuzfahrt keinen gesehen, also haben wir uns einen aus Holz als Souvenir gekauft. Jetzt steht er auf meinem Schreibtisch und so erinnere ich mich an diese Kreuzfahrt.

## Norwegen - Island - Halifax - Eastern Triangle

Diesmal ging es wieder über den Atlantik, aber auf halber Strecke machte das Schiff in Island halt. Von Kopenhagen kommend legte es in der norwegischen Hauptstadt Oslo und in der westlichsten Küstenstadt Kristiansand an. Schließlich erreichte es Halifax in Kanada und in Boston endete die Kreuzfahrt. Das Schiff war die Serenade of the Seas unserer Lieblingsreederei Royal Carribian Cruise Line aus Miami, USA.

Aber meine Reise war noch nicht zu Ende. Nachdem ich meine Frau Eleonore in Halifax abgesetzt hatte, sie hatte nicht das erforderliche Einreisevisum für die USA, machte ich noch eine Gruppenrundreise im Dreieck New York-Niagara Fälle-Washington D.C., das sogenannte Eastern Triangle.

Was hat uns an dieser Reise gereizt? Hauptsächlich wollte ich Island kennen lernen, aber auch ein bisschen Norwegen und den Westen Kanadas. Und für mich war es, das Naturwunder Niagara und die Hauptstadt der Vereinigten Staaten zu entdecken.

## Nach Kopenhagen, den 25.08.2017

Wie oft sind wir schon nach Kopenhagen gereist, um eine Kreuzfahrt zu machen, doch jedes Mal war es aufregend und manchmal auch anstrengend. Nun, wir waren ohne Zeitdruck, denn wir hatten eine Übernachtung eingeplant und wollten etwas mehr von der Haptstadt Dänemarks sehen. Bleibt noch kurz zu beschreiben, wie die Hinfahrt verlief.

Am Linzer Bahnhof fanden wir einen Parkplatz, was für ein gutes Omen. Der Anschlusszug zum Flughafen hatte etwas Verspätung, deshalb hatten wir schon eine Stunde mehr eingeplant. Einchecken und Sicherheitskontrolle o.k. Im „Kamps" gemütlich und preiswert beim italienischen Kaffee gewartet. Üblicherweise wird bei Ryanair das Gate erst spät aufgerufen, da muss man noch ewig dort hinlaufen. Der Flieger hob pünktlich ab, war aber schon wegen der mitgeschleppten Gepäckstücke der anderen brechend voll. In Kopenhagen wieder laufen, eine halbe Stunde bis man sein Gepäck hatte. 5 € in DKR mit der EC-Karte für die Metro M2, Nordport umsteigen und zwei Stationen mit der S-Bahn zum Hauptbahnhof, alles unübersichtlich und voll, weil Freitagnachmittag.

### Copenhagen City, Danhostel: Gute Anbindung ans Zentrum, sonst einfach

Die 120 Euro für ein kleines Zimmer, in dem man die Betten noch selbst machen muss, sind schon happig. 10 Euro für ein gutes Frühstücksbuffet, wenn da nicht noch viele andere am Buffet essen wollten. Wir sind zu Fuß vom Hauptbahnhof gekommen. Kann man bequemer haben, wenn man weiß, wo der Bus 50C steht und wo man aussteigen muss. Also vorher auf den Plan schauen und dänische Kronen wechseln. Der EC-Automat ist übrigens gleich um die Ecke, genau wie die Bushaltestelle. Abends kann man entweder in die Innenstadt gehen oder ein paar Schritte über die Langebrobrücke, wenn sie nicht geöffnet ist, in den Havne Park. Dort kann man auch ein Gläschen trinken.

### Copenhagen City, Gammeltorv: Des Königs Neuer Markt (Nytorv) und Alter Markt (Gammeltorv)

Die Stöget, die Haupteinkaufsstraße Kopenhagens, trennt die beiden Plätze, aber sie wirken als Ganzes. Den Blick auf Gammeltorv zieht der schöne Caritasbrunnen von 1608 auf sich, gleich daneben die unvermeidliche Pölserbude, rote Würste zum Verzehr auf dem Brunnenrand. Auf der anderen Seite steht der Gerichtstempel von 1805, heute noch Stadtgericht. Auf dem Sockel davor stand das Schafott, das seit 1780 nicht mehr benutzt wurde: "Her stod Ryens Kag i en die Periode indtil 1780" (Inschrift auf dem Sockel). Die zivilrechtliche Todesstrafe ist in Dänemark seit 1933 abgeschafft. Nun gut - gehen wir lieber in eines der netten Cafés, wo man draußen sitzen und den Abend genießen kann. Der König war übrigens Kristian IV.

### Copenhagen City, Cafe Sorgenfri: Auf zur Smørebrød Platte

Nun - was hatten wir auf der Smørebrødplatte: Schweinebraten mit Kruste / Roastbeef mit Meerrettich und Spiegelei. Uh - so was von lecker, dazu dänisches Fassbier (noch leckerer). Das Café ist im Souterrain, sehr urig. Der Kellner, die Ruhe selbst, servierte und kassierte mit geübten Griffen. Skandinavisches Englisch. Der Rückweg zum Hotel führte über die Kristriansburg, immer am Kanal entlang, leider zur Zeit Großbaustelle. Es wird eine Promenade angelegt.

### Kopenhagen, den 26.08.2017

Nennen wir es die Kopenhagener Bussafari zum Kreuzfahrtterminal. Mit dem 50 C für 24 DKR erst zum Hauptbahnhof und dann halb zurück. Besser vom Hotel Richtung Rathaus, nach 330 m rechts in den 24er Bus (Sightseeing-Bus), bis Osterport, umsteigen in den 27er. Dieser fährt bis zum neuen Oceanport, wo das Schiff liegt. Bei der „Safari" nette Amerikaner kennengelernt.

Beim Einchecken gab es keine Probleme wegen der Sonderausstiegs der Ehefrau in Halifax. Darüber hatten wir uns vorher den Kopf gemacht. Bevorzugtes Boarding von wegen - das halbe Schiff hatte Diamond-Mitglieder und mehr, insgesamt 1.600 Amerikaner auf der Rückreise und alles Senioren. Der Begrüßungsabend war lahm, vielleicht, weil der Kreuzfahrtdirektor ein Finne war. Die erste Nacht in der Kabine war laut, das Deck über uns war die Tanzbar. Später haben wir uns daran gewöhnt. Morgen läuft das Schiff die norwegische Hauptstadt an.

### Oslo, den 27.08.2017

Mit der Fähre von Kiel nach Oslo, das ist ein Dauerbrenner im maritimen Tourismus. Warum nicht einmal mit einem richtigen Kreuzfahrtschiff, so wie wir. Durch den langen Oslofjord, immer wieder ein Erlebnis. Vor zig Jahren bin ich mit meinem Freund Peter durch ganz Jütland von Frederikshavn nach Oslo gefahren, das Auto war verladen (im Hebegeschirr). Übernachtet haben wir in einer Innenkabine für 4 Personen. Ich war früh auf und konnte so die schöne Einfahrt nach Oslo genießen.

Bleiben wir bei unserer Kreuzfahrt. Es war das beste Wetter für einen Stadtbummel. Dass wir in einen Festgottesdienst gerieten, konnten wir vorher nicht ahnen. Und dann durch den schönen Festungspark zurück zum Schiff. Oslo hat uns sehr gut gefallen.

***Oslo City, Rathaus (Oslo Radhus): Ein Rathaus mit angeschlossenen Fähr- und Kreuzfahrtterminals***

Schon vom Kreuzfahrtschiff aus hat man einen Überblick über den Hafen, in dessen Mitte das imposante rote Gebäude des Osloer Rathauses steht. Entlang der Akershusstranda mit Großseglern und Minensuchbooten geht es zur Rückseite (Rädhusbrygge mit Garten). Vom Fridjof-Nansen-Platz aus betritt man das Rathaus (Eintritt frei), nicht ohne vorher die schönen, großen und bunten Holzschnitzereien aus der Geschichte Norwegens zu bewundern (auf beiden Flügeln des Gebäudes). Die Rathaushalle ist überwältigend, mit großen Gemälden oder Fresken und einem schönen Blick auf den Hafen. Das muss man gesehen haben! Nun muss man sich entscheiden, weiter zum Königsschloss oder in die Museen mit den Wikingerschiffen, Framm und Kontiki. Wenn man die Museen besuchen will, muss man zurück zum Fährterminal (City Hall, Pier 3) 65 norwegische Kronen mit 2 Stopps. Nächstes Mal machen wir's bestimmt.

***Oslo-City, Oslo Cathedral (Oslo Domkirke): Vom Königsschloss über den Stortinger zur Domkirken***

Vom Rathaus gelangt man über die Stortinger Gate zur Karl Johans Gate: Wendet man sich nach links, liegt rechts das Nationaltheater, gegenüber der Universität und geradeaus das Königliche Schloss. Geht man nach rechts, sieht man rechts das Parlament, geradeaus die Fußgängerzone, dann links die Domkirche, noch weiter die Oper und den Hauptbahnhof. Wir liefen zum Schloss und dort zu den strammen Wachsoldaten. Dann in die Fußgängerzone mit den schönen Gebäuden. Und schließlich landeten wir im Dom, wo ein Festgottesdienst zum Reformationstag stattfand. Er stand unter dem deutschen Motto "Ein feste Burg ist unser Gott". Wir blieben bis zum Schluss, sangen, spendeten und empfingen den Segen. Vielen Dank an den Pfarrer (leider auf Englisch). Ein sehr schöner Spaziergang, den man auch mal machen sollte.

*Oslo City, Festung Akershus: Weitläufige Anlage mit schönen Blick über den Osloer Hafen*

Die Festung ist ein geschichtsträchtiger Ort, neunmal belagert, von den Deutschen besetzt, Grabstätte der Könige, Landesgefängnis, Widerstandsmuseum. Wer wenig Zeit hat, geht einfach durch die Grünanlagen hinauf zu den Salutgeschützen (das Militär passt auf) und wirft über die Festungsmauer einen Blick auf den Hafen. Oder auf die großen Kreuzfahrtschiffe. Eigentlich schade, dass wir so wenig Zeit für Geschichte haben. Das holen wir nach.

### Kristiansand, den 28.08.2017

Wieder hat das Schiff in Stadtnähe angelegt, nur diesmal nicht in einer Großstadt, sondern in einer Kleinstadt im äußersten Westen Norwegens, Kristiansand. Auf zum Stadtrundgang, über den Fischmarkt mit vielen Krabben und Hummern in die Einkaufsstraße, rechts in die Kirche, Kreuzfahrer-Orgelkonzert, vorher die Altstadt besichtigt. Dann runter zur Hafenpromenade, zur alten Festung mit dem schönen Panoramablick und dann zurück zum Schiff.

Wir hatten Glück, kurz danach hat sich das Wetter verschlechtert und es hat geregnet, normales Wetter, wie uns berichtet wurde.

Vor dem Abendessen gemütlich in der Diamond Lounge gehockt, mit den Amerikanern von der Hinfahrt gequatscht. Abends dann die große Broadway-Show, wie immer schön anzusehen.

*Kristiansand, Kilden Performing Arts Centre: Theater mit angeschlossenen Fischmarkt und Kreuzfahrtterminal*

Das Kreuzfahrtschiff spiegelt sich in der Fassade des Theater- und Konzerthauses Kilden. Wunderschöne Spiegelung und Architektur. Drinnen waren wir nicht, trotz des kostenlosen Konzerts. Nächstes Mal. Dafür bestaunten wir auf dem idyllischen Fischmarkt die dort feilgebotenen Krabbeltiere und die hübschen Holzfiguren, die den Fischmarkt schmücken. Dann ging es weiter in die Stadt. Übrigens, der Deko-Elch vor dem Kreuzfahrtschiff war nur Fotomodell, kein Hinweis auf Elche in der Umgebung.

Dritter Band

### *Kristiansand, Domkirke: Gleich hinter der Kirche liegt die Altstadt Posebyen*

Hinter dem Fischmarkt liegt schon die hübsche Innenstadt, ein Straßengeviert von 7 x 10, mittendrin der Marktplatz und die Domkirche. Abgesehen von Scheußlichkeiten wie McDonalds auf dem Giebel der Kirche ist alles sehr aufgeräumt, fast niedlich. Niedlich sind auch die Altstadthäuser in Posebyen, weiß und blau die Türen. In der neugotischen Domkirche gab es extra für die Kreuzfahrer ein Orgelkonzert. Danach führte uns unser Weg zur Festung Christiansholm.

### *Kristiansand, Christiansholm Festning: Eine Sehenswürdigkeit, die man abbummeln kann*

Von Down Town über den Festungsgarten gelangt man direkt zur Standpromenade mit der Festung Christians Holm, einem Rundbau aus dem 17. Jahrhundert, ein paar Kanonen auf der Mauer, das war's. Immerhin gibt es einen schönen Rundblick auf den (Yacht-)Hafen. Wir schlendern Richtung Kreuzfahrtschiff, vorbei an den Skulpturen und Blumenbeeten der Hafenpromenade. Sehr entspannend.

### In der Nordsee Richtung Island, den 29.08.2017

Jetzt geht es richtig los, Kurs West nach Island. Zwei Tage braucht das Schiff bis dorthin. Das Wetter in der Nordsee ist besser als erwartet. So bleibt Zeit, das bisher Erlebte aufzuschreiben. Dazu sitze ich gemütlich bei einem Kaffee im Windjammer Café. Zuvor haben wir uns einen Vortrag über Island und Reykjavik angehört. Wir sind schon sehr gespannt auf die große Reise.

Aus den nebenstehenden „Fun Facts" erfahren wir, dass „Sister Act" Whoopi Goldberg Taufpatin des Schiffes war. Und dass das Schiff in Deutschland bei der Meyer Werft gebaut wurde und für 2.100 Passagiere ausgelegt ist.

### *Seranade of the Seas - FUN FACTS*

Registry:            Nassau-Bahamas

Built at:            Meyerwerft Yard, Papenburg, Germany

Maiden Voyage:       August 25, 2003

Godmother:           Whoopi Goldberg

| | |
|---|---|
| Size: | 90.090 Gross Tonnage, 965 feet long,106 feet beam, 28 feel draft |
| Speed/Engine: | 25 knots cruising speed using 2 smokeness gasturbines ( 25 MW each) and 1 steam turbine (9,8 MW) |
| Avaliable also: | Wartsila Diesel Engine 16 V (11,6 MW) |
| | 2 Azipods 2x20 MW for propulsion, 1 pair stabilizers 3 bow thrusters (3x 2,4 MW)' |
| Features: | 3 acres of glas. 12 guest decks, 9 elevators |
| Capacity: | 2,100 guests (double occupancy), 2,501maximum guests (total), 87O crew (international) |

## In der Nordsee Richtung Island, den 30.08.2017

Der zweite Tag auf See, wir näherten uns Island. Und machten Bekanntschaften. Denn neben den vielen Amerikanern waren auch Deutsche an Bord, zwei nette Ehepaare aus Unterfranken. Sie sind Vielfahrer, fahren 2-3-mal im Jahr „auf See", haben Diamond plus Status und sind auch noch jünger als wir. Wie machen die das? Weiß ich heute noch nicht.

Nachdem wir schon einiges über das Top-Personal auf dem Schiff wissen, füge ich noch ein paar interessante Dinge „drumherum" hinzu. Zum Beispiel wird die GTV Serenade of the Seas von Gasturbinen angetrieben, würde sie von Dieselmotoren angetrieben, stünde MS vor dem Schiffsnamen.

### *What does GTV stand for?*

*GTV steht für Gas Turbine Vessel (Gasturbinenschiff). An Bord der Serenade of the Seas haben wir zwei Gasturbinen, die von General Electric geliefert wurden. Sie werden LM 2500+ genannt. Jede von ihnen kann 25 MW erzeugen, was 34.000 PS entspricht. Bei den Turbinen handelt es sich um die gleichen Maschinen wie in einem DC10-Flugzeug, nur dass sie an Bord der Serenade of the Seas mit einem Generator verbunden sind, der Strom für das Hotel und die elektrischen Antriebsmotoren erzeugt. In einem Flugzeug wären die Gasturbinen mit einem Verdichter verbunden. Zusätzlich zu den Gasturbinen haben wir eine*

*Dampfturbine mit einer Leistung von 9,8 MW. Sie wird mit Dampf betrieben, der aus der Abwärme der Gasturbinen erzeugt wird. Nachrüstungsinstallation im Jahr 2008. ein Wartsila-Dieselmotor 16V385B (11,6 MW). Insgesamt haben wir etwa 100.000 Pferdestärken an Bord.*

*Übersetzt mit DeepL.com (kostenlose Version)*

**Reykjavik, den 31.08.2017**

Wer mit dem Kreuzfahrtschiff in Reykjavik ankommt, bucht wahrscheinlich die Golden Circle Route. Damit kommt man voll organisiert ziemlich viel von Island mit. Das hat aber seinen Preis, bei uns waren es 164 $ pro Person. Für Tripadvisor habe ich folgendes gepostet:

***Island, Golden Circle Route: Allmänner-Schlucht, Vulkankrater, Wasserfälle und Geysir - genug, ab ins Thermalbad***

Man nehme sich 10 bis 12 Stunden Zeit, erwarte Hektik und Entspannung, dann reise man auf der Golden Circle Route. Wir haben das gemacht, mit dem Bus, von Reykjavik aus, wahrscheinlich überteuert vom Kreuzfahrtschiff aus gebucht. Es gibt lokale Anbieter oder das Mietauto. Aber dann muss man alles selbst "erfahren". Auch kein Kunststück. Also - erst zum Vulkan Kerið, hineinschauen und einmal rund, ein schönes Naturerlebnis. Dann bei Sauwetter zum Geysir, dichter Nebel, ab und zu eine Fontäne heißen Wassers, jeder (und es waren viele) wollte das beste (höchste) Foto machen. Weiter zum Gullfoss Wasserfall, gigantisch und lohnend, ob sich die Lammsuppe (Kjötsuppa) im Café auch lohnt, sei dahingestellt. Nach der Suppe erst einmal Entspannung im Thermalbad Laugarvatn Fontana (Hot Spring Sauna). Toll - man kann im 36 - 41 Grad warmen Wasser planschen und dann ab in die Sauna oder in den kalten See. Alles mit geothermischer Wärme. Körperlich wieder fit für die letzte Station, die Allmännerschlucht. Sie ist ein Grabenbruch zwischen zwei Kontinentalplatten, uralt und der Versammlungsort, an dem die Isländer vor über 1000 Jahren beschlossen, zum Christentum überzutreten. Zurück nach Reykjavik, überall Dampf aus der Erde, Heißwasserleitungen und abgespannte Strommasten (wohl wegen der Erdbebengefahr). Trotz der vielen Menschen ist die Rundfahrt wohl ein Muss.

Es war ein beeindruckender Ausflug. Die Lammsuppe hat nicht lange gehalten und so sind wir ziemlich hungrig zum Schiff zurückgekehrt. Die Reiseleiterin ist mir in Erinnerung geblieben, jung und hübsch, am Anfang ihrer Karriere. Am nächsten Tag bleiben wir noch in Reykjavik.

**Reykjavik, den 01.09.2017**

Das Schiff bleibt noch einen halben Tag in Reykjavik, Zeit genug, um die Stadt zu besichtigen. Das geht am besten mit dem Hop On-Hop-Off Bus. Wie es uns damit ergangen ist, habe ich gepostet. Fast pünktlich ging es los, einmal um Island herum nach Akureyri im Norden.

*Island, Reykjavik: Mit dem Hop-On-Hop-Off Bus zur Kirche und einmal Rundherum*

Kreuzfahrer müssen ein wenig aufpassen, denn der Hop On Hop Off Bus hält nicht vor dem Schiff, sondern am Pier. Er kostet 35 € (4.000 ISK) und man kann 24 Stunden mit ihm fahren. Wir hatten leider nur ein paar Stunden Zeit. Also vorbei am Höföi-Haus, wo sich Reagan und Gorbatschow trafen, an der neuen und gelungenen Konzerthalle, durch das alte Hafenviertel, schließlich sind wir an der Kirche ausgestiegen, einmal reingegangen und haben die Größe des Innenraumes und die Kleist-Orgel bewundert. Die Kirche ist eigentlich viel zu groß. Davor steht Erik der Rote (war in Amerika). Wieder auf den Bus und weiter zum Warmwasserspeicher mit 360 Grad Rundumblick in der Glaskuppel. JNun aber zum Schiff, der Letzte kam eine halbe Stunde zu spät. Glück gehabt, die Schalentiere waren noch nicht geladen.

**Akureyri, den 02.09.2017**

Die heutige Exkursion stand unter dem Motto „Natur-Folk-Flora". Wir besuchten wieder einen schönen Wasserfall, der übersetzt „Gott des Wassers" heißt. Die Berge ringsum hatten schon Schnee, denn Akureyri liegt am Polarkreis. Was wir dort erlebt haben, habe ich in drei kleinen Artikeln zusammengefasst.

*Akureyri: So lebten die Isländer noch vor gar nicht so langer Zeit*

Auf unserer Bustour besuchten wir Laufás, ein Museumsdorf. Es gibt torfgedeckte Reihenhäuser, eine kleine hübsche Kirche mit bemerkenswerter Ausstattung, ein etwas älteres Holzhaus mit Café und netten Bewohnerinnen, die das Café betreiben, und etwas abseits ein neues Haus, in dem jetzt der Pfarrer wohnt. Das wissen wir von einer Besuchsdame (in Tracht), die die alten Zeiten noch miterlebt hat. Bis 1938 waren die Häuschen bewohnt, jetzt Museum. Man hat uns versichert, dass das schon das gehobene Wohnen in dieser Gegend war. Rundherum schöne Landwirtschaft. Sehenswert, und nun den Damen Kaffee und Kuchen abkaufen. Die haben sich so viel Mühe gegeben.

### *Akureyri: Godafoss - Gleich an der Straße und wundervoll*

Die nächste Station unserer Bustour war der Godafoss Wasserfall. Man kommt direkt von der Straße zu den Wasserfällen. Keine Absperrung, man kommt überall hin. Ein Naturschauspiel. Leider wollen diese auch viele andere Menschen sehen. Unsere Reiseleiterin, die übrigens wie unsere Tochter Solveig heißt, ließ uns genügend Zeit, so dass wir den Wasserfall von beiden Seiten betrachten konnten.

### *Akureyri: Arctic Botanical Gardens (Lystigardurinn) - Der Golfstrom macht´s möglich*

Wenn man bedenkt, dass Akureyri unweit des Polarkreises liegt, ist es erstaunlich, was hier alles blüht. Vom Kreuzfahrtschiff aus ist es nur ein halbstündiger Fußmarsch bis zum Park, der etwas versteckt liegt. Auch bei Regen lohnt sich der Weg. Die Lämpchen brennen und ein kleines Café gibt es auch.

Bis zur Abfahrt des Schiffes hatten wir noch Zeit, so dass sich der Besuch der schönen Kirche im Ort gelohnt hat. Übrigens kann man den Ausflug auch mit einem örtlichen Anbieter für nur 70 € machen.


### **Auf See nach Kanada, den 03.09.2017**

Ich weiß nicht, was der Kapitän verkündet. Wahrscheinlich, dass wir den Polarkreis überquert haben und es etwas zu feiern gibt. Jedenfalls bekommt jeder Passagier eine Urkunde.

### *Realm of the Arctic Circle*

*Know all ist by These, Presents: and to all walrus, huskies, foxes, polar bears, whales, martens, caribou and othter living denisens oft he frosen nothern water, known of that on September 3rd...*

Dritter Band

Hans Joachim Werner Rokohl

*Erfolgreiche Durchquerung des Polarkreises an Bord der Serenade of the Seas auf ihrer Transatlantikfahrt von Kopenhagen, Dänemark, nach Bonston, U.S.A.*

*Der Kapitän*

## Auf See nach Kanada, den 04.09.2017

Dass es auf dem Atlantik über dem Polarkreis auch mal ungemütlich werden kann, zeigt der Blick aus unserem Kabinenfenster. Gott sei Dank hat das Schiff Stabilisatoren und hat sie auch benutzt. Aber ein bisschen geschaukelt hat es trotzdem, und überall hangen Tüten herum.

## Auf See nach Kanada, den 05.09.2017

Auf allen Schiffen der Royal Caribbian Cruise Line formen die Stewards beim abendlichen Bettenmachen Figuren aus Handtüchern. Diesmal sollte es ein Eisbär sein. Das passte. Das Wetter hatte sich etwas beruhigt, aber in den Pool traute sich keiner. Nur eine Kunstfigur tat es. Unser Steward steckte uns einen kleinen Zettel zu, auf dem die Passagiere über das Leben der Eisbären rund um den Polarkreis informiert wurden. Eine nette Idee und ein Lückenfüller.

### Day 11: Tuesday September 5 - At Sea

*Eisbären gibt es nur in der Arktis und sie sind die größten Landraubtiere der Erde. Der größte jemals aufgezeichnete Eisbär war ein Männchen mit einem Gewicht von 1.004 kg und einer Länge von vier Metern; Eisbären haben eigentlich schwarze Haut. Das Fell des Eisbären besteht aus klaren, farblosen Haaren. Die Haare streuen das Licht und lassen es weiß (oder manchmal gelb, je nach Sonnenstand) erscheinen. Das Wort „Arktis" leitet sich vom griechischen Wort arktikos ab, das „in der Nähe des Bären" bedeutet und sich auf das Sternbild Ursa Major oder den Großen Wagen bezieht. Die beiden Sterne am Ende des Großen Wagens zeigen auf den Polarstern. Die Arktis ist die Polarregion nördlich des Polarkreises oder nördlich des Breitengrades 66° 33' 44" (oder 66562?) nördlich des Äquators. Während der Juni-Sonnenwende gibt es in der Arktis 24 Stunden Sonnenlicht, und zur Dezember-Sonnenwende geht die Sonne nie auf. Die acht Länder Finnland, Schweden, Norwegen, Island, Grönland (unter der dänischen Monarchie), Kanada, die Vereinigten Staaten (Alaska) und Russland bilden die Arktis. Die Temperaturen liegen im Winter bei durchschnittlich - 40 °C und im Sommer unter 10 °C. Die arktische Region ist das nördlichste Gebiet der Welt und umfasst etwa 14,5 Millionen Quadratkilometer und wird auf drei Arten beschrieben. Eine Definition der Arktis ist jedes Land nördlich des Polarkreises, der auf 66° 33' 44„ (oder 66,5622") liegt. Serenade of the Seas Transatlantik Kopenhagen - Boston - 26. August bis 10. September. 2017*

*Übersetzt mit DeepL.com (kostenlose Version)*

**Auf See nach Kanada, den 06.09.2017**

Das Schiff lief heute St. John's wegen eines Notfalls an. Das konnte mit dem Tenderboot erledigt werden, die Küstenwache war nicht nötig. Und es ist schön, endlich mal wieder Land zu sehen.

Unser Steward hat uns diesmal einen Pinguin geschenkt und „The friendiest ship oft he seas" hat uns per Handzettel über Grönland informiert

***Day 12: Wednesday September 6- At Sea***

*„Wenn man die Welt gesehen hat, gibt es immer noch Grönland", sagt ein altes Reisesprichwort. Die größte nicht-kontinentale Insel der Welt hat die dünnste Besiedlung der Welt. Trotzdem gibt es vor allem entlang der grönländischen Westküste Dutzende fotogene kleine Dörfer mit bunt bemalten Holzhäusern sowie einige Kleinstädte und die Hauptstadt Nuuk Town (Godthab). Im Süden gibt es eine reizvolle Ansammlung von Schafsfarmen mit Smaragdgras. Kulturell hat die einzigartige Mischung aus Inuit und dänischem Blut eine ganz eigene grönländische Gesellschaft hervorgebracht. Diese manchmal unharmonische Mischung aus Tradition und Moderne verbindet Jagd und Hundeschlittenfahrten mit Carlsberg und Kaffeespezialitäten. Sensible Besucher mit einem leidenschaftlichen, aber nicht aggressiven Interesse an den lokalen Ideen werden hinter der dicken Fassade der grönländischen Schweigsamkeit eine faszinierend reiche Kultur entdecken. Dank eines immer besser werdenden Netzes von Fremdenverkehrsbüros, Hotels und Herbergen ist Grönland nicht mehr nur plutokratischen Kreuzfahrtpassagieren vorbehalten. Wie auch immer Sie reisen, es ist ratsam, eine große Sicherheitsmarge für unvorhersehbares Wetter einzuplanen. Lassen Sie an jedem Reiseziel genügend Zeit, um sich zu entspannen, die Mitternachtssonne zu genießen, das Kalben eines Gletschers zu*

*beobachten oder sich von der Magie der Polarlichter blenden zu lassen. Serenade of the Seas Transatlantik von Kopenhagen nach Boston - 26. August bis 10. September 2017*

*Übersetzt mit DeepL.com (kostenlose Version)*

## Auf See nach Kanada, den 07.09.2017

Das Schiff ist auf Kurs Nova Scotia. Dessen Vorzüge konnten wir dem Informationsblatte entnehmen.

### Day 13: Thursday September 7 - At Sea

*Nova Scotia, umgeben von verschiedenen Gewässern, hat eine abwechslungsreiche Landschaft und eine vielfältige Bevölkerung, die gerne singt und tanzt. Das Klima in dieser Provinz ist maritim, mit milderen Temperaturen im Vergleich zum kontinentalen Klima, obwohl es dennoch zu Hitzewellen kommen kann. Das Klima ähnelt dem an der Ostseeküste in Nordeuropa, ist jedoch feuchter und schneereicher, obwohl Nova Scotia südlich liegt. Die Sommer sind wärmer in den nicht an der Küste gelegenen Gebieten, während die Winter etwas kälter sind. In Halifax gibt es verschiedene Veranstaltungen, darunter ein formelles Abendessen mit einem speziellen Dessert namens "Backed Alaska", das gefeiert wird. Außerdem gibt es die Möglichkeit, einen Cocktail zu genießen.*

*Übersetzt mit DeepL.com (kostenlose Version, verkürzt)*

## Halifax, Nova Scotia, Kanada, den 08.09.2017

Nun hatten wir wieder festen Boden unter den Füßen, in Halifax, Nova Scotia. Für die Ehefrau war hier die Reise zu Ende, sie hatte kein Visum für die U.S.A. Trotzdem hatten wir noch etwas Zeit und so ging es gleich vom Schiff zur Waterfront. An der Information hatten wir uns einen Stadtplan besorgt. Die Damen dort wiesen uns darauf hin, dass der Fahrer für den Flughafenbus abgezähltes Geld nimmt, aber das kannten wir ja schon von unserem Besuch in Vancouver. Die Haltestelle des Busses ist ungefähr bei der Zitadelle. Also dort mit den Koffern hoch, Baustelle, runter und wieder hoch. Endlich pünktlich am Bus. Meine Frau mit Küsschen verabschiedet, hatte ich viel Zeit mir Halifax anzuschauen. Mit dem, was uns RCCL in die Hand gedrückt hatte, war ich ja schon vertraut.

### Day 14: Friday September 8 - Halifax, Nova Scotia

*Die Stadt Halifax in Nova Scotia bietet ihren Einwohnern und Besuchern eine hohe Lebensqualität und vielfältige kulturelle Aktivitäten. Die saubere Luft und die schön angelegten Parks tragen zur Attraktivität der Stadt bei. Kunst, Theater und Kulinarik florieren in der Stadt und die Pub-Szene mit ihrer Craft-Brew-Kultur und Live-Bands ist lebendig. Halifax ist eine Stadt für alle Altersgruppen und lädt dazu ein, entlang der historischen Uferpromenade zu spazieren, Museen zu besuchen und Live-Musik zu erleben. Die Bewohner von Halifax teilen gerne ihre kleine Stadt mit Besuchern aus aller Welt. Die Stadt ist Gastgeber verschiedener Festivals das ganze Jahr über, darunter das Atlantic Film Festival, das Royal Nova Scotia International Tattoo, das Halifax International Busker Festival und das Halifax Pride Festival. Viele dieser Festivals haben in den letzten Jahren internationale Anerkennung erhalten. Die Stadt ist auch bekannt für ihre große Canada Day Feier, den Natal Day und die Halifax Pop Explosion.*

Da war die Zitadelle, der Botanische Garten und die Down Town mit einer entzückenden Brauerei. Darüber habe ich weiter unten etwas geschrieben. Die Entspannung verschwand beim an Bord gehen. Und das kam so. Ich war ausgebootet worden, ein Fehler der Reederei, mich gab's also an Bord nicht mehr. Es dauerte Stunden bis ich einen neuen Seepass hatte. So, jetzt hatte ich noch zwei Tage bis zum Ausstieg in Boston.

### Waterfront Boardwalk: Nehmen Sie sich etwas Zeit, wenn Sie zum Flughafen wollen

Meine Frau musste in Halifax von Bord. Aber es war noch genug Zeit, um den Flughafen zu erreichen. Wir verbanden das mit einem Spaziergang an der Waterfront, um schließlich den Bus 320 in der Albemable Street zu bekommen. Dazu später mehr. Also - vom Tal Ships Quay geht es vorbei am Cunard Memorial und am Immigrant Memorial. Dann kommen Kioske und Restaurants, Spielplätze, Yachten und die Korvette Sackville, immer mit einem herrlichen Blick auf den Hafen. Spätestens am Fährterminal muss man in die Stadt hoch, Richtung Zitadelle auf der Brunswick Street. Vorsicht, überall wird gebaut, man kommt nicht durch jede Straße, dann die Duke Street wieder runter und die nächste Straße links, da ist die Haltestelle. Eigentlich nicht zu verfehlen, sollte man meinen. Der Bus fährt stündlich und wer kanadische Münzen hat und sie selbst einwirft, kann mitfahren. Für 2,75 Can $ gibt es eine einstündige Fahrt durch die schöne Landschaft Nova Scotias. Gibt es einen schöneren Spaziergang zum Bus?

*Zitadellenhügel: Um die Zitadelle kommt man nicht herum, sondern hoch*

Von hier oben hat man einen tollen Rundumblick, schließlich wollten die Kanoniere damals ihr Schussfeld haben. Auch im Innern gibt es viel zu sehen, Kanonen zum Anschauen und Soldaten (Darsteller) in historischen schottischen Uniformen. In den Kasematten und im Chevalier (Haupthaus) gibt es einige Ausstellungen über Geschichte und Krieg. Mittags lauert alles auf den Kanonenschuss. Es bummst ganz schön, nur die 12-Uhr-Haubitze auf Edinburgh Castle ist lauter. Am besten ist ein Spaziergang auf der Festungsmauer. Wer fotografieren will, kommt nicht zu kurz.

*Halifax Public Gardens: Der Öffentliche Garten ist ein Muss und die Brauerei des Herrn A. Keith auch*

Wenn man das Militärische, also die Zitadelle und die Männer mit den knielangen Röcken, hinter sich gelassen hat, kommt man gleich nebenan zu den Halifax Public Gardens. Ruhig, schön, entspannend, hier könnte man stundenlang verweilen. Aber der Durst treibt einen zur Alexander Kieth's Nova Scotia Brewery. Also die Spring Garden Road (Einkaufsmeile) hinunter, ein bisschen um die Ecke und schon steht man vor dem Backsteingebäude. Restaurant offen und voll, Pub voll und laut. Trotzdem ein Pint vom lokalen Bier probiert (7 Can $). Es war lecker und für zweieinhalb Kölsch bezahle ich das gleiche (aber auch lecker). So gestärkt ging es dann zum Schiff.

**Auf See in Richtung Vereinigte Staaten, den 09.09.2017**

Noch ein Tag auf See, dann war die 15-tägige Kreuzfahrt zu Ende. Schön, dass wir zwei nette Paare kennengelernt hatten, zu denen ich mich jetzt gesellen durfte. Außerdem hatte uns Royal Caribbean gesagt, „what the best of Boston, Massachusetts is".

*Historic ity with an modern edge*

*Boston ist eine Stadt mit reichem kolonialem Erbe und lebendigem Straßenleben. Obwohl es die Hauptstadt von Massachusetts ist, hat es den Charme einer Kleinstadt bewahrt, mit begrünten Straßen, niedrigen*

*Stadtvierteln und malerischen Plätzen. Die Museen und Institutionen zeichnen sich durch ihre beeindruckende Architektur aus, während das Hafenviertel die maritime Geschichte der Stadt feiert. Touristen können die frühen historischen Stätten der Stadt erkunden, darunter Beacon Hill und die Old North Church, wo Paul Revere das berühmte Signal für seine nächtliche Fahrt erhielt. Mit der Duck Tour können Besucher die Stadt zu Lande und zu Wasser entdecken und von Kreuzfahrten auf dem Charles River aus malerische Aussichten genießen. Eine dunklere Seite von Boston kann bei einer Friedhofstour erlebt werden. Geschichtsinteressierte sollten unbedingt die Städte Lexington und Concord besuchen, in denen die ersten Kämpfe zwischen amerikanischen Revolutionären und britischen Truppen stattfanden. Salem, eine Küstenstadt, bietet einen spannenden Einblick in das Kapitel der berüchtigten Hexenprozesse.*

*Übersetzt mit DeepL.com (kostenlose Version, verkürzt)*


**Boston, Masachussets nach NYC, den 10.09.2017**

Ich hatte es eilig, von Bord zu gehen, denn mein Zug nach New York fuhr früh ab. Von dort aus hatte ich eine Busreise gebucht, die sich Eastern Triangle nennt. Das ist eine Dreiecksfahrt von NYC zu den Niagarafällen, von dort nach Washington und über Philadelphia zurück nach NYC.

Nun, das Anlegen ließ auf sich warten, irgendwas klappte nicht mit dem Ausladen der Koffer. Kaum war die Gangway rübergeschoben, bin ich in Windeseile von Bord, durch Zoll und Immigration, rein ins Taxi und ab zum Bahnhof. Den Zug habe ich gerade noch erwischt. Im folgenden Abschnitt beschreibe ich die Zugfahrt nach NYC.

### NYC, Pennsylvania Station: Von Boston South Station über die New York Penn-Station ins Midtown Manhattan Hotel

An der Pennsylvania Station kommt man im wahrsten Sinne des Wortes nicht vorbei, wenn man mit dem Zug von Boston kommend sein Hotel in der Lexington Av. erreichen will. Aber der Reihe nach: Man kauft sich vorher bei AMTRAK ein Saver Ticket für 41 € und lässt sich vom Taxifahrer zur Boston South Station fahren (11 $ mit Tipp vom Kreuzfahrthafen). Bitte nicht von der Zielangabe „Newport" täuschen lassen, gemeint ist Newport in Virginia (VA), nicht Newport auf Rode Island (RI). Im Zug gibt es ein Bistro (Frühstücks-Combo für $10). Nach genau 4:13 Stunden ist man in der Penn Station angekommen, bequem und immer mit Blick auf den Long Island Sund und schließlich auf die Skyline von NYC. Auf der Hauptebene der Station (dort, wo sich der zentrale Aufenthalt von AMTRAK befindet) gibt es eine Information mit hilfsbereiten Menschen. Die fragt man (soweit das Englisch reicht), wie man zur Lex Av. 47th Street kommt. Dort bekommt man einen großen U-Bahn-Plan, auf dem eingezeichnet ist, wo man aussteigen muss. Ich musste die Linie E nehmen. Wer des Lesens mächtig ist, findet dann auch den entsprechenden Einstieg. Vorher einen Single Ride (Einzelfahrschein) aus dem Automaten ziehen (3 x 1$ Scheine) und schon kann man durch das Drehkreuz. Den richtigen Zug nehmen und schon ist man als Tiefkühlpackung am Ziel. Das geht doch! Oder?

### NYC, The Lexington New York City, Autograph Collection: Ein gutes Hotel mittendrin, richtig für kleinen Rundgang

Das Hotel ist gut zu erreichen, u.a. mit der Subway Linie E. Und von dort mit derselben zur Jamaica Station, weiter mit dem Air Train und schon ist man am JFK Airport. Das Zimmer war klein, aber nett eingerichtet. Mit Blick auf die Ave. Nur der Ventilator der Klimaanlage war so laut, dass man ihn ausschalten musste. Super Personal. Nur die Zimmerpreise sind unangemessen, das ist wohl in Midtown Manhattan so. Empfehlenswert ist ein kleiner Spaziergang am frühen Abend Richtung Central Park. Man kommt an Bloomingdale's vorbei, macht einen kleinen Abstecher in das selbe. Geht die 6th Ave wieder nach Süden bis zum Rockefeller Center (neu sind die Paparazzi-Bronzefiguren). Habe mir beim angesagten Japaner eine Bento-Box und ein Sapporo-Bier gegönnt. Hat $40 gekostet. Zurück über Bryants Park und Grand Central. Wie man sieht, ist das Hotel zentral gelegen.

Ich war müde von den Ereignissen des Tages und bin früh ins Bett gegangen, konnte aber nicht so schnell einschlafen und dachte über unsere Kreuzfahrt nach.

### Wie hat uns die gefallen?

Die Destinationen in Skandinavien haben uns sehr gut gefallen, das gute Wetter und auch die gefällige Kirchenmusik haben dazu beigetragen. In Island haben wir viel Neues entdeckt. Schön, einmal dort gewesen zu sein. Ob man über den Polarkreis in den Atlantik fahren muss, sei dahingestellt. Wieder in Amerika anzukommen und noch eine Reise dranzuhängen - das wollte ich so.

**Zu den Niragara-Fällen, den 11.09.2017**

Heute ging es früh los. Auschecken, den Treffpunkt im anderen Hotel und den Reiseleiter suchen und auch den Bus. Zuerst fand ich den Busfahrer, einen netten Schwarzen voll New Yorker. Er sagte mir, ich solle einen älteren Mann mit lila Haaren suchen. Dieser sprach mehrere Sprachen, aber nicht alle gut. Ich erwischte ihn dabei, wie er mehrere Koffer zum Bus schleppte. Ich spreche ihn auf Englisch an und er antwortet in Babydeutsch. Von deutschsprachiger Reiseleitung keine Spur, was ich später bemängelte.

Nun war der Bus voll, die eine Hälfte Spanier, die andere Hälfte Italiener, ein deutsches Ehepaar auf Goldhochzeitsreise ohne jegliche Fremdsprachenkenntnisse, und ich. So hatte ich das Vergnügen, die Erklärungen des Reiseleiters gleich dreimal zu verstehen. So lernt man Sprachen, wenn auch unter Umständen.

Abends waren wir an den Niagarafällen auf der amerikanischen Seite. Hotelzimmer bezogen und ab zum Abendessen in den Skylon Tower auf der kanadischen Seite. Wir sind also mit leerem Magen aus den U.S.A. raus und mit vollem wieder rein. Der Aussichtsturm ist 300 m hoch und hat ein drehbares Restaurant, von dem aus man einen tollen Blick auf die beleuchteten Wasserfälle hat. Hier der Bericht. Den folgenden Kommentar habe ich dem Internet entnommen: *The Revolving Dining is an extraordinary experience. The restaurant silently rotates 360 degrees every hour, giving diners a constantly changing vantage point. It is estimated that more than 125 km are visible from the dining room. It is really the most breathtaking view in all of Niagara Falls.*

**Niagarafälle, Kanada, Skylon Tower: Zum Dinner auf den Skytower**

Um es vorweg zu nehmen, das Abendessen war Massenabfertigung. Obwohl das Buffet gut und reichhaltig war. Will man außer Kaffee und/oder Wasser etwas Anderes, bekommt man nichts Adäquates (10 Can$ für einen schlechten Weißwein). Sollte man sich sparen. Nun zum guten Teil. Der Blick auf die beleuchteten Fälle war fantastisch, die wechselnden Farben, alles ein bisschen wie Las Vegas. Sehr lohnend. Wenn man von der amerikanischen Seite kommt, muss man durch die Immigration, also raus aus dem Bus, anstellen, Pass vorzeigen, wenn der in Ordnung ist, wieder rein. Von Kanada aus genauso...

**Toronto, den 12.09.2017**

Dritter Band

Heute sind wir mit dem Bus nach Toronto gefahren. Da es noch früh war und alle in die Stadt wollten, waren die Straßen voll und der Bus brauchten gute zwei Stunden. Toronto ist eine vertikale Stadt, Wolkenkratzer wohin man schaut. und darüber noch der CN-Tower, unsere erste Station. Dann wurden wir durch die Stadt kutschiert, machten Pause auf einem großen Platz mit der Aufschrift „Toronto" und fuhren gegen Nachmittag zurück. Eine Bootsfahrt unterhalb der Fälle stand auf dem Programm. Alles weiter unten beschrieben. Den Abschluss bildete ein Rundgang durch den Niagara Falls State Park auf der amerikanischen Seite am Abend.

### CN Tower: Überragt alle Wolkenkratzer Torontos, und davon gibt es viele

Für den Überblick ist der Turm auf jeden Fall wichtig. Da hat man die Stadt und den Lake Ontario unter sich. Dazu trägt auch der Glasboden bei. Hier trifft man (zufällig) auf (schwindelfreie) Cottbuser. Mit dem Fahrstuhl geht rasant nach oben und man kann sich auch abseilen, was bei 400 m Höhe schon eine Herausforderung ist. Unten angekommen kann man einen Kaffee schlürfen und/oder ein Souvenir kaufen. Ich habe Honigkekse für meine Lieben mitgenommen. Noch ein paar Fotos von den Pop-Tieren und dann raus. Jetzt weiß ich auch, was CN bedeutet: Canadian National (Eisenbahn). Wie ich darauf gekommen bin? Nicht weit vom Turm gibt es Lokschuppen, eine Drehscheibe und ausrangierte (mächtige) Lokomotiven und Züge. Was für schöne Motive!

### New City Hall: Der Schriftzug "TORONTO" macht's, doch das ist nicht alles

Das Neue Rathaus hat außer seiner runden, hohen Architektur nicht viel zu bieten. Besser ist das Alte Rathaus rechts daneben, ein schönes, stattliches, altes Gebäude. Das Beste ist der große Platz zwischen den beiden, mit dem riesigen Schriftzug TORONTO in der Mitte. Auf dem Platz war was los. Eine Arbeitsloseninitiative hielt eine Rede, mit Trommlern davor. Ein historisches Feuerwehrauto war als Attraktion da. Und - was ich nicht wusste - unter dem Platz liegt The PATH City Hall, eine unterirdische Einkaufsmeile (ca. 30 km lang). So kann man auch im kanadischen Winter ohne Pulswärmer shoppen gehen. Oberirdisch gibt es zum Mittagessen einen leckeren Hot Dog mit allem Drum und Dran (verschiedene Zutaten, Chips und Pepsi), alles für 'ne kleine Mark (pardon Can$). Man sollte sich auch mal umsehen. Über den Platz zwischen neuem und altem Rathaus, wo die Flaggen der kanadischen Provinzen wehen, kommt man zur Trinity Church. Dort findet mittags die Armenspeisung statt. Ich spende und bekomme eine Glasmurmel als Andenken. Ja - so klaffen blendender Wohlstand und Armut auseinander. Und das in einer wohlhabenden Metropole.

### Hockey Hall of Fame: Die Eishockey Ruhmeshalle und die Allen Lambert Galleria gleich daneben

Um es kurz zu machen, ich war nicht in der Hall of Fame, nur draußen. Aber auch draußen gibt es viel Eishockey zu sehen. Schöne Fotomotive. Gleich nebenan in der Passage die Allen Lambert Galleria, sehr beeindruckend. Wenn man rausgeht, sieht man Penner auf dem Bürgersteig liegen, weniger beeindruckend.

### Niagara Falls: Von den roten und den blauen Regenumhängen

Eine Bootsfahrt bis zu den Wasserfällen, das muss man erlebt haben. Unter den roten Umhängen werden die von der kanadischen Seite nass (Firma Hornblower), unter den blauen Umhängen die von der amerikanischen Seite (Firma Maid of Mist). Und dann gibt es noch welche, die mit gelben Umhängen die Treppe zum Fluss hinunterklettern (U.S.-Seite). Nachdem das Farbenspiel erklärt ist, nun zum Erlebnis. Die Boote fahren im Kreis an den Wasserfällen entlang, bis alle nass sind. Es bildet sich immer ein Regenbogen über den Fällen, wunderschön. Und es rauscht. Man teilt dieses Vergnügen mit etwa 250 Menschen. Platz ist genug, nicht nur auf dem Oberdeck. Runter vom Boot und schon kommt die nächste Welle. So ist das, wenn alle die Niagarafälle sehen wollen. Oben am Bootsanleger angekommen spielt und singt ein Pärchen Country. Ich spendierte meine letzten 2 Can$, denn ich verstehe etwas davon. Dafür gab es auch eine Ansage für den Mann aus Germany.

### U.S.A. Niagara, Falls State Park: Auf alle Fälle ruhiger, besonders am Abend

Abends in der Dämmerung ist es im Park und an den Wasserfällen besonders schön. Vom Marriott Hotel sind es etwa fünf Minuten und man steht am Eingang des State Parks. Immer dem Sonnenuntergang entgegen und schon ist man an den Fällen. Drüben auf der kanadischen Seite fahren die letzten Boote ab. Vor der Sonne die Skyline mit dem Skylon Tower. Am Wasserfall rauscht es. Neben dem Wasserfall ist eine Promenade. Schön und ruhig ist es hier. Wenn der Hunger kommt, gibt es viele Möglichkeiten, ihn zu stillen. Ich laufe zurück zum riesigen Casino. Ich weiß, die Spieler wollen sich immer günstig stärken. Es gab riesige leckere Hamburger und ein schönes Fläschchen Bier. Prost.

### *Auf dem Weg nach Washington, den 13.09.2017*

Heute ging es in den Süden, durch Pennsylvania und Maryland nach Washington D.C. Es war eine lange Fahrt mit Zwischenstopps. Damit uns nicht langweilig wurde, haben wir den bekannten Film „Forrest Gump" gesehen, der zum Teil in Washington spielt. So sollten wir schon mal einen Eindruck bekommen. Wir waren sozusagen „on the road". Auffällig sind die überlangen Trucks, welche man an den Raststätten sieht.

### *Pennsylvania: Amish Country Weaver´s Farm Market*

Ich weiß beim besten Willen nicht, wo der Kaufladen ist, irgendwo im Lancaster County. Der Bus hält und der Reiseleiter erzählt etwas über die Amish People, dass sie Pennsylvania Dutch sprechen und keine Autos fahren, sondern schwarze Einspänner. Auf dem Markt gab es allerlei Reiseandenken, Obst und Gemüse. Und nebenan war eine Bäckerei. Die Frauen ernteten Auberginen auf dem Feld und schwarze Kutschen gab es auch. Ein netter Zwischenstopp auf dem Weg nach Washington.

An der Grenze zu Maryland (Mason-Dixon-Line) haben wir angehalten. Dort gibt es ein Wellcome Center, wie überall an den Staatsgrenzen der U.S.A. In diesem war ein kleines Museum eingerichtet, das diese Gegend als Brennpunkt des amerikanischen Bürgerkrieges dokumentiert. Es wurden die Fluchtwege der Sklaven (Underground Railroad) und die Kriegsereignisse rund um Gettyburg beschrieben. Sehr interessant, ich lese gerade ein Buch, in dem die Ereignisse anhand von Briefen der Betroffenen beschrieben werden.

### Washington D.C., den 14.09.2017

Gestern kamen wir spät in Washington D.C. an, es blieb noch Zeit für ein Abendessen in einem Straßenrestaurant unweit des Hotels. Aber heute ging es los zu den berühmten Plätzen rund um die National Mall, zum Soldatenfriedhof Arlington, zum Pentagon Memorial, zur Old Town in Alexandria. Und natürlich zum Capitol, leider nur von außen. Und abends waren wir auch unterwegs. Ich habe einiges darüber geschrieben, eigentlich viel zu lang, aber es gab so viel zu sehen und zu erleben. Unser Busfahrer kannte sich aus und kutschierte uns überall herum.

### *National Mall (The Mall): Eine großartige Anlage, die begangen werden sollte*

Machen Sie den drei Kilometer langen Spaziergang in bequemen Schuhen, starten Sie am Abraham-Lincoln-Denkmal. Vorher am Kiosk etwas essen. Im

Tempel gibt es eine kleine Buchhandlung, in die niemand geht. Dort gibt es alles über die amerikanische Geschichte in handlicher Form. Ich kaufte ein Büchlein über die Schlacht von Gettysburg und erfuhr später von unserem Führer, dass er noch Feldpostbriefe seiner Vorfahren aus dieser Zeit hat. Man steht auf den Stufen des Tempels, blickt auf den Reflecting Pool und denkt an die berühmte Szene in Forrest Gump. Dahinter das Washington Monument und ganz hinten das Capitol. Seitlich links würde man vom Obelisken auf das Weiße Haus blicken. Zuerst besucht man links das Vietnamkriegsdenkmal. Dann immer weiter auf den Obelisken zu, schließlich steht man vor dem Kapitol. Allen voran General Ulyssis Grand mit gezogener Artillerie neben sich. Bitte keine Eile, lassen Sie sich Zeit, die Museumsmeile machen Sie am nächsten Tag. Gehen Sie jetzt etwas essen.

***National Air and Space Museum: Auch die Luft- und Raumfahrt der Deutschen wird gewürdigt.***

Man muss kein Ingenieur sein, um sich für die Exponate des Museums zu begeistern. Zumal der Eintritt, wie in allen Museen, frei ist. Die großen Objekte werden erklärt und wer hat schon einmal eine V2-Rakete im Original gesehen? Natürlich ist vieles vom Krieg geprägt, aber die Technik begeistert. Im Museumsshop habe ich für meine Enkelin einen orangefarbenen Overall gekauft, wie ihn die Astronauten trugen. Und Gott sei Dank hatte McDonald's wegen Renovierung geschlossen. So habe ich mich am Kiosk vor dem Museum (auf der Museumsmeile) gestärkt. Es ist erstaunlich, wie viele Landsleute man dort trifft. Danach war ich noch in der Nationalgalerie gegenüber. Da muss ich das nächste Mal rein, unbedingt!

***Arlington National Cemetery: Der Soldatenfriedhof ist Teil der amerikanischen Geschichte, nur ein Friedhof***

Da muss man nicht hinpilgern, dafür gibt es andere Friedhöfe, zum Beispiel den Montmartre in Paris, den Zentralfriedhof in Wien oder Melaten in Köln. Der Friedhof ist eine riesige Anlage, oben das Lee-House, wenn man nach Washington D.C. schaut, sieht man den Obelisken nicht weit weg. Seit dem Bürgerkrieg sind hier viele Soldaten begraben. Ich wusste nicht, dass die Frauen der Gefallenen neben ihren Männern begraben werden können. Das Epitaph befindet sich auf der Rückseite des einheitlichen Grabsteins. Ich wusste auch nicht, dass Jaqueline Kennedy Onassis neben ihrem ersten Ehemann begraben wurde. Die Wachablösung am Grabmal des Unbekannten Soldaten habe ich nicht gesehen. Störend fand ich den Massentourismus und die wohl notwendigen Eingangskontrollen. Sehr schön fand ich die kleine Ausstellung in der Eingangshalle. Sie zeigt das Zeremoniell und einiges aus der amerikanischen Geschichte. Und John F. Kennedy ist hier begraben, weil er als Leutnant auf einem Schnellboot im II. Weltkrieg gedient hatte.

### Old Town Alexandria: Man soll sogar mit der Metro von Washington D.C. dahin kommen.

Um es kurz zu machen, wir haben eine Bustour gemacht und sind zur Altstadt von Alexandria gefahren. Die Häuserzeilen sind noch aus der Zeit der Unabhängigkeit. George Washington soll hier in die Kirche in der King Street gegangen sein. Es gibt einen schönen Hafen mit Raddampfern am Potomac River. Ein schöner Ausflug, den man zu Fuß in der Innenstadt machen kann, oder man setzt sich in den kostenlosen roten Trolley und "erfährt" noch mehr.

### Pentagon Memorial: Auch hier kann man der Opfer des 11. September gedenken

Am 11. September raste ein gekapertes Passagierflugzeug in eine Seite des Pentagon, explodierte und riss über 300 Menschen in den Tod. Eine schlichte Gedenkstätte mit kleinen Denkmälern zwischen Bäumen wurde errichtet. Man sieht auch die renovierte Seite des Verteidigungsministeriums. Die Gedenkstätte darf fotografiert werden, alles andere nicht, auch nicht der Hin- und Rückweg. Ob sich der Weg dorthin lohnt, muss jeder für sich entscheiden.

### Monuments by Moonlight Night Tour: Und mittendrin erstrahlt das Washington Monument

Wer die abends beleuchteten Denkmäler noch nicht gesehen hat, sollte es tun. Mittendrin der Obelisk zu Ehren von George Washington. Sozusagen in der Mitte des Kreuzes. Man schaut rüber zum Weißen Haus, mal sehen, ob der Präsident noch arbeitet. Wieder geradeaus sieht man das weißstrahlende Capitol. Dann weiter mit dem Bus oder zu Fuß zum Weltkriegsdenkmal, eine riesige Anlage mit Wasserbecken und Springbrunnen, zwei Toren, die den Atlantik- und den Pazifikkrieg darstellen. Ein schönes Ensemble, das nicht an einen Krieg erinnert. Weiter geht es zum Martin-Luther-King-Denkmal. Überlebensgroß und mit Aussprüchen des Menschenrechtlers versehen. Über den Potomac River blickt man von hier auf das illuminierte Denkmal von Thomas Jefferson. Zum Abschluss ging es ins Kennedy Memorial Center for the Performing Art, eigentlich ein riesiges Opernhaus mit angeschlossener

Nationalflaggenparade. Und natürlich "Ich-bin-ein-Berliner"-Großfoto vor dem Rathaus Schöneberg. Ein schöner Abend. Danach Essengehen.

**Philadelphia und NYC, den 15.09.2017**

Aufbruch von Washington Richtung Philadelphia und von dort nach NYC, bis Philadelphia ist es die Hälfte der Strecke. Ja, und ohne Philadelphia ist eine U.S.A.-Reise undenkbar. Vom Kunstmuseum hat man einen schönen Überblick über die Downtown und ins „Historische". Näheres in den beiden Berichten.

*Philadelphia, Museum of Art: Wenn Rocky nicht danebenstände*

Kaum jemand geht in das Museum, denn die Hauptattraktionen sind der Blick auf die Innenstadt von Philadelphia, die Rocky-Figur (Denkmal?) neben der großen Treppe und die Treppe selbst. Rocky soll im Film die Treppe hochgerannt sein, um zu trainieren. Ich habe da viele Nachahmer gesehen. Das ganze Gebäude erinnert sehr an das Alte Museum in Berlin, auch die Skulpturen auf beiden Seiten könnten Abgüsse sein. Im Tympanon, das ist der dreieckige Giebel des Portikus, sind die Figuren bemalt. Ob die Rocky-Fans wissen, dass das in der Antike so war?

*Philadelphia, Independence National Historical Park: Freiheitsglocke, Unabhängigkeitshalle, Old Town und Steakfleisch mit Käse*

Auf dem Gelände herrscht viel Trubel. Eigentlich ist es eine schöne Anlage mit Blick auf die Independence Hall, die Liberty Bell (man kann aus dem Fenster fotografieren und muss nicht stundenlang für ein Foto anstehen). Ein Rundgang durch die Old Town lohnt sich, Benjamin Franklin und seine Häuser, das Haus der Carpenter's Company... Berühmt ist das Steak mit Käse im Diner am Börsengebäude. Reinste Massenabfütterung, Toiletten mit Andrang. Tipp, wer aufs Klo "muss", geht ins Tourist Center gegenüber, wer gut essen will, geht in die Market Street nach rechts. Sie können auch mit der U-Bahn fahren (Independence Hall / 5th Street). Und nehmen Sie sich die Zeit, die amerikanische Geschichte zu erkunden.

Am späten Nachmittag waren wir wieder in New York City. Nach den üblichen Trinkgeldern fand ich gleich um die Ecke meine Unterkunft, das Vanderbilt YMCA. Für den Rest des Abends suchte ich mir ein ruhiges Plätzchen und fand es im Bryant Park, gleich um die Ecke. Beides habe ich bei Tripadvisor bewertet.

Dritter Band

### *New York City, The Vanderbilt YMCA: Wahrlich kein Luxus*

Kein Luxus, aber für eine Nacht geht es. Es ist voll und laut und das Personal ist nicht gerade freundlich. Aber die Lage ist gut, man kann schlafen, man muss ins Gemeinschaftsbad und die Klimaanlage gehört ins Museum. Alles für gut 100 $ (für eine Jugendherberge!) Ja, so ist das in Midtown Manhattan. Anhang: Die Koffer-Aufbewahrung funktioniert bei Hergabe von 2 $ und der E-Mail-Adresse im Gepäckscheinautomaten. Dafür passen auch zwei Concierges auf.

### *New York City Bryant Park: Mitten im Leben und doch entspannend*

Es ist schon erstaunlich, so mitten im Leben - also in Midtown Manhattan - ein schönes "Plätzchen" zu finden. Ich war abends dort und habe mir zwei Bier in der Außengastronomie gegönnt. Mit Trinkgeld 10 Dollar das Stück. An den Ausgängen wird darauf geachtet, dass man keine alkoholischen Getränke mit nach draußen nimmt. Man fühlt sich richtig wohl im Bryant Park, irgendwo ist immer ein Stuhl frei. Und rundherum hat ein Gefühl von Gostham City, nur Batman fehlt. Dafür gibt es nebenan die Public Library, den Grand-Central-Station und auf dem Platz das Kinderkarussell.Ich könnte Stunden dort verbringen.

### New York City, den 16.09.2017

Nach einer unruhigen Nacht war nun der letzte Tag in NYC angebrochen. Bevor am Abend der Flieger nach Deutschland ging, hatte ich aber noch einiges vor, ich wollte noch den Ground Zero und das One World Observatory im World Trade Center besuchen. Das habe ich dann auch gemacht. Hierzu die Berichte.

### *New York City: Den Ground Zero (9/11/2001 - Denkmal) gebietet der Anstand, ihn zu besuchen*

Ich habe die Tour alleine gemacht. Ich bin an der Fulton Street Station ausgestiegen und durch das riesige Fulton Center gelaufen. Viele Ebenen, viele Rolltreppen und viele Menschen, klein wie Ameisen darin. Irgendwie bin ich am Monument wieder aufgetaucht. Das Denkmal, bestehend aus zwei sich pyramidenförmig verjüngenden Wasserbecken und Balustraden mit den Namen der Opfer (3.000), hat mich sehr berührt. Zur Erinnerung habe ich mir einen Anstecker gekauft (als Spende). Das Museum habe ich nicht besucht, da ich weiter zum One World Center wollte.

Dritter Band

### *New York City: One World Observatory - World Trade Center - da muss man rauf!*

Nach dem Besuch des 9/11 Memorials bietet sich eine Fahrt in die Höhe an. Da ich noch nie auf dem World Trade Center war und es nicht mehr existiert, nutzte ich die Gelegenheit. Oben angekommen wurde ein Tablet zum Ausleihen angeboten, mit dem man mehr Informationen zu den einzelnen Aussichtspunkten bekommen konnte, z.B. Ellis Island und was dort passiert ist. Kostete nach meiner Erinnerung 35 Dollar. An dem Tag war es diesig und man konnte nicht weit sehen. Das wäre rausgeschmissenes Geld gewesen. Übrigens habe ich für den Eintritt 37 $ bezahlt und musste eine halbe Stunde anstehen. Dafür wird man mit dem derzeit (eingeschränkten) Ausblick belohnt: Der Hafen mit Ellis Island und der Freiheitsstatue, dann im Uhrzeigersinn der Hudson mit New Jersey, die Insel Manhattan und weiter die Brooklyn Bridge mit dem gleichnamigen Stadtteil. Auf der Aussichtsplattform wird auch auf Veranstaltungen hingewiesen, z.B. auf die Steubenparade auf der 5th Ave. Die wollte ich mir auch ansehen, war aber schon zu spät dran. Schade - und ich habe mich schon gewundert, warum die 5th Ave gesperrt war. Hätte mal fragen sollen.

**Auf der Rückreise mit eigenen Gedanken**

Vom Vanderbilt YMCA gibt es einen Bustransfer zum Flughafen, den ich verpasst habe. Es blieb mir nichts anders übrig, als ein Taxi zu nehmen, viele Dollars hatte ich auch nicht mehr. Aber es reichte für den Fahrpreis und den Tip. Dafür hatte ich eine rasante Fahrt durch den Feierabendverkehr und kam rechtzeitig an. Leider hatte der Flug, aus welchen Gründen auch immer, eine gefühlte Ewigkeit Verspätung. Und ich entdeckte das ostdeutsche Ehepaar im Flugzeug, so hatten wir uns etwas zu erzählen, z.B. wie uns die Reise gefallen hat.

Interessant war das Fazit des Ehepaares. Für sie war es eine ganz andere Welt mit einer Sprache, die sie nicht verstanden. Aber sie fanden alles toll. Ich konnte die Begeisterung nicht teilen, verständlich, denn wir waren schon viel gereist. Ich mag das Amerikanische und wollte nicht nur Oberflächliches sehen. Das war mir in New York schon gut gelungen, von Washington hätte ich gerne mehr gesehen. Das habe ich später nachgeholt.

Eine Busrundreise mit einer Kreuzfahrt zu verbinden, ist sicher wirtschaftlich empfehlenswert, aber es muss passen. Nicht, wenn man schon mal da ist, nimmt man das mit. In den Reiseprospekten wird so etwas immer wieder angeboten. Ich bin nicht dafür, manchmal führt eine schöne und interessante Kreuzfahrt zu einer Rundreise mit ganz anderen Aspekten. Gott sei Dank passten die beschriebenen Reisen zusammen, fast.

## Voilá Paris, und ab in die Normandie

Kommen wir zur Kulturkreuzfahrt. Die Reederei A-Rosa hatte eine Kreuzfahrt zum Schnäppchenpreis angeboten, zu der man nicht nein sagen konnte. Die Bahnfahrt mit dem Tallis-Zug war fast genauso teuer. Mit der A-Rosa Viva, einem 130 Meter langen Flussschiff, sollte es in Saint Denis nördlich von Paris losgehen. Leider Hochwasser, also umsteigen in den Bus. Gefühlte Stunden später durch den Feierabendverkehr endlich auf dem Schiff. Die Seine hinunter zu den Highlights der Normandie, der Stadt Rouen und der Burg von Richard Löwenherz, dem Chateau Gaillard. Das Essen an Bord war „erste Sahne", die Kabine für ein Flussschiff ungewöhnlich groß und schön eingerichtet. Eine Empfehlung.

Kulturell war was los: Rouen mit dem alten Markt, dort wo Jean d'Arc verbrannt wurde, das Herz von Richard Löwenherz in der Kathedrale, der Pesthof, der Uhrturm mit der Gros Horloge. Und nicht zu vergessen ein Original Calvados. Das Château Gaillard war eine andere Nummer, schwer zu erklimmen. Oben angekommen, erfährt man die Geschichte des Schlosses. Gruselig. Umso schöner der Blick auf den Fluss. Auch ein Spaziergang in das Städtchen Les Andelys lohnt sich. Zurück in Paris waren wir auf dem Montmartre und zum Sonntagsessen, auch nicht ohne Kultur, in einem netten Familienrestaurant in der Nähe. Aber nun der Reihe nach.

### Paris, den 22.03.2018

Wie wir nach Paris gekommen sind und unter welchen Umständen wir auf das Schiff gekamen, habe ich schon erzählt. Aber was macht man, wenn man noch ein bisschen Zeit hat, man treibt sich in Paris herum. Wir suchten das alte Stadtviertel Marais auf.

#### *Spaziergang durch das Marais, machen Sie dort eine Pause*

Wenn man so durch Paris schlendert, in unserem Fall durch das Marais-Viertel, möchte man in einem weniger touristischen Lokal einkehren (siehe nicht mehrsprachige Speisekarte). Auf dem etwas abseits gelegenen Marché de Sainte-Catherine hatten wir Glück. Eine leckere Zwiebelsuppe lachte uns an, dazu ein Bier vom Fass. Na ja, ein bisschen französisch muss sein, aber es geht auch bei Ihnen. Wir saßen in der beheizten Außengastronomie, nicht im gemütlicheren Innenraum. Die Toiletten sind erfahrungsintensiv: am Tresen vorbei, über den Flur und durch eine dunkle Tür. Die Einheimischen haben das gut hinbekommen.

**Rouen, Normandie, den 23.03.2018**

Am zweiten Tag legte das Schiff in Rouen an. Das A-Rosa Journal informierte uns über die Geschichte der Stadt und ein Stadtplan lag bei. So stand der Stadterkundung nichts mehr im Wege.

### A-Rosa-Informationen zu Rouen

*In der Hauptstadt der Normandie vergisst man schnell die Zeit. Das sieht man auch an der über 600 Jahre alten "Großen Uhr". Sie ist eine der ältesten astronomischen Uhren der Welt und hat nur einen Zeiger. Für die Stunden, auf Minuten oder gar Sekunden kam es damals nicht an. Mit dieser Gelassenheit schlendert man am besten durch die mittelalterlichen Fassaden der Fachwerkhäuser ins Zentrum. Rouen hat viele Namen. Stadt der Gotik oder Stadt der 100 Glockentürme zum Beispiel. Zu beidem trägt die Kathedrale Notre-Dame ihren Teil bei. Das gotische Wunder wurde durch die Werke von Claude Monet weltberühmt. Und noch etwas verbindet man mit Rouen: Hier wurde die Asche einer Bauerntochter in die Seine gestreut. Man wollte keinen Märtyrerkult um die junge Frau, die hier 1431 auf dem Scheiterhaufen endete: Jeanne d'Arc.*

### Da wo die Heilige brannte, steht jetzt was Schönes, von innen gesehen

Mitten auf dem Alten Markt steht etwas, das eher an einen Fisch oder ein Wikingerschiff erinnert, aber nicht an eine Kirche. Wir dachten an ein modernes Museum mit freiem Eintritt. Im Inneren kann man die Schönheit der alten Kirchenfenster und die Stille genießen. Wenn Sie die Broschüre lesen, wissen Sie, was mit Jean d'Arc passiert ist. Es ist jetzt ein Teil der französischen Geschichte.*HISTORIK*

*I - DOMREMY: DER RUF GOTTES*

*6. Januar 1412: Jeanne d'Arc wird in Domremy geboren. Der Norden Frankreichs ist von den Engländern besetzt. Karl VII. lebt in Chinon: Er ist schwach und unentschlossen, was seinen Anspruch auf die Krone betrifft.*

*1425: Jeanne ist dreizehn Jahre alt. Sie arbeitet auf dem Feld. Zum ersten Mal hört sie den Ruf Gottes, nach Frankreich zu gehen, um dem König zu helfen und Orléans zu befreien.*

*März 1428: Jeanne beschließt, dem Ruf zu folgen. Sie zieht nach Vaucouleurs, um sich die Unterstützung des Gouverneurs zu sichern.12 Februar*

*12. Februar 1429: Nach langem Zögern gibt Bandricourt Jeannes Bitte statt: Jeanne darf die Soldatenkleidung nehmen und abreisen.*

*II - ORLEANS UND REIMS: DAS MILITÄREPOS*

*23. Februar 1429: Bei ihrer Ankunft in Chinon treffen Jeanne und Karl VII. zusammen. Jeanne vertraut dem König ihre Botschaft an. Dieser zögert angesichts der unglaublichen Bitte des Mädchens. Schließlich setzt er Jeanne an die Spitze seiner kleinen Armee, um der von den Endländern belagerten Stadt Orléans zu Hilfe zu eilen.*

*April: Die Armee setzt sich in Bewegung, begleitet von den Gebeten der Bevölkerung.*

*6. und 7. Mai: Die englischen Festungen werden angegriffen. Jeanne stürzt sich mit ihrer Standarte in die erste Schlacht, die Engländer werden besiegt.*

*8. Mai: Die Engländer geben die Belagerung auf. Orléans ist befreit und jubelt Jeanne zu.*

*Juni: Die Armee zieht mit dem König und Jeanne nach Reins. 16. Juli: Einzug in Reims, Karl VII. wird feierlich zum König von Frankreich gekrönt. Jeanne nimmt mit ihrer Standarte an der Zeremonie teil. Ihre Mission ist erfüllt.*

*Die folgenden Monate sind zunächst von der Niederlage vor Paris geprägt. Jeanne ist viel unterwegs - Solly, Lagny, Senlis. Im Frühjahr flammt der Krieg wieder auf.*

*23. Mai 1430: Jeanne, die der belagerten Stadt Comgiegne zu Hilfe geeilt war, wird schließlich vor den Toren der Stadt von den Burgundern gefangen genommen.*

*III - ROUEN: DER PROZESS UND DIE FOLTERUNGEN*

*Als Gefangene wird Jeanne zunächst nach Beauvoir gebracht (von wo aus sie zu fliehen versucht). Sie wird an die Engländer verkauft.*

*23. Dezember 1430: Von Soldaten bewacht, wird Jeanne nach Rouen gebracht und dort in der Festung eingesperrt (von der noch der Bergfried erhalten ist). Die Engländer lassen Jeanne von einem Kriegsgericht unter dem Vorsitz des mit ihnen befreundeten Bischofs Cauchon verurteilen.*

*Frühjahr 1431: Der Prozess zieht sich endlos hin. Jeanne steht allein, ohne Anwalt oder Berater, vor den zahlreichen und gebildeten Richtern. Mit erstaunlicher Geistesgegenwart und unerschütterlichem Glauben beantwortet sie die Fragen der Richter. Sie weigert sich, ihre Sendung zu verleugnen.*

*24. Mai: Auf dem Friedhof von Saint-Ouen wird Jeanne von den Richtern zum Abschwören gezwungen.*

*29. Mai: Das endgültige Urteil wird verkündet. Jeanne wird der weltlichen Macht, den Engländern, übergeben.*

*30. Mai 1431: Verbrennung bei lebendigem Leib auf dem Vieux Marché von Rouen. Ihre Asche wird in die Seine gestreut.*

*IV - REHABILITIERUNG UND KULT*

*Juli 1456: Nach langwierigen Untersuchungen erklärt die Kirche den Prozess von Rouen für null und nichtig. Johanna wird rehabilitiert.*

*April 1909: Die Kirche spricht Jeanne selig.*

*Mai 1920: Jeanne d'Arc wird in den Kreis der "Heiligen" aufgenommen.*

*Juli 1920: Das französische Parlament beschließt, Jeannes Namenstag zum Nationalfeiertag zu erklären. Die Errichtung des Nationaldenkmals wird beschlossen.*

*Mai 1979: Das Nationaldenkmal wird auf dem „Vieux Marché" in Rouen, genau an der Stelle der Hinrichtung, errichtet. Das dazugehörige große Kreuz war bereits 1456 bei der Rehabilitierung gefordert worden.*

### Hier wird die Geschichte der Normandie lebendig

Man betritt die Kathedrale durch das interessante Westwerk. Geht dann ein Stück nach links und schaut auf die Tafel. Dort sind alle Sehenswürdigkeiten verzeichnet. Am wichtigsten sind wohl die Sarkophage der Herrscher der Normandie, unter anderem der von Richard Löwenherz. Vor dem hatten wir ein nettes Gespräch mit einem älteren australischen Ehepaar. Die sind vor

Ehrfurcht fast umgekippt. Übrigens überragt der viereckige Turm der Kathedrale alles in Rouen, er ist wohl über 150 m hoch und schon von weitem zu sehen.

### Zwischen dem Alten Markt und der Kathedrale Unserer Lieben Frau

Es ist eine schöne Strecke vom Alten Markt bis zur Kathedrale. Besonders gefallen hat uns die Gros-Horloge, die öffentliche Uhr über dem Torbogen des Turms. Haben Sie die drei Schafe gesehen? Kleiner Tipp, nicht auf dem Zifferblatt. Für alle, die kein Latein hatten, fange ich an, die goldene Inschrift frei zu übersetzen: "Ich Ludwig XV, Regent des christlichen Vaterlandes...". Dann machen wir einen Abstecher nach links zum Justizpalast. Hier gibt es viel Historisches zu sehen. Und schließlich stehen Sie auf dem Platz vor der Kathedrale Notre-Dame. Fast hätte ich den eingangs erwähnten Pesthof vergessen. Er ist ein bisschen gruselig.


## Les_Andelys, Normandie, den 24.03.2018

Am dritten Tag legte das Schiff in Les Andelys an. Das A-Rosa Journal informierte uns wieder über die Geschichte der Stadt und einen Stadtplan gab es dazu. So stand der Erkundung der Burg und des Städtchens nichts mehr im Wege.

### A-Rosa-Informationen zu Les Andelys

*Auch wenn das Château Gaillard heute nur noch eine riesige Ruine ist, kann man sich vorstellen, wie Richard Löwenherz von hier aus auf die Franzosen lauerte, die sich durch das Seinetal näherten. Die Festung, die den Fluss praktisch blockiert, wurde in nur zwei Jahren zwischen 1196 und 1198 erbaut und war das Zentrum des Verteidigungssystems der Normandie. Es gab ein Netz von Gräben und eine befestigte Insel im Fluss, über die Ketten gespannt waren. Holzpfähle standen im Wasser, um die Durchfahrt von Schiffen zu verhindern. Heute liegt Les Andelys friedlich und malerisch zwischen schroffen Kalkfelsen und grünen Weiden, der Flussinsel, dem Krankenhaus Saint-Jacques und dem Turm Saint-Sauveur. Vom Boot aus kann man herrliche Spaziergänge durch die blumengeschmückten Gassen des Städtchens, zur gotischen Stiftskirche und natürlich zur Burg unternehmen.*

### Als noch Richard Löwenherz Herzog der Normandie war

Die Burgruine erinnert an die Zeit, als Richard Löwenherz über die Normandie herrschte. Nach seinem unglücklichen Tod, er wurde von einem Jungen mit der Armbrust getroffen, von einem unfähigen Arzt behandelt und starb schließlich an der Schusswunde. Daraufhin belagerten die Franzosen die Burg und nahmen sie ein. Die nutzlosen Esser wurden in den Burggraben geworfen und Richards Bruder John stand ohne die Normandie da. Deshalb nannte man ihn "ohne Land". Soweit die Geschichte. Oben angekommen kann man sie auf Tafeln nachlesen.

Wenn man vom Seine-Ufer geradeaus in den Ort Klein-Les-Andelly geht, findet man auch den ziemlich steilen Weg zur Burg. Eine halbe Stunde später ist man oben. Eine Verschnaufpause ist angesagt. Von hier aus hat man einen herrlichen Blick über das Seine-Tal. Toll - Geschichte und eine schöne Aussicht. Der Aufstieg lohnt sich.

### *Nehme Sie nicht die Avenue de la Replublique, nehmen Sie die Promenade des Pres*

Vom Flusskreuzfahrtschiff aus muss man, wenn man von Klein-Andely nach Groß-Andely will, die Avenue de la République nehmen. Sie ist langweilig und, wie man in Köln sagt, nicht lang, aber sie zieht sich. Viel besser ist die Promenade des Pres am Bach entlang. Vom Kreuzfahrtschiff aus etwas links halten. Nach knapp einer Stunde ist man am Marktplatz. Von dort sehen Sie den Kirchturm, gehen Sie in die schöne Kirche innen. Am besten das farbige Licht der bunten Fenster. Es ist sicher nicht viel los, genießen Sie die Ruhe. Auf dem Rückweg zum Markt hören Sie vielleicht eine Uhr schlagen. Das kommt von einer Turmuhr. Sie müssen oben am Markt vorbei nach Klein-Andely gehen. Wenn Sie die Uhr gefunden haben, ist sie ein geschieferter Turm mit einem Zifferblatt aus römischen Zahlen. Gehen Sie den gleichen Weg wieder zurück.

### Paris, den 25.03.2018

Am vierten Tag sind wir wieder zurück, unweit von Paris. Der Bus fährt uns zur Ausgangsstation. Bis uns der Tallis-Zug nach Hause bringt, können wir noch etwas unternehmen, nämlich die Basilika Sacré Coeur auf dem Montmartre, dem Berg der Märtyrer.

## *Bloß nicht am Sonntagvormittag*

Alle wollen hoch zur Basilika Sacré Coeur, besonders am Sonntagvormittag. Wer keine Lust hat, die 260 Stufen zu steigen, nimmt die Standseilbahn vor der Kirche links. Ein Metroticket genügt. In der Kirche waren wir nicht, die Schlange war einfach zu lang. Aber den schönen Blick über Paris haben wir genossen. Es hat sich gelohnt. Dann sind wir mit Hilfe einer Reisebeschreibung wieder den Hügel hinuntergelaufen, so in Richtung Pigalle. Wir wollten das Moulin Rouge von außen sehen. Vorher hatten wir Hunger und eine Toilette wäre auch schön gewesen. Also sind wir in ein gutbürgerliches Restaurant gegangen, der Name ist mir entfallen, irgendwas mit Montmartre im Namen. Man sieht es von einer Treppe aus. Wir haben eine leckere Entenbrust gegessen und noch viel leckeres Leffe-Bier getrunken.

### Hat´s uns gefallen?

Eine Flusskreuzfahrt Ende März, war das attraktiv? Vom Preis her ja, vom Wetter her nein, es war kalt und windig. Aber man kann so etwas machen. Paris geht immer. Der Zug dahin war, trotz 2. Klasse, großartig. Und in Garde-Est gab es Hinweise auf Deutsch. Nur die ist sehr groß und bis man die richtige Metro gefunden hat, vergeht eine Ewigkeit. Dann noch dorthin laufen.

Die besuchten Orte in der Normandie sind sehenswert, reich an Kultur und Geschichte. Ein Muss für den Bildungsbürger. Vier Tage waren erst einmal genug. Ein Schnupperkurs sozusagen. Wer die Seine bis zur Mündung befahren will, sollte eine bessere Jahreszeit wählen und nicht am Geld sparen. Ich zitiere aus der Werbung:

*Das Städtchen Honfleur ist ein Juwel und der absolute Höhepunkt der Normandie. Lassen Sie sich verzaubern vom Charme des Fischerdorfes, seinen kleinen Gassen, dem bunten Fachwerk und dem Hafenbecken mit seinen zahlreichen Restaurants!*

## Heia Safari, dann zurück nach Venedig

Mehr Infos und direkt buchen: *www.berge&meer.de. Von Südafrika nach Venedig, Rundreise inklusive. Freuen Sie sich auf eine einzigartige Kombination aus einer spannenden Rundreise durch Südafrika und einer Kreuzfahrt durch den Suezkanal, das Rote Meer und den Indischen Ozean.* So die Ankündigung des Veranstalters, besser hätte ich es nicht sagen können. Also los!

Ach ja, Heia Safari ist Suaheli und bedeutet „Reise nach Afrika".

**Samstag, 20.04.2019 - *Union Buildings, Government Avenue, Pretoria 0083, Südafrika***

### *Das Schönste an Pretoria ist die Aussicht auf die Stadt*

Nach dem Nachtflug von Frankfurt nach Johannesburg ist die Aufmerksamkeit aller Reisenden nicht mehr die beste. Eigentlich denkt man an das Quartier in Pretoria, um endlich ausschlafen zu können. Aber da die Betten erst gemacht werden müssen, ist eine Stadtrundfahrt durch Pretoria wohl das Richtige, um die Zeit zu überbrücken. Der Bus fährt durch das Groenkloof Nature Reserve. Es liegt auf dem Weg von Johannesburg. Von dort hat man einen schönen Blick auf die Stadt und sieht die ersten Tiere in freier Wildbahn (eine Herde Zebras).

Weiter ging es in die Innenstadt. Ein Ausstieg am Church Sqare blieb uns verwehrt, dort trieben sich so viele (kriminelle) Immigranten herum und die Gefahr beklaut zu werden sei zu groß (Aussage der Reiseleitung). Also in ein gesichertes Einkaufszentrum zum Essen und Geld (Rand) besorgen (V-Pay). Dann zu den Union Buildings, dem Regierungssitz Südafrikas. Auf einem Hügel gelegen mit Park und schönem Blick auf die Innenstadt. Mittendrin und überlebensgroß die Statur von Nelson Mandela (ähnlich einer Christus-Statur).

Als ich vor vierzig Jahren mit dem DAAD (Deutscher Akademischer Austauschdienst) allein und unbehelligt zum Vortrekker-Denkmal und ins Naturkundemuseum gehen konnte, habe ich mir so meine Gedanken gemacht.

**Sonntag, 21.04.2019 - *Blyde River Canyon Nature Reserve und Bourkes' Luck Potholes***

*Man muss dieses Weltkulturerbe gesehen haben*

Dieses Weltkulturerbe muss man gesehen haben, von Pretoria sind es immerhin 460 km, also ca. 6 Stunden Fahrt. Nun, es gibt unterwegs schöne Rastplätze, wir haben einen mit angeschlossenem Wildreservat erwischt. Außerdem war Ostern und die Leute hatten einheitlich blau an, wohl die Farbe der Pilger.

Der Blick in den Canyon, von verschiedenen Punkten aus, ist atemberaubend schön. Wirklich, aber vielleicht nicht so spektakulär wie der "Große" in den USA. Und wir hatten Glück, kein Nebel, wie von einigen beschrieben. Am Ausgang des Canyons die Bourke's Luck Potholes. Dazu später mehr.

*Was strudelt denn da in den Potholes?*

Der Namensgeber, der Goldsucher Tom Bourke, hatte kein Glück. Das Gold war da, aber nicht in seinem Claim. Glück haben dagegen die vielen Touristen, die die tiefen Strudellöcher und Kessel im Fels bewundern können. Es ist eine einzigartige Landschaft und nichts für schwache Füße. Nach dem Rundgang kann man sich ausruhen und der Mädchengruppe bei den Tanzproben zuschauen.

**Montag, 22.04.2019 - *Ndhula Luxury Tented Lodge und Pabeni Gate Kruger National Park***

*Luxusleben im Zelt*

Es stimmt, was andere Gäste sagen, eine super gepflegte Unterkunft und super leckeres Essen. Und wo wird schon zum Essen getrommelt. Die Lodge hat ein eigenes kleines Wildreservat (meine Vermutung). Da recken die Giraffen ihre Hälse und die Gnus oder Impalas laufen nachts über die Wege. Und abends den Blick über den Pool genießen, ja das ist Afrika!

*Start unserer Bus-Safari*

Von unserer schön gelegenen, aber weit entfernten Lodge sind wir in den Krüger Nationalpark gefahren. Eingang Pabeni Gate. Wir sind nicht in die Jeeps der Ranger gestiegen, sondern haben mit dem Bus die Gegend und die Tiere erkundet. Das geht auch, man fährt klimatisiert und auf der Hauptstrecke sieht man viele Tiere. Man sieht nicht alle Big Five. Und die süßen Tierbabys aus den Reisprospekten auch nicht. Augenwischerei. Man kann auch schöne Pausen einlegen. Nur Lebensmittel sollte man nicht offen herumstehen lassen, es gibt flinke Diebe (Affen, die lauern). Also, Bussafari geht so, viel besser ist eine mit dem Jeep.

**Dienstag, 23.04.2019 – *Safari im offenen Fahrzeug im Krüger-Nationalpark***

*Wenn Tiere sehen, dann im offenen Fahrzeug*

So stelle ich mir eine Safari vor: offener Jeep, erfahrener Guide (Elvis Gazide), viele Tiere, schönes Wetter. Nur keine Löwen, dafür Schlangen auf dem Weg und ein Chamäleon. Und andere wilde Tiere in ganzen Horden (Herden). Es war der schönste Tag im Krüger Nationalpark.

**Mittwoch, den 24.04.2019 – *Zulu Nyala Heritage Safari Lodge. Hluluwe, Südafrica***

Großzügige Lodge mit schönem Garten, nicht so der Service und das Essen.

Die Unterkünfte waren großzügig, wie die gesamte Anlage. Wenn nur die Ausschilderung stimmen würde. An unseren An- und Abreisetagen war das

Management überfordert. Es kamen vier Busse auf einmal. Da reichte das Abendbuffet nicht aus, vieles war ausverkauft. Man saß auf der Terrasse und es war heiß und stickig. Es gab genügend klimatisierte Speisesäle. Die Reisenden hätten sich nach 12 Stunden Fahrt bedankt. Vielleicht wegen der Zulu-Tänzer, die einen Auftritt hatten, der niemanden mehr interessierte. Am nächsten Morgen ging es früh auf Safari. Frühstück gab es um 10 Uhr. Weiter in einer halben Stunde. Die Letzten gingen leer aus. Nein, so geht das nicht, zumal die Leute angemeldet waren. Eine andere Lodge nehmen.

## Manzini Market, Swasiland

### Ein wirklich schöner Haltepunkt auf dem Weg durchs Swasiland

"Wellcome to Swasiland" heißt es bei der Einreise. Aussteigen, Pass vorzeigen, stempeln, über die Grenze, einsteigen. Bei der Ausreise genau dasselbe, nur dass man wieder in Südafrika ist. Ja, so ist das im autonomen Königreich Swasiland.

Der Markt ist wirklich sehenswert. Und man kann schöne Sachen kaufen. Es gibt auch Cafés und Restaurants.

Die schöne Reiseroute führt entlang der Drakensberge durch das Mittelland, wo auch Manzini liegt.

## St Lucia Tours & Charters

### Mangroven und Bruchland, Hippos und Krokodile

Um es gleich vorweg zu nehmen, die Bootsfahrt haben wir nicht gemacht. Es gab Gewitter und Regen. Diejenigen, die auf dem Boot waren, waren begeistert, große, fette Nilpferde zu sehen. Wir saßen an der Anlegestelle und gingen die Hauptstraße in St. Lucia auf und ab. Auf dem Markt gab es viel zu sehen. Und die Affen haben fleißig geklaut. Nächstes Mal machen wir die Bootsfahrt.

### Donnertag, 25.04.2019 – Hluhuwe iMfolozi Park und Gooderson DumaZulu Logde &Traditianal Village

### Eine wunderschöne Jeep-Safari

Die zwei Stunden, die wir am Morgen durch den Park gefahren sind, bleiben unvergesslich. Die schöne Landschaft, die große Anzahl von Tieren, all das ist mir beim Betrachten der Fotos in Erinnerung geblieben.

### Besuch im Zuludorf

Wir haben nicht nur übernachtet, um das Zuludorf zu besichtigen. Aber es ist alles sehr schön und anschaulich dargestellt. Was „Guten Tag" und „Auf Wiedersehen" auf Zulu heißt, weiß ich heute nicht mehr. Also, Männer voran, wegen der nicht vorhandenen wilden Tiere oder Feinde, Frauen immer hinterher, um Einlass bitten, sich dem Medizinmann vorstellen, den Kriegern beim Speer- und Schildbauen zuschauen und den abschließenden Kriegstanz bewundern.
Zwei Gestalten fallen mir besonders auf. Der kleine Junge, der so nett aussieht und der alte Krieger, den man nicht in Aktion sehen möchte. Die junge Führerin (verlobt und schwanger) machte ihre Sache sehr gut, auf Englisch.

**Freitag, 26.04.2019 - *Garden Court South Beach, Durban, Südafrika***

Vierter Band

## *Eigentlich ein tolles Hotel fast am South Beach, wenn nur der Service besser wäre*

Endlich sind wir nach einem langen Tag im Hotel angekommen. Nicht nur wir, noch drei weitere Busse, alle gleichzeitig. Das Chaos mit den Koffern kann man sich vorstellen. Nach der Zimmerverteilung wollten alle auf ihre Zimmer, sich frisch machen und zu Abend essen. Nur 2 Aufzüge bewegten sich nicht, vor den anderen 3 standen die Gäste Schlange. Das Gedränge kann man sich vorstellen. Einige trugen ihre Koffer hoch. Das Hotel hat 20 Stockwerke, die Direktion schaute tatenlos zu!

Besser war es im Kettenrestaurant "Spur" im Hotel. Ich habe ein leckeres T-Bone-Steak gegessen. Das große Bier hat 0,7 Liter. Anständiger Preis. Am Frühstücksbuffet gab es nichts zu meckern. Die Abreise war auch in Ordnung.

## *City Walking ganz privat*

Stimmt, ohne Führung sollte man nicht durch die Innenstadt laufen. Das haben wir auch nicht gemacht, zumal es sehr heiß war.

Wir liefen von unserem Hotel (Garden Court South Beach) zum Stand, am Stand entlang zum New Pier und über die Promenade zurück.

Am Strand wurde mit Radladern aufgeräumt, denn am Tag zuvor hatte ein Taifun die Küste getroffen. Das viele angeschwemmte Plastik war sehr anschaulich, man konnte wirklich sehen, wie damit umgegangen wird. Da vieles schon gesäubert war, freuten sich die Standnixen und Surfer über Wasser und Wellen. Aber eigentlich waren wir froh, später in der klimatisierten Hotellounge zu sein.

## Samstag, 27.04.2019 *bis* Montag, 29.04. 2019 *- Auf See im Indischen Ozean*

Am Samstag war Einschiffung auf die MSC Musica. Bus um Bus fuhr vor, Koffer wurden ausgeladen und vom Schiffspersonal eingesammelt. Was für ein Chaos. Abschied von der netten Reiseleiterin, die noch nie ein Kreuzfahrtschiff dieser Größe gesehen hatte.

Wir waren neugierig, wie es auf den Schiffen anderer Reedereien zugeht. Von MSC hatten wir nichts Gutes gehört. Und es schien tatsächlich so zu sein. Schon die Sicherheitskontrolle und das Einchecken dauerten ewig und bis die Koffer vor der Kabinentür standen, war es schon dunkel. Außerdem war das Schiff brechend voll. Aber schließlich traten wir mit dieser Kreuzfahrt unsere Heimreise an. Und wir freuten uns auf einige Ziele. Wir hatten eine Außenkabine gebucht, die überraschend gut ausgestattet war, so wie wir es von der Royal Caribbian gewohnt waren. Nur die Sicht auf das Meer war eingeschränkt, aber das wussten wir ja.

Bis nach La Réunion braucht das Schiff zwei Tage. So hatten wir Zeit, uns einzugewöhnen. Die MSC Musica ist eines der Mega-Schiffe, mit eigentlich viel Platz. Wir merkten aber, dass wir es hier mit einem anderen Publikum zu tun hatten, was sich beim Abendessen nicht besonders und auf dem Pooldeck negativ bemerkbar machte.

Nach einigem Hin und Her waren wir mit der schwarzen Vorteilskarte, die wir aufgrund einer Vereinbarung mit RCCL hatten, im Voyagers Club. Diese haben wir am zweiten Seetag gleich genutzt und sind umsonst beim Japaner essen gegangen.

Wir haben auch ein schönes Plätzchen auf dem Achterdeck gefunden, dort war es ruhig und von der Liege aus konnte man so schön auf das Fahrwasser des Schiffes schauen.

### Dienstag, 30.04.2019 - *ile de la Reunion, Saint-Paul, La Reunion*

#### *Ein privater Ausflug nach St. Paul*

Nun waren wir mit dem Kreuzfahrtschiff auf La Réunion (EU, Département français). Statt der von der Reederei angebotenen (und überteuerten) Ausflüge haben wir einen Ausflug nach St. Paul gemacht, weil es dort so schön sein soll. War es auch!
Also von vorne: Das Schiff legt in La Possession (Containerhafen) an, raus kommt man mit dem Shuttlebus (kostenlos). Dort muss man sich entscheiden, ob man nach St. Denis (links) oder nach La Port (rechts) will. Mit der Buslinie 2, 6 oder 4? Wir fuhren für 2 € zum Busbahnhof nach La Port, stiegen um in den gelben Bus (siehe Zielschild) nach St. Paul, wieder für 2 €. Nach ca. 40 min waren wir da.
Vom Gare (Bahnhof) sind wir durch die Gassen (und den erwähnten Markt) zum Strand gelaufen. Schöner Lavastrand, hohe Wellen, eine historische Promenade, ein Marinemuseum, eine Mole mit verhangenen Bergen im

Rücken. Alles schön zu fotografieren. Im Restaurant noch eine Cola getrunken und dann wieder zurück.

Achtung: Französischkenntnisse sind gefragt. Wieder gelber Bus bis Gare de La Port und dann Bus nach St. Denis. Achtung: am Hafen in Possession aussteigen und vorsichtig die Straße zum Hafeneingang überqueren (liegt in einer Kurve). Für 2 x 4 € + 2 Cola haben wir wenigstens einen Einblick bekommen. Später erfuhren wir, dass St. Denis nicht der Renner war (überfüllt).

## Mittwoch, 01.05.2019 - Port Louis, Mauritius, Central Market

### Auf zum Central Market und wie man dort hinkommt

Nun, das Kreuzfahrtschiff liegt im Containerhafen, man kann nicht zu Fuß in die Stadt gehen, man kann ein Taxi oder ein Wassertaxi nehmen. Man kann vor oder hinter dem Schiff einsteigen. Preis zwei Euro bis zur Waterfront. Ohne festzumachen gehen 20 - 30 Leute auf das Boot. Abenteuerlich. Wir waren am Maifeiertag da, Blue-Penny-Museum geschlossen, Botanischer Garten zu weit (40 € für ein Taxi wollten wir nicht ausgeben), dann die Independence Street hoch (sehr schöne Allee), Abstecher in den Jardin de la Companie (tolle Bäume) und dann zum Central Market (dort war nicht Tag der Arbeit). Buntes Treiben bei schwül-heißem Wetter. Wir haben einen kleinen Dodo (Wappentier und ausgestorbener Großvogel) gekauft (für ca. 3 Euro). Die Fleischhallen (Rind und Lamm sind getrennt) haben wir nicht betreten, uns hat der (überdachte) Abwasserkanal gereicht. Es stank. Das Wassertaxi zurück war eine Farce. Der Bootsführer war so mit Geldzählen beschäftigt, dass er vergaß, beim Ablegen loszumachen. Besonders lustig war das Aussteigen. Ich habe noch nie so viele (alte) Leute über den Steg kriechen sehen. Keine helfende Hand war zu sehen. Also Vorsicht beim Ein- und Aussteigen.

## Donnerstag, 02.05.2019 bis Freitag, 03.05.2019 - Auf See im Indischen Ozean.

Wieder zwei Tage auf See, Kurs Nord. Wir machten es uns wie immer gemütlich. Das Abendessen nahmen wir zusammen mit einem deutschen Ehepaar ein. Im Hauptrestaurant war der letzte Platz besetzt. Wir hatten nur einen kleinen Tisch irgendwo in der Mitte. Die Kellner wuselten um uns herum und es war laut wegen der vielen Leute. Die Unterhaltung litt darunter. Das verbuchen wir als dicken Minuspunkt gegen MSC.

*Samstag, 04.05.2019 bis Sonntag, den 05.05.2019 –Mahé, Seychellen*

*Toller Strand mit dem Bus zu erreichen*

Man kann es sich einfach machen, bei der Reederei eine Strandrundfahrt für 50 Dollar pro Person buchen und los geht's. Wir, und nicht nur wir, haben es anders gemacht. Wir sind in die Stadt gelaufen, haben die Sehenswürdigkeiten abgeklappert (bei gefühlten 35 Grad und Schwüle) und sind dann zum Busbahnhof gelaufen. Mit dem Bus 21 geht es nach Bel Ombre. Achtung: Fahrer nimmt nur Münzen (Seychellen Rupie), vorher Geld wechseln. Der Fahrer wirft einen am Bel Ombre Strand raus. Von der "Haltestelle2 führt ein schmaler Pfad zum Strand (To the beach). Und der war so, wie man ihn sich auf den Seychellen vorstellt. Wir hatten uns falsch entschieden und wollten bis Bel Ombre laufen, in der Hoffnung, noch bessere Strände zu finden. Die gab es auch, aber nur in Privatresorts. Nach 2 weiteren Stopps haben wir es aufgegeben und auf den Rückbus gewartet. Diejenigen, die "richtig" gelaufen sind, waren auch enttäuscht, zu warm und trüb, das Angebot an Essen und Trinken war überteuert. Bleibt noch anzumerken, dass die Busfahrt durch die Berge tolle Ausblicke bietet. Vom Busbahnhof bis zum Schiff ist es eine gute halbe Stunde, nur dumme Europäer machen das in der Mittagshitze, die anderen nehmen ein Taxi.

*Gleich neben den Markt steht ein Hindu-Tempel, farbenfroh und prächtig*

Um einen Hindu-Tempel zu sehen, muss man nicht nach Indien reisen, sondern kann ihn auch bei einem Stadtbummel in Victoria entdecken. Also Schuhe aus, Kopfbedeckung runter und rein. Es riecht ein wenig nach ranziger Butter, wahrscheinlich von den Opfergaben auf den zahlreichen Altären.

Mit Ruhe und Stille ist es in den Markthallen gleich nebenan vorbei. Buntes Treiben. Auf dem Weg zum Kreuzfahrtschiff noch in die St. Paul's Cathedral (wieder Ruhe und Stille), dann zur Kreuzung mit dem Uhrturm (Mini-Ausgabe von Big Benn) und über den Senpa-Espanade Craft Kiosk zur Anlegestelle im Containerhafen (keine Ruhe und Stille, es wird rund um die Uhr gearbeitet).

*Ein Botanischer Garten so wie er sein sollte*

Unser Schiff lag schon den zweiten Tag in Victoria auf Mahé. Wir waren schon in der Stadt und an den schönen Stränden. Und der Sonntagmorgen war genau richtig für einen Spaziergang im Botanischen Garten. Es ist nicht weit vom Schiff (ca. 25 min) und der Eintritt ist sehr günstig. Achtung: Unbedingt

Mückenschutzmittel zum Sprühen oder Einreiben mitnehmen. Man sieht die kleinen Biester nicht, aber die Stiche jucken wie verrückt.

Bestaunen kann man die Coco-de-Mer-Palmen mit ihren großen "Liebesfrüchten" und die Riesenschildkröten. Ganz oben ist der chinesische Garten, wunderschön. Weiter unten sieht man die Flughunde in den riesigen Bäumen herumfliegen. Wann sieht man schon so einen Tropengarten.

Bemerkenswert war auch das Einlaufen des Schiffes am Morgen und das Auslaufen am Abend, das war was für das Kreuzfahrerherz.

**Montag, 06.05.2019 bis Sonntag, 12.05.2019 - *Auf See im Indischen Ozean***

An diesem Montag erreichte das Schiff den Äquator und nach alter Tradition und zur Unterhaltung war die Äquatortaufe angesagt. Neptun befahl, den Kapitän einzuseifen und zu rasieren, zumindest so zu tun, als ob er ein überdimensionales Rasiermesser hätte. Dann wurde der Kapitän in den Brunnen geworfen. Jetzt waren die Gäste dran, jedenfalls die, die wollten. Was für ein Spaß!

Die nächsten Tage vergingen mit hochgelegten Beinen auf dem Achterdeck und ab und zu im Pool. Wenn es Nacht wurde, wurde das Oberdeck verdunkelt und keine Musik drang nach draußen. Schließlich fuhr das Schiff durch Piratengewässer.

**Montag, 13.05.2019 – *Aqaba und Petra, Jordanien***

***Vom Hafen Aqaba am Vadi Rum vorbei nach Petra und zurück***

Vadi Rum ist nicht umsonst Weltkulturerbe, war vor Millionen von Jahren Meeresboden und ist heute eine wunderschöne Landschaft. Wir sind zwar nicht mit dem Jeep durchgefahren, haben aber auf der Durchfahrt nach Petra einen wunderbaren Einblick bekommen. Vom Hafen bis zur Abzweigung nach Vadi Rum folgt die Straße der Trasse der Bagdadbahn. Wer denkt da nicht an Lawrence von Arabien.

Von Petra zurück kamen wir wieder durch, erschöpft und ziemlich verstaubt. Frisch geduscht konnten wir die Ausfahrt aus Aqaba genießen. Ein schöner Tag ging zu Ende.

## *Wo die Nabatäer diese riesige Stadt vor über 2000 Jahren in die Sandsteinwände schlugen*

Petra ist das Highlight in Jordanien, ein Weltwunder und Weltkulturerbe. Es ist aber auch sehr anstrengend und man lässt viel Geld da. Aber es lohnt sich. Wir haben die Tour vom Schiff aus für 250 Dollar pro Person inklusive Mittagessen im Mövenpick (5 Sterne) gebucht. Es hat sich herumgesprochen, kein Taxi in Aqaba für die Tour zu nehmen, die bieten eine billige Hinfahrt an, warten aber nicht in Petra und für die Rückfahrt muss man ein Vielfaches bezahlen. Also etwas Offizielles nehmen.

Die Fahrt nach Petra dauert ca. 2 Stunden und führt über Vadi Rum. Sehr schön und auch Weltkulturerbe. Der Tageseintritt beträgt 70 $. Man muss dann 4,5 km hin und zurück laufen. Achtung: Nur mit Kopfbedeckung, Schal und festem Schuhwerk kommt man "über die Runden", es sei denn, man nimmt die Kutsche bis zum Schatzhaus (40 $ p. P.) oder ein Pferd bis zum Siq (Schlucht). Immer nur eine Strecke. Man kann auch die ganze Strecke mit dem Caddy-Mobil fahren (120 $ p. P.).

Wir haben (mit Führung bis zu den Türkischen Gräbern) insgesamt 9 km zurückgelegt und waren geschafft, wirklich. Zurück geht immer bergauf und ohne viel Schatten.Ach, acht waren wir froh, unser Mittagessen einnehmen zu können. Achtung: Ein kühles Bier kosten (weil Ramadan war) 14 Euro. Von der Variante, die Tour mit Lunchpaket zu buchen, raten wir ab. Wer will das in der Hitze verzhren.

### Dienstag, 14.05.2019 bis Mittwoch, 15.05.2019 - *Im Suezkanal*

#### *Sammeln, einreihen und durch*

Sammeln, einreihen und durchfahren galt für unser Kreuzfahrtschiff, das sich dem Kanal von Süden näherte. Die Schiffe sammeln sich (bei uns am Abend vor der Durchfahrt) und fahren im Konvoi, wenn das von Norden kommende Schiff durch ist (bei uns ging es früh morgens los, inklusive Sonnenaufgang über der Wüste). Suez, der kleine und der große Bittersee, Ismaillia, die Suezkanalbrücke und schließlich Port Said, alles zog an uns vorbei. Nach 8 Stunden und mit 8 Knoten waren wir im Mittelmeer. Was für ein klimatischer Unterschied. Kein Sandsturm, kein Regen, nur strahlender Sonnenschein - ein schöner und interessanter Tag.

## Vierter Band

**Donnerstag, 16.05.2019 bis Freitag, 07.05.2019 –** *Katakolon, Griechenland*

*Auf zu den Olympischen Spielen der Antike - für den kleinen Euro*

Natürlich ist das antike Olympia ein Muss für den kreuzschifffahrenden Bildungsbürger. Die Reederei nimmt für diesen Ausflug 90 $ p. P. und man hat von 8.00 bis 13.30 Uhr Zeit, das Ganze zu bestaunen. Es geht auch anders, runter vom Schiff und rein nach Katakolon. Dort wird die Busfahrt für 8 Euro round trip angeboten, man wird namentlich registriert, so dass keiner für die Rückfahrt verloren geht. Andere nehmen den Zug (mitten im Ort zu finden) für 10 $. Sie fährt jede Stunde.

Endlich fuhr der Bus los und in einer guten halben Stunde waren wir da. Bis zur Rückfahrt hat man gut zwei Stunden Zeit. Achtung: Busnummer merken, sonst findet man seinen unter den vielen nicht wieder. Der Olympiaeintritt kostet 6 Euro für Senioren (Ausweis mitbringen) für das Gelände und das Museum. Ein Rundgang war möglich, für mehr reichte die Zeit nicht, einschließlich Museum. Alles ist griechisch, englisch und deutsch beschriftet. Das DAI (Deutsches Archäologisches Institut) hat viel getan.

Wir hatten noch etwas Zeit vor der Rückfahrt, waren in der Apotheke (Medikament spottbillig), haben Euros besorgt (Achtung: Am Geldautomaten muss man "withdrawal" drücken, sonst bekommt man nichts), haben uns an der Ecke zur Hauptstraße im Café einen Kaffee und ein kühles (wirklich kaltes großes) Bier gegönnt (alles für 6,20 Euro), und auch den Bus gefunden (andere nicht gleich).

Wir werden noch einmal nach Olympia fahren und dann auch das Archimedische Museum im Ort besuchen.

**Samstag, 18.05.2019 –** *Kotor, Montenegro*

*Ist das ein Fjord oder eine Bucht? Jedenfalls wunderschön*

Um ehrlich zu sein, wir kamen mit dem Kreuzfahrtschiff aus Griechenland und nicht von Norden. Trotzdem ist die Einfahrt nach Kotor überwältigend, vielleicht vergleichbar mit den norwegischen Fjorden. An Deck bleiben.

*Wo gibt es das woanders - ein Kreuzfahrtschiff direkt vor dem Stadttor*

Wenn die Passagiere von drei Kreuzfahrtschiffen das Städtchen Kotor bevölkern, wird es eng. Also schnell weg vom Mainstream, hin zu den schönen Plätzen abseits oder auf die Stadtmauer, die etwas für Kletterer ist. Aber erst mal gemach, ein leckeres Eis auf dem Hauptplatz und dann gemütlich abseits "vespern", z.B. vor dem Katzenmuseum. Man kann den Hopp-off - Hopp-on Bus nehmen, der fährt die Bucht entlang und man kann die Städtchen mit ihren Sehenswürdigkeiten bewundern. Ich glaube, das kostet 20 Euro. Das machen wir auf jeden Fall, wenn wir wiederkommen.

### *Ein kleines Museum, etwas abseits gelegen, aber für einen guten Zweck*

Kurz vor der Reise mussten wir unseren alten Kater in den Katzenhimmel schicken. Was lag da näher, als das Katzenmuseum im Memoriam in Kotor zu besuchen. Eigentlich hängen dort Bilder, Postkarten und Werbung von und für Katzen. Lebende haben wir drinnen keine gesehen, aber auf dem Platz davor. Dort gibt es auch eine nette und vor allem ruhige Außengastronomie, in der wir das Abschiedsessen von unserem Kater eingenommen haben. Wenn man ein Foto von seinem Liebling schickt, bekommt man eine Urkunde per E-Mail zurück. Kostet 2 €. Der Eintritt kostet einen Euro, man kann aber auch mehr spenden.

### **Sonntag, 19.05.2019 – *Split, Kroatien***

### *Eine Stadt im Palast, mit offizieller Führung*

Die Bootstour zu buchen ist Unsinn, weil teuer (min. 50 $). Also die offizielle City Tour nehmen, die kostet 20 € p. P. Dafür bekommt man: den Shuttle vom Hafen (und der ist weit), eine Stadtführung in Deutsch (astrein), einen Ausflug an die Küste und den Shuttle zurück zum Schiff. Einsteigen gleich neben dem Eingang.

Die Führung geht durch den Dioklitianpalast, wie gesagt, ein riesiger Gebäudekomplex, in dem sich die Altstadt ausgebreitet hat. Alles gut erklärt von der jungen Dame. Dann zurück in den Bus und durch die Stadt und an der Küste entlang (Audio in Deutsch). Der römische Palast hat uns am besten gefallen, nicht so gut fanden wir die Menschenmassen, die sich durch die Gassen drängten.

Vierter Band

## Mal nicht in den Palast von Diokletian gehen, eben nicht durch das Goldene Tor

Durch das Goldene Tor gehen Sie nur, wenn Sie den Palast / die Altstadt besichtigen wollen. Aber das haben Sie ja schon. Gehen Sie nach links über die schöne Promenade in die "Neustadt". Schauen Sie sich die Geschäfte an und / oder setzen Sie sich in eine ruhige Ecke und nehmen Sie etwas zu sich (Achtung: Die Kroaten haben eine eigene Währung, die man aber überall wechseln kann). Wenn Sie nach rechts gehen, kommen Sie zu einem Markt mit Blumen, Gemüse und allem Möglichen. Weiter zum Hafen (durch die Unterführung). Dort liegen die Motorsegler für die Blaue Reise oder die Jachten, dann die (großen) Fähren, die überall hinfahren, und schließlich ganz am Wasser die Kreuzfahrtschiffe. Sie sehen, so geht es auch privat und abseits des Mainstreams.

## Montag, 20.05.2019 – Venedig

### Mit Sicht auf den Große Kanal

Wir waren schon oft in Venedig und sind mit dem Vaporetto den Kanal rauf und runtergefahren. Nun der Blick vom einlaufenden Kreuzfahrtschiff. Es war noch sehr früh, vorbei am Lido und am Castello der Stadt, dann kam San Marco in Sicht. Der Dogenpalast inklusive Seufzerbrücke, der Campanile auf dem Markusplatz, alles zieht gemächlich vorbei. Weit blickt man in den Kanal, um die Ecke die Rialtobrücke. Jetzt noch an der Insel Guidecca vorbei und rein ins Terminal Maritim.

Ja, ein Erlebnis, auch wenn die Proteste wegen des jüngsten Unglücks immer lauter werden. 6 Kreuzfahrtschiffe, das sind 60.00 Euro pro Tag, ein hübsches Sümmchen für die Stadtkasse. Die Passagiere geben am Canale Grande kaum einen Cent aus.

### Bacareto da Lele Campo dei Tolentini 183, Venedig, Italien

Über zwei Brücken musst du gehen. Wer kennt nicht das Lied von den sieben. Das Kreuzfahrtschiff hat uns rausgeschmissen, lange für die Einreise angestanden (auch EU-Bürger), den People-Mover gesucht und gefunden, am Busbahnhof auf der Piazza d'Roma einen Espresso getrunken und das Ticket zum Flughafen in Treviso gekauft. Jetzt für 2 Stunden die Koffer aufgeben (7 Euro das Stück) und ab in die Stadt? Nee, nur über zwei Brücken, nicht die zum

Hauptbahnhof, die andere, die über eine kleine Grünanlage zu den Giardini Papadopoli führt und dann noch die zur Campa Tolentinor. Die vielleicht 400 Meter sind auch mit Koffern zu bewältigen. Die Kirche San Nicola vor uns und dann nach rechts schauen. Da ist ein kleiner Laden mit ein paar Leuten davor, die kleine belegte Brötchen essen und ein Schlückchen Wein trinken. Der Wein kostet 80 Cent, die Brötchen vielleicht 1,50 €. Wir haben 2x nachgelegt. Tolle Atmosphäre, fast hätten wir unseren Bus verpasst.

### Wie war´s denn so?

Wie beschrieb der Reiseveranstalter die Reise? „Freuen Sie sich auf eine einzigartige Kombination aus einer spannenden Rundreise durch Südafrika und einer Kreuzfahrt durch den Suezkanal, das Rote Meer und den Indischen Ozean." Ein Resümee darüber sollte über das Ganze gehen, neben einer getrennten Betrachtung der Rundreise sowie der Kreuzfahrt.

Die Rundreise war ein Erlebnis, selbst das frühe Aufstehen entschädigt für die Tierbeobachtungen. Und die ist noch besser, wenn man mit dem Jeep unterwegs ist. Die Landschaft ist teilweise überwältigend und was uns die nette Reiseführerin über ihr Land erzählt hat, war sehr interessant. Wenn auch aus der Sicht einer weißen Burenstämmigen.

Die Kreuzfahrt hatte, wenn auch nicht in erster Linie, den Zweck, nach Hause zu kommen. Da wird manches in Kauf genommen, was andere Reedereien besser machen. Aber die Inselstaaten vor dem afrikanischen Kontinent waren interessant. Ein Höhepunkt war natürlich der Besuch der Felsenstadt Petra. Und auch, wie es im Suezkanal zugeht. In Europa ging es weiter nach Olympia, Split, Kotor und Venedig. Alles Ziele, die allein schon eine Kreuzfahrt wert sind.

Und wie war es? Meine Antwort ist ganz klar - gut, für andere war es vielleicht die Reise ihres Lebens. Ich glaube, die Wahrheit liegt irgendwo dazwischen.

## Im September die Adria lang zu den Griechen

Was uns bewogen hat, noch im selben Jahr eine weitere Kreuzfahrt zu machen, weiß ich heute nicht mehr. Wahrscheinlich war es ein Schnäppchen unserer vertrauten Reederei Royal Caribbian, oder eine Woche nach Griechenland, wenn es dort nicht mehr so heiß ist. Darin haben wir uns getäuscht. Doch, diesmal haben wir mehr auf Erholung gesetzt. Ein bisschen gucken - ja, in zwei der Destinationen waren wir schon, aber dort haben wir wieder was Neues entdeckt. Und Venedig hat es uns angetan. Noch einmal raus aus der Lagune, das wird aus Umweltgründen bald nicht mehr möglich sein. Vielleicht ist das auch gut so.

### Venedig, den 07.09.2019

### *Abends aus der Lagune*

Der Schlepper zog das Kreuzfahrtschiff in den Kanal von Giudecca. Es war schon fast dunkel, nur die AIDA kam noch später. Das Schiff nahm Fahrt auf und alle bewunderten vom Oberdeck aus die beleuchteten Straßen und Kanäle. Vorbei an der großen Basilica de Sante Maria della Salute, vorbei am Markusplatz mit einem schönen Blick auf den Canal Grande. Die Restaurants waren sehr gut besucht, man konnte es sehen. Dann ging es raus aus der Lagune. So eine schöne und romantische Ausfahrt haben wir selten erlebt.

Noch ein Hinweis, wie man günstig zum Schiff kommt. Wer nicht die 28,95 $ von RCCL für den Transfer vom Flughafen Marco Polo bezahlen will, nimmt den Expressbus Nr. 36 zum Piazzale Roma und dann den People Mover zum Cruise Terminal (8 € + 1,50 €).

### Dubrovnik (Kroatien), den 08.09.2019

*Fahren Sie mit Kuna (kroatische Währung)*

Das Kreuzfahrtschiff hat in Gruz angelegt und Sie wollen in die Altstadt von Dubrovnik? Jetzt rechnen Sie mal, der Schiffsshuttle kostet 15 $ round trip (ca. 105 Kuna), das Taxi das gleiche für eine Tour. Oder man fährt öffentlich, das kostet 15 Kuna (2,25 €), 12 Kuna, wenn man das Ticket am Schalter kauft. Das gesparte Geld kann man für ein überteuertes Bier ausgeben oder sich für 200 Kuna (30 €) einen Spaziergang auf der Stadtmauer leisten. Dafür wird sie auch instandgehalten.

Wer das alles überblicken will, muss mit der Seilbahn auf den Hausberg fahren. Man findet sie, wenn man durch das nördliche Stadttor geht und dann immer geradeaus (Schild: Cable Car). Fährt aber nur bei schönem Wetter. Wir hatten Pech, es zog etwas auf. Trotzdem ist die Altstadt sehr schön, aber ziemlich überlaufen. Von der Hauptstraße in die Gassen gehen, da ist es ruhiger.

### Kotor (Montenegro), den 09.09.2019

*Die Hopp-Off-Hopp-On-Bus-Tour von Kotor*

Wenn man mit dem Tenderboot an der Anlegestelle ankommt, empfängt einen eine Horde Leute, die verschiedene Touren anbietet. Die beste Wahl ist die Hopp-Off-Hopp-On-Bustour. Der Bus wartet direkt vor dem Hafenausgang und scheint eine offizielle Einrichtung zu sein. Für 20 Euro pro Person bekommt man viel (zu sehen). Zuerst fährt der Bus das am weitesten entfernte Ziel an, den Ort Risan. Dort gibt es römische Mosaike zu bestaunen (Eintritt inklusive). Die 15 Minuten Aufenthalt reichen völlig aus. Dann geht es zurück nach Perast, wo

Vierter Band

man aussteigt. Man kann ins Museum gehen, muss aber nicht. Viel besser ist es, mit dem Boot zur Insel Lady of the Rocks zu fahren (Round Trip 5 Euro). Die Kirche ist sehenswert und man braucht mindestens eine Stunde, um den nächsten Bus zu erreichen. Der letzte Halt ist Bajova Kula. Dort gibt es einen schönen Strand. Bis Kotor sind nur wir durchgefahren. Da ist eine Stadtführung im Preis inbegriffen. Die sollte man auch machen, sonst läuft man nur durch die Gegend. Man sollte sich Zeit nehmen für einen großen Pivo (Bier). Ach ja, der Bus hat ein Audiosystem, so dass man alles, was man sieht, auf Deutsch erklärt bekommt. Und nicht die beschriebene Tour vom Schiff aus buchen, die kostet, glaube ich, 70 $.

### Auf See zu den Griechen, den 10.09.2019

Nach zwei interessanten Städten gab es einen Tag Pause. Im Atrium des Schiffes kann man sich ausruhen. Im eingebauten Pool, wo immer jemand aufpasst, kann man ein paar Bahnen schwimmen oder an der Schwimmgymnastik teilnehmen, auch wenn die Beteiligung nicht so groß ist. Werfen wir noch einen Blick auf den Kreuzfahrtkompass und kreuzen an, was wir uns antun wollen.

### RHAPSODY OF THE SEAS, DAY 4

#### TAKE AN EXTRA LONG BREAK TODAY

*Nehmen Sie ein Bad im Pool. Lauschen Sie dem Live-Jazz in der Lounge. Versuchen Sie eine Yogastunde. Oder schauen Sie einfach nur auf den blauen Ozean und lassen Sie Ihre Gedanken schweifen. Egal, ob Sie die Füße hochlegen oder das Haar herunterlassen müssen, es ist Zeit, es sich an Bord gemütlich zu machen. Buchen Sie eine Tour mit Shore Excursions. Deck 5. für Ihre kommenden Tage im Hafen.*

### Wir entschlossen uns, folgendes zu tun:

| | |
|---|---|
| 9:30 - 10:00 | Water Aerobics, Solarium Pool |
| 10:15 - 11:00 | Destination Talk about Santorini & Katakolon, Greece in Broadway Melodies Theatre |
| Then - 11:30 | Basic Italian Class with your Cruise Director's staff, Schooner Bar |
| 14:00 - 15:55 | Theatre Movie Time: Mamma Mia! Here we go again |

Vierter Band

19:30 - 20:25    Production Showtime: Ballroom Fever featuring your Royal Caribbean Singers and Dancers, Broadway Melodies Theatre

## Santorin (Griechenland), den 11.09.2019

Bevor wir an Land gingen, gab uns die Reederei noch einige nützliche Tipps:

- *Royal Caribbian International Ausflüge sind sehr empfehlenswert, um unsere Häfen zu erkunden.*

- *Achten Sie besonders darauf, rechtzeitig zum Schiff zurückzukehren.*

- *Nehmen Sie immer Ihren Port Explorer und Cruise Compass mit, wenn Sie an Land gehen.*

Jetzt noch die zusätzlichen Informationen und wir sind bereit für den Landgang.

- Vergessen Sie nicht, den berühmten griechischen Joghurt zu probieren.

- Santorini ist in der Regel sehr heiß, also packen Sie sommerliche Kleidung und bequeme Schuhe ein. Vergessen Sie nicht Ihren Hut, eine Flasche Wasser und Sonnencreme.

- Achten Sie auf die letzte Tenderbootzeit, da manchmal, wenn mehr als ein Schiff vor Anker liegt, die Seilbahnlinie zurück zum Schiff sehr überfüllt ist und die Warteschlange bis zu 2 Stunden dauern kann.

### Hoch mit der Seilbahn und ab zu den blauen Kuppeln in Oia mit dem öffentlichen Bus

Hoch mit der Seilbahn, aber vorher die Kreuzfahrtschiffe zählen. Bei sechs Schiffen wird die Schlange lang und es wird eng in der Stadt. Dasselbe, wenn man runter will (Schiffsinformation: bis zu zwei Stunden). Wir mussten nicht warten. Alternativ kann man runterlaufen (45 Minuten) oder auf dem Esel reiten. Nichts für Tierfreunde.

Wer "was erleben" will, macht einen Ausflug nach Oia. Nicht bei der Reederei buchen. Das ist sündhaft teuer ($72 p.P.). Und man "erlebt" nicht so viel. Also, oben angekommen, erst mal die schöne Aussicht genießen und dann den Busbahnhof suchen, der ist in der Nähe der Ekklesia Agia Marina. Dort nimmt man den Bus nach Oia, einfach fragen.

Der Bus ist immer am vollsten (ca. 60 Sitzplätze oder auch Stehplätze). Die Fahrt dauert in der Regel eine halbe Stunde. Unser Bus braucht über eine Stunde. Vor ihm wurde ausgeladen, falsch geparkt, ein Taxi wartete, Fußgängerhorden. Dazu die Hitze im Bus, der Fahrer fluchte bei lauter Musik. Na- für 1,80 Euro kann man nicht mehr verlangen. In Oia war es schön (voll), weiße Häuser, blaue Kuppeln, herrlicher Blick auf den großen Vulkankrater. Zurück waren wir pünktlich, haben die Seilbahn wiedergefunden und an der Talstation zu Mittag gegessen, ohne den Trubel in der Oberstadt. Kosten für 2 Personen: 24 Euro für die Seilbahn + 7,20 Euro für den Bus + 60 Euro für Essen und Getränke (inkl. Trinkgeld).

### Mit kalí méra (Guten Tag) wurden wir begrüßt

Im Alten Hafen (Anlegestelle der Tenderboote und Talstation der Seilbahn) gibt es einige Lokale. Welches nehmen wir? Wir gingen an der Eselstation vorbei und es begrüßte uns ein Kellner nett mit kalí méra. Er bot uns einen schönen Platz an und wir aßen zu Mittag: gegrillten Oktopus meine Frau und ich Gyros. Absolut lecker. Auch das Fassbier und der Weißwein. Gekrönt vom Ouzo. Alles zu akzeptablen Preisen. Zudem die schöne Aussicht.

### Olympia (Griechenland), den 12.09.2019

### Olympia für Maschinenbauingenieure

Die historischen Stätten von Olympia haben wir schon einmal besucht. Jetzt waren wir nochmal da. Der Bus von Katakolon kostete jetzt 10 Euro, vorher waren es 8. Dafür hielt er fast am Archimedes-Museum (50 m weiter Richtung Busparkplatz) und war auch gut zwei Stunden später für die Rückfahrt wieder da. Leider sind wir in die falsche Richtung gelaufen, auf Nachfrage haben wir es tatsächlich gefunden. "Siehe, das Gute liegt so nah."

Eigentlich ist das Privatmuseum etwas für Technikfreaks. Wer einmal Maschinenbau studiert hat, ist hier genau richtig. Da kaum Besucher da waren, bekamen wir eine Privatführung von einer netten jungen Dame. Auch meine Frau war interessiert. Also, es ging um Schrauben und Muttern, Zahnräder, Hydraulikautomaten. Parabolspiegel und natürlich die archimedische Schraube in voller Funktion. Alle Exponate sind Nachbauten. Am Ende des Besuchs sollte man gut spenden. wenn man auf seine Kosten gekommen ist. Wir haben uns ein Buch über die Erfindungen der Griechen gekauft. Sehr lesenswert.

Die halbe Stunde bis zum Bus haben wir in der angesagten Außengastronomie bei Wein und Bier verbracht. Es gab auch einen griechischen Imbiss. Ort: Ein kleiner Platz an der Hauptstraße mit riesigen Platanen, nicht zu übersehen.

**Zurück nach Venedig, vom 13.09.2019 bis zum 14.09.2019**

Nach einer beschaulichen Rückfahrt von Katakolon kamen wir früh in der Lagunenstadt an. Die Sonne ging gerade auf. So standen wir schon um 8:00 Uhr nach dem Aussteigen auf der Straße. Bis zum Rückflug hatten wir noch viel Zeit. Vom Kreuzfahrtterminal fuhren wir mit dem People Mover zum Piazzale Roma. Dort konnte man sich in der Touristeninformation einen Stadtplan besorgen. Dann sind wir ein bisschen herumgelaufen, nicht viel, denn die Koffer waren im Weg.

Schließlich stiegen wir in den Flughafenbus und warteten auf unseren Abflug. Hatten Zeit, noch einmal über die Kreuzfahrt nachzudenken. Ja, es hat sich wieder gelohnt. Die Leute waren nett, nicht nur auf dem Schiff. Und viel Stress hatten wir auch nicht.

Grazie Mille, Italia! Grazie Mille Royal Caribbian!

Vierter Band

## Porto und das Douro-Tal, Salamanca nicht vergessen

Wir haben früh gebucht und 100 Euro pro Person gespart. Und wofür? Für eine Kreuzfahrt auf dem Douro. Das war ein Superangebot und den Fluss hinunter wollten wir, seitdem wir zuvor schon drei Tage in Porto waren, was uns sehr gut gefallen hat. Anfang November, so dachten wir, kann es in Portugal noch nicht so kalt sein, und das Wetter gab uns recht.

*Angebot: MS Douro Cruiser \*\*\*\*, 7 Nächte Porto – Vega de Terron – Porto, Frühbuchungspreis pro Person ab € 699 (Früh buchen & EUR 100 sparen)*

Die Reederei Nicko Cuises Schiffsreisen GmbH ist nicht die einzige auf dem Fluss. Nach dem Motto von Aldous Huxley „Reisen bedeutet, herauszufinden, dass sich alle in ihren Ansichten über andere Länder irren" betreibt die Reederei ihr Geschäft. Wir wollten herausfinden, ob das stimmt.

Aber auch die Anreise kann spannend sein. Unser Flug nach Porto ging von Frankfurt aus, ausgerechnet an diesem Tag streikte die Lufthansa. Unverzagt fuhren wir hin, wollten sehen, was sich machen lässt. Um es vorweg zu nehmen, es ging alles gut. Die freundliche LH-Dame buchte uns einen Flug mit einer anderen Airline nach Genf und von dort mit der portugiesischen Airline TAP zum gewünschten Ziel. Dazu gab es noch einen Gutschein für ein Frühstück zu zweit. Endlich angekommen, freuten wir uns über das Upgrading der Reederei. Eine schöne Kabine mittschiffs, nicht ganz so weit achtern. Nun aber zur Beschreibung der Kreuzfahrt, Tag für Tag.

### Porto, Portugal, den 07.11.2019

*Mit der Gondelbahn zum Kreuzfahrtschiff*

Wenn man auf ein Kreuzfahrtschiff will (mit Koffer und so), dann ist der Teleférico de Gaia die beste Wahl. Angekommen fällt man buchstäblich ins Schiff. Also mit der Metro vom Flughafen kommend (gelbe Linie) steigt man am Jardim de Mores (Haltestelle "Mohrengarten") aus, zahlt 6 € für die einfache Fahrt (9 € mit Rückfahrt) und hat 600 m lang Open-Air-Blick auf Porto, die Brücke oder die Dächer der unzähligen Weinkeller am Hang. Aber Vorsicht, wenn man vor 10 Uhr vom Schiff zur Metro und dann zum Flughafen muss. Dann muss man ein Taxi nehmen (mit Trinkgeld ca. 10 €). Also nur die Hinfahrt und die Aussicht genießen.

Vierter Band

**Porto, Portugal, den 08.11.2019**

*Die "Blumenstraße" zum Flanieren - morgen und abends*

Eine Stadtrundfahrt stand auf dem Programm. Sie führte vom Kreuzfahrtschiff am Gaia-Kai über die Douro-Brücke (mit viel Stau und alles noch etwas im Nebel) zur großen Kathedrale Sé. Dort hatten wir Auslauf. Da wir die ja schon kannten, spazierten wir über einen kleinen Markt zur Rua das Flores gegenüber dem Bento-Bahnhof. Es war noch nicht viel los, die Geschäfte wurden beliefert. Die Auslagen waren vielfältig: Sardinenbüchsen, Portwein, Kinderkleidung etc. Gott sei Dank hatte schon ein Café geöffnet. Dort wurden zuerst die berühmten Pasteis de Nata gekauft und verzehrt. Dann ging es weiter zur Kirche Igreja da Misericordis mit ihrer pompösen Fassade (Rololo / Barock).

In der Rua das Flores geht abends die Post ab. All die netten Bars und Cafés - da muss man einfach hin.

Bei der Stadtrundfahrt habe ich einige Fotos gemacht: Über die Ponte Dom Luis I mit Blick auf den Cais und Praca da Riberia, mit Blick auf den Cais de Gaia (rechts neben dem Riesenrad liegen die Kreuzfahrtschiffe). Rechts der Bento-Bahnhof, links die Rua dos Flores, davor ein kleiner Markt, viele Meeresprodukte, Café mit Einkaufsmöglichkeit (Pasteis do Nata), und noch mehr Einkaufsmöglichkeiten, Café für Ausländer mit Schildern in Englisch.

*Turm mit Gegenverkehr*

Die Führerin hat uns gewarnt, viele Stufen und alle mit Gegenverkehr. Die Turmbesteigung kostet 5 €. Dafür bekommt man eine Besichtigung der anschließenden Kirche Igreja dos Clerigos von der Empore aus, das kleine Museum für Kirchengewänder und einen fantastischen Blick über Porto aus 68 m Höhe. Sehr schön ist die Schlage vor der gotischen Buchhandlung Lello & Irmao zu erkennen. Außer mir ist niemand aus unserem Bus dort hinaufgestiegen. Früher diente der Campanile als Leuchtturm.

Fotos: Blick auf den Douro mit Nova Gaia und Blick in Richtung Dourotal, Blick auf den Atlantik, Blick auf die Buchhandlung Lello, links der Chor der Kirche - rechts die Schlange vor der Buchhandlung und ein portugiesischer Snack-Foto.

*Ein Weinkeller von vielen, wenn auch berühmt*

Das Schöne ist, dass man nicht lange laufen muss. Auch die Information ist gut, ansonsten ein gewöhnlicher Weinkeller mit großen Fässern. Die beiden

Portweine, die wir probiert haben, waren nicht die besten, aber von besserer Qualität. Mein Tipp, ins Taylor's gehen. Dort bekommt man für 15 € Eintritt eine Audioführung, viel Atmosphäre und eine anspruchsvolle Verkostung. Allerdings muss man ziemlich steil hinauf. Dafür blickt man über Porto und kann im Restaurant zu Mittag oder zu Abend essen, allerdings nicht für den kleinen Euro.

Am Nachmittag ging es dann los, nicht ohne vorher die Sicherheitsübung zu absolvieren: „Bitte begeben Sie sich vor der Übung in Ihre Kabinen und warten Sie dort auf das Alarmsignal und die anschließenden Durchsagen. Beim Anlegen der Rettungswesten bitte auf Brillen, Hörgeräte und Schmuck achten... Sicherheitseinweisung im Salon. Dann legte das Schiff ab und fuhr nach Bitetos.

### Entre-Os-Rios/Bitetos - Régua, Portugal, den 09.11.2019

#### Die Schleusung von Carrapatelo

Die Schleuse von Carrapatelo ist eine der größten (oder tiefsten) der fünf Schleusen auf dem Douro. Mit einem Hub von 35 m dauert der Vorgang ca. 12 min. Alles auf dem Sonnendeck wird für die Durchfahrt niedergelegt. Die Passagiere müssen für die folgende Brücke sitzen bleiben. Einige sind schon vom Stuhl gerutscht, so knapp war es. In der Schleuse ist es wie in einem tiefen Loch. Oberhalb ist ein Stausee. Der Barragem do Carrapatelo ist also nicht nur verkehrstechnisch, sondern auch energie- und wasserwirtschaftlich interessant. Aber das interessiert die Wassertouristen wohl weniger.

#### Auf dem Kreuzfahrtschiff bei Regua

Wir sind ungefähr in der geographischen Mitte des Dourotals angekommen und Ausflüge zu den Sehenswürdigkeiten stehen auf dem Programm. Ausgangspunkt ist der Uferweg gegenüber der Stadt Regua. Wir fahren durch die Weinberge und blicken hinunter ins Tal auf den Staudamm mit der Schleuse und dem Wasserkraftwerk. Nach dem Ausflug kehren wir zum Schiff zurück, das nun am Kai von Regua liegt.

Nach dem Abendessen öffnen wir eine Flasche Vintage Portwein, indem wir den Flaschenhals mit einer speziellen heißen Zange erwärmen und mit kaltem Wasser abschrecken. Das Glas zerbricht rundum gleichmäßig. So hat man den Korken von der Flasche getrennt. Die Verkostung war nicht umsonst, aber dieser Port war etwas Besonderes. Es wurde Folklore gespielt, gesungen und getanzt. Auch der Fado durfte nicht fehlen.

### 613 Stufen muss du gehen zum Heiligtum Unserer Lieben Frau der Abhilfe

Man muss nicht die 613 Stufen zur Wallfahrtskirche Nossa Senhora dos Remedios hinaufsteigen. Der Bus fährt auch nach oben und man kann sich bequem unten abholen lassen. Die Terrassentreppe hat Stationen mit schönen Kachelbildern. Oben ist die Aussicht wunderschön. Mir haben die chinesischen Figurengruppen am Eingang der Treppe gefallen. In der Kirche selbst fällt die himmelblaue Deckenbemalung auf und auch die eigenartige Atmosphäre.

Am Ende der Allee, die zur Kirchentreppe führt, befindet sich links ein Museum und rechts die Kathedrale. In das Museum sind wir nicht gegangen, wohl aber in die Kathedrale. Der Kreuzgang ist sehenswert.

In einem Straßencafe haben wir auf die Museumsbesucher gewartet und für wenig Geld etwas gegessen. Die Einheimischen saßen die ganze Zeit vor leeren Gläsern. Das bisschen Geld hatten sie wohl nicht. Ob die Liebe Frau da Abhilfe schaffen kann?

### Régua (Mateus) – Pinhäo – Barca D´Alva, Portugal, den 10.11.2019

### Ein Palast ein wie Traum, der Garten ebenso

Ein Palast wie ein Traum, sagen wir, wie ein kleiner. Es gab eine Führung von Sonja, eine echt köllschen Mädscher. Jetzt ist sie Portugiesin. Sie hat das sehr gut gemacht. Der Garten ist sehr groß, sehr schön. Bemerkenswert ist die riesige Zeder aus Louisiana. Das war ein schöner Vormittagsausflug. Übrigens ist der Mateuspalast auf den Etiketten des berühmten Roséweins Mateus abgebildet.

### Die schönen Kachelbilder betrachten und dann zur Quinta Avessada zum Dinner

Wegen der schönen Kachelbilder muss man nicht unbedingt von Porto nach Pinhao fahren. Aber wenn man schon mal da ist, sollte man sie sich ansehen. Sie zeigen die Geschichte des Weinbaus.

Anschließend fuhren wir zur Quinta Avessada, einem prominenten Weingut. Es gab eine Führung durch das kleine Museum. Es ging um die Herstellung von Muskatellerwein und Portwein. Der Muskatellerwein deshalb, weil ab 500 m

Höhe kein Portwein mehr hergestellt werden darf. Anschließend Folkloremusik und danach ein regionaltypisches Abendessen. Dazwischen eine launige Einführung in die Weinprobe durch den Patron selbst. Mit ihm wird das Weingut in der 6. Generation geführt. Es gab schlechte Zeiten (Reblaus), aber die damalige Chefin hat sich und ihre Leute über die Runden gebracht. So durfte beim Abendessen die Suppe nicht fehlen, die es damals mit allem Möglichen gab. Nach einer herzlichen Verabschiedung ging es kurvenreich zurück zum Schiff. Ein interessanter Abend.

**Barca D´Alva, Portugal – Salamenca, Spanien, den 11.11.2019**

*Der Plaza Mayor - das Herzstück von Salamanca*

Die Plaza Mayor ist das Herz Salamancas und ein Treffpunkt. Er liegt zwischen den Einkaufsstraßen Toro und Rua Mayor, die mit anderen Einkaufsstraßen vergleichbar sind. Also nichts Besonderes. Was die Plaza Mayor von vielen anderen Plätzen in Spanien unterscheidet, sind die Medaillons an den vier Seiten und die Balkone an den Seiten und vor dem Rathaus. Auf den Medaillons sind berühmte Spanier zu sehen, zum Beispiel der spanische Nationaldichter Cervantes, das Medaillon von Diktator Franco wurde entfernt. Die Balkone dienen / dienten dazu, das Geschehen auf dem Platz zu beobachten: heute die wichtigsten Ereignisse aller Art, früher Stierkämpfe, Prozessionen, Hinrichtungen. Die Besitzer machten gute Geschäfte.

Zum Plaza Mayor von Salamanca kamen wir mit dem Bus von Barca d'Alva, Portugal. Knapp 2 Autostunden von Salamanca entfernt und gerade rechtzeitig zum Mittagessen. Dieses war mit Paella und Flamenco gelinde gesagt untypisch. Knödel und Schuhplattler gehören auch nicht nach Hamburg. Aber - das Angebot in den Lebensmittelgeschäften ist authentisch regional. Zum Beispiel Pata Negra vom schwarzen Schwein.

*Salamancas bekanntester Palast - das Muschelhaus*

Wenn man von der Plaza Mayor kommt, fällt einem auf halbem Weg zu den Kathedralen die Casa de las Conchas mit ihren unzähligen Muscheln an den Außenwänden auf. Genauer gesagt sind es über 300 Schalen. Don Rodrigo Arias Maldonado war Ritter des Santiagoordens und so kommt einem die Pilgermuschel in den Sinn. Aber warum so viele? Vielleicht als Liebesbeweis an seine Frau Doña Maria, die eine Muschel in ihrem Wappen führte. Mit dieser Geschichte wird der Bau aus dem 15. Jahrhundert noch interessanter.

### Die „Allgemeinschule des Königreiches" vom Alfonso IX., gegründet im Jahre 1218

Warum studiert man in Salamanca? Nicht, weil es 800 Meter über dem Meeresspiegel liegt, sondern weil dort Hochspanisch gesprochen und gelehrt wird. Aber auch, weil man sonst in Kastilien studieren müsste. Alfonso IX. wollte das nicht und so war das Studium kostenlos, nur für Essen und Trinken mussten die Studierenden selbst sorgen.

Als Touristen bestaunen wir die Fassade der Escuelas Mayores der Universität von Salamanca. Ganz oben der segnende Papst, in der Mitte das Staatswappen (links der habsburgische Doppeladler), darunter das Königspaar und auf der rechten Säule, etwas in der Mitte unter den Simms, 3 Totenköpfe. Auf dem linken sitzt ein Frosch, einen solchen mussten die Studenten mit der Hand fangen, um die Prüfung zu bestehen. Interessant ist auch der Kreuzgang, in dem die Vorlesungen stattfanden. Nach bestandener Prüfung musste der Absolvent einen Stierkampf spenden. Mit dem Blut der Tiere wurden die Namen an die Wände geschrieben. Die Erklärungen unseres Führers waren ausgezeichnet.

### Die riesige Kathedrale und der kleine Astronaut

Am Hauptportal der neuen (alten) Kathedrale wurde das Ornament erneuert. Auf der linken Seite in 2 m Höhe hat sich der Künstler die Freiheit genommen, einen kleinen Astronauten zu meißeln. Man geht eben mit der Zeit. Die neue Kathedrale ist 5-schiffig, gebaut für Tausende von Gläubigen. Alles ist riesig und kommt der Kathedrale von Sevilla sehr nahe. Die Kathedrale ist im gotischen Stil erbaut, mit Elementen aus der Renaissance bis hin zum Barock. Wenn man durch die Kathedrale geht, kommt man in die wirklich alte nebenan. Diese ist im romanischen Stil gehalten und wird im Gegensatz zur neuen als Gotteshaus genutzt. Hier friert man nicht so. Schön, wenn auch nicht üppig mit Gold, ist der Chor. Die Türme, Ieronimus genannt, der alten Kathedrale haben wir nicht bestiegen. Von dort hätte man einen majestätischen Blick über die ganze Stadt. Das machen wir beim nächsten Besuch. Salamanca ist so geschichtsträchtig.

**Barca D´Alva - Pinhao, Portugal, den 12.11.2019**

Vierter Band

## *Ein kleines historisches portugisisches Dorf - Castelo Rodrigo*

Um es gleich vorweg zu nehmen, wir waren auch in der angesagten Kirche. Bemerkenswert sind die Statue des Heiligen Jakobus, der „die Mauren tötete", und die Jakobsmuschel an der Kanzel. Im Ort gibt es noch einen Schandpfahl, arabische Inschriften, maurische Fenster an der alten Synagoge. In der Teestube gibt es Mandellikör und leckeren Kuchen. Beliebt sind die Handtaschen aus Kork. Man sollte eine mitnehmen. Das Dorf liegt auf einem Hügel und ist von einer Stadtmauer umgeben. Vom nahe gelegenen Antennenberg kann man das Dorf gut in der umgebenden Landschaft erkennen. Der segnende Christus weist den Weg. Ein schöner und interessanter Ausflug südlich des Douro und nahe der spanischen Grenze.

## Pinhao – Porto – Vila Nova de Gaia, Portugal, den 13.11.2019

### *Gelandet und auf die Einkaufsstraße Santa Catarina zum Café Majestic und zur Törtchen-Fabrik*

Ende der Kreuzfahrt. Nachmittag zur freien Verfügung. Wohin jetzt? Natürlich in die berühmte Einkaufsstraße Santa Catarina: den Quai Gaia entlang bis zur Brücke, unten rüber nach Porto, die Standseilbahn für 2,50 € nehmen, am Ausgang die Rua Augusto Rosa entlang (Haltestelle der historischen Straßenbahn), leicht links abbiegen, dann sieht man die gekachelte Kirche Sto. Indefonso, über die Straße ist man schon in der Einkaufsmeile. Gleich rechts am Anfang ist das Café Majestic, schickes Geschäft mit Warteschlange. Wollten wir nicht und sind weiter zur Törtchenfabrik "Fabrica Nata" links. 2 x Espresso + Portwein + Törtchen (Pasteis do Nata) in Selbstbedienung zum kleinen Preis, Rechnung beiliegend. Im ersten Stock kann man alles verzehren, ist auch edel eingerichtet. Gegenüber dem Laden befindet sich ein Einkaufszentrum. An dessen Fassade laufen die Menschen senkrecht, also quer, sind aber nicht echt. Weiter oben noch eine Kachelkirche, die Capela das Almas. Aber so weit sind wir noch gar nicht, gemütlich zum Schiff über den Bento-Bahnhof, die Rua de Mouzinho, am Quai da Ribeira. Dann wieder über die Brücke in die Markthalle auf ein Bierchen Super Bock Stout (super lecker).

Fotos: Ausflugsschiff einer bekannten Portweinfirma, Ponte Dom Lois I, Cais da Ribeira, Kachelkirche Sto. Indefonso, Fassade des Einkaufszentrums, Eingang zur Törtchenfabrik - Törtchenherstellung. Im Cafébereich - Einkauf und Abrechnung.

**Was haben wir entdeckt?**

Kommen wir noch einmal auf das eingangs erwähnte Motto von Nicko Cruises zurück, dass sich jeder irrt, was er über andere Länder denkt. Das können wir bei dieser Flusskreuzfahrt nicht bestätigen. Wir haben nur Gutes gehört und selbst erlebt. Wir können die Kreuzfahrt, auch Anfang November, weiterempfehlen. Dazu gehört auch der Besuch in Salamanca. Das war bereichernd. Natürlich waren es die kleinen Schönheiten: die schönen Gebäude und Gärten, die Landschaft am Fluss, die Sache mit dem Wein. Es hat uns gefallen.

## Nach Singapur und Vietnam und eigentlich weiter

Auf aldi-reisen.de haben wir diese Reise gesehen. Sie hat uns gereizt. Mal nicht nach Westen, mal entgegengesetzt. Wo es hingehen sollte, steht weiter unten. Gebucht haben wir trotzdem nicht dort, sondern bei unserem bewährten Kreuzfahrtberater. Dort bekamen wir zum gleichen Preis eine Außenkabine und über die Reederei einen Flug mit besseren Abflugzeiten zu einem sehr guten Preis. Für Singapur haben wir das Hotel selbst gebucht, von Hongkong wollten wir direkt nach Hause fliegen.

Vierter Band

*Aus dem Aldi-Prospekt:* Singapur – Hongkong, 19-tägige Reise inclusive Flug, 4-Sterne-Hotel, Luxus-Schiff/Vollpension, in der 2er-Innenkabine Spezial, pro Person ab 2.599.- €, inkl. Macau-Programm und Verlängerungswoche buchbar.

*Reiseverlauf* – Grundprogramm: **Tag 1** - Flug nach Singapur, **Tag 2** - Ankunft in Singapur, Hoteltransfer/ Einschiffung, **Tag 3** - Seetag, **Tag 4**- Ply My / Ho Chi Minh-Stadt, Vietnam, **Tag 5** – Nha Trang, Vietnam, **Tag 6** – Hue/Danag, Vietnam, **Tag 7 bis 8** – Seetage, **Tag 9 bis 10** – Taipeh, Taiwan/China, **Tag 11** – Seetag, **Tag 12** – Kagoshima, Japan, **Tag 13** – Okinawa, Japan, **Tag 14** – Seetag, **Tag 14** – Seetag, **Tag 15** – Hongkong, China, **Tag 16** – Hongkong, China, Ausschiffung / Hoteltransfer, **Tag 17** – Hongkong, Stadtrundfahrt/Hoteltransfer, Macau, **Tag 18** – Macau, Stadtrundfahrt/Flughafentransfer und Rückflug, **Tag 19** – Ankunft in Deutschland.

Die Corona-Pandemie hatte gerade begonnen. Niemand wusste, wie sie sich ausbreiten würde. Wir waren guter Hoffnung, dass wir die Kreuzfahrt zu Ende bringen würden. Aber es kam anders. Mehr dazu weiter unten.

Was hat uns an dieser Reise gereizt? Warum einen so langen Flug in Kauf nehmen? Wir hatten schon viel von den Reisezielen gehört. Und auch die Schiffe der Celebrity Cruise Line sollen viel zu bieten haben, ist es doch das bezahlbare Luxussegment der Royal Caribbian Group. Wir wurden nicht enttäuscht.


### Nach Singapur, vom 29. bis zum 30.01.2020

Ich weiß nicht mehr, mit welcher Premium-Airline wir ab Frankfurt geflogen sind. Im Gedächtnis geblieben ist mir der Sprint zum Anschlussflug nach Singapur. Das war nach Mitternacht auf einem internationalen Flughafen in den Emiraten. Wir hatten 50 Minuten Zeit, aber wir haben es geschafft.

Gegen Mittag landeten wir schließlich in Singapur. Ein Taxi brachte uns zum Hotel, für öffentliche Verkehrsmittel hatten wir keine Kraft mehr. Im Hotel holten wir unser Schlafdefizit auf und machten uns auf den Weg zur ersten Sehenswürdigkeit Singapurs, dem Chinesenviertel, auch People's Park Complex genannt. Nun ist die Hotelbewertung an der Reihe.

### *Für Preisbewusste die richtige Wahl*

Das Hotel liegt an der Kampong Bahru Road, einer vierspurigen Straße, die das Vivo-Center (größtes Einkaufszentrum Singapurs) mit dem Stadtzentrum (z.B.

Chinatown) verbindet. Der Hafen ist 2 Busstationen entfernt, Chinatown 6 (4 Buslinien). Einfache Fahrt für 2 Personen € 3,35. Die Zimmer sind klein, haben aber nicht die in dieser Preisklasse üblichen 8 qm, sondern eher 12 qm. Koffer können abgestellt werden. Dusche und Klimaanlage funktionieren gut. Das Bad ist eng, so dass die Toilette beim Duschen gleich mit gereinigt wird. Von der Straße war es nicht laut. Und Instantkaffee kann man sich auf dem Zimmer machen. Für 10 € mehr bekommt man ein größeres Zimmer. Macht immer noch 122 € für zwei Tage. Für Singapur unschlagbar günstig. Das Personal ist ok. Also zum Koffer abstellen und schlafen ist die Unterkunft ok.

### Neben all den Tempeln den People´s Park Complex nicht vergessen

Das chinesische Viertel erreicht man mit der U-Bahn (Station Chinatown) oder mit dem Bus. Wenn man aus der U-Bahn ans Tageslicht kommt, hat man die Wahl, über die Straßenbrücke zum Chinatown Street Market zu gehen oder sich in der Mall umzusehen. Wer nicht im Touristenviertel essen möchte, sollte sich hier stärken. Man hat die Wahl zwischen Nudeltöpfen oder gegartem Fleisch. Wobei Schweineschnauzen und Entenhälse von Europäern nicht gerade bevorzugt werden. Zwischendurch tanzen die Drachen. Wer sich für Kultur und gutes Essen entscheidet, geht ins Viertel. Schaut sich die Tempel an (unbedingt den Plan Discover Chinatown mitnehmen, gibt's im Hotel), sonst verirrt man sich. Es gibt auch Routenvorschläge, für 2 und 5 Stunden. Wir haben im Restaurant gegenüber vom Heritage Center gegessen, man sitzt auf der Terrasse und schaut dem Treiben zu. 2 Gerichte, 2 Bier nicht für die kleine Mark. Besonders abends sollte man nach Chinatown gehen. Da brennen alle Figurenlaternen. Wir haben das bunte Treiben bewundert.

### Singapur, den 31.01.2020

### Eine Möglichkeit, Singapur zu erkunden

Ich verstehe die Kritik der anderen nicht. Sicher, gut 30 € für 24 Stunden sind kein Pappenstiel (in Reykjavík zahlt man mehr, in Montevideo nicht viel weniger). Im Bus oder in der Metro kostet jede Einzelfahrt 1,80 €, da kommt schon was zusammen. Beim Big Bus gibt es 4 Routen (Linien), die sich alle am Suntec Hub treffen. Dort kann man auch gut umsteigen. Wir haben von Chinatown aus die rote Linie genommen (mit den wichtigsten Sehenswürdigkeiten). Den Pass bekommt man am Hindutempel in Chinatown. Sind dann umgestiegen und mit der gelben Linie zum Botanischen Garten gefahren. Alles auf dem Oberdeck, was halb schattig war. Erklärungen per Audio gab es in deutscher Originalsprache. Eigentlich eine feine Sache, besonders für die, die Ausdauer haben und alles sehen wollen. Die Busfrequenz beträgt ca. 20 Minuten an den Haltestellen des öffentlichen Busverkehrs. Der Linienplan ist ok. Ich empfehle noch einen Stadtplan oder die entsprechende App dabei zu haben.

### Ein Highlight in Singapur

Der Botanische Garten ist am besten mit dem Big Bus (Stadtrundfahrt), gelbe Linie, zu erreichen. Der Bus hält direkt am Eingang. Dort gibt es auch einen Infostand mit freundlichen Damen. Sie empfehlen, zuerst in den Orchideengarten zu gehen. Man geht nach links und nach ein paar hundert Metern ist man da. Mit Restaurant und Kiosk. Die Toiletten sind mitten im Orchideengarten. Für einen Singapur-Dollar kann man die Pracht bewundern. Was bei uns in mickrigen Blumentöpfen blüht, blüht dort buschweise. Wenn wir wieder in Singapur sind, besuchen wir auch die Botanik.

### Riesiges Einkaufzentrum, Anleger für Kreuzfahrtschiffe und eine schöne Hafenpromenade

Wir sind abends noch einmal rausgegangen. Von unserem Hotel sind es gute 20 Minuten. Man kann auch mit der Metro oder dem Bus bis Habourfront fahren. Von dort geht die Monorail zur Vergnügungsinsel Sentosa (Warner Bros.), geht wohl auch mit der Fähre. Eine Seilbahn überspannt Habourfront und führt zum Aussichtspunkt Mt. Faber. An der Promenade gibt es Cafés und Restaurants. Bier gibt's ab 18 Singapur-Dollar. Dafür ein echtes Münchner Löwenbräu. Die AIDA hatte angelegt und eines der Cafés heißt Hans im Glück. Hier fühlen sich die deutschen Gäste wohl. Schoppen kann man hier bis zum Abwinken. Der Blick auf den Hafen lohnt sich.

### Welcome aboard, Saturday, February 1st, 2020, Singapur, Dress-Code: Smart Casual

### Abschied von der Waterfront

Die Celebrity Millennium legt ab und gibt den Blick auf die Waterfront von Singapur frei. Alle Passagiere stehen an der Sunshine Bar und genießen den

Blick auf das Marina Sand Hotel, das Riesenrad Singapur Flyer, die Gardens by the Bay, die Stadt und dann auf das offene Meer.

**At Sea, Sunday, February 2nd, 2020, Dress-Code: Evening Chic**

*Pingxi Sky Latern Festival Taipei, Taiwan, book today at the Shore Excursions Desk.* Die Ankündigung mit dem Laternenfest in Taipej, Taiwan trifft nicht auf unsere nächste Destination zu. Es geht vielmehr in Mekong Delta und nach Ho-Chi-Minh-Stadt, dem früheren Saigon. Aber darüber müssen wir noch eine Nacht schlafen. Bevor wir das tun, sehen wir uns mal an, was an dem Seetag so geboten wird.

Wir lesen unter

- *Just for you - Destination Highlight Part I im Theater um 10.15 Uhr: Entdecken Sie Ho Chi Minh City und Danang mit Ihrer Destination Concierge Ana*

- *Celebrity Activities - Beyond the Podium Präsentationen im Theater um 11:15 Uhr: Christopher Luard, Das Leben von Budda,*

- *Mary Amanda, „Vietnam" im Theater um 14:15 Uhr*

- *Captains Welcome mit Captain Harris im Theater um 19 Uhr*

- *Celebrity Showtime - The Knights präsentieren Songs von allen britischen Showstars. Um 21 Uhr*

**Phu My (Ho Chi Minh-Stadt) Monday, February 3rd, 2020, Dress-Code: Smart Casual**

**Das frühere Saigon links liegen lassen und einen Ausflug ins Mekong Delta machen**

Da Kreuzfahrtschiffe nicht direkt an der Stadt anlegen können, war zunächst eine knapp dreistündige Fahrt (mit technischer Pause) notwendig. Dann ging es mit einem Ausflugsboot über einen Mekongarm zu einer Deltainsel. Nach einer Pause mit Früchten und Gesang ging es in kleinen Ruderbooten durch Kanäle zurück. Wackelig und kippelig und unsagbar unbequem. Kurzer Einkauf vor Ort und ab zum vietnamesischen Mittagessen. Summer Roll gefüllt mit Fisch. Noch eine kleine Rundfahrt durch Ho Chi Min City bis vor den Grand Guide. Dann wieder 3 Stunden zurück, kurz bevor das Schiff ablegt. Trotzdem eine Tour, die man nicht vergisst.

Ich habe Fotos gemacht und sie wie folgt betitelt: Los geht's, viel Verkehr in einem kommunistischen Land, Tempel inklusive und wieder Horden von Mopeds, Erbauliches zur Pause, körperlich wie geistig, früher Saigon - jetzt Ho Chi Minh City.

Zurück auf dem Schiff fanden wir eine Mitteilung des Kapitäns vor, der uns auf eine Änderung der Schiffsroute wegen der späteren Corona-Pandemie aufmerksam machte. Es sollte nicht das letzte Mal sein.

***Celebrity X Cruises ®***

February 3rd, 2020          Stateroom: 2077

Dear Mr. HANS JOACHIM WERNER ROKOHL

Wir hoffen, Sie haben Ihre Kreuzfahrt an Bord der Celebrity Millennium'a genossen. Zu diesem Zeitpunkt möchten wir Sie über den aktuellen Stand unserer Reiseroute informieren.

Da wir die weltweiten Entwicklungen im Zusammenhang mit dem Coronavirus weiterhin beobachten, prüfen wir derzeit die Optionen für die Reiseroute dieser Reise, die unseren Gästen und der Besatzung die bestmögliche Sicherheit bieten und Ihnen gleichzeitig die attraktivsten Häfen anbieten. Vor diesem Hintergrund haben wir beschlossen, unsere Kreuzfahrt mit einem Seetag am 11. Februar und dem Anlaufen des Hafens von Kota Kinabalu, Malaysia, am Mittwoch, den 12. Februar zu ändern. Kota Kinabalu ist die charmante Hauptstadt von Sabah, das zu Ostmalaysia gehört. Die Stadt bietet eine Fülle von Aktivitäten, darunter Museen, Kunsthandwerksmärkte, köstliche Meeresfrüchte und malerische Ausblicke.

Übersetzt mit DeepL.com (kostenlose Version)

**Nha Trang, Vietnam, Tuesday, February 4th, 2020, Dress-Code: Smart Casual**

*Ein merkwürdiger Ausflug auf eigene Faust*

Nha Trang ist berühmt für seinen kilometerlangen Strand. Das wussten schon die GIs im amerikanisch-vietnamesischen Krieg. Das Kreuzfahrtschiff lag am südlichen Stadtrand auf Reede und wir wollten die Stadt auf eigene Faust erkunden. Das Informationsmaterial war mehr als dürftig, eigentlich unmöglich für ein 5-Sterne-Schiff. Nun, wir ließen uns auf das Experiment ein, das sich in dieser Form nicht wiederholen sollte. Aber es war lehrreich. Wenn man sich mühsam durch die Horden von einheimischen Anbieter gekämpft hat, es war wirklich eine Schikane, und ein (anständiges) Taxi zum City Center (5$) gefunden hat, ist der erste Schritt getan. Am Strand angekommen und diesen bewundert, sollte man nicht (ziellos) versuchen, zu Fuß zu den Sehenswürdigkeiten (Kathedrale, Buddhastatue, Märkte) zu gelangen. Verfolgt von Rikschas (die wussten, dass wir früher oder später einsteigen würden) rannten wir dorthin, wo wir den Hauptmarkt vermuteten. Schließlich nahmen wir jeder eine Riksha und kamen auch dort an, wo wir hinwollten. Per Zeichensprache, denn Englisch sprach hier niemand. Die 5 $ pro Person waren für eine Stunde gedacht, in 20 Minuten waren wir da und die Rikschas weg. Allerdings wurde auf dem Markt alles angeboten, was krabbeln, schwimmen und laufen konnte, meist lebendig. Das Taxi zurück hat dann das Doppelte gekostet. Wir haben also 25 $ ausgegeben, dafür hätten wir eine 2-stündige Taxifahrt bekommen. Die Alternative wäre eine Bootstour zu buchen. Kostenpunkt $ 89 für 5 Stunden Busrundfahrt. Aber, das muss jeder für sich selbst entscheiden.

**Chan May (Hue/Danang), Vietnam, Wednesday, February 5th, 2020, Dress-Code: Smart Casual**

***Spaziergang im Hafen, Frau vietnamesisch Kochen geschickt***

Wie die meisten Ehemänner fand ich einen Kochkurs nicht so spannend. Aber - meine Frau kam begeistert zurück. Seitdem kochen wir leckere vietnamesische Gerichte. Stattdessen habe ich mich im Hafen ein wenig umgeschaut. Mir haben die runden Fischerboote gefallen. Es gab Verkaufsstände, eine "Tourist-Info" und etwas zu essen (sah nicht sehr vielversprechend aus). Ich ging wieder an Bord und machte es mir gemütlich.

Doch mit der Entspannung war es bald vorbei. Zwei weitere Mitteilungen des Kapitäns erreichten uns, die wiederum eine Änderung der Schiffsroute wegen der späteren Corona-Pandemie ankündigten. Es sollten nicht die letzten Änderungen bleiben.

***Celebrity X Cruises ®***

February 5th, 2020          Stateroom: 2077

Liebe Gäste.

Wir hoffen, Sie haben Ihre Kreuzfahrt an Bord der Celebrity Millennium® genossen. Zu diesem Zeitpunkt möchten wir Sie über den aktuellen Stand unserer Reiseroute informieren. Während wir weiterhin die weltweiten Entwicklungen im Zusammenhang mit dem Coronavirus beobachten, bleibt unsere Priorität die Gesundheit und Sicherheit unserer Gäste und der Besatzung, sowie Ihnen ein fantastisches Urlaubserlebnis zu bieten. Heute hat der Hafen von Keelung mitgeteilt, dass die Millennium nicht in Taiwan anlegen darf. Um den neuesten Reisehinweisen gerecht zu werden, müssen wir unsere Reiseroute anpassen, indem wir die Übernachtung in Taiwan, Republik China, streichen und durch eine Übernachtung in der Halong-Bucht, Vietnam, ersetzen. Außerdem haben wir einen zweiten Tag in Kota Kinabalu, Malaysia, eingefügt, so dass auch hier eine Übernachtung vorgesehen ist. Die Halong-Bucht gehört zum UNESCO-Weltkulturerbe und ist berühmt für ihre atemberaubenden Kalksteinberge, die sich aus dem smaragdgrünen Wasser erheben, das vor Tausenden von Jahren entstanden ist. Während Ihrer Zeit hier haben Sie auch die Möglichkeit, erstaunliche Affen zu erkunden und die Kultur von Ha Long kennenzulernen. Die Gäste können auch einen Ausflug in die historische, geschäftige Stadt Hanoi machen.

Übersetzt mit DeepL.com (kostenlose Version)

Nun soll es nach Hanoi (Halong Bay), Vietnam gehen und nach Malaysia, Kota Kinabalu.

***Celebrity X Cruises ®***

February 5th, 2020          Stateroom: 2077

Liebe Gäste,

zu diesem Zeitpunkt möchten wir Sie über den aktuellen Stand unserer Reise informieren. Wir haben soeben von den örtlichen Behörden erfahren, dass der Hafen von Halong Bay, Vietnam, Reisenden oder Schiffen, die in den letzten 14 Tagen Hongkong besucht haben, die Einreise nicht mehr gestattet. Da die Celebrity Millennium® während unserer letzten Reise Hongkong anlaufen durfte, fallen wir unter die aktuelle Einschränkung. In Anbetracht dieser jüngsten Entwicklungen konnten wir Thailand kontaktieren und einen genehmigten Besuch im Hafen von Laem Chabang sicherstellen, um die Stadt Bangkok zu besuchen. Bangkok ist die thailändische Hauptstadt, die für ihr pulsierendes Straßenleben und ihre prächtigen Heiligtümer bekannt ist, darunter das königliche Viertel Rattanakosin, in dem sich der opulente Große Palast und der heilige Tempel Wat Phra Kaew befinden. Während wir die weltweiten Entwicklungen im Zusammenhang mit dem Coronavirus verfolgen, bleibt unsere Priorität die Gesundheit und Sicherheit unserer Gäste und unserer Crew sowie die Gewährleistung eines fantastischen Urlaubserlebnisses für Sie. Wir werden uns weiterhin mit dem CDC, der WHO und anderen Gesundheitsbehörden sowie mit unserem globalen Sicherheitsteam abstimmen, um über alle Reisehinweise auf dem Laufenden zu bleiben. Sollten wir unsere Reiseroute noch einmal ändern müssen, werden wir Sie natürlich umgehend informieren.

Diese Mitteilung erreichte uns ein wenig später. Der neue Port of Call ist Bangkok, Thailand.

### Nach Bangkok, Thailand, vom 06.02. bis 08.02.2020

Also, Corona bedingt, auf nach Bangkok. Gut, dachten wir, warum nicht einmal dorthin. Hongkong und Japan machen wir ein andermal. Doch, das Schiff lief schon Bangkok an, da erreichte uns die Nachricht, dass es mit dem Anlegen nichts werden würde. Langsam kamen wir uns vor wie der Fliegende Holländer.

### Nach Singapur zurück, den 09.02.2020

Wir haben heute gehört, dass andere Kreuzfahrtschiffe in den Häfen festsitzen und die Passagiere in Quarantäne an Bord bleiben müssen. Soll uns das auch passieren? Der Kapitän hatte beschlossen, die Kreuzfahrt vorzeitig zu beenden und das Schiff nach Singapur zurückzubringen. Nun war es an uns, den Rückflug umzubuchen, ein netter 2. Offizier half uns dabei. Das Ganze lief über einen Chat. Hätten wir nicht machen müssen, die Reederei hatte das für alle Passagiere gemacht. Aber so hatten wir noch einen Tag in Singapur. Und die Reederei hat die ausgefallenen Ziele großzügig mit einer Gutschrift entschädigt. Die haben wir bei der nächsten Kreuzfahrt eingelöst. Ein bisschen nachzahlen und das war's.

**Singapur, den 10.02.2020**

Wir checkten aus und wurden von der Reederei mit dem Bus zum Flughafen gebracht. Wie freundlich! Dort konnten wir unsere Koffer zum Vorzugspreis aufgeben. So hatten wir die Hände frei und viel Zeit, uns noch einmal in Singapur umzuschauen. Und es gab genug zu sehen: The Gardens by the Bay, das arabische Viertel, die Atlas Bar. Nun also mehr davon.

### Gardens by the Bay ist eine äußerst sehenswerte Parklandschaft

Gardens by the Bay ist ein sehenswerter Park. Er liegt gegenüber dem Mariana Sand Hotel. Der Name verrät, dass das gesamte Gelände mit Sand aufgeschüttet wurde. Aus Zeitgründen konnten wir tagsüber nur den Teil mit den Superbäumen besuchen. Aber auch das lohnt sich und beruhigt das grüne Gewissen. Die Stahlgerüste dienen der Aufzucht seltener Pflanzen. Mit Aufzug in die Bäume und verbindenden Steg. Erste Klasse Aussicht, auf die Gewächshäuser, auf die Stadt, sogar auf das Kreuzfahrtschiff in der Ferne. Und das alles für umgerechnet 5 €.

### Das Arabischen Viertel lohnt einen Besuch

Das arabische Viertel erreicht man mit der Metro (Ausgang Kamong Glan) oder mit dem Big Bus (rote Linie, Haltestelle Nr. 5). Einmal durchschlendern, die schöne Moschee bewundern und vielleicht ein Bier von Hofbräu trinken (ja, das gibt es dort). Abends soll es noch besser sein. Chinatown ist besser, Little India weniger.

### Außen und innen - einfach schön

Der Parkview Square hat ein Bürogebäude im Art-Déco-Stil, das sehr an Batman's Gotham City erinnert. Davor gibt es einen kleinen Park mit Arkaden und viel Kunst. Wirklich etwas zum Ausruhen, wenn man zum Beispiel aus dem malaysischen Viertel kommt. Und drinnen erst mal die Atlas Bar. Einfach mal rumschlendern und vielleicht einkehren. Nicht verpassen!

**Wie ist es gelaufen?**

Die Corona-Pandemie hat uns einen Strich durch die Rechnung gemacht. Aber als wir die Reise antraten, war es noch nicht so schlimm. Das kam erst in den Monaten danach.

Obwohl es immer sehr heiß war, hat uns Singapur sehr gut gefallen. Eine Stadt, besser gesagt ein Land, wo man etwas sehen und erleben kann. Toll. Und wir lernten Vietnam kennen. Ein Land, das uns so fremd war, von dem wir aber viel gehört und tolle Fotos gemacht haben. Noch heute gehen wir gerne vietnamesisch essen. Schade, dass wir nicht nach Hongkong gekommen sind, und Japan wäre auch so ein Sehnsuchtsland. Aber mit der Gutschrift der Reederei kommen wir vielleicht irgendwann mal dorthin.

Kommen wir zu Celebrity Cruise Line und dem Schiff selbst. Ist der 5. Stern sein Geld wert? Wir hatten nur eine Außenkabine, später auf einem anderen Schiff der Reederei eine mit Balkon. Eine solche würden wir wieder vorziehen, das ist wirklich Luxus, ob man ihn braucht oder nicht. Das Essen war wie in einem ***** Sternerestaurant, immer ein Sommelier dabei, der wusste, welcher Wein mir schmeckte. Die Unterhaltung ist eher klassisch, viel Klavier mit kleinem Orchester. Keine Spur von Kinderlärm. Die Kleinen würden sich zu Tode langweilen. Alles wirkte ruhig und sehr gediegen.

## Mit Phoenix verreisen an den Küsten Europas

### Aus dem Reisetagebuch - Donnertag, 9. Sept. 2021

Abfahrt 7.30 Uhr, Ankunft Bremerhaven ca. 13.00 Uhr, nach 430 km, geparkt auf P 1, Parkschein gut verstaut, 124 € bei der Ausfahrt.

Das Columbus-Cruise-Center ist geschlossen, das Café auch, aber viele Passagiere, die auf ihr Zeitfenster warten. Wir von Deck 5 kommen erst um 15:15 Uhr dran. Jetzt hatten wir das Glück, kostenlos mit dem Shuttlebus zum Hauptbahnhof fahren zu dürfen, dieser hatte eine Leerfahrt. Fahrer und Packer (für die Koffer im Anhänger) waren nett und ließen uns bei der Fischbraterei Höpner aussteigen, ein Geheimtipp in Bremerhaven. Da ich keinen Impfpass dabeihatte (Corona-Restriktion), bestellten wir Fish & Chips to go, welchen wir im Park gegenüber aßen, begleitet von einer Einheimischen, die sich mit uns über Gott und die Welt unterhielt. Der Fisch war übrigens frisch und sehr lecker. Kurzer Weg zum Bahnhof, noch ein Eis und dann kam auch schon der Bus. Diesmal rappelvoll, der Anhänger mit Koffern, denn alle waren mit dem Zug angereist.

Beim Einsteigen die übliche Prozedur, plus Corona-Maßnahmen. Die Mehrfach-Phoenix-Kreuzfahrer standen Schlange, wir Neulinge mit Kabine ohne Balkon waren schnell durch. Außenkabine auf Deck 5, mit Sichtbehinderung, lang und schmal, aber mit großem Bad. Die Sichtbehinderung wurde durch den Rumpf eines Rettungsbootes verursacht, war aber ganz gut, um die Sonne abzuschatten. Das Meer sieht man trotzdem, soweit ist die Kabine empfehlenswert. Dann kurz vor 18:00 Uhr die obligatorische Seenotrettungsübung, alle mit Schwimmwesten in die Atlantik-Lounge, ohne sie anzuziehen. Kurz darauf Ablegen, mit der auf der Artania üblichen Serenade, sehr einfühlsam bei bestem Abendwetter, mit Blick auf Klimahaus und Auswandererhaus, vor uns irgendwo der Leuchtturm Roter Sand in der Wesermündung. Ein Gläschen Sekt in der Hand, fast romantisch.

Um 17.00 Uhr Abendessen, eher mittelmäßig, so wie man es von MSC-Kreuzfahrten kennt. Weiß- und Rotwein gibt es umsonst, Bier muss man für einen auf Kreuzfahrtschiffen sensationell kleinen Preis bezahlen (steht auch in der Werbung). Es dauerte, bis der Nachtisch kam, muss besser werden. Noch ein Drink in der Neptun-Bar, schön eingerichtet (auch für Raucher), mit kleiner Kapelle mit Barmusik, es wurde auch getanzt. Gute Stimmung. Jetzt ab ins Bett, besser in die Koje.

**Aus dem Reisetagebuch - Freitag, 10. Sept. 2021**

Um 8.30 Uhr Frühstück in der Lido-Bar, man sucht sich die Speisen aus und der Kellner bringt sie an den Tisch. Funktioniert gut.

10:00 Uhr, wir warten auf den Vortrag von Prof. Dr. Heinz Schürmann über das Mare Germanicum - das Nordmeer. Mal sehen, was der Professor zu sagen hat. Der Vortrag klang auch sehr professionell. Gleich danach hanseatisches Frühstück, es gab leckere Fischsalate, einen Klön und einen Sekt (Gläschen für 5,50 €), großes Bier tut es auch.

Mittagsbuffet in der Lido-Bar mit Linsensuppe und bayrischem Leberkäs, Tiramisu zum Nachtisch, 4er-Tisch mit männlicher Begleitung und netten Gesprächen über dies und das. Endlich Siesta. Dann wieder Kaffee und Kuchen. Der Kaffee und vor allem der Tee lauwarm, die Zitrone kam gar nicht. Nicht mehr versuchen. Um 16:00 kamen die Klippen von Dover in Sicht. Ein paar Fotos gemacht. Warum haben wir da nicht mal kurz angelegt. Gibt doch viel zu sehen.

Heute ist Galaabend mit Kapitän und Show. Da standen schon alle bereit, die Offiziere im Spencer rechts, die Crew der Phoenix links, in türkis, unten weiß. Alle wurden vorgestellt. Dazu die launige Rede vom bekannten Captain Hansen. Da wir zu spät kamen, hatten wir nur einen Platz hinter einer Säule. Aber die Galashow haben wir trotzdem genossen. Es gab „Le CarRousel - Cabaret, Varieté, eine Revue-Show der Spitzenklasse. Tanz, Musik, Artistik und Zauberei erzählen von Freud und Leid der Zirkusleute und des fahrenden Volkes. In der Manege ihr MS Artania Showensemble.

Die Vorstellung war erstaunlich gut. Das Gala-Dinner auch. Die Wartezeit haben wir mit einem Ehepaar am Tisch verbracht. Ich habe sie nicht gefragt, wie sie hergekommen sind. Ich habe mich nicht getraut, weil ich anderswo gehört habe, dass man von Siegburg bis zum Hafen 10 Stunden fahren muss und dafür 62,- Euro pro Person bezahlen muss. Das haben wir besser gemacht. Den Abend verbrachten wir dann in Harry's Bar beim traditionellen Bombay Sappiere mit Gin Tonic. Alternativ gab es in der Casablanca Bar die Dou Jazz Affair und in der Pazifik Lounge Livemusik mit der Band Elena.

**Aus dem Reisetagebuch - Samstag, den 11. Sept. 2021**

Die MS Artania liegt im Hafen von Saint-Malo auf Reede, vertäut an zwei Ankerbojen. Die Tide macht den Tenderbooten zu schaffen, es ist Flut und das

Wasser steht ca. 9 m höher. Es strömt gegen die Pier, dort, wo für den Landgang angelegt wird. Es ist schon gut 10:00 Uhr, als wir mit unserem Ausflug nach Saint Michel an der Reihe sind.

Sicher an der Pier angekommen, steigen wir in unseren Bus, er hat die Nummer 9. Die Reiseführerin, eine Deutsche und doch Einheimische und sehr eloquent, erzählte viel von den Kosaren, die mit einem Kaperbrief des Königs ausgestattet, feindliche Schiffe aufbrachten. Welche, das stand im Kaperbrief. Der König bekam seinen Anteil und alles war gut und der Sklavenhandel blühte.

So unterhaltsam ging es über die Schnellstraße nach Saint Michel, der Klosterinsel. An der Bushaltestelle ist schon viel los, aber die Gruppe kommt in einem Rutsch in den Zubringerbus rein. Wer nicht mit diesem fahren will, muss einen guten Kilometer über den Damm laufen. 200 Meter vor dem Eingang zum Dorf unter der Kathedrale müssen alle aussteigen. Der Fahrer geht zur hinteren Kabine. Dort warten schon die Fußfaulen für den Rückweg. Wir nehmen nicht die verkehrsreiche Dorfstraße hinauf zum Dom, welcher 160 m über dem Meeresspiegel liegt. Mühsam erklimmen wir den steilen Anstieg und stehen dann vor dem Domeingang. Im Dom erfahren wir etwas über den ersten Bauherrn, einen Abt aus dem 8. Jh. n. Chr., dann über den romanischen, gotischen und gemischten Baustil. Nach 45 Minuten sind wir am Ende, müde vom Auf und Ab und vom Erzählen. Doch, interessant waren der Lastenaufzug, getrieben durch ein großes Laufrad, von Fronbauern betrieben.

Über die überfüllte Dorfstraße drängten wir uns zum Ausgangstor, nicht ohne vorher noch einen kleinen Erzengel Michael als Souvenir zu kaufen, billig, aber das Schönste im Laden. 200 m bis zum Shuttle laufen und anstellen, Toilette an der Endhaltestelle, und schnell in den wartenden Bus. Keiner kam zu spät. Über die Küstenstraße der Bucht ging es zurück nach Saint Malo, immer den Salzgärten, den Austernbänken an den Klippen der Smaragdküste folgend.

Auf die Altstadt von St. Malo hatte ich keine Lust mehr, die liebe Frau schon. Mit dem Tenderboot zum Schiff, bei Ebbe noch schwieriger. Aber die beiden Bootsmänner, einer wohl in der Ausbildung, schaffen das Anlegen mit vereinten Kräften, wenn auch nach mehreren Versuchen. Spät ging es zum Abendessen, das mit dem Drink des Abends (Gibson - Gordon's Gin, Martini eytra dry) abgeschlossen wurde.

*„Aus dem Bauch heraus" Tricks, Gags und Bauchrednerei präsentiert von Jan Matteis. Der Bauchredner und Zauberkünstler erwartet Sie mit einer*

*abwechslungsreichen Show voller magischer Momente, unterhaltsamer Überraschungen und origineller Gäste. Ihre Ohren werden Augen machen!* Kurz dem Bauchredner gelauscht, Zaubertricks gesehen und dann ab ins Bett. Gut geschlafen nach so viel Ausflug.

**Aus dem Reisetagebuch - Sonntag, 12. Sept. 2021**

*LANDGANGSINFORMATIONEN FÜR BREST / FRANKREICH*

Brest ist eine Hafenstadt in der Bretagne im Nordwesten Frankreichs, die durch den Fluss Penfeld in zwei Teile geteilt wird. Die mit 140.000 Einwohnern größte Stadt der Westbretagne blickt auf eine lange Seefahrtsgeschichte zurück und ist aufgrund ihrer geschützten Lage in der Bucht von Brest und des natürlichen Hafens an der Mündung des Penfeld seit Jahrhunderten ein bedeutender französischer Marinehafen. Noch heute ist Brest Stützpunkt der französischen Atlantikflotte, verfügt über einen großen Handelshafen und ist ein wichtiger Industrie- und Handelsstandort. Die Université de Bretagne Occidentale sowie weitere Hochschulen und Forschungseinrichtungen haben hier ihren Sitz. Im Ersten Weltkrieg war Brest ein wichtiger Versorgungshafen für die amerikanischen Truppen in Europa. Im Zweiten Weltkrieg eroberte die deutsche Wehrmacht Brest am 19. Juni 1940 und machte sie zu einem der wichtigsten Stützpunkte des Atlantikwalls, wo auch die 1. U-Flottille und ein Marinelazarett stationiert waren.

Das Kreuzfahrtschiff liegt im Hafen von Brest. Ich sitze hier auf der Backbordseite und schaue auf die immer länger werdende Schlange von Passagieren an der Bushaltestelle, die alle zur Place de Liberté wollen. Der Bus, der alle 20 Minuten kommen soll, hat Verspätung. Jetzt ist er da! Ob wohl alle einsteigen?

Als ich über die Pier schaue, sehe ich einen russischen Tanker im Trockendock, erkennbar an den Ein- und Auslassventilen mittschiffs. Ich habe gehört, dass das Schiff in der Nordsee fährt und Eisbrecherqualitäten hat. Ich schätze, das Schiff ist 300 Meter lang, hat einen blauen Rumpf und weiße Aufbauten. Als ich auf der Steuerbordseite auf die Gangway trete, sehe ich die MS Queen Mary II vor mir, nicht direkt, etwa 200 Meter entfernt und nicht so prächtig wie im Hamburger Hafen.

Vor unserem Sonntagsausflug nach Locronan, einem kleinen Städtchen mit aus Granit gebauten Häusern, gibt es Mittagessen, Roulade wie bei Muttern. Es wird schnell serviert, denn wir wollen los. Beim Warten auf die Abfahrt denke ich an das Frühstücksgespräch mit einem katholischen Pfarrer. Er freute sich schon auf die Abendandacht mit den meist philippinischen Besatzungsmitgliedern, die wohl sehr gut ankam.

Nun zu unserem Sonntagsausflug: im nagelneuen Bus ging es durch die wunderschöne bretonische Landschaft, hügelig mit viel Wald, kleinbäuerliche Landwirtschaft, Flüsse, die von den Gezeiten beeinflusst werden, man sieht noch die schlammigen Ufer. Der Ort Locronan entpuppt sich als Hauptstraße mit einer schönen Kirche am Ende und noch ein paar Gassen mit Geschäften. Mit gar nicht so schlechtem Französisch erhöhen wir den Umsatz. Um unsere Sprachkenntnisse weiter zu verbessern, kehrten wir ein und bestellten zwei Viertel Cidre und den landestypischen Kuchen Far Breton. Auf der Rückfahrt verabschieden wir uns von der schönen Landschaft. Au revoir.

Zum Abendessen saßen wir an einem großen Tisch und tauschten unsere Kreuzfahrterlebnisse aus. Die Gäste am Tisch waren noch mit der MS Albatros gefahren, die unser Kapitän Hansen noch steuerte. Dann hatten sie sich auf ein Schiff der Norwegian Cruise Line „verirrt" (der Name ging schwer über die deutschen Lippen). War nicht ihrs, Free-Styl-Concept, noch nie davon gehört.

**Aus dem Reisetagebuch - Montag, 13. Sept. 2021**

Heute legen wir nirgendwo an, ein Seetag im Golf von Biskaya mit 4.500 m Wasser unter dem Kiel. Um 10.00 Uhr begann der Vortrag von Prof. Schürmann über die Pilgerstätten, schon im Hinblick auf die Fahrt nach Santiago de Campostella am nächsten Tag. Das Exkursionsprogramm sah auch vor, ein Stück des Jakobsweges zu gehen, was wir aber nicht vorhatten. Nach dem Vortrag kam die mitgebrachte Literatur zum Einsatz, dann Mittagessen mit reichlich Kohlroulade, danach Mittagsschlaf.

„Klavierkonzert zum Lachen" *Pointen und Klavier mit Arnim Fischer. Der Klavierkabarettist erzählt aus dem Alltag eines klassischen Pianisten und das Publikum kommt aus dem Lachen nicht mehr heraus. Wie trocken er seine geistreichen Bemerkungen platziert und wie charmant er jedes noch so schwierige Musikstück in pures Vergnügen verwandelt, das macht dem*

*Improvisationsgenie und brillanten Entertainer so schnell keiner nach, Prädikat; Hingehen.*

Ein Herr Fischer gab ein Abendkonzert, klassisch am Flügel, im Frack und mit viel Humor. Bemerkenswert kurzweilig, die Kreuzfahrer waren begeistert.

## Aus dem Reisetagebuch - Dienstag, 14. Sept. 2021

Wir sind keine richtigen Pilger, denn wir sind mit dem Schiff gekommen, dann mit dem Bus und sind vielleicht 400 Meter gelaufen. Für den Pilgerstempel zählt das alles nicht. Jetzt stehen wir mit unserem Führer auf dem Domplatz, vor der Südseite des Doms. Ein großer Platz, begrenzt vom Rathaus (dahinter gleich die Toiletten), auf der einen Seite das königliche Krankenhaus, heute ein teures Parador-Hotel. Der Platz voller Besucher, dazwischen immer wieder echte Pilger mit der Jakobsmuschel am Wanderstab. Sie sind nun in Santiago de Campostella angekommen (gemeint ist das Feld in der Milchstraße), haben mehr als 100 km zurückgelegt, werden mit Gesang und Applaus begrüßt.

Wir umrunden die Monumentalanlage. An der Heiligen Forte ist der Eingang zur Krypta, wo die Gebeine des Heiligen in einem silbernen Schrein ruhen. Der Kopf, der vor 2.000 Jahren vom Körper getrennt wurde, liegt als Nachbildung hinter dem Altar in der Kirche. - Lieber Jakob, ich bin angekommen, segne mich". - selbstverständlich kann man die Kathedrale betreten, man ist jetzt im vierschiffigen Langhaus mit dem prächtigen Altar und der noch prächtigeren Orgel. Zur Mittagsmesse schwingt ein mächtiger Kandelaber durch das Kirchenschiff, über ein Hebewerk an der Decke, von kräftigen Männern betätigt.

Wir verlassen die Kathedrale und gehen zum Mittagessen. Wir wollen Tintenfisch (Pulpo) probieren, mit der Schere in kleine Stücke geschnitten. Dazu Caña und Bock de Cerveza (kleines und großes Bier) und später galicischen Mandelkuchen. Zurück durch das schöne Galicien mit seinen Pinien und Eukalyptusbäumen. Kapitän Hansen hatte es eilig, Leinen los.

Passend zur heiligen Ausfahrt war die Abendshow. Thema war ein Regentropfen, der aus den Wolken ins Meer fällt und nach einigen Erlebnissen im Ozean verdunstet wieder in die Wolken zurückkehrt. Dargestellt mit Artistik, Tanz und Gesang. Rührend!

Fünfter Band

Anmerkung: Ich habe daraus ein Gedicht gemacht und es der Reederei geschickt. Haben sich sehr bedankt. Das Gedicht steht am Ende.


**Aus dem Reisetagebuch - Mittwoch, 15. Sept. 2021**

Noch eine Stunde, dann legen wir in Gexto an, dem Hafen von Bilbao. Wir machen uns auf den Weg in die Stadt. Wir waren schon einmal in Bilbao, die ganze Familie, haben das berühmte Guggenheim-Museum besucht und alles andere auch. Jetzt müssen wir erst einmal zur Metrostation: den Pier hinunter, am Hafen entlang, die schönen Villen bewundern. Und endlich die Metrostation gefunden, dank guter Spanischkenntnisse. 3,70 € für 2 Fahrkarten in die Altstadt. Verwirrt durch die Siete Calles (sieben Straßen) geirrt, schließlich ein Plätzchen an der Theaterbrücke am Fluss gefunden, Café con leche und eine frische Caña genossen.

Wollten dann die Kathedrale besichtigen, sind aber wegen der 5 Euro Eintritt nicht reingegangen. Wir hätten die lieber gespendet. Dann haben wir ein vertrauenswürdiges Restaurant gefunden, erkennbar an der nicht vorhandenen internationalen Speisekarte. Es gab Bacalao, Vino de casa tinto, Wasser und Brot und als Poste Flan Natillas (Vanillepudding wie bei Muttern). Macht zusammen 40,- €. Fast noch was vergessen, es wurde uns nachgebracht. Eine halbe Stunde Metro, eine halbe Stunde zu Fuß und schon sind wir wieder auf dem Schiff. Dort noch eine kleine Umfrage für den örtlichen Tourismus. Abends trat wieder der Bauchredner und Zauberer auf, mit einer Stinktierpuppe, die hinterher stinksauer war. Dann spielte er noch den „Leitungsdichter" (Klempner) als Puppe. Da konnte man herzhaft lachen.


**Aus dem Reisetagebuch - Donnerstag, 16. Sept. 2021**

Verdon-sur-mer liegt an der Mündung der Gironde. Die MS Artania macht hier einen technischen Halt, lässt Ballastwasser ab, nimmt den Lotsen an Bord und schickt die Ausflügler 9 Stunden in die Gegend.

Wir aber warten, bis das Schiff im Zentrum von Bordeaux angelegt hat. Es ist Nachmittag, der Fluss wechselt den Namen und wird zur Gironne, das Seeschiff wird zum Flussschiff. Auf dem letzten Stück wird es von einem Schlepper gezogen.

Die MS Artania hat nun vor der Altstadt festgemacht und wir gehen von Bord in den schönen Abend, bewundern die schöne Stadt. Bordeaux ist ganz ähnlich wie Leipzig, viele junge Leute, viele schöne Gebäude in gutem Zustand. Wir suchen ein passendes Restaurant unter den vielen unpassenden. Endlich, am Place de Saint Pierre, draußen auf dem Platz ein freier Tisch mit viel Geschwätz, aber guter Stimmung. Es gab Fisch des Tages, Ente und dazu eine Flasche weißen Bordeaux von ausgezeichneter Qualität. Die Kellnerin wünschte uns einen guten Abend, ebenso unsere französischen Tischnachbarn. Und auch die beiden Künstler auf dem Schiff (der Bauchredner und der komische Pianist), die uns zufällig am Ausgang begegneten.

Zurück auf der Artania, die schon von weitem beleuchtet am Kai zu sehen war, begaben wir uns auf den "Cat Walk", genauer gesagt auf den "Le Cat Walk", auf dem ein überlebensgroßer Kater und ganz kleine Mäuse ihr Unwesen treiben, wie in dem uns unbekannten Cartoon von Philipp Gerlach zu sehen ist. Die Skulpturen werden wohl ein Jahr stehen bleiben. Wir nicht, wir gingen an Bord und genehmigten uns einen Drink, wahrscheinlich Gin Tonic.

**Aus dem Reisetagebuch - Freitag, 17. Sept. 2021**

Früh aufstehen - kein Kaffee? Wir mussten früh aufstehen und der Kaffeeautomat war war in Betrieb. Also schnell gefrühstückt und schon wartete der Bus mit Maria als Reiseleiterin, einer echten Frühaufsteherin. Wohin geht die Reise? Richtung Arcachon, zu den berühmten Dünen von Pyla. Damit nicht genug, weiter zum Austernessen. Nicht um vorher im Stau auf dem Autobahnring zu stehen.

Die Dünen sind eine Herausforderung. Der Sand ist tief und die Düne über 100 Meter hoch. Irgendein guter Geist hatte die Idee, eine Plastiktreppe in die Düne zu bauen. Nach 116 mühsamen Stufen ist man oben - und sieht nichts. Der Nebel hat sich noch nicht verzogen. Dann, eine Viertelstunde später, strahlender Sonnenschein über dem Meer auf der einen Seite, auf der anderen blickt man auf endlose Kiefernwälder, die die Düne nicht aufhalten.

Nun zum zweiten Höhepunkt des Tages, der Austernverkostung. Wir saßen zu viert an einem runden Tisch, zusammen mit einem netten Ehepaar aus Leipzig. Sie waren gerade zugereist und wollten auch wieder zurück nach Potsdam zu den Kindern. Serviert wurden je 6 Austern, weißer Médoc-Wein, Brot und gesalzene Butter. Ich habe tapfer meine Austern geschlürft, keine einzige meiner Frau überlassen. Austern sind nicht gerade meine Lieblingsspeise. Aber die anderen legten nach, für insgesamt 9,50 Euro pro Person. Maria kam an den Tisch und erklärte uns, wie Austern gezüchtet werden. Bald ging es zurück zum Schiff, diesmal ohne Stau.

## Aus dem Reisetagebuch - Samstag, 18. Sept. 2021

„Early up - late morning coffee", denn wir haben einen Tag auf See vor uns, Überfahrt von Aquitanien in die Normandie. Beim Frühstück trafen wir den Schiffspastor, musste aber losn zur Morgenandacht. Dann mit einem netten Ehepaar geplaudert. Wie sich herausstellte, war die Frau eine echte Mainzerin, geboren in der Nackstraße, wo jetzt unsere Tochter wohnt. Der Mann hat sein Abitur am Rabanus-Maurus-Gymnasium gemacht, wo ich früher im Mainzer Fechtverein von 1876 gefochten habe. So klein ist die Welt.

Prof. Schürmann erzählte in seinem Vortrag von Paris, der normannischen Küste und dem Calvados. Alles bekannt, aber unterhaltsam. Am „Tag der offenen Kabine" konnten wir uns verschiedene Kabinenkategorien anschauen. Uns gefiel die Junior 2-Bett-Suite, die noch größeren waren für das Schiff zu protzig und sündhaft teuer. Es klopfte und ein Ehepaar stand vor der Tür und wollte sich unsere Kabine ansehen. Sie hatten eine wie unsere bekommen, nur auf der Backbordseite und nicht modernisiert.

Um 16.30 Uhr sind wir zur Kreuzfahrtberatung gegangen. Es gibt ja schöne Kreuzfahrten rund um die britischen Inseln. Drei schöne Reisen, einmal in die Themsemündung, einmal zu den Silly Islands und dann zu vielen Zielen in Schottland. Wir können uns nicht entscheiden.

Abends gibt es eine Queen-Revival-Show - Radio Gaga kennt man ja, mit lustigen Leuchtstäben. „We are the champions" Eine mitreißende und spektakuläre Hommage an die Rockgruppe Queens! Erleben Sie an diesem Abend die großen Hits einer legendären Band, die Musikgeschichte geschrieben hat, live präsentiert vom MS Artania Showensemble mit Tanz, Artistik und aufwendigen Effekten.

Übrigens: Auf der MS Artania besteht die Hälfte der Besatzung aus philippinischen Mitarbeitern, die auch die Menüs zubereiten. Einfach köstlich. Die gesamte Küchenbrigade wurde vorgestellt. Die „Kakerlaken" blieben draußen.

Fünfter Band

**Aus dem Reisetagebuch - Sonntag, 19. Sept. 2021**

Die Artania ist in der Normandie angekommen, genauer gesagt in Le Havre. Wir hatten keinen Ausflug gebucht, sondern wollten nach Honfleur, einem hübschen Fischerstädtchen an der Seinemündung. Wir wollten gerade den Shuttlebus ins Zentrum von Le Havre nehmen, als uns ein Ehepaar ansprach, ob wir nicht zusammen ein Taxi nach Honfleur nehmen könnten. Sie haben recherchiert, das kostet 130 € round trip. Also gaben wir die Bustickets zurück und warteten auf das bestellte Taxi, das dann auch kam.

Die Fahrt ging vorbei am riesigen Hafen, über die noch riesigere Seinebrücke (Pont de Normandie) und endete in dem malerischen Städtchen. Wir nahmen uns drei Stunden Zeit. Das Fremdenverkehrsamt hatte einen Rundgang vorgeschlagen, dem wir folgten. Leider hielt uns der Regen immer wieder auf. Zum Mittagessen kehrten wir im „Le Corsaire" ein, nahmen ein Tagesmenü zu uns, dazu eine Flasche Cidre und kippten, nein, genossen einen edlen Calvados. Wir alle trafen sich pünktlich, um zum Schiff zurückzukehren. Es war ein schöner privater Ausflug, der durch einen glücklichen Zufall zustande kam.

Ich hatte unsere geplante England-Kreuzfahrt im Kopf und suchte im Internet nach Verfügbarkeit und Preisen. Erstaunlicherweise standen viele Kabinen schon auf der Warteliste und das zu Preisen von bis zu 3.000 € pro Person. Da hatten wir eine bessere Idee: Wir machen eine Themse-Kreuzfahrt. Eine solche steht immer noch auf dem Programm.

Das Ereignis des Abends war eine Talentshow der Besatzungsmitglieder. Wir schauten zu.


**Aus dem Reisetagebuch - Montag, 20. Sept. 2021**

Um 12 Uhr sollen wir in Zeebrugge sein. Wir haben vor, Brügge noch einmal zu besuchen. Vorher soll es eine bayerische Brotzeit geben, wir sind gespannt auf die Lederhosen und Dirndl. Der Stadle-Frühschoppen war furchtbar, gewollt, aber nicht gekonnt. Nur beim Freibier war die Musik erträglich.

Kurz vor 12:00 Uhr legte das Schiff an und wir durften an Land. Wir beschlossen, nicht nach Brügge zu fahren, sondern nach Blankenberge, nicht ohne vorher herauszufinden, wie man ein elektronisches Ticket in der Straßenbahn kauft. Wenn man in Blankenberge Markt aussteigt, sollte man zur Standpromenade gehen. Wir sind im Jachthafen gelandet, also zurück und richtig herum. So kann man die Promenade beschreiben: Der Blick geht von der See über den Strand, parzelliert mit Sitz- und Liege-, Umkleide- und Duschgelegenheiten übersäht. Weiter mehr landseitig zieht sich die Promenade mit Restaurants und Pommesbuden hin. Abgeschlossen wird die „Seemeile" durch bis zu 13-Stock hohen Ferienheimen. Diese riegeln die schönen Jugendstilhäuser der sonstigen Stadt ab.

Wir gönnten uns eine mittlere Portion Pommes rot/weiß und danach ein leckeres belgisches Bier. Kleine Pfannkuchen kamen noch dazu. Bleiben wir beim Nachtisch. Zum Nachtisch gab es belgische Waffeln mit Erdbeeren und Vanilleeis. Das war nicht zu toppen. Gin Tonic in Harry's Bar rundete den Tag ab.

**Aus dem Reisetagebuch - Dienstag, 21. Sept. 2021**

Um 7.30 Uhr liegen wir bereits vor dem Cruise Center in Rotterdam und haben bis 12.30 Uhr Zeit, die Stadt zu erkunden. Um 9:00 Uhr gehen wir von Bord, nicht ohne am Ende der Gangway einen Stadtplan in die Hand gedrückt zu bekommen. Wir fragen nach dem Weg zur Markthalle, einem besonderen Gebäude. Wie immer gehen wir erst einmal in die falsche Richtung, dann haben wir's. Wir müssen über die riesige Erasmusbrücke, die über die Maas führt, dann weiter, wo sich die Straßenbahnen kreuzen, und dann noch ein Stück. Wir müssen, die Putzfrau ist mit den Toiletten in der Markthalle noch nicht fertig, also gehen wir in ein Café, wo die Toiletten schon geputzt sind. Zwei Cappuccino dazu.

Die Markthalle sieht aus wie eine riesige Scheune, in deren Seitenwände Wohnungen eingebaut sind. Das Besondere ist, dass die Fenster der Wohnungen ins Innere der Halle gehen. Außerdem sind die Innenwände mit großen Blumen- und Pflanzenmotiven bemalt. Wunderschön!

Auf dem Rückweg gehen wir an den vielen Wasserbecken vorbei, in denen alte und neue Schiffe liegen. Dann wieder über die große Spannbrücke, unter der die Wassertaxis über die Neue Maas flitzen. Zurück auf dem Schiff nehmen wir unser Mittagessen ein und erholen uns vom vielen Tippeln. Inzwischen hat die Artania abgelegt und fährt über den Fluss der Nordsee entgegen.

Wir finden, Rotterdam ist eine spannende Stadt, die einen mehrtägigen Aufenthalt wert ist.

## Aus dem Reisetagebuch - Mittwoch, den 22. Sept. 2021

Um 8.00 Uhr soll die MS Artainia an der Columbuskaje in Bremerhaven festmachen, aber noch ist es nicht so weit. Gestern haben wir noch spät unsere Koffer vor die Kabinentür gestellt, in der Hoffnung, sie später in der Abfertigungshalle wieder zu finden. Kapitän Hansen hatte noch ein paar nette Abschiedsworte gefunden, die von der Kreuzfahrtdirektorin humorvoll ergänzt wurden. Die Abschiedsvorstellung beinhaltete ein Star-Express-Revival. Wo haben die nur die Rollschuhe her?

Die Koffer waren schnell gefunden und dann ging's ab, brav vorher 140 € fürs Parken bezahlt. Dafür mussten wir die Koffer keine 50 m schleppen. Auf dem Schiff haben wir noch ein Phönixbrot und eine Lunchbox für unterwegs gekauft. War alles ein guter Einkauf. Gute fünf Stunden brauchten wir bis nach Hause, wo ein kräftiger Mauzen nach Futter verlangte.


## Kleines Resümee

Da ich es gewohnt bin, auf größeren amerikanischen Schiffen zu fahren, ziehe ich diese zum Vergleich heran. Die MS Artania ähnelt in Aufbau und Gestaltung der MS Vision oft the Seas der Royal Caribbian Cruise Line, wenn man vom Full Size Casino und den beiden oberen Decks absieht. Ein elegantes Seeschiff mit 22 kn/h.

Die Artania ist für 1.200 Gäste ausgelegt, die Vision of the Seas für fast doppelt so viele, alles mit mehr Luxus. Auf der Artania reist ein älteres deutsches Publikum, das sich doppelt so hohe Kabinenpreise leisten kann, deutsches Essen und deutsche Unterhaltung bevorzugt. Internationale junge Familien fehlen.

Die Reederei Phönix wirbt mit niedrigen Getränkepreisen, Weiß- und Rotwein gibt es gratis, ebenso Obst in der Kabine. Alle Ausflüge, die zu moderaten Preisen angeboten werden, werden von einem Phönix-Mitarbeiter begleitet. Royal Caribbian ist da teuer. Das gilt auch für das Trinkgeld: fünf Euro bis 12 Euro pro Tag und Person.

Wir hatten eine ruhige 15 Quadratmeter große Außenkabine mit eingeschränkter Sicht. Die Kissen waren klein. Die Atlantik-Launch dient als Theatersaal, zu flach gestaltet, in den hinteren Reihen konnte man nicht viel sehen. Die Shows waren gut, hatten aber nicht die Broadway-Qualität wie im RCCL.

Mit ihren 230 Metern Länge kann die MS Artania auch Häfen vor der Stadt anlaufen, z.B. Bordeaux. Ein großer Vorteil, der sich im Preis niederschlägt. Das Schiff ist bei den älteren deutschen Kreuzfahrtgästen sehr beliebt, was sich an der hohen Zahl der Mehrfachgäste ablesen lässt. Auch die gute Anbindung an Bremerhaven oder Hamburg spielt eine Rolle.

Wer viel Geld für kleinere Destinationen ausgeben möchte, kein internationales Publikum um sich haben will und seine Ruhe genießen möchte, ist auf der MS Artania gut aufgehoben, denn hier gibt es morgens Brühe und nachmittags Kaffee und Kuchen.

*MS Vision of the Seas*

*MS Artania*

Fünfter Band

Das Gedicht basiert auf einen Theaterevent. OZEANO wurde gegeben an Bord der MS Artania auf der Fahrt von El Ferroll (Santiago de Campostela) nach Gexto (Bilbao) im September 2021. Erzählt wird, wie das Wasser seinen Weg nimmt, mit Tanz, Artistik, Schauspiel und Gesang.

**Betroffen von einem Regentropfen**

Ein Regentroffen fällt ins Meer,

es schmeckt salzig.

Er trifft auf unzählige Lebewesen, so groß wie er.

Weiter entdeckt er silberne Fische in Schwärmen,

große Fische werfen ihre Schatten darauf.

Der Regentropfen lässt sich fallen, in die Tiefe.

Jetzt hört er die Laute der Meeressäuger und

immer wieder leuchtet ein Tiefseewesen.

Von oben kommt ein Geräusch.

Neugierig steigt er hoch, das Geräusch wird lauter und

nimmt ihm mit, im Strudel der Propeller.

Noch hört er Stimmen und Musik,

es riecht nach verbranntem Treibstoff und frischer Farbe, er fühlt sich leicht,

dann löst er sich im Dunst des Fahrwassers auf.

Im Dunst geht es hoch in den blauen Himmel,

die Töpfchen wachsen, eine Wolke entsteht.

Aus ihr fällt ein neuer Regentropfen,

vielleicht ins Meer?

Fünfter Band

# Eine Kreuzfahrt einmal anders, denn das Gute liegt so nah

## MS HAMBURG – Einzigartig schön?

*Willkommen auf dem Schiff zur Welt! Klein und fein. Komfortabel und leger. Individuell und kommunikativ. International und deutschsprachig. Weltoffen und gleichfalls privat. Das alles ist die HAMBURG! Mit höchstens 400 Gästen an Bord, ist die HAMBURG an der richtigen Stelle klein, um dort groß zu sein, wo es drauf ankommt: Auf Routen, die den großen Schiffen versperrt bleiben. Stilvoll, übersichtlich und im Frühsommer 2020 frisch modernisiert, präsentieren sich die jeweiligen Decks, die Kabinen sowie alle öffentlichen Bereiche.*

So wirbt die Reederei Plantours Kreuzfahrten für ihr Schiff. Mal sehen, ob wir das bestätigen können. Es ist unsere zweite Kreuzfahrt auf einem deutschen Schiff, einen Monat zuvor waren wir auf der MS Artania, die 1.200 Passagiere befördern konnte. Jetzt versuchen wir es auf einem kleinen. Für eine knappe Woche. Wir haben entgegen unserer Gewohnheit eine Innenkabine gebucht. Die finanziellen Möglichkeiten waren durch die vorangegangene Kreuzfahrt eigentlich ausgeschöpft. Andererseits wollten wir möglichst im Lande bleiben und uns Hamburg einmal genauer ansehen. Mal sehen, ob das Gute wirklich so nah liegt.

## Anfahrt zur MS Hamburg - Donnertag, 14. 10. 2021

Nach Kiel am Ostseekai, wo die MS Hamburg auf uns wartete. Vor uns lagen zwei Umstände: die Corona-Beschränkungen und die Deutsche Bahn. Beide sorgten für Aufregung, Unmut und Verwirrung.

Für die Kreuzfahrt benötigt man als geimpfte Person den OR-Code und einen negativen Schnelltest. Nach einem Telefonat oder einer E-Mail war von einem PCR-Test die Rede, was sich später als falsch herausstellte. So zeigten wir stolz unsere Testergebnisse. Diese fanden keine Beachtung, also wurden wir erneut getestet. Fast eine Stunde in der Schlange und eine Viertelstunde auf das Ergebnis warten. 10 Minuten später hatten wir unsere Bordkarte und waren erleichtert.

Kurz vor der Abfahrt erhielten wir eine SMS, dass wir den Anschluss nach Kiel nicht bekommen würden und wir uns nach einer Alternative umsehen sollten. Um es vorweg zu nehmen, wir bekamen den Zug nach Kiel, als hätte er auf uns gewartet. Das Glück war weiter mit uns: Ein freier Parkplatz in Linz-Bahnhof, Anschlusszug in Köln-Hauptbahnhof pünktlich erreicht, voller ICE nach Westerland, keine Sitzplatzreservierung, aber unsere Plätze waren nicht reserviert, freundlicher Taxifahrer, gutes Trinkgeld. Bon.

## MS Hamburg - Freitag, den 15. 10. 2021

Eigentlich sollte das Schiff heute in Bornholm sein, in Rönne anlegen. Aus dem Anlegen wurde nichts, der Lotse konnte wegen des hohen Wellengangs nicht an Bord kommen. Stattdessen sind wir jetzt in Kopenhagen, ist ja auch Dänemark. An der Langen Linie, wo sonst ein halbes Dutzend Kreuzfahrtschiffe liegen. Jetzt ist die MS Hamburg das einzige.

Zu Fuß nehmen wir Kurs auf die Kopenhagener Innenstadt. Vorbei an der Kleinen Meerjungfrau entdecken wir einen Hop-on-Hop-off-Bus, der eine Stadtrundfahrt macht. Wir kaufen ein Ticket für 25,- Euro und schon sind wir unterwegs, hören uns die Sightseeing-Geschichte an. Der Bus bringt uns sogar mittags zum Schiff zurück, nachdem wir ihm gesagt haben, dass da doch ein Schiff liegt. Hatte er wegen Corona nicht vermutet.

Am Nachmittag ging es wieder rund. Wir sind am Alten Hafen ausgestiegen und dann zurück zum Schiff gelaufen. Dabei haben wir das Schloss Amalienborg und die schönen Gärten rundherum bewundert. Die Wachablösung haben wir schon bei einer anderen Gelegenheit gesehen. Einen Regenschauer haben wir in der 7-Kitchen+Bar bei Kaffee und Kuchen und einem leckeren Bierchen abgewartet.

Zum Abendessen waren wir dann zu sechst und haben Small Talk gemacht, d.h. unsere Kreuzfahrerfahrungen ausgetauscht. Danach gab es ein Rockkonzert, Jerry Lee Louis war angesagt. Sehr rockig, aber zu laut, selbst für ältere Leute mit schlechten Ohren. Als es dann zum „gemütlichen" Teil des Abends überging, alle sangen „My Bonni is over the Ocean", sind wir gegangen.

## MS Hamburg - Samstag, 16. 10. 2021

Die MS Hamburg hatte die Insel Rügen umrundet und machte schließlich um 10.00 Uhr im Industriehafen von Stralsund fest. Es dauerte ewig, bis wir an Land durften, die Ausflügler hatten Vorrang. Da der Shuttlebus aber im laufenden Volksmarathon stecken blieb, machten wir uns zu Fuß auf den Weg vom Hafen in die Altstadt. Aufgrund der Regenschauer und der begrenzten Zeit konnten wir nur zwei Sehenswürdigkeiten besichtigen: Den Großsegler „Gorch Fock" und St. Nikolai. Beides sehr interessant, wenn auch sehr unterschiedlich.

(ex. TOWARISCHTSCH, ex. GORCH FOCK)

*Gestärkt durch Fisch & Chips kehrten wir zum Schiff zurück.*

Nach Kaffee und Kuchen, es gab auch Linsensuppe, und es etwas über das nächste Reiseziel vorgetragen: Travemünde und die Geschichte der Hanse. Ein guter Vortrag. Beim Abendessen erfuhren wir Interessantes von unseren Tischnachbarn. Die hatten nämlich eine Welt-Kreuzfahrt gemacht.

**MS Hamburg - Sonntag, 17. 10. 2021**

Nach der Umrundung der Insel Rügen ist das Schiff nun in Travemünde angekommen und hat direkt vor der Einkaufsmeile festgemacht. Um 10:00 Uhr war noch nichts los, also auf zum Maritim-Hochhaus mit dem Leuchtfeuer, das den Weg in die Lübecker Bucht weist. Vorbei am alten Leuchtturm, einem Zwerg dagegen. Kurzer Stopp am Nachbau der Krawell (Karavelle), aber keine Lust auf eine Fahrt auf der Trave, stattdessen auf die Mole und zurück an den Strand. Dort trennten sich unsere Wege und ich ging weiter die Standpromenade entlang. Bis zur Steilküste habe ich es nicht geschafft, aber bis zur „Möve", einem großen Findling, der 1,6 Milliarden Jahre alt ist. Auf dem Rückweg zum Schiff gab es klassische Musik mit Klavier und Trompete. Man konnte auch etwas in den Körbchen werfen.

Nach dem Mittagessen sind wir noch mal los. Haben einen passenden Schal gekauft und die St.-Laurentius-Kirche besucht, eine sehr alte (erbaut 1530) und evangelisch-lutherische Kirche. Wir besuchten das Seebad und das Seebadmuseum. Interessant war zu erfahren, dass wenige Kilometer östlich von Travemünde die innerdeutsche Grenze verlief. Heute trennt sie die

Bundesländer Schleswig-Holstein und Mecklenburg-Vorpommern. In den 20er Jahren war an der Trave richtig was los: Spielcasino mit Revue, die Bucht als Start- und Landeplatz für große Wasserflugzeuge, sozusagen ein Wasserflughafen.

Beim Abendessen wurden die Enkelkinder gezählt. Die anderen kamen auf sieben, da konnten wir mit einem nicht mithalten.

### MS Hamburg - Montag, 18. 10. 2021

Jetzt war klar, Helgoland fällt aus, wegen des schlechten Wetters. Wir fahren noch einmal nach Dänemark, nach Sonderburg. Für ein paar Stunden, die reichten, um das Schloss, jetzt Museum, zu besichtigen. Es gab etwas zu sehen über die Entstehung und die wechselvolle Geschichte dieses Landesteils. Mal holsteinisch, mal preußisch, mal dänisch. Viele Uniformen und Waffen von damals. Und aus der Nazi-Vergangenheit SS-Uniformen und Lagerjacken von KZ-Häftlingen.

Als wir das Schloss verließen, fing es an zu regnen. Noch einen Kaffee in der Fußgängerzone und dann auf das Tenderboot. Nach dem Mittagessen gab es einen Vortrag über den Nord-Ostsee-Kanal, durch den das Schiff demnächst fahren wird.

### MS Hamburg - Dienstag, 19. 10. 2021

Am frühen Morgen haben wir den Kanal durchquert. Die Ostseeschleuse Kiel-Holtenau haben wir noch im Abendlicht gesehen und ich habe mir später bei einem Gläschen die Strecke angesehen. Nichts zu sehen außer den gelben Positionslichtern.

Nach der Durchfahrt ging es auf die Elbe und das Schiff legte in Hamburg an. Ab 8:00 war Aussteigen angesagt. Um halb 9 waren wir schon draußen. Eigentlich wollten wir mit dem Taxi ins Hotel fahren. Das wollten viele andere auch, also sind wir zur nächsten U-Bahn-Station gelaufen. Leider wusste ich die Haltestelle am Hotel nicht mehr. So verirrten wir uns ganz schrecklich, fanden ein freies Taxi und auch das Hotel.

### Hamburg am selben Tag

Etwas später starteten wir zu unserem Nachprogramm: 2-stündige Hafenrundfahrt, portugiesisches Mittagessen, Michel und danach Mittagsruhe (bis 18:00 Uhr) ab zum Jungfernsteg (Hamburg am Abend).

Der Höhepunkt unserer Hamburg-Tour war sicherlich die Hafenrundfahrt. Rein in den neuen Containerhafen mit den Riesenfrachtern (bis zu 400 m Länge) und eine Runde durch die Speicherstadt. Nebenbei den Seemannsgarn-Geschichten des Barkassenführers gelauscht, der mal Bootsmann auf einem Stückgutfrachter war, jetzt Museumsschiff an den Landungsbrücken. Später war er Kapitän auf der Großen Fahrt.

Neben den Landungsbrücken befindet sich das Portugiesische Viertel. Wir waren dort zum Mittagessen, Fischplatte, Fleischplatte, alles furchtbar viel und furchtbar gut. Das Restaurant heißt Coimbra. Von dort ist es nur ein Katzensprung zum Michel, dem Wahrzeichen der Hansestadt. Das Abendprogramm war ein Reinfall. Alle angesagten Lokale (auch der Alsterpavillon) waren wegen Corona nur mit Reservierung zu bekommen. So kamen wir früh ins Bett.

### Hamburg - Mittwoch, 20. 10. 2021

Den Vormittag haben wir für Hamburg reserviert. Ich wollte ins Mini-Wunderland, der andere Teil noch einmal in die Elb-Philharmonie. Im Mini-Wunderland sind die Zeitfenster schon Tage vorher ausgebucht, keine Chance. Plan B war das Zollmuseum. Keine schlechte Wahl. Um 12:00 Uhr war Treffpunkt im Hotel. Eine U-Bahn-Station zum Hauptbahnhof. Jetzt sitzen wir im Zug nach Köln, schon mit einer halben Stunde Verspätung.

### Kleine Schiffsbewertung

Die MS Hamburg ist ein kleines Seeschiff, 144 m lang, 5,5 m Tiefgang. Geeignet für kleine Häfen, auch für Expeditionen in die Antarktis. Das Schiff fasst maximal 400 Passagiere, wegen Corona waren es 300. Das Schiff bietet wenig Unterhaltung, jedenfalls nicht die, die wir von amerikanischen Schiffen gewohnt sind. Das Essen ist mittelmäßig, wie auf vielen anderen Kreuzfahrtschiffen auch. Das Preis-Leistungs-Verhältnis stimmt nicht, es ist zu teuer. Mit den Corona-Maßnahmen wurde übertrieben. MS HAMBURG - Einzigartig schön, das finden wir auch eine Übertreibung. Auf die Werbung fallen wir nicht mehr rein. Für das schlechte Wetter kann die Reederei nichts. Und die Ausweichziele waren ok. Nur den Anlauf Helgoland haben wir schmerzlich vermisst.

## Kreuzfahrt mit der MS Celebrity Edge

### *Von Barcelona nach Civitavecchia vom 20. Bis zum 27. August 2022*

Dieses Mal habe ich unsere Kreuzfahrt, die Soundsovielte, anders dokumentiert, mal nicht handschriftlich, nicht im Tripadvisor oder als Reisebeschreibung, sondern, Dank der in der Schreibwerkstatt Klettenberg erworben Fertigkeiten, literarisch. Ich habe in diesem Bericht versucht, das Erlernte umzusetzen, wollte aber auch sehr persönlich bleiben, so wir es erlebt haben. Für die Spitzen entschuldige ich mich. Die Bilder sind mit meinem neuen I-Phone gemacht. Man sieht uns in Cinque Terre, Monterosso, in Ajaccio auf Korsika, in der Kathedrale von Barcelona und an vielen an vielen anderen Orten rund ums westliche Mittelmeer. Zu jedem Text habe ich die Bilder herausgesucht, welche mir am besten gefallen haben. Den Ablauf der Kreuzfahrt habe ich Tag für Tag beschrieben, doch dieses Mal den Wochentag und das Datum weggelassen.

**Na denn mal los!**

Endlich liege ich auf der mir zugewiesenen Seite im Kingsize-Bett. Mit sechzehn Quadratmetern hat das Zimmer etwa die Größe einer Kabine auf einem Kreuzfahrtschiff, so gewöhnt man sich ein. Eleonore hat den Koffer aufgeklappt vor die Tür gestellt, damit sie am nächsten Morgen schnell an die frische Unterwäsche herankommt. Ich bin müde von der langen Fahrt, außerdem ist mein Magen voll vom leckeren katalanischen Ochsenschwanz mit Kartoffeln. Trotzdem lasse ich mir noch einmal die Ereignisse des Tages durch den Kopf gehen.

Los geht's, heißt es zur Mittagszeit. Rechtzeitig, denn Parkplätze sind rar am Bahnhof Linz am Rhein, der Zug kommt derzeit wegen Personalmangel nur einmal pro Stunde, freitags ist bei der Gepäckaufgabe von Rynair immer viel los und das Warten vor der Sicherheitskontrolle ist derzeit nicht abzuschätzen. Man kennt das ja aus dem Fernsehen. Doch, alles lief fast normal ab: Ein letzter Parkplatz wurde gefunden, der Zug zum Flughafen war dank des 9-Euro-Tickets überfüllt, aber fast pünktlich. Rynair hatte fast alle Abfertigungsschalter besetzt, die Schlange vor der Sicherheitskontrolle war lang, aber es ging zügig voran. Im Abflugbereich erwarteten uns fröhliche Männerclubs, die sich die Vorfreude auf ein Wochenende auswärts und unter sich mit Alkohol versüßten und sich so die Zeit vertrieben.

Nach dem Prinzip „Der Letzte raus, der Erste rein" managte Rynair das Boarding, die Priotrity vor, die Sparsamen hinterher. Wunderbare fünf Zentimeter Kniefreiheit erwarteten uns, und so waren die zwei Stunden nach Barcelona El Prat bequem auszuhalten. Das junge Paar neben mir bot mir sogar Pringle Chips an. Mit einem „Nein, danke" lehnte ich ab, freute mich aber trotzdem über die Aufmerksamkeit gegenüber einem älteren Menschen.

Pünktlich gelandet, lag unser Gepäck schon auf dem Gepäckband. Nun mussten wir nur noch den Bus A2 finden, am Placa d' Espanya in die Metro umsteigen, am Arc de Triomf aussteigen, die Calle Roger de Flor hinuntergehen und schon hatten wir unser Hotel erreicht. Also los. Eleonores unterentwickelter Orientierungssinn zeigte uns den falschen Weg zum Bus. Nach ca. 150 m Diskussion kehrten wir um und siehe da, der A2-Bus stand bereit. Nur noch die Tickets per EC-Karte kaufen, PIN nicht vergessen und ein geduldiger Fahrer nahm uns mit. Meine Frage „Mi billete también es válido para el metro" verstand er nicht. Ist ja auch kein Katalanisch. Aber am Placa d' Espanya zeigte er uns den Weg zur Metro.

Eine der Leidenschaften meiner Frau ist es, möglichst günstige Fahrkarten zu kaufen, egal wo auf der Welt. Eine einfache Fahrkarte wäre, wie der Name schon sagt, viel zu einfach. Nach einer Diskussion über die zukünftigen Verkehrsbedürfnisse zogen wir zweimal Einfach. Geschafft, aber mit einem 17 kg schweren Koffer nicht die Tücken der Metro in Barcelona. Sie ist tief vergraben und ein unterirdisches Labyrinth, mit Rolltreppen rauf und runter (einige sind sogar in Betrieb), vielen Treppen und mit langen Wegen. Man muss auch in die richtige Richtung fahren und an der ausgeschilderten Station aussteigen. Wieder geschafft, nur noch 600 m bis zum Hotel, wenn die Richtung stimmt. Auf dem Pasaeig de Pujades angekommen, suchte ich nach der Hausnummer, Eleonore unterbrach meine Suche mit: „Schau dich um. Wir stehen vor dem Hotel. An dieser Stelle wird jedem klar, dass ein Taxi die bessere Lösung gewesen wäre. Wir auch, beim nächsten Mal.

„Hola! Buenas Tardes. He reservado un habitacion dople para una noche", gab ich dem bärtigen Rezeptionisten meinen Pass zum Einchecken. Freundlich lächelnd checkte dieser meine Reservierung, fragte nach Eleonores Pass und druckte das Anmeldeformular aus, auf dem er zwei Kreuzchen machte. Deutlich hörte ich ein „Firmar". Laut Lehrbuch sollte es „Firmate" heißen, der positive Imperativ. Ich unterschrieb trotzdem, der Rezeptionist hatte wohl nicht erkannt, wie schlecht meine Spanischkenntnisse waren. Als es ans Bezahlen ging, zückte Eleonore missmutig ihre Debitkarte, erhielt die Rechnung und die Schlüsselkarte mit der Zimmernummer. „Four-Two-Six, the lift is overthere", Eleonores Welt war wieder in Ordnung und mit einem „Gracias" auch meine.

Nachdem wir wieder ein Zuhause hatten, machte sich Hunger breit und von den 30 Grad draußen waren nur noch 25 Grad übrig. Beides veranlasste uns, die örtliche Gastronomie auszuprobieren. Dort, wo ich das Hotel gesucht hatte, gab es nach ein paar Schritten die Wahl zwischen einem Café, einem Laden mit Fastfood und einem gut besuchten Restaurant mit katalanischer Küche, das auf dem breiten Bürgersteig eine Außenterrasse hatte. Dass fünf Meter weiter und um die Ecke Autos fuhren, stört nur Mitteleuropäer. Angelockt von einem Steak-Pommes-Angebot bot uns ein Señor, auf Camarero hört niemand mehr, einen Tisch an, um gleich darauf zu sagen: „This offer is out", schlug mir den schon erwähnten Ochsenschwanz und für Eleonore eine Fischplatte vor. Wir nahmen Platz und bestellten Getränke, una Botella de Aqua, Vino tinto a la Casa y Cava. Dazu reichlich Brot, denn es dauerte.

Gesättigt ging es zurück ins Hotel, mit dem Gedanken, dass man auf der Dachterrasse nicht nur einen schönen Blick auf das nächtliche Barcelona, sondern auch einen tollen Absacker haben könnte. Leider hatte die Bar gerade geschlossen. Die Aussicht haben wir trotzdem genossen. Also ab ins Bett, morgen wartet die Pracht Barcelonas auf uns und das Schiff.

## Von Kathedrale zu Kathedrale und dann aufs Schiff

Es war der Tag der großen Augen, und das gleich dreimal. Es fing so an: Eleonore mag kein Frühstück, schon gar nicht im Hotel. Auf dem Weg ins Barri Gotic fanden wir eine Bäckerei, die auch Eleonore akzeptierte. Verständigung auf Englisch. Ich weiß nicht, warum sie überhaupt einen Spanischkurs gemacht hat. Naja, bezahlt hat sie.

So früh am Morgen erreichten wir die Kathedrale von Barcelona, ein riesiges gotisches Bauwerk mit angeschlossenem Kloster. Für 10 Euro Eintritt pro Nase konnte man das herrlich monströse Kirchenschiff mit den vielen Altären und dem schön geschnitzten Chorgestühl bewundern. Viel mehr Aufmerksamkeit erregte der Gänseschwarm im Hof des Kreuzganges, weiß gefiedert und laut schnatternd. Die eine oder andere Gans würde ein gutes Weihnachtsessen abgeben. Noch mehr Aufmerksamkeit erregte die moderne Toilette, raffiniert in die Mauern integriert. Was hätten die Mönche damals gegeben, um sie benutzen zu können. Nur der Euro hat ihnen gefehlt.

In den Himmel kommt man in der Kathedrale nicht, aber mit dem Fahrstuhl aufs Dach. Beim Blick auf den Hafen entdeckten wir, wie beruhigend, die MS Celebirty Edge, unser Kreuzfahrtschiff, das heute auf unsere Einschiffung wartete. Uns erwartete noch ein anderes Ziel, dessen Besuch wir gebucht hatten. Wir schauten uns um und da war sie, die La Sagrata Familia, Gaudis Kathedrale, gar nicht so weit entfernt. Also runter vom Dach, über die Rambla zum Plaça Catalunya, mit der Metro zur Parada Sagrata Familia. Spätestens jetzt merkten wir, wie überfüllt Barcelona ist. Die Rambla war voller Menschen, die Metro auch und rund um die Sagrata Familia glich das Ganze einem Heerlager.

Viele warteten im Schatten der Parkbäume hinter der modernen Kathedrale auf Einlass, was uns verwunderte, denn die Lokale ringsum boten genügend freie Plätze. Wir setzten uns und bestellten zwei wegen der Hitze große, kühle Biere, wir hatten ja noch Zeit bis zum geplanten Einlass. Das Bier schmeckte, die

Rechnung nicht, sie enthielt einen 100%igen Aufschlag wegen der Sehenswürdigkeit.

Große Augen machten wir wieder, als wir die Kathedrale betraten. Dieser riesige lichtdurchflutete Raum, die schlanken Pfeiler, die wie Bäume in den Himmel ragen, angestrahlt von natürlichem und künstlichem Licht, selbst die vielen Touristen verloren sich in der Größe des Raumes. Gaudis Meisterwerk zu bestaunen, das muss man einmal im Leben geschafft haben.

Nach der Besichtigung suchen wir das empfohlene Tapas-Lokal, es muss ganz in der Nähe sein. Einer der zahlreichen Wachmänner gab uns die entsprechende Auskunft, dank Eleonores netter Ansprache in Englisch. Gott sei Dank bestellten wir nur eine Tapasplatte, die reichlich für mehrere Personen gewesen wäre, also „demasiodo". Die Bestellung auf Spanisch war mein Part und sehr präzise, die Tapas nicht „caliente", nicht warm gemacht. Alles war rico, also „lecker" und bezahlbar.

Nun war es an der Zeit, unser aufgegebenes Gepäck aus dem Hotel zu holen und an Bord zu gehen. Ich teilte der Celebrity Cruise Line meine Zeitvorstellung mit und bereitete die Seepässe mit Impfausweis und Negativbescheinigungen vor. Zufällig kam ein freies Taxi vorbei, das wir uns schnappten. Schnurstracks ins Hotel, Koffer eingeladen und ab zum Kreuzfahrtterminal. Gut, dass die Hafenbehörde auf einem Display den Schiffsnamen dem jeweiligen Liegeplatz zugeordnet hat, so wusste der Fahrer, wohin der Weg geht. Mit dem Schiffsnamen hatte er so seine Schwierigkeiten, besser ging es mit der deutschen Aussprache - ZE-LE-BRI-TY und ohne Probleme zum Terminal. Er lud unser Gepäck ein und kassierte ein ordentliches Trinkgeld. Seinem Gracias folgte meinerseits ein Da Nade und ein Adios.

Beim Einchecken erfuhren wir, dass die Reederei uns eine Verandakabine spendiert hatte. Wie schön. Und erst das Embargo, nicht stehen bleiben. Knipps, ein Foto für den Identity-Check, schon waren wir an Bord. Wieder gingen uns die Augen auf. Keine Enge wie sonst in den Kabinengängen und auch sonst nirgends, wie in einem 5-Sterne-Hotel. Der Stateroom mit satten achtzehn Quadratmetern plus Infinity-Veranda, mit einem großen Fenster, das man herunterlassen kann. Der letzte Schrei. An eine so schöne Bescherung, hatten wir nicht gedacht, als wir vom Dach der Kathedrale einen Blick auf den nicht allzu großen Hafen warfen.

Fünfter Band

**Nach Valencia und seinen typischen Getränken**

Wer das Aqua de Valencia dort nicht probiert hat, war eigentlich gar nicht dort. Das ist wie mit der Berliner Weiße in Berlin. Im empfohlenen Café wurde uns ein solches Aqua serviert. Nichts Besonderes: Sekt (hier Cava) mit Orangensaft (hier Zumo de naranja) mit einem Schuss Wodka und noch einem mit Gin, alles eisgekühlt, die Mischung macht's. Und am besten schmeckt es bei Mondschein. Das konnten wir uns nicht leisten, unser Schiff wäre abgefahren. Die Kellnerin war nett, jung, groß, blond, nicht von hier. Kam aus den Niederlanden und studierte an der hiesigen Universität. Was, habe ich sie nicht gefragt.

Kommen wir zum zweiten, dem Nationalgetränk: Erdmandelmilch - Horchata. Der berühmteste Laden dafür in Valencia ist die Horchateria Santa Catalina. Da mussten wir unbedingt rein.  Eleonore bestellte eine Horchata mit zwei Strohhalmen, ich sicherheitshalber einen Kaffee mit leckerem Gebäck. Ich kostete vorsichtig, eigentlich erdig, aber trinkbar. Die Bedienung, furchtbar nett und einheimisch.

Jetzt wird man uns fragen, ob wir nur in Kneipen und Cafés gesessen haben. Natürlich nicht!  Als beflissener Bildungsbürger besucht man so viele Sehenswürdigkeiten wie möglich. Wir ließen einige aus und konzentrierten uns auf den Marcado Central, leider sonntags geschlossen, und die Seidenbörse, die Lonja de la Seta, die geöffnet und gut besucht war. Das Gebäude ist ein spätgotisches Meisterwerk mit ummauertem Garten und großen hohen Räumen mit reich verzierten Holzdecken. Man sieht, da steckte Geld dahinter. Bemerkenswert gut war die Information über das Gebäude und seine Geschichte mittels Projektion. Alles mit englischen Untertiteln. Keine Frage, die Lonja de la Seta ist ein Highlight, allein schon wegen der Kühle im Inneren an diesem heißen Sommertag.

Gestärkt durch unser Wissen über Valencia, aber geschwächt durch das Wetter, machten wir uns auf den Weg zum Shuttlebus an der Puente Trinidad, den die Reederei diesmal kostenlos organisiert hatte. Interessant war, dass die Brücke ein breites Flussbett überspannt, in dem sich heute die Jargines de Turia, benannt nach dem ehemaligen Fluss, erstrecken.

Das schiffseigene Oceanview Café war gerade dabei, den Mittagstisch abzuräumen und stellte schon die leckeren Kuchen (unter uns, eine Pracht von Konditorei) für die Kaffeepause heraus. Wir konnten uns noch ein paar Häppchen vom Buffet nehmen. Das war die Gelegenheit, über das Menü für den

Abend nachzudenken. Vor dem ständigen Blick aufs Handy „Nicht alle Deppen tuen Äppen" gab es Speisekarten, die ausgehängt wurden, später wurden sie auf dem Display angezeigt und heute sind sie per App abrufbar. So viel dazu.

Mach mal ein „X", nein, nicht den Buchstaben, sondern das Promi-Symbol auf der App. Gesagt - getan, rein ins Bord-WLAN, App geladen und schon hat man alle Informationen, nur mit den Speisekarten der vier Hauptrestaurants hat es nicht geklappt, aber wozu gibt es einen deutschen Relations-Officer. Die junge Dame (2nd Officer) erklärte uns die Handhabung der Celebrity App, nur um dann festzustellen, dass es überall größtenteils das Gleiche gab. Ein kleiner Teil der angebotenen Speisen entsprach dem Habitus des Restaurants: In der Normandie gab es Fisch, im Tuscan mehr Pasta, im Cyprus Griechisch und im Cosmopolitan alles für Amerikaner. Wir gingen abends ins Cosmopolitan, dort soll es auch etwas geben, was Deutschen schmeckt, z.B. MANHATTAN CUT NY STRIP STEAK* ROASTED BABY VEGETABLES, PARSNIP PURÉE, CARAMELIZED ONION.


**Morgens Ibiza, abends Sopran**

Von der Ferieninsel Ibiza hat man schon viel gehört, vor allem von ausschweifenden Partys. Am dritten Tag unserer Kreuzfahrt wollten auch wir uns davon überzeugen. Wiederum kostenlos ging es mit dem Shuttlebus zur Anlegestelle der Formentera-Fähren, vorbei an Betonklötzen mutmaßlicher Eigentumswohnungen und einer unüberschaubaren Flottille von Yachten. Das Ausschweifen kann man getrost durch das Ausgreifen ersetzen.

Ibiza-Stadt wird dominiert von der „Hochstadt", einer Festung mit Stadtmauer, gekrönt von der Kathedrale. Um den besten Weg dorthin zu finden, ließen wir uns per GPS auf dem Handy leiten. Leider hatte ich die Autoroute eingestellt. Oben angekommen, mussten wir feststellen, dass die Kathedrale geschlossen war. Wie bewunderte ich die deutsche Familie mit zwei Schulmädchen, die fröhlich aus dem Taxi stiegen und die schöne Aussicht auf den Hafen genossen. Verschwitzt taten wir es ihnen gleich.

Im Hafen lag ein weiteres Kreuzfahrtschiff, die Anthem of the Seas der Royal Caribbian. Noch fünfzig Meter länger und mit tausend Passagieren mehr, einer der größten Cruise Liner. Deutlich zu sehen war der North Star, eine Kapsel, die mit einem Kranarm über das Schiff geschwenkt werden kann, um nur die neueste Innovation des Schiffes zu nennen. Spätestens jetzt fragte ich mich, ob ich noch in die Zeit passe: Bei 30 Grad in die Höhe zu klettern oder in der klimatisierten Gondel 90 Meter über Ibiza zu schweben. Nachteil, man ist nicht vor Ort.

Bleiben wir vor Ort. Für den Rückweg verzichteten wir auf das Navi und schlossen uns den Touristen an, die auch bergab wollten. Auf dem Platz vor dem alten Stadttor fanden wir noch ein schattiges Plätzchen, bestellten Erfrischungen. Durch die kleinen Gassen mit ihren Boutiquen und die hübsche Hafenpromenade gelangten wir zum Shuttle-Bus, der gerade abfahren wollte. Es wurde auch Zeit, denn im Buffet-Restaurant warteten schon die Gaumenfreuden Spaniens auf uns: Paella und Co. Der Chef de Cuisine hatte sich wirklich Mühe gegeben.

Vollgestopft mit gutem Essen, Creme de Catalana gleich zweimal, suchten wir uns ein ruhiges Plätzchen. Dafür gibt es auf dem Schiff den Roof Garden auf dem Oberdeck, direkt hinter den Schornsteinen und vor der Sun Set Bar. In dieser innovativen Location ist vieles möglich: Zuerst chillt man in einer der Lümmelwiesen-Nischen, von der aus man auf eine Videowand blickt, auf der die neuesten Firmen in Doby Surround zu sehen und zu hören sind. Welche und wann, kann man praktischerweise auf der App nachschauen. Für Umweltbewegte bietet sich die Gelegenheit, die Rauchfahrten zu beobachten. Ob die Maschinen gerade mit Schiffsdiesel oder Schweröl betrieben werden, kann ich nicht zweifelsfrei sagen. Weiß steht für ersteres, schwarz für letzteres. Man fühlt sich an die Papstwahl erinnert, vertraut aber der Aussage des Kapitäns, dass alles sauber rauskommt. Solche profanen Gedanken verdrängend, holten wir uns lieber einen Caipiriha und einen Aperol Spritz an der Sun Set Bar.

Das Abendessen nahmen wir im „Cyprus" ein, dem Restaurant mit dem griechischen Touch. Ich bestellte Cyprus Exclusives: TAVERNA SALAD Cucumber, Red Onion, Olives, Feta, Tomato sowie LEMON DILL CHICKEN SOUVLAKI Artichoken, Roasted Tomato, Mint, Yoghurt Sauce. Das Essen, fein und gut, entsprach aber in keiner Weise meinen Erwartungen. Wehmütig dachte ich an den Griechen in Berlin, Souvlaki vom Schwein, wie es sich gehört, dazu einen kühlen Retsina und einen Ouzo obendrauf. Ich frage mich, ob ich hier soziologisch-kulinarisch richtig bin.

Abends im Theater wurde es klassisch. Eine Sopranistin sang bekannte Popsongs, begleitet von einem kleinen Orchester, das Keyboard ersetzte die Streicher. Am Konzertflügel sang die Künstlerin davon, wie ein Kind aufwächst.

Auf der Videowand, die das Bühnenbild ersetzte, waren anrührende Szenen mit Babys und Kleinkindern zu sehen: das erste Bad, die ersten Schritte, der dritte Geburtstag. Als späte Mutter, so erzählte sie, sei ihr das Lied eine Herzensangelegenheit gewesen. Wir, zum zweiten Mal frischgebackene Großeltern, dachten so an unser neues Engelkind, die kleine Irma wird uns das alles zeigen. Gerührt gingen wir zu Bett.

## Celebrity Today

Celebrity Today ist die Hauszeitung an Bord. Sie liegt am Vorabend auf dem gemachten Bett und enthält alle wichtigen Informationen für den nächsten Tag. Sie sagt den Gefeierten (Celebryties), also den Passagieren, wann das Schiff anlegt und wann sie spätestens an Bord sein müssen, sonst ist sie weg.

Heute kreuzte das Schiff von den Balearen in den Golf von Genua, Ziel war das schöne und reiche Portofino. Zwei Highlights standen auf dem Programm der Kreuzfahrtgäste: Ein Vortrag des Kapitäns über das Schiff und am Abend „A Hot Summernights Tream", Shakespeare lässt grüßen. Da das Wetter sommerlich schön war, konnten die Celebryties alternativ im Spaßbad planschen oder im Whirlpool blubbern.

Wir lauschten dem Kapitän, der gleich zu Beginn versicherte, dass genügend Rettungsboote bereitstünden. Sein Scherz wurde mit müdem Gelächter quittiert. Dass es sich um ein großes Schiff handelt, war uns schon vorher aufgefallen. Dagegen ist die Titanic ein besserer Schlepper. Damit das Schiff seine 45 km/h erreicht, sind 60.000 PS nötig, die die vier Schiffsdiesel über eine elektrische Welle an die POD-angetriebenen und im Kreis drehenden Propeller liefern. Kapitän Costa erläuterte die installierten Rauchgasreinigungs-, Wasseraufbereitungs- und Entsorgungsanlagen, um auch Umweltskeptiker zu beruhigen. Abschließend stellte er den Zuhörern den Wachdienst auf der Brücke vor. Es gibt drei Schichten, rund um die Uhr, mit jeweils zwei Offizieren und zwei Matrosen. Das ist beruhigend, die Rettungsboote werden wohl nicht gebraucht. Und wenn das Schiff die Stabilisatoren ausgefahren hat, wird auch niemandem übel werden.

An dieser Stelle schließe ich mich dem Kapitän an und schildere meinen Eindruck vom Schiff. Die MS Celbrity Edge ist eines der größten Schiffe im Luxussegment, die Hotellerie entspricht der eines Grandhotels. Der Pizzabäcker hält seinen Steinofen von mittags bis Mitternacht warm, die Eisdiele hat die gleichen Öffnungszeiten. Die Sun Set Bar machte ihrem Namen alle Ehre, vor allem als wir Richtung Osten fuhren.

Im Hauptrestaurant erwarte ich mehr Auswahl, je nach Art des Restaurants. Warum das Schiff einen Bereich für Luxus-Plus-Passagiere haben muss, erschließt sich mir nicht. Oder ist es nur Sozialneid? Jedenfalls konnte man so nur eine halbe Decksrunde drehen. Und der Tontechnik sei gesagt, dass selbst Schwerhörigen bei der Lautstärke die Ohren weh tun.

Nun zu „A Hot Summernights Dream", dem heißen Sommernachtstraum nach Shakespeare. Für diejenigen, die diese wunderbare Geschichte nicht kennen, zitiere ich sie kurz: Es geht um ein glücklich verliebtes Paar, das nicht zusammen sein darf, und um ein anderes Mädchen, das einem Mann nachweint, der sie nicht will. In den Wäldern Athens hört der Elfenkönig Oberon von diesem Unglück und will den beiden helfen: Der Saft einer bestimmten Blume soll in die Augen eines Menschen geträufelt werden, der sich dann in den nächsten Menschen verliebt, den er sieht. Klingt alles sehr romantisch! Wenn nicht der Droll Puck, der diese Aufgabe erfüllen soll, die falschen Leute zusammenbringt und für ein heilloses Durcheinander sorgt. Soweit der literarische Hintergrund.

Auf der Bühne ging es noch heißer her. Es wurde viel im Duett gesungen, die Elfen tanzten und die Akrobaten machten ihre Kunststücke. Und jetzt verstehe ich auch, was die große Blume in der Mitte der Bühne zu bedeuten hatte. „Say it with Shakespeare" kommt mir bekannt vor.


**Schiff auf Reede, von Ausflug keine Rede**

Dieses kleine Wortspiel soll unsere Erfahrung mit dem Port of Call Portofino wiedergeben. Von Hafen kann hier nicht die Rede sein, denn das Schiff lag vor dem wunderschönen Portofino vor Anker. Ebenfalls auf Reede lag in einiger Entfernung ein weiteres Schiff der Cruise Line, die MS Celebrity Beyond. Sie hatte sich den schönen Ort St. Margareta zum Tendern ausgesucht. Was für ein Glück, sonst wären sich die Passagiere gegenseitig auf die Füße getreten. Soweit die Situation.

Das Fischerdorf Portofino ist so reizvoll, dass uns ein Bummel durch den Ort der Schönen und Reichen, wie man so sagt, gereicht hätte. Auch die ligurische Küste war vom Tenderboot aus schön anzusehen. Womit wir schon beim schönsten Teil unserer Exkursion wären. Die Doppelrumpf(-rettungs-)boote neuester

Bauart mit 700 PS konnten 136 Passagiere aufnehmen, angeordnet wie in einem Flugzeug. Da hätte die Seenot fast noch Spaß gemacht. Die Tenderboote wurden vom Magic Carpet abgesetzt, einer sogenannten Plattform, die, wenn sie nicht gebraucht wurde, nach Deck 5 als Frühstückscafé und später nach Deck 14 als Open-Air-Bar geschoben wurde. Innovativ, nicht wahr?

Also buchten wir einen Ausflug in das berühmte Rapallo, um diesen geschichtsträchtigen Ort zu besichtigen. Versprochen war eine Bootstour ins Nachbarstädtchen St. Margarita mit Rundgang, dann mit dem Bus nach Rapallo mit Einkehr in einem Café und zurück, inklusive englischsprachiger Führung. Auf unser Bordkonto von 300 $ haben wir noch draufgezahlt. Wäre das nicht eine Zugabe zur Kreuzfahrt gewesen, hätten wir uns hinterher noch mehr geärgert.

Noch einmal von vorne: An der Mole war Sammeln unter der Nummer 27. Dann der Gang zur öffentlichen Toilette für alle, die es vorhin nicht auf das Schiff geschafft hatten. Dann in der Horde zurück zum Ausflugsschiff älterer Bauart, das uns entlang der Küste zum nächsten Ort brachte. Hier trafen wir auf die Passagiere der MS Beyond in unbekannter hoher Anzahl. Diese pilgerten in umgekehrter Richtung nach Portofino. So konnten wir St. Margareta in Ruhe besichtigen. Dann wartete schon der Bus nach Rapallo, wo uns bei einem Rundgang die Verträge der Weimarer Republik erklärt wurden. Vom hübschen Musiktempel, dem Chiosco della Musica, gingen wir in das nahe gelegene Café. Dort erwartete uns ein abgegrastes Kuchenbuffet und warme Kaltgetränke, für den Kaffee musste man Schlange stehen. Nach 20 Minuten waren wir wieder draußen, denn die nächste Gruppe trampelte um Einlass. Alles wieder rückwärts, was waren wir froh, die Tour beenden zu können. Das war nichts, kommt aber auf Kreuzfahrten öfter vor. Beschwerden beim Ausflugsservice sind da vorprogrammiert. Mal sehen, was die Reederei dazu sagt. Bisher haben wir keine Antwort erhalten. Bei denen vielleicht „Beyond"?

**Bei den Bonapartes zu Gast**

Das Kreuzfahrtschiff drehte noch einmal um und brachte uns nach Korsika, genauer gesagt nach Ajaccio, der Geburtsstadt Napoleons. Gut, dass die Celebrity Edge im Stadthafen festgemacht hat. Und so machen wir uns selbstständig, das Ausflugstrauma von gestern schon fast vergessen, auf den Weg in die Stadt mit dem großen Sohn. Über den Marché d' Ajaccion mit seinen frischen Produkten oberhalb der Place Foch gelangten wir zum Rathaus, um den Napoleonsaal zu besichtigen. Leider waren wir zu früh dran. Ferme!

Also weiter zum Musée National de la Maison Bonaparte. Öffnet später. Dann erst zur Kathedrale, von dort über den Place d'Gaule, wo das Reiterstandbild von Napoleon I. steht, umringt von seinen Brüdern, alles Könige von des Kaisers Gnaden. Ich hätte dem Namensgeber des Platzes eher eine republikanische als eine royalistische Gesinnung zugetraut, ob das wohl berücksichtigt wurde?

Bonjour J'aimerai avoir deux billets, s'il vous plaît, bestes Französisch vorzutragen nützte nichts. Natürlich bekamen wir die Karten, aber die Dame schaltete die Audioanlage sofort auf Deutsch um. Ertappt! Nun waren wir drin, im nationalen Heiligtum, dem Anwesen der Bonapartes, als Gäste sozusagen. Die Audioguides waren gut gemacht. Die Geschichte des Hauses und natürlich der Bonapartes wurde aus den Erinnerungen der Amme Napoleons erzählt, die über ein halbes Jahrhundert in diesem Haus lebte. Napoleon selbst war als Herrscher nur wenige Male dort.

Das Haus der Bonapartes liegt bescheiden in der Rue Staint Charles. Erstaunlich ist, wie es immer wieder nach hinten erweitert wurde, da die Familie durch Heirat wuchs. Gegenüber haben die Bonapartes ein Grundstück gekauft, das heute ein kleiner Park ist. Sehr schön das Ganze. Wir verabschiedeten uns mit einem Au revoir, was auffiel, denn die meisten Besucher bekamen bestenfalls ein gemurmeltes Bye, bye heraus.

Des Französischen nicht genug, kehren wir in ein angesagtes Café ein. Brav bestelle ich ein Biére a la Pression, wo Eleonore mich sofort korrigiert: Biére Pression reicht. Dabei hatte ich noch gar nicht gesagt, ob ich ein großes oder ein kleines möchte.

An diesem Abend auf dem Schiff war schicke Kleidung, Dress-Code: Evening Chic, erforderlich. Tja, die Zeiten haben sich geändert. Früher war es üblich, im Smoking oder Abendkleid zu erscheinen, heute nicht mehr, auch ich habe das Dinnerjacket zu Hause gelassen, aber Eleonore hatte etwas Hübsches an. Das Essen war dem Abend angemessen: Hummerschwanz und als Dessert Baked Alaska, beides erklärungsbedürftig. Der Oberkellner sprang mir hilfreich zur Seite und sezierte den Hummerschwanz verzehrfertig, für ganze Hummer hätte er wohl Überstunden machen müssen. Baked Alaska ist geschmolzenes Fürst-Pückler-Eis mit Schokoladensauce darüber. So, das können jetzt auch Ahnungslose bestellen. Und, bevor ich es vergesse, der Sommelier hatte einen vorzüglichen Riesling parat.

Beeindruckend war der Auftritt der Barricade Boys. Vier gestandene Jungs mittleren Alters im Smoking gaben Pop-Hits zum Besten, sangen und tanzten im Takt, als kämen sie direkt aus Las Vegas. Wir hatten sie noch im Ohr, als wir zu Bett gingen. Einfach bezaubernd.

## Lassen wir uns den Limoncello schmecken

Die Cinque Terre an der ligurischen Küste sind Unesco-Weltkulturerbe, da muss man einfach hin. Am besten besucht man die fünf Orte mit dem Zug oder mit dem Ausflugsschiff oder mit beidem, und das geht so. Das Schiff liegt im Hafen von La Spezia, mitten im Porto Commerziale, also Containerhafen. Von dort kommt man nur mit dem Hafenbus zum Terminal La Spezia Cruise Facility. Dort erwarteten uns ein paar nette junge Damen, die fließend Englisch sprachen und keine unserer Fragen unbeantwortet ließen: Wie kommen wir zum Bahnhof? Oder sollen wir lieber das Ausflugsschiff nehmen, das gleich nebenan abfährt?

Wir entschieden uns für den Zug. Und auf dem Weg dorthin erfuhren wir, dass uns ein Bus der Linie 3/L oder S zum Bahnhof bringen würde. Fahrkarten gibt es im Tabacci. Am Piazza Bayreuth fanden wir einen und etwas weiter die richtige Bushaltestelle. Nur wo wir aussteigen sollten, wussten wir nicht. Eleonore lief zur Höchstform auf: „Mi scusi, Signora, vorremmo andare al treno puoi dirci dove scendere". Die Signora nickte und gab uns später Bescheid, Eleonore bedankte sich mit einem Grazie mille.

An der Stazione La Spezia Central war einiges los. Die Schlange am Sonderschalter für die Linea Cinque Terre bog schon um die Ecke. Eleonore wartete tapfer und kaufte zwei Tageskarten für die Strecke. Der Regionalzug war voll mit Ausflüglern und Wanderern. Der Zug fuhr auf halber Höhe durch Tunnel und Galerien an der Steilküste entlang, aus dem Fenster hatten wir einen herrlichen Blick auf das Meer. In Monterosse al Mare stiegen wir aus, spazierten über die Strandpromenade, nahmen ein Getränk zu uns und besprachen den Rückweg. Dieser führte uns dann mit dem Zug in das tief eingeschnittene Städtchen Manarola, wo wir auf das Ausflugsschiff warteten. So hatten wir Zeit für Fish and Chips auf Italienisch und einen eisgekühlten Limoncello, den berühmten Zitronenlikör.

So gestärkt machten wir eine Spritztour zur nächsten Anlegestelle. Der Blick vom Meer auf die Dörfer war fantastisch. Nicht umsonst wird die Gegend hier Golfo dei Poeti genannt. Wir fuhren mit dem Zug zurück nach La Spezia und machten uns auf die Suche nach einem Fahrkartenautomaten oder einer Verkaufsstelle. Schließlich fanden wir auch die Bushaltestelle. Hilfreich war ein junges deutsches Paar, das ungefähr die Richtung zum Hafen kannte. Wir zogen es vor, den Fahrer zu fragen. Beim Aussteigen erinnerten uns die überdimensionierten Gebäude auf der Piazza Bayreuth an die faschistische Vergangenheit. Der deutsche Name suggeriert bewusst etwas Nationales.

In der Kabine angekommen, standen schon die Kofferanhänger zum Aussteigen bereit. Diese waren für eine chaosfreie Abholung an Land notwendig. Also, Koffer packen nicht vergessen und bis 22 Uhr vor die Kabinentüt stellen. Um es vorweg zu nehmen, Eleonore hat es früher geschafft.

Aus Erfahrung weiß ich, dass es eine Abschiedsvorstellung gibt, die wehmütig machen soll auf die nächste Kreuzfahrt, am besten mit der gleichen Reederei. Diesmal gefiel mir, dass sich der Kapitän ohne Schnörkel im Namen der Crew bei den Passagieren bedankte. Ganz einfach und herzlich.

Colores of Live hieß die letzte Abendvorstellung. Ein harmloses Thema: Der Protagonist Homer lebt in einer Schwarz-Weiß-Welt. Auf der umlaufenden Videowand ist eine Stadt im Winter zu sehen, mit Fluss und Gassen, sehr ähnlich einer oberschwäbischen Residenz. Eine geheimnisvolle Muse lenkt den Blick in eine buntere Welt. Die Farben entsprechen den Jahreszeiten, untermalt von Gesang, Choreographie und Akrobatik. Farbenfrohes Finale. Homer ist ein bisschen glücklicher. Applaus noch vor dem Ensemble, das dem Publikum am Ende ein Spalier bietete.


## Arrividerci Roma

Noch einmal Rom sehen, das wollten wir, als wir im Hafen von Civitavecchia anlegten. Rederei entließ ihre Celebrities gekonnt schnell, denn der Hausputz stand an. In wenigen Stunden würden die nächsten Gäste an Bord kommen. Wir schnappten uns unsere Koffer und stellten fest, dass der Shuttlebus neuerdings bis zum Bahnhof fährt und der Fahrer zum normalen Tarif transportiert. Früher fuhr er nur bis zum Hafenausgang und jeder musste sehen, wie er weiter kam.

Am Bahnhof leitete eine nette Dame die Reisenden zu einem speziellen Schalter, wohl wissend, dass diese mit dem Fahrkartenautomaten nicht zurechtkamen. Alles auf Englisch: nicht mit Dollars bezahlen, zum Flughafen umsteigen, der Zug nach Roma-Termini fährt gleich ab, für jeden ankommenden Schub wiederholt sich alles. Eleonore kaufte zwei Biglietti und wir fuhren los. Im Bahnhof wurde umgebaut, der Haupteingang geschlossen, ein Nebeneingang gefühlte 100 Meter weiter, der Aufgang zum Gleis eng und voller Menschen, der Zug am anderen Ende. Sichtlich erschöpft bekamen wir noch einen Sitzplatz, andere nicht. Sie mussten bis Rom stehen oder auf ihren Koffern sitzen.

In Roma-Termini ging das Rennen wieder los. Endlos, bis wir den Schalter für die Gepäckaufgabe gefunden hatten, eigentlich nicht zu übersehen wegen der Schlange der Wartenden. Auch andere waren an diesem heißen Sommertag in Rom unterwegs und wollten ihr Gepäck loswerden. Wir einigten uns darauf, mit der Metro bis zur Spanischen Treppe zu fahren, weiter zur Fontana di Trevi zu laufen, dort einzukehren und dann über Barberini zurück zum Termini zu fahren.

Also los. Über das übliche Ticket-Drama habe ich ja schon berichtet. An der Scalinata di Trinità dei Monti angekommen, entdeckten wir etwas Neues: Niemand durfte sich auf die Stufen setzen. Dafür sorgte die Polizei. Es gäbe ja noch genug Bürgersteig drumherum. Viele folgten diesem Rat. Im Strom der Touristen erreichten wir den Trevi-Brunnen. Der war so umlagert, als würde Anika Ekberg ihre Badeshow aufführen. Durch die Menschenmassen wäre sie nicht durchgekommen. Also umgedreht und Richtung Metrostation Barberini. Kurz vorher kamen wir an einer Trattoria vorbei, deren Pasta vielversprechend aussah. War sie auch, und das Bierchen war auch nicht von schlechten Eltern.

Zurück am Hauptbahnhof holten wir unsere Koffer und begannen die Zugtickets zum Flughafen Flumicino zu kaufen. Als Nutzer der Deutschen Bahn kenne ich die Problematik der Zugbindung.

Mit „Is the fare only for a certain train?" kam ich bei den Umstehenden nicht weiter. Auch Eleonore konnte mit ihrem Italienisch nicht weiterhelfen. Also kauften wir einfach das teurere Ticket für den Expresszug. War auch gut so, es wurde im Zug kontrolliert, die mit den billigen Tickets mussten draufzahlen.

Moderne Flughäfen sind etwas für mobile Menschen mit zusätzlichem Ballast. Nach schier endlosen Rolltreppen und Laufbändern, die teilweise funktionierten, erreichten wir den Check-in von Rynair. Die Schalter waren für alle Flüge des Tages geöffnet, manche Reisende hatten ihren halben Hausstand samt Kindern dabei. So warteten wir geduldig, bis wir unsere Koffer los waren.

Irgendwann am Abend hob der Flieger nach Köln ab, alle Passagiere in einer Sitzreihe, die einer Käfighaltung nicht unähnlich war. Zeitlich eng wurde es auch mit dem Zug heimwärst. Aber Rynair wäre nicht Rynair, mit ein bisschen mehr Gas doch noch pünktlich zu landen. Nachdem wir den Koffer abgeholt und uns wieder wie gewohnt auf den langen Weg gemacht hatten, besser über Terminal D gehen, standen wir pünktlich auf dem Bahnsteig. Nur schafft es die Deutsche Bahn auch am späten Abend nicht pünktlich zu sein, aus den 15 Minuten Verspätung wurden noch ein paar mehr. Endlich fuhren wir nach Hause, günstig mit dem 9-Euro-Ticket. Jetzt noch schnell den Autoschlüssel im Koffer finden, Gott sei Dank gab es freie Plätze zum Ausbreiten. Zu Hause sollten wir eigentlich von unserem Haustier begrüßt werden. Empört über die Vernachlässigung tauchte die Katze aber erst am nächsten Mittag auf. Erschöpft vom Wiedersehen mit Rom gingen wir schlafen.

# Eine Kreuzfahrt in die Karibik, literarisch aufbereitet

## *Von Barcelona nach Barbados vom 08. Bis zum 20. November 2022*

## Prolog

Eine Kreuzfahrt in der Karibik, das klingt gut, vor allem im November, wenn es hier ungemütlich nass und kalt werden kann. Aber was ist, wenn der Weg das Ziel ist? Wenn man gleich wieder zurückfliegen will. Wenn man sozusagen nur eine Stippvisite macht. Lohnt sich das? Das müssen Interessierte nach der Lektüre der folgenden Kapitel entscheiden.

### Gespräch über gefüllte Schweinefüße

„Weißt du, was ich hier bestellt habe", fange ich an, „soll sehr katalanisch sein. Ich hoffe, ich bekomme es runter".

„Du hättest auch was Anderes nehmen können", sagt Eleonore, „mit Fisch bin ich immer auf der sicheren Seite. Ich habe den Tintenfisch genommen. Hier ist dein Bier, ein caña cerveza San Miguel, komisch, dass man hier für einen halben Liter Fassbier „Kanne" sagt. "

„Ich finde diese Tapasbar schick, gar nicht so touristisch, obwohl sie im Reiseführer angepriesen wird, und von unserem Hotel am Parc Citadella bis hierher zum Paseig de Born Nummer 36 war es nur eine Viertelstunde. "

„Ja", bemerkt Eleonore, "aber wir mussten ein bisschen suchen. Dafür haben wir die berühmte Kirche Santa Maria al Mar nicht verpasst. So ein hochgotisches Bauwerk abends beleuchtet, ein schöner Eindruck".

Unser Essen wird gebracht und ich sage: „Das sieht ja verdächtig aus, mal sehen, wie es schmeckt?" Ich koste und stelle fest, dass die Schweinefüße mit Blutwurst gefüllt sind, die mir schmeckt.

Eleonore scheint es auch zu schmecken. Sie lässt den Tag noch einmal Revue passieren: „Erstaunlich, wie reibungslos wir nach Barcelona gekommen sind, alles war außergewöhnlich pünktlich: die Deutsche Bahn, das Einchecken und die Sicherheitskontrolle, der Flug mit Ryanair unter zwei Stunden. Das Taxi war nicht billig, aber du weißt ja, letztes Mal wollten wir sparen, und wie beschwerlich war es mit Bus und Metro, und laufen mussten wir auch noch. "

„Ich erinnere mich ungern daran", sage ich und nehme einen Bissen von dem Schweinsfuß. „Wie hat dir eigentlich der Güell-Park gefallen?", frage ich.

Eleonore hält beim Essen inne: „Der Bus V19 hat ziemlich lange gebraucht, kleine Himmelfahrt würde ich sagen. Dann hoch in den Park, anstrengend, meine Knie tun immer noch weh. Aber die Aussicht war toll und das Beste waren die Gaudi-Bauten mit den bunten Kacheln. Du hast ja schöne Fotos gemacht."

„Das finde ich auch", antworte ich, „aber nach dem Rückweg waren wir ganz schön müde. Also, der letzte Bissen, der letzte Schluck."

Der Kellner sieht das, kommt und empfiehlt einen leckeren Nachtisch. Was war das? Ein Schokoladensoufflé mit Eis und Beeren. Eleonore schlägt ein, bestellt aber traditionell Creme Catalan.

„La cuenta, por favor", rufe ich und Eleonore bezahlt. Auf dem Weg zum Hotel sage ich: „Der Abend hat mir gefallen. Was meinst du?"

„War gut", stimmt Eleonore zu, „jetzt bin ich müde." „Ich eigentlich auch", gebe ich zu verstehen, „aber die Schweinsfüße waren ziemlich fett, darauf muss ich einen trinken."

„Faule Ausrede", Eleonore verzieht das Gesicht, „ich gehe jetzt ins Bett. „Ich komme gleich nach", rufe ich ihr auf dem Weg zur Bar zu.

**Leinen los für Frau Eleonore und Mister Hans**

Ich habe sie, unsere Protagonisten, den ganzen Tag beobachtet, bin ihnen auf ihrem Weg durch Barcelona zur Markthalle gefolgt. War dabei, als sie Schuhe kauften, sah zu, wie sie ihre Koffer packten, war dabei, als sie an Bord gingen.

Jetzt sollte ich erklären, warum ich sie so genannt habe. Das hat sich erst im Laufe der Kreuzfahrt ergeben, beim Abendessen kam noch ein holländisches Ehepaar dazu und schon hatte die Protagonistin ihren Namen weg. Wer erinnert sich nicht an Frau Antje aus der Werbung für holländischen Käse in den 60er Jahren. Unser Protagonist erhielt seinen Namen vom Barkeeper, der auf der Bordkarte den Vornamen las, aber respektvoll oder auch nur zur Belustigung der anderen die amerikanische Anrede davor setzte.

So machten sich Frau Eleonore und Mr. Hans nach dem Frühstück auf den Weg in die bekannte Markthalle La Boqueria, um dort das berühmte

Marktrestaurant Pinxo aufzusuchen. Mr. Hans erkundigt sich: „¿Donde encuentro el tapasbar Pinxo?" „Ganz am Ende der Rambla", kommt die Antwort. Die Tapasbar war nicht nach ihrem Geschmack und so kehrten sie in eine andere am Rande des Marktes ein: Cava und Serrano-Schinken, noch ein kleines Pulpo-Gericht, nobel, nobel.

Auf dem Rückweg zum Hotel entdeckt Frau Eleonore ein Schuhgeschäft, das nur Ballerinas führt, aber in allen Farben und Formen. Um das Outfit für die festlichen Abende auf dem Schiff zu vervollständigen, fand sie endlich die passenden. Mr. Hans konnte es sich auf dem roten Sofa bequem machen und musste nur ab und zu zustimmend nicken oder den Kopf schütteln. Man sah ihnen die Zufriedenheit an. Der eine kaufte ein, der andere ruhte sich aus.

Auf dem Schiff ging alles seinen gewohnten Gang, nur Frau Eleonore und Mr. Hans mussten die Corona-Umstände über sich ergehen lassen. Zum Abendessen gesellten sich noch ein Vater und seine Tochter, die zum ersten Mal mit Royal Caribbean unterwegs waren und weil die Überfahrt nach Amerika billiger war als ein Flug dorthin. Ob sie wieder mit einem Kreuzfahrtschiff fahren? Frau Eleonore und Mr. Hans hatten ihre Zweifel.

Anstatt der üblichen Wellcome-Party gab es einen Film über Elvis Presley.

*IN THE SPOTLIGHT*

*Welcome Aboard Movie Night: **Elvis**, PG-13 2h.39m Musical / Drama*

*Starring: Tom Hanks and Austin Butler The life of American music icon Eivis Presley from his childhood to becoming a rock and movie star in the 1950s while maintaining a complex relationship with his manager, Colonel Tom Parker*

*7:00 pm & i000 pm. Broadway Melodies Theater Decks 5 & 6*

Ein bemerkenswerter Film über das Leben des Rockstars, der mit 42 Jahren an seiner Medikamentensucht starb und seine Frau Prescilla und seine Tochter hinterließ. Eine Szene dient als Metapher: Elvis sitzt auf dem Rücksitz eines schweren Straßenkreuzers, ein zweiter kommt hinzu, Prescilla steigt ein, die Tochter bleibt im Auto der Mutter, winkt flüchtig. Das Paar unterhielt sich über das Erlebte, dann verabschiedete sich die Frau. Elvis verlässt den Wagen und steigt auf die Gangway des vierstrahligen Jets, nur er. Der Jet startet und hebt ab.

Ich finde, das war eine gelungene Abschiedsszene, und ich glaube, Frau Eleonore und Mr. Hans haben das auch so empfunden. Ich sah sie sichtlich beeindruckt weggehen.

## Frau Eleonore und Mister Hans auf der Spielwiese der Reichen und Schönen

Unsere Protagonisten wollen auch einmal sehen, wie der Tummelplatz der Reichen und Schönen aussieht, ganz abgesehen von den Kulturschaffenden der Filmfestspiele. Ich spreche von Cannes an der Côte d'Azur. Das Tenderboot nimmt uns alle mit, die MS Rhapsody of the Seas ist viel zu groß zum Anlegen.

Ich höre Mr. Hans sagen: „Oh. Eleonore, wir müssen da hoch, zur Kirche und zum Schloss. Von dort hat man einen schönen Blick auf die Stadt, vor allem auf die berühmte Strandpromenade. Du wolltest doch zu Chanel, um dein Lieblingsparfüm zu kaufen. „Ja, und zwischendurch einen Kaffee trinken, aber nicht in einem dieser Touristencafés", antwortet Frau Eleonore. Das gibt es nämlich in der Markthalle.

Die beiden schlendern an den edlen Boutiquen vorbei und kommen schließlich in die Chanel-Boutique. Hier wird die neueste Mode ausgestellt und es gibt auch eine Parfümabteilung. Frau Eleonore traute sich nicht hinein, viel zu vornehm, Türsteher, Verkäufer, alle in dunklem Schick gekleidet. Alles wohl mehr für die Reichen und Schönen.

Ich begleite die beiden noch bis zum Hotel Carlton, dann kehren wir um und gehen die Strandpromenade zurück. Die Hotels hier haben Strandcafés, für normale Gäste ist dort kein Platz. Weiter draußen liegen die Yachten. „Ja, das ist eine andere Welt", sagt Mr. Hans zu Frau Eleonore, „willst du so leben?" „Nee, lieber nicht", antwortet sie, „schon gar nicht ein Leben lang, nein, das ist nicht erstrebenswert."

IIch stimme dem Gespräch zu und werfe einen Blick auf den Prämierenpalast, eine breite Treppe mit rotem Teppich führt den Eingang hinauf. Hier wird einmal im Jahr etwas Kreatives gezeigt, das die Reichen und Schönen wunderbar einbezieht, auch wenn es manchmal Zirkus ist. Dann doch lieber eine Kreuzfahrt machen und sich mit ganz normalen Leuten abgeben.

Dann müssen Frau Eleonore und Mr. Hans wieder aufs Schiff, sind auch ganz schön nass geworden vom einsetzenden Regen. „Du, das Tenderboot legt gleich ab, schnell, noch drauf", höre ich Mr. Hans zu Frau Eleonore rufen.

## Croquetas de Bacalao y una caña, por favour

„Croquetas de Bacalao y una caña, por favor", bestellt Eleonore am Marktkiosk Stockfischbällchen und ein Bierchen. Sie hat sich an die Theke vorgedrängelt, ich stehe eher teilnahmslos da, um mich herum der Himmel voller Menschen, gut, ich genieße die Pause. Die Besichtigung der Sehenswürdigkeiten von Málaga war ganz schön anstrengend. Vom Schiff zu Fuß in die Stadt haben wir uns gespart, haben den Shuttlebus für 'nen Fünfer Round-trip genommen. Die Taxis am Schiff haben Mondpreise.

Malaga ist Picasso-Stadt, was liegt da näher, als seine Lebensausstellung in der Nähe seines Geburtshauses zu besuchen. Um dorthin zu gelangen, muss man an der riesigen Kathedrale vorbei, einer ihrer Türme wurde seit der Renaissance nicht mehr gebaut, da hatte der Kölner Dom mehr Glück. „¿Somos ustedes pensionistas?", fragt uns die Dame am Eingang, „Si", versichern wir und zahlen den Seniorentarif. Die Ausstellung ist ein Highlight und am Ende kann man sich vor dem Hintergrund eines Picasso-Atelierbildes fotografieren lassen. Nach so viel Kultur nun zur Geschichte. Ganz unten bauten die Römer ein Amphitheater, den Hang hinauf, wir sind ja in Andalusien, errichteten die Mauren ihre Festung Alcabaza und ganz oben die christlichen Herrscher das Castillo de Gibralfaro. Da wir im Rheintal genug Burgen haben, sind wir nur bis zum maurischen Gemäuer geklettert. Auch von dort aus hat man einen schönen Blick auf die Stadt mit Hafen, Rathaus und Stierkampfarena. Zurück auf dem Hafenboulevard entdeckten wir Hans Christian Andersen, der in Bronze auf einer Bank sitzt. Der Weltenbummler war 1862 in Málaga und dies ist sein Denkmal, denn ganz Spanien liebte seine Märchen. Eleonore setzte sich daneben und ich fotografierte die beiden Hübschen. Dann ging es weiter zum Zentralmarkt Málaga Atarazanas mit seinen schönen bunten Giebelfenstern, dem wunderbar drapierten Gemüse und in der Fleischabteilung gab es Schweineohren, -schnauzen und -füße zu bestaunen.

La cuenta, por favor", höre ich Eleonore sagen. Sie bezahlt und meine Pause ist vorbei. Wir pilgern zurück zum Shuttlebus, wo schon viele wieder zum Schiff wollen. Endlich kommt der Bus. Wieder einmal haben wir eine tolle spanische Großstadt kennen gelernt.


**Schönes Madeira**

Schönes Madeira - versprochen, das Wetter passt, obwohl es Mitte November ist, nicht zu warm, der Himmel leicht bewölkt. Die Reederei hat eine Busfahrt angeboten, es wird dreimal angehalten und der Fahrer sagt uns, wann wir wieder einsteigen müssen. Keine Erklärungen zwischendurch, das macht die Fahrt teuer. So wurde das Angebot angenommen.

Camara de Lobos ist ein reizendes Fischerdorf unweit von Funchal, eine Bucht mit kleinem Hafen, kleinem Leuchtturm, kleinen Gassen, mit kleinen Cafés. Hätte nicht ein großer, berühmter Mann hier Urlaub gemacht, Sir Winston Churchill hätte hier seine Zigarre geraucht und den Whisky dem Madeirawein vorgezogen, dunkel, fast schwarz zeichnen sich die Kapfelsen gegen die weißen Wolken am Horizont ab, seitlich von der Sonne beschienen. Der blaue Himmel überstrahlt alles. Was für ein Panorama!

„Ist das schön hier", bemerkt Eleonore, „du, wir müssen jetzt zu unserem Bus für den nächsten Stopp." „Weißt du, wo wir hinfahren?", frage ich, „ich meine, irgendwo in die Berge, ins Herz von Madeira, die sind dort fast 1.900 m hoch.

Wir staunen, wie der Fahrer die Kurven nimmt, immer weiter, Dörfer werden zu Dörflein, schließlich erreicht der Bus sein Ziel: die Eira de Sarroda, das Nonnental zieht sich hinunter zur Küste, die man von hier aus nur erahnen kann. Der Ausflugsort ist gut besucht, einige Autos und Busse sind schon da. Der Souvenirkiosk und das Café nebenan sind geöffnet, ein Hotel liegt am Hang, von dort führt eine endlose Treppe in den weit unten liegenden Ort.

„Ich habe eine Postkarte versprochen", sagt Eleonore, „some cards are very nice." „Do you have stamps?", fragt sie an der Kasse. „No, Madam, we have not", lautet die Antwort. Also keine Karte von hier. „Dann trinken wir eben einen Kaffee", sagt Eleonore enttäuscht und schiebt sich an den Tresen. „Ich besorge uns Plätze auf der Terrasse", rufe ich ihr zu.

Es klappert, auf dem Tablett stehen zwei Beka, so heißt der Espresso auf Portugiesisch, dazu zwei Pastei de Natan, das sind Vanilletörtchen, und als Krönung ein Kirschlikör. Bei diesem Anblick kann man nur „Obligado" - Danke -

sagen. „Schau mal", sage ich zu Eleonore, „bei booking.com zahlt man für das Zimmer hier keine achtzig Euro." „Ja", antwortet sie, „aber sonst ist nichts los, außer man geht über Stock und Stein." Wir trinken aus, denn wir müssen weiter, den Aufstieg zum Aussichtspunkt lassen wir aus, es ist sowieso zu voll. Wir genießen noch einmal den herrlichen Blick ins Tal. Der Bus fährt los.

Oh, denke ich, der Fahrer fährt jetzt eine andere Route, wieder steht Funchal auf den Schildern. Dann wird mir klar, es geht nach Monté mit der Wallfahrtskirche Nossa Senhora do Monte und dem tropischen Garten des Monté-Palastes. Hier oben waren wir vor Jahren schon einmal. Von hier aus fahren die Schlitten ins Tal, die Touristenattraktion.

Rund um die Kirche hängen Transparente. Sie zeigen einen ziemlich jungen Mann in Uniform, ein paar Orden an die Brust geheftet. Was hat der wohl mit der Kirche zu tun? Ein Schild an der Seitenkapelle gibt Auskunft. Ich entziffere halbwegs lateinisch: Hier hat Karl I. von Gottes Gnaden Kaiser von Österreich-Ungarn seine letzte Ruhestätte gefunden. Er starb im Exil. Da fällt mir ein, das war doch der, der die Zita geheiratet hat. Aber das ist eine andere Geschichte.

Oh Mann, wenn da nicht diese blöden Stufen wären. Ist ja schön, der Tropengarten, auch noch im November. Aber die Treppen rauf und runter, das ist anstrengend und nichts für die Knie. Jetzt wieder in den Bus. Der hat schon den Motor an und ich glaube, der Fahrer will uns loswerden. Trinkgeld bekommt er trotzdem.

Die Rhasody of the Seas legt ab, verspätet. Es ist schon dunkel und mit geringer Fahrt gleitet das Schiff aus dem Hafen von Funchal. Wir stehen an der Backbordseite und blicken auf die Stadt. Die Lichter sind schon an. Die MS Europa liegt noch vor Anker, hat Lichter über die Toppen gesetzt. An den Berghängen hinter der Stadt senkt sich der Nebel in hellen Schwaden.

Der Kapitän gibt das Hornsignal zum Auslaufen. Langsam treibt das Lotsenboot zurück. Im Wasser des Hafens spiegeln sich die Lichter der Stadt. Das Schiff nimmt Kurs nach Westen, wir sehen den Downset über dem Atlantik und aus den Augenwinkeln die Lichter des Küstenstreifens. Alles ist stimmungsvoll, selten hatten wir einen so eindrucksvollen Abschied - Adeus Madeira.

**Sechs Tage nur Wellen und Meer oder „What to do with „Langeweile"**

Schon wieder über den Atlantik, ist das nicht langweilig? Wir haben schon viel gesehen, als wir wieder einmal den Atlantik überqueren. Ich meine nicht das, was auf dem Wasser passiert, sondern das, was die Passagiere beschäftigt, oder besser gesagt, beschäftigt werden. Ich komme zu dem, was ich gerade erlebt habe: Rohe Eier mussten aus zehn Metern Höhe unversehrt gelandet werden. Dazu musste eine fallschirmähnliche Konstruktion gebastelt werden. Um es vorweg zu nehmen, einige Konstruktionen waren dazu in der Lage. Größer war jedoch die Schadenfreude über die zerbrochenen Eier.

Bleiben wir bei der Schadenfreude, deren Höhepunkt immer bei der Äquatorüberquerung erreicht wird, wenn Neptun sein Zepter schwingt und der Kapitän eingeseift wird. Nun, diesmal halten wir Kurs West-Südwest nach Bridgetown, Barbados, weit entfernt von dem, was der Kapitän fürchten muss. Uns war eher unwohl vor dem, was wir in den nächsten sechs Tagen wohl tun werden. Das Eierfallen habe ich schon beschrieben.

RHAPSODY OF THE SEAS

*KREUZFAHRT VON KONTINENT ZU KONTINENT*

**Die Überquerung eines ganzen Ozeans** *von Küste zu Küste ist die Reise Ihres Lebens. Während Sie die Wellen zwischen den USA und Europa überqueren, haben Sie Zeit, sich zu entspannen und Ihre Zeit auf See zu genießen. Sehen Sie sich unser Unterhaltungsprogramm an oder buchen Sie einen Termin im Spa.*

*TRENDING TODAY*

**Captain's Corner** - *Lernen Sie unseren Kapitän Mathias kennen. Es ist ein schönes und fantastisches Schiff. Begleiten Sie Kapitän Mathias und unser Exekutivkomitee an Bord, um einige interessante Aspekte unseres Schiffes kennenzulernen. Fragen und Antworten unserer Gäste sind willkommen. 11:15 Uhr Broadway Melodien Theater Deck 5*

***Laufen Sie mit uns über den Atlantik (auf dem Bord Walk).*** *Wetteifern Sie mit Ihren Mitreisenden, wer während unserer Transatlantikfahrt die meisten Meilen über den Atlantik laufen kann. Der Gast, der bis zum Morgen vor unserer Ankunft auf Barbados die meisten Meilen zurückgelegt hat, gewinnt einen fabelhaften Preis, eine 60-minütige Massage! Die Reise von Maderia nach Barbados beträgt unglaubliche 2.681 Seemeilen (das sind 3.085 Landmeilen). Können die Gäste mit der Laufleistung des Schiffes mithalten? Schauen Sie einfach während der Öffnungszeiten im Vilality Fitness Center vorbei und gehen,* *joggen oder laufen Sie die Strecke - aber vergessen Sie nicht, Ihre Kilometer auf dem Laufzettel einzutragen! Wenden Sie sich bei Fragen an unseren Fttrress-Instruktor.*

*Übersetzt mit DeepL.com (kostenlose Version)*

Am besten sind die professionellen Strandurlauber dran, mit Badeschlappen und Badehose die passende Liege suchen, Handtuch drüber, ab in den Pool, Dusche nicht vergessen, Getränk kommen lassen, den gebräunten Körper zum Mittagessen schleppen, nachmittags weiter so, zwischendurch Kaffee und Kuchen. Alles normal, Langeweile gleich null.

Nun weiß die Kreuzfahrtgesellschaft, wie und womit sie die Passagiere zu beschäftigen hat, deren Sinn nicht nach Badeurlaub auf dem Wasser steht. Es gibt Rätselspiele, Tanzstunden, Gymnastik aller Art, vorzugsweise in der Muckibude, Bildungshungrige kommen mit Vorträgen, Sprachenlernen und Büchern aus der Bibliothek auch nicht zu kurz. Langeweile wird kurzweilig bei Tischgesprächen - ein bisschen Englisch sollte man können - und bei abendlichen Theateraufführungen.

Es wird Abend. Ich sitze auf einem Liegestuhl, über mir sind die Rettungsboote verankert. Ich sehe mich um, ich bin auf der Musterstation Nummer 5. Ich schaue aufs Meer, sein Blau geht über in ein bleiernes Grau, hier und da kleine weiße Wellenkämme. Der Horizont hebt und senkt sich unter der Reling, im Rhythmus der Wellen des Fahrwassers, ein anschwellendes, lauter werdendes Brausen. Das mittelblaue Band über dem Horizont reicht bis zu den tief hängenden Wolken, kleine Wölkchen in Scharen, dazwischen helle Streifen der untergehenden Sonne. Über allem senkt sich eine sehr dunkle Wolkenmasse. Richtig - der Kapitän hat Regen angesagt. Die Stewards machen einen Wettbewerb. Wer knüpft aus Handtüchern die schönsten Figuren, meist allerlei Tiere, und präsentieren sie im Centrum.

### Dining am Nebentisch

Wir sitzen jeden Abend im Hauptrestaurant. Es heißt „Edelweiß". Pünktlich um 17.30 Uhr an einem großen Tisch. Wir haben bei Carl, dem Kellner aus Indien, unsere Bestellung aufgegeben und Zeit, die Leute am Nebentisch zu beobachten. Die Leute an unserem Tisch haben es vorgezogen, im Windjammer-Café zu essen.

Im Gegensatz zu uns ist der Nebentisch gut besetzt, mit allerlei illustren Leuten. Da ist zunächst das gestandene amerikanische Ehepaar, das uns den Rücken zukehrt. Die Frau fragt uns, ob wir nicht zu ihr an den Tisch kommen wollen. Wir lehnen dankend ab, obwohl sie uns am normalsten erscheinen. Am Kopfende sitzt eine junge Frau, die als erste da war. Sie zeigt auf ihr Handy und redet ununterbrochen auf die Amerikaner ein.

Dann kommt ein karibisches Paar, Vater und Tochter, wie sich später herausstellt. Das Paar steht in krassem Gegensatz zu den bereits Anwesenden, der Vater, vielleicht Anfang 50, lange schwarze gewellte Haare, Hawaii-Hemd, erinnert an einen südamerikanischen Drogenboss, er hat eine Tasche dabei, aus der er die Tagesprogramme und noch andere Papiere zieht. Die Serviette hat er sich in den Hemdenausschnitt gesteckt, jetzt telefoniert er hinter vorgehaltener Hand, alles um ihn herum stört ihn nicht. Seine Tochter ist ein Ebenbild der Haussklavin aus dem Film „Vom Winde verweht", nur viel jünger. Mit einem Turban auf dem Kopf und der Gestik einer schwarzen Südstaatlerin unterhält sie sich mit den Amerikanern.

Jetzt kommt ein junger Mann asiatischer Herkunft an den Tisch. Setzt sich weit weg von den anderen an das gegenüberliegende Kopfende. Wahrscheinlich ein Computerfreak, die kabellosen Kopfhörer auf, den Blick aufs Handy gerichtet. Die Baseballkappe sitzt fest auf dem Kopf. Mit dem Handy kommuniziert er. Bestellt hat er auch, aber das scheint ihn nicht zu interessieren.

Eine nette Tischgesellschaft sieht anders aus, nicht nur in der Vorstellung der Restaurantleitung. Wir wenden uns den Essen zu, die gerade serviert werden. Weg vom Nebentisch fällt unser Blick auf die leckeren Speisen.

Am Abend vor der Ausschiffung erhielten alle Passagiere eine Urkunde über ihre Seereise. Von Madeira aus waren es noch 2.681 Seemeilen, rund 5.000 Kilometer. Und von Barcelona nach Madeira ist es auch noch ein Stück.

## Angekommen und schon wieder weg

„Du, der Eberhard aus Thüringen hat gesagt, dass es in Deutschland schneien soll", erzählt Eleonore, „er hat sein schneebedecktes Haus auf dem Handy gezeigt. Das Haus steht 400 Meter hoch im Thüringer Wald." „Wie kalt wird es wohl bei uns?", antworte ich, „die karibische Wärme liegt mir gar nicht", „Du bist auch nicht richtig angezogen, wozu hast du deine Badehose mitgenommen?", schimpft Eleonore. „Wir müssen an das Trinkgeld denken. Was willst du denn geben?", lenke ich ab. Eleonore und ich gehen zum Guest Service und fragen nach.

Barbados, Bridgetown, 20.11.2022. Wir liegen im Hafen von Bridgetown und warten auf den Ausstieg. Gestern war der große Abschied, die Trinkgelder wurden übergeben, Eleonore hat den Fisch stehen lassen - drösch würde man im Rheinland sagen, trocken eben. Dafür haben wir mit Hilfe eines netten 3. Offiziers von den Philippinen das Einchecken für unseren Heimflug erledigt. Bei den angebotenen Ausflügen auf Barbados waren wir unschlüssig.

Wir gingen von Bord und, oh Schreck, mein Koffer war nicht mehr auffindbar. Hatten wir ihn doch am Abend zuvor ordnungsgemäß vor die Kabinentür gestellt. Großes Tamtam, alle suchten. Meine Version, jemand hatte meinen Koffer mit seinem verwechselt. So war es dann auch, Passagiere aus Las Vegas riefen an und wollten ihren Koffer haben. Wie groß war die Freude, als mein Koffer nach zwei Stunden Taxifahrt wieder auftauchte.

Warum wir mit dem Shuttlebus zum Kreuzfahrtterminal fahren mussten, ist mir bis heute ein Rätsel. Die 300 Meter hätten wir auch zu Fuß gehen können. Von dort aus wollten wir einen Ausflug machen, aber es war Sonntag und Feiertag, also nichts los. Ein Taxifahrer bot uns eine Rundfahrt über die Insel an, wollte dafür aber horrende Preise. Da saßen wir nun mit unserem Prospekt und hätten lieber den Ausflug von Royal Caribbean gemacht.

„Jetzt nehmen wir uns ein Taxi und lassen uns zum Flughafen bringen", schlägt Eleonore vor. „Das machen wir, die Preise sind reguliert", stimme ich zu. Wir hatten Glück und erwischten ein Taxi, in das noch zwei Leute passten. Die Wartenden schimpften schon, wer weiß, wie lange sie schon drinsaßen. „It's Barbados, calm down", beruhigte sie der Fahrer.

Am Flughafen angekommen, hatten wir viel Zeit bis zum Abflug: die Zeit bis zur Kofferabgabe, die Zeit für das Einchecken inklusive Sicherheitskontrolle und die Zeit im Wartebereich. In der luftigen Empfangshalle saßen wir bequem, aßen und tranken etwas. Die Sicherheitskontrolle war penibel, Gott sei Dank gab es Sitzgelegenheiten zum Schuhe anziehen. Die Mall im Wartebereich lockte mit Weihnachtsdekoration und echtem Barbados Rum zu horrenden Preisen. An unserem Gate Nummer 11 waren nur wenige Leute, ein paar Gates weiter war die Hölle los, halb Großbritannien wollte nach Manchester.

Fünfter Band

Unser Flieger kam pünktlich, ließ uns einsteigen und hob ab. Was wäre KLM Royal Dutch Airlines ohne die Karamelwaffel, die es zu Beginn des Fluges immer gibt. Noch ein kurzer Stopp in Trinidad, man will ja eine ausgeruhte Crew, und dann sind es nur noch 8 Stunden bis Amsterdam. So - die Karibik wäre erledigt.

## Frau Eleonore und Mister Hans als Grachtenbummler

Ich habe sie begleitet, habe sozusagen hinter ihnen gesessen auf ihrem langen Flug nach Amsterdam. Ach, die langen Atlantikflüge sind auch nichts für mich, da ist man hinterher so durcheinander wegen der Zeitverschiebung. Das hat man auch bei Frau Eleonore und Mr. Hans bei der Einreise gemerkt. Da muss man den Reisepass so in den Scanner legen, dann geht die Sperre auf. Bei Frau Eleonore musste der Einreisebeamte nachhelfen.

Ab ging's mit dem Taxi zum Hotel, vom Flughafen Schiphol war die Fahrt nicht billig Das hätten die beiden mit dem Airport-Train billiger haben können, aber die waren zu müde. Die haben sich erst mal hingelegt. Es war schon dunkel, kalt und regnerisch, als die beiden aufwachten. Ja, was zu essen mussten sie schon.

„Ich hätte Lust auf eine indonesische Reistafel", sagte Frau Eleonore, „schau mal im Handy nach, ob es eine in der Nähe gibt." Mr. Hans googelte und fand tatsächlich eine, gleich um die Ecke. Die beiden schlichen um den Block, fanden das Restaurant aber nicht. „Jetzt folgen wir der Straße mit der Weihnachtsbeleuchtung, vielleicht finden wir ja etwas Passendes", schlug Herr Hans vor. Gesagt, getan, und so ging es entlang der Weihnachtsbeleuchtung in Richtung Station Centraal.

Ein indonesisches Reisrestaurant war auch dort nicht zu finden, dafür aber ein vertrauenswürdiger Mexikaner. Beim Blick auf die Speisekarte sagt Mr. Hans: „Du, ich nehme die Rippchen mit Pommes. Was nimmst du?" „Ich nehme die Tacos mit allem", antwortet Frau Eleonore, „und ein schönes Heineken." „Ich auch, vom Fass", sagt Mr. Hans und bestellt. Satt und zufrieden machen sich die beiden auf den Rückweg zum Hotel, vorbei an den glitzernd beleuchteten Grachten, das Debakel mit der Reistafel schon fast vergessen. An der Hotelbar tröstet der Oude Genever über den Rest hinweg.

„Ich frühstücke hier", entschied Mr. Hans, „und du trinkst einen Morgenkaffee". Sie gingen in den Frühstücksraum und Frau Eleonore bestellte noch einen

Cappuccino, während Mr. Hans sich über das leckere Frühstücksbuffet hermachte.

„Wir haben noch viel Zeit, bis wir mit dem Zug nach Hause fahren. Was machen wir denn jetzt?", fragt Frau Eleonore. Mr. Hans überlegt: "Ins Museum wäre bei dem Wetter nicht schlecht, und außerdem müssen wir sehen, wie wir zum Hauptbahnhof kommen. Und so machten sich die beiden auf den Weg. Gleich um die Ecke fuhr die Straßenbahn Nummer 14 direkt zur Station Centraal. Am Bahnhof angekommen, suchen sie den richtigen Bahnsteig: Auf Gleis 2b fährt der ICE nach Frankfurt am Main, aber die beiden wollen nur nach Köln.

Frau Eleonore entdeckt auf dem Bahnhofsvorplatz die Anlegestelle für die Grachtenboote und sagt: "Eine Stunde durch die Grachten für 'nen Zehner, das leisten wir uns. Das ist besser als ein Museum und ich habe die Tour noch nie gemacht." „Ich habe diese Grachtenrundfahrt schon einmal gemacht, abends, aber das ist schon lange her", erinnert sich Mr. Hans, ich sehe, die beiden genießen die Rundfahrt, die einem Nun müssen Frau Eleonore und Mr. Hans aber los. Die Koffer abholen und zum Bahnhof transportieren.

Am Bahnhof haben sie noch etwas Zeit, schlendern durch die Passagen und entdecken einen Laden mit Delfter Sachen, man kennt ja die blauen Kachelmotive. Angeboten werden weiße Quietscheentchen mit ebendiesen blauen Mustern. Sie kaufen gleich zwei, eines für den Katzensitter und eines für sich selbst.

14.39 Uhr, der ICE fährt ab. Frau Eleonore und Mr. Hans haben ihre Plätze gefunden, in knapp drei Stunden steigen sie in Köln-Messe um, der Regio bringt sie nach Hause. Ich bleibe noch eine Weile in Amsterdam, vielleicht bekomme ich noch eine indonesische Reistafel zu essen. Adieu, ihr beiden.


**Epilog**

Frau Eleonore und Mr. Hans steigen in Köln Messe-Deutz aus. Der Regionalzug müsste auf Gleis 5 einfahren, aber da ist kein Fahrgast. Merkwürdig, keine Spur von einem Zug. Sie gehen zur Info und erfahren, dass es wegen Bauarbeiten rund um Köln zu Änderungen im Bahnverkehr kommt. Die freundliche Auskunft gibt ihnen den Tipp: S 12 bis Troisdorf und weiter mit dem Regio, der kommt nämlich aus Köln-Süd.

Nun stehen sie dicht gedrängt in der S-Bahn und überdenken ihre Reise. Eigentlich waren es zwei Städtereisen und eine Kreuzfahrt, bei der der Weg das Ziel war. Von Barbados haben sie kaum etwas gesehen. Hatten Pech mit dem verwechselten Koffer, saßen stundenlang auf dem Flughafen. Dafür war Madeira sehr schön, auch die anderen Destinationen. Auf amerikanischen Schiffen hat man keine Ruhe und Royal Caribbean war auch schon besser. Werden sie wieder eine Kreuzfahrt machen? Die beiden schauen sich an. Auf jeden Fall.

## Ein Showboat der Superlative

Es war nicht schwer, den richtigen Titel für diese Kreuzfahrt zu finden. So wie früher die Raddampfer auf dem Mississippi Shows veranstalteten, weil es in den Orten keine entsprechenden Theater gab, so macht es die MS Symphony of the

Seas in gewisser Weise nach, allerdings mit vier verschiedenen Shows an einem Abend für 4.000 Passagiere. Und wie die Showboats zieht das Schiff seine Runde, natürlich nicht auf dem Mississippi und Ohio, sondern im westlichen Mittelmeer, abwechselnd von Barcelona nach Mallorca, Marseille, La Spezia, Civetivecchia, Neapel. Die Zuschauer auf dem alten Raddampfer dürften in eines der Rettungsboote passen, die für 370 Personen ausgelegt sind. Soweit die Dimensionen, mehr dazu in den „Fun Facts" im Anhang.

In der Tat ist das Schiff riesig. Alles, was auf 360 m Länge und 6 m Breite auf 17 Decks passt: 2 Rutschen, Eislaufbahn, Aquatheater, Promenade, Centalpark, Bordwalk usw. und alles in XXL. Man kann auch von Bord gehen, die Städte besichtigen oder sich durch die Landschaft gondeln lassen.

Die Möglichkeiten sind vielfältig.


**Anreise nach Tarragona, den 29.04.2023**

| | |
|---|---|
| 12.00 Uhr | Abfahrt von zu Hause. Doch noch einen Parkplatz am Bahnhof gefunden, den letzten seiner Art. |
| 12:22 Uhr | Pünktlich kam der Zug. Vorher noch einen Sonderzug auf Gleis 3 bestaunt, Museumszug mit alter Diesellok vorne und noch älterer E-Lok hinten zur Unterstützung, dazwischen alte Personenwagons. |
| 13:19 Uhr | Pünktlich am Flughafen, schnell durch die Sicherheitskontrolle, Eile, denn um 13:45 Uhr schließt das Gate D 11 und wir mußten noch dorthin. |
| 14:10 Uhr | Boarding war angesagt, aber erst einmal alle zurück, das Flugzeug war noch nicht abgefertigt. |
| 14:20 Uhr | Jetzt warn alle drin, Boarding finished, 10 min später Abflug. |
| 16:30 Uhr | In Barcelona gelandet. Während des Fluges Chips und Cola gekauft, der Hunger war zu groß. Gott sei Dank nur Handgepäck, nicht erst Koffer finden. |
| 16:45 Uhr | Bus nach Tarragona gesucht und gefunden, kommt in 2 ½ Stunden. Nach Alternatven gefragt: Regionalzug nach |

Barcelona Saints (Hauptbahnhof), umsteigen und mit dem Regionalzug weiter nach Tarargona.

| | |
|---|---|
| 17:38 | Abfahrt des Regionalzuges bis Saints, nur 4 Stationen. Anschlusszug war vor der Nase weg. |
| 19:09 Uhr | Der Tarragona-Zug kommt. Schon brechend voll, eine gute Stunde stehen? Nein, junge Leute boten uns ihre Plätze an. Eine schöne Zugfahrt, immer an der Costa Dorada entlang. |
| 20.15 Uhr | Wir kamen in Tarragona an. Es regnete, kein Taxi in Sicht. Nach 5 Minuten nahm uns eines auf und brachte uns sicher zum Placa de la Fonte (Brunnenplatz). |
| 20:30 Uhr | Standen wir vor dem Hotel. Jetzt noch einchecken, Zimmer beziehen und ein nettes Abendessen in der angeschlossenen Außengastronomie. |

**Tarragona - Barcelona, den 30.04.2023**

Das Hotel Placa de la Font liegt, wie der Name schon sagt, am Brunnenplatz. Am Samstagabend ist der Platz eine Vergnügungsmeile mit Live-Musik und Außengastronomie ringsum. Hier lässt es sich gut sitzen, auch im Restaurant des Hotels. Wir hatten in dem kleinen Hotel ein ruhiges Zimmer in einer Seitengasse, alles gut eingerichtet. Gut geschlafen, denn der Tag war aufregend. Dann Abendessen zum Pauschalpreis, das war überraschend gut. Es fing an leicht zu regnen, der Platz glänzte im Licht der Lokale. Eine schöne Atmosphäre bei angenehmen Temperaturen.

Vor der Anreise zum Schiff in Barcelona noch ein morgendlicher Rundgang durch das römische Tarragona, das damals Tarrroco hieß. Zuerst aber das Nicht-Römische: die Kathedrale, die sich in ihrer Ausdehnung über mehrere Straßenzüge erstreckt. Sonntags nicht zu besichtigen, Messe.

Dann zu den Überresten des Hippodroms, dem erhaltenen Amphitheater und dem „Balkon", einem Aussichtspunkt namens Balcon de Mediterrani, gleichzeitig den Weg zum Bahnhof erkundet. Zurück zum Hotel, Koffer geschnappt und damit zum Bahnhof gerollt, Rollzeit 15 min. Noch 10 min bis zur Abfahrt, das Seniorenticket in letzter Minute gekauft, ein älterer Herr hatte viele Fragen an den Schalterbeamten. Wieder entlang der schönen Costa Dorada bis zum französischen Bahnhof in Barcelona (Estación de Franca).

Vor der Estación ein Taxi angeheuert, das uns zuverlässig und für 20 Euro (inklusive Trinkgeld) zum Schiff brachte. Und was für ein Schiff, so einen großen Kahn haben wir noch nie gesehen. Das Einchecken ging dank guter Vorarbeit, sogar die Passfotos haben wir selbst gemacht, im Nu. Mit dem Hinweis, dass die Kabinen erst um 14 Uhr bezogen werden können, machten wir uns auf den Weg ins Windjammer-Café, so heißt der Frühstücksraum auf allen Schiffen der Royal Caribbian. Der, den wir betraten, hatte die Ausmaße eines riesigen Buffet-Restaurants im Wartesaal-Stil, ausgelegt für viele hundert Menschen, die ebenfalls auf den Zutritt zur Kabine warteten. Der Zugang zum Café ist nur mit gewaschenen Händen möglich. Dafür stehen links und rechts Waschbecken zur Verfügung, eine sehr sinnvolle Hygienemaßnahme.

Die Kabine überraschte mit ihrer Größe, achtzehn Quadratmeter plus vier auf dem Balkon, viel Platz für Bett und Sofa. Ein Upgrading auf Deck 6, dann Schiffserkundung: Speisesäle (Main-Dining) auf drei Etagen, Central Park mit Restaurants ringsum, eine Promenade breiter als der Ku-Damm, nur nicht so lang, mit Geschäften, Imbissen und einem Pub. Dann die Vergnügungsabteilungen, aber davon später. Am Abendtisch ein Paar aus Franken, nette Leute, wie sich herausstellte. Gingen noch in die Diamond Lounge, sind Vielflieger. Wir lesen die Bordzeitung:

*SYMPHONY OF THE SEAS - WELCOME TO BARCELONA, SPAIN*

*Barcelona ist ein 2.000 Jahre altes Gemisch aus sonnenverwöhnten Stränden, modernster Architektur und einer weltberühmten Restaurantszene. Antoni Gaudi hat seine modernistische Handschrift überall in der Stadt hinterlassen, während mittelalterliche Schätze auf den historischen Plätzen des Gotischen Viertels verweilen. Verirren Sie sich in den skurrilen Gärten des Park Güell oder genießen Sie einen von einem Küchenchef geleiteten katalanischen Kochkurs.*

*Vorhersage: Teilweise sonnig mit Chancen auf Regenschauer, Abfahrt um 5:00 Uhr, Sonnenaufgang um 5:59 Uhr. Legere Kleiderordnung. Winde 22 Knoten*

*Übersetzt mit DeepL.com (kostenlose Version)*

Fünfter Band

**Auf Mallorca, den 01.05.2023 (Mai-Feiertag)**

*Drei Highlights und einmal Pech*

Mit dem Frühstück im Wartesaal-Windjammer-Café hatten wir es nicht eilig, Palma de Mallorca kannten wir ja schon. Mit dem Shuttlebus fuhren wir für 10 Euro zur Kathedrale und zurück. Zu Fuß wäre es zu weit gewesen, denn das riesige Schiff muss weit draußen festmachen. Den Palast Can Marques wollten wir sehen, also fragten wir brav auf Spanisch, wo er denn sei. Nur führte uns die Auskunft (ebenfalls auf Spanisch) in die Irre, sie wies uns den Weg zum Museum Can Marques. Immerhin das erste Highlight, eine Antwort auf Englisch gab es nicht. Schließlich fanden wir das Ziel, es war ein Nobelhotel. ¡Que pena! So ein Pech!

Nun fehlte Frau Eleonore der Nagellack, auf Spanisch „esmalte de uños". Wir fragten nicht, wir griffen einfach zu und bezahlten. Auf dem Rückweg kehrten wir noch auf eine Caña und einen Vino Tinto de Verano ein. Nebenan bestellten Japaner die empfohlene Sangria. Kamen ins Gespräch, waren vom selben Schiff. Netter Plausch, Verabschiedung mit Handschlag. Das zweite Highlight.

Am Nachmittag den Fun-Bereich erkundet. Besonders das Planschbecken hat uns gefallen, was hatten die Kinder für einen Spaß! Danach: Flowrider, Golfplatz (Mini), Cocktail im Central Park, nette Barkeeper, nette Cocktails. Heute formeller Abend, kaum bemerkt, mal ein Sakko, aber die Damen immer schick. Abendessen war außergewöhnlich gut, bleibt aber nicht so. Auf Nachfrage: Chef französisch. Plaudern über Kreuzfahrten. Zur Abendvorstellung im Eisring (Studio B). Eine wunderbare Eisshow, die Läufer / Läuferinnen in fantastischen Kostümen. Handlung: London und das 25. Thronjubiläum der Könige (1977), Juwelenraub. Zweifellos der dritte Höhepunkt.

**Marseille, den 02.05.2023**

Heute in Marseille. Vier Kreuzfahrtschiffe liegen im Hafen: von MSC, Costa, nicko cruise und Royal Caribbian. Zählt man alle Passagiere zusammen, kommt man auf 8.000 Menschen, die alle in die Stadt wollen, möglichst früh und alle fast gleichzeitig. Um dorthin zu gelangen, gibt es drei Möglichkeiten: das teure Taxi, den kostenlosen Shuttle-Bus oder den öffentlichen Nahverkehr. Natürlich kann man auch eine Stadtrundfahrt buchen, die von der Reederei für viel Geld organisiert wird. Da spart man sich die 700 Meter Fußweg zum kostenlosen Bus oder einen Kilometer zum ÖPNV. Aber anstellen muss man sich auch. Etwa 200 Leute stehen für die Gratisfahrt an, etwa 30 am Fahrkartenautomaten. Die haben versucht, dem ein Ticket zu entlocken. Münzen nahm er nicht mehr. Schließlich kam der 35T und alle gingen rein. Für´s Abstempeln des Fahrscheins war es zu eng.

Vom Ausstieg ging's in die Altstadt, Quartier du Panier, wo Ehefrau Eleonore sich schon auskannte. Den Hügel hoch, den Hügel runter, alles sehr malerisch eng. Sehr hübsche „Wandgemälde". Kurz vor dem Alten Hafen noch ein Bierchen und einen Ice-Tea. In den Hafenrestaurants nach einem nicht-touristischen Essen gesucht. Am Place du General de Gaulle, gleich hinter dem Hafenbecken, wurden wir fündig. Das Touristenmenü war gut (Teller + Dessert + Kaffee) zu einem akzeptablen Preis,

In den Bus zum Terminal verkehrt eingestiegen, an der nächsten Haltestelle raus und den richtigen Bus genommen, und umgestiegen in den Bus zum Terminal. Dann nur noch 1 km zu Fuß zum Schiff. Ein Hafenshuttle wäre schön gewesen.

Auf dem Schiff ist es mir gelungen, meine Statuspunkte bei der Loyalty-Service-Dame zu korrigieren. Das habe ich von zu Hause aus nicht geschafft. Große Freude, jetzt sind wir „Plus", also Diamond +. Jetzt dürfen wir pro Person fünf statt vier Getränke pro Tag zu uns nehmen und den anderen die besten Plätze wegnehmen. Toll.

Und noch etwas war toll, die Abendshow „Flight... dare to dream" (etwa: Vom Fliegen zu träumen wagen). Da wurde die Geschichte der Luft- und Raumfahrt rückwärts durchgespielt. Von der Marslandung bis zum ersten Flug der Gebrüder Wright. Am Ende schwebte ein 1:1 Modell der Gebrüder (mit Pilot) über dem Publikum. Was für ein Spektakel!

**La Spezia, den 03.05.2023**

Wir waren letztes Jahr schon einmal hier, genauer gesagt am Freitagmorgen des 26. August 2022. Mit dem Zug nach Moneglia in den Cinque Terre. Nun ging es in die andere Richtung, nach Süden und mit dem Boot nach Venere. Das Ausflugsboot liegt nur 5 Minuten vom Hafenterminal entfernt, wo uns Gott sei Dank ein Shuttlebus hinbrachte. Die Bootsfahrt kostet 14 € pro Nase hin und zurück. Nach einer Dreiviertelstunde erreichen wir mit vielen anderen den kleinen Ort Venere, der malerisch auf einem Felsen liegt.

In einer ¾ Stunde fährt das Boot wieder zurück nach La Spezia. Zeit genug, einmal durch die Einkaufsgasse des Ortes zu schlendern, die Kirche hoch oben auf dem Felsen zu betrachten und noch einmal die blaugestreifte Bluse anzuschauen, ob sie nicht doch passt. Sie passte nicht. Im Hafen von La Spezial wurde gerade ein großer Pott von MSC eingedockt, direkt daneben lag unser Schiff, die Symphony of the Seas.

Zur Nachmittagsgestaltung gingen wir in die Stadt, an den schönen Gärten entlang, die Einkaufsstraße hoch bis zu den Aufzügen zum Schloss. Die schöne Aussicht von dort kostet 3,50 € für einen Erwachsenen. Der Bequemlichkeit halber nahmen wir wieder die Aufzüge. Dann weiter auf der Einkaufsstraße, links abgebogen in die Viale Giuseppe Garibaldi (was sonst). Dort eingekehrt auf einen Cappuccino und das letzte Stück Sahne-Baiser-Torte. Zurück in den schönen Park, der Anfang des letzten Jahrhunderts angelegt wurde, natürlich mit dem Reiterstandbild von Giuseppe Garibaldi (was sonst).

Nach zwei Drinks bei den netten Barkeepern im Central Park (auf dem Schiff) zur Abendvorstellung. Dort zeigt der spanische Zauberer Hector seine Kunst. Erstaunlich!

## Civitavecchia, den 04.05.2023

Civitavecchia, diesmal haben wir Dich besucht, nicht nur zum Ein- oder Aussteigen, sondern wir sind einen ganzen Tag geblieben, nicht vom Flughafen direkt aufs Schiff oder nach dem Aussteigen direkt zum Flughafen oder mit dem Zug nach Rom. Bei letzterem stellt sich die Frage, wie das organisatorisch und konditionell zu bewältigen ist. Wir sprechen aus Erfahrung. Nein, es geht auch anders, alle vorbeilassen, ein Ründchen durch Städtchen drehen, rechtzeitig den Zug nehmen, Umsteigen nicht vergessen, sonst landet man in Roma Termini und nicht am Flughafen Fiumicino.

Wir haben es versucht, wir müssen nicht mit Sack und Pack aussteigen. Diesmal ist Civitavecchia Anlaufhafen (Port of Call), die Kreuzfahrt geht weiter. Nach Rom, wo viele hingefahren sind, mussten wir auch nicht, das kannten wir schon. Andere Touren waren ausgebucht. Also nahmen wir den kostenlosen Shuttle-Bus in die City. Von dort immer geradeaus die Via XVI Settembre entlang bis zum Strand. Wir erlebten noch den Abschluss des Gottesdienstes in der Kathedrale, die Orgel zum Schluss, wunderbar. Sahen von der Stadtmauer auf den Hafen mit der Festung von Michelangelo. Zu Mittag gegessen in einem touristenfreien Restaurant, Fischplatte und nicht zu vergessen der Blusenkauf auf dem Markt und noch eine praktische Tasche plus 2 Espresso á 2 €. Nach dem Banalen noch etwas Kultur, rein ins Museo Archeologico Nazionale di Civitavecchia. Auf dem Rückweg fiel uns eine Statue eines Samurai auf. Auf der Tafel stand, dass der Anfang des 17. Jahrhunderts den Weg in diese Stadt gefunden hatte. Was suchte er? Mal nachlesen.

## Neapel-Pompeji, den 05.05.2023

### Mit den Massen in die Antike

Neapel hatten wir noch nicht und Pompeji schon gar nicht. Also war ein organisierter Ausflug angesagt. Giovanni führte uns nach einer halbstündigen Fahrt dorthin, nicht ohne uns vorher in eine Schmuckausstellung (Gemmen aus Muscheln) zu lotsen.

Gefühlt mehrere tausend Freunde der Antike bevölkerten die in Schutt und Asche liegende Stadt, damals um 79 n. Chr. Nun wurde unsere Gruppe geteilt, Giovanni nahm die eine Hälfte, eine ältere Führerin hatte sich unserer angenommen. So ging es durch die Ruinen von Pompeji, das Theater, die restaurierte Villa, zu den schönen Fresken und schließlich ins Museum, wo die mit Asche überzogenen Leichen von damals zu bestaunen waren, vom Kleinkind bis zum Erwachsenen. So wie es sie erwischt hatte. Über das Forum ging es zum Ausgang, schön das Reiterstandbild auf der einen, der Vesuv auf der anderen Seite. Von hier aus verteilten sich die Besucherströme, aber auf den Toiletten traf man sich wieder. Nach kurzer Rückfahrt und einigen Erklärungen zu Neapel entließ uns Giovanni, nun waren wir dem kulturellen Massenerlebnis entkommen.

### Faschistisches Hafenterminal und Super-Mega-Kreuzfahrtschiff auf einen Blick

Am späten Nachmittag unternahmen wir einen kurzen Stadtrundgang. Das Schiff hatte direkt am Hafenterminal festgemacht, so waren es nur wenige Schritte ins Zentrum, das vom Castello Nuovo dominiert wird. Das Castello ähnelt der Bastille in Paris, der eingebaute Triumphbogen erinnert an seine Funktion als Residenz der Könige von Neapel. Wir umrundeten das Schloss und landeten vor dem prächtigen Opernhaus Teatro di San Carlo, einem weltberühmten Prachtbau aus dem 18. Jahrhundert. Von dort ist es nicht weit zum berühmten Café Gambrinus. Kein Platz, total überfüllt. Wir wollten trotzdem einen Espresso trinken, wurden fündig in der Galerie Umberto I., einem riesigen kreuzförmigen Bau von 1890. Nun noch den Weg zurück, das Abendessen nicht verpassen. Dabei fielen uns die Dimensionen des Kreuzfahrtschiffes zur Stazione Marittima auf.

Das Terminal wurde wohl in der faschistischen Zeit erbaut, man sieht es dem Stil an. Aber gegen die Größe des Megaschiffes kommt es nicht an.

**Zurück nach Barcelona, den 06.05.2023**

*Ein Tag auf See mit allerlei Kurzweil*

Dies ist der einzige Tag der Kreuzfahrt, an dem kein Ausflug oder eine Stadtbesichtigung vorgesehen ist. Trotzdem ein besonderer Tag: Das Jahrhundertereignis der Thronbesteigung von Charles III. im Public Viewing (mit Gratulationstorte), Mittagessen bei Jaimie's Italian, nachmittags ein Musical, dazwischen die Promenade Parade, das Abschiedsessen und noch eine Ice-Show. Nicht zu vergessen die Verabschiedung bei den Barkeepern im Central Park.

Was das Schiff eben zu einem Showboat macht, sind die vielen Shows, die jeden Tag gegeben werden. Hier ein Auszug.

Showtimes at glace: 30. April - 6. Mai 2023

- Royal Theater, Entertainment Place, Decks 4,5 Flight Dare to Dream, 19:00 Uhr

- Red Capet Movie Night, 21:10 Uhr, Walk the Red Capet

- Top Gun: Maverick (PG-13) 2 Std. 11 Min., 9:30 Uhr

- Aquatheater, Bordwalk, Deck 6, Hiro, 9.00 Uhr & 11.00 Uhr

- Studio B, Entertainment Place, Deck 4, Offenes Eislaufen, 6:00 Uhr - 9:30 Uhr

- The Attic, Entertainment Place, Deck 4, Royal Comedy starring Tony Vino & Steve McGrew (18+), 9:00 pm & 11:00 pm

**Barcelona, den 07.05.2023**

Fünfter Band

Es ist Sonntag und wir sind an Land gegangen. Aus dem Erlebten lassen sich einige Fragen beantworten. Ich gehe der Reihe nach vor.

1. Wie komme ich vom Hafen weg?
*Wenn nicht mit dem Taxi, dann nehme ich den Cruise-Bus für 3,50 €. Der bringt mich fast bis zur Kolumbus-Säule am unteren Ende der Rambla.*

2. Wie werde ich mein Gepäck vor der Abfahrt los?
*Ich fahre mit der Metro zwei Stationen bis zur Plaça Catalunya, am besten nehme ich eine Einzelfahrkarte für 2,40 €, wenn ich mehr vorhabe, die 10er-Karte, die aber nicht für mehrere Personen geeignet ist. Nur wenige Meter vom zentralen Platz entfernt finde ich eine kleine Straße, die Carrer Estruc, 36. Dort bietet die private Firma 'LOCKER Barcelona' Schließfächer an. Ich gebe mein Gepäck für 8,50 € ab (2 Handkoffer und eine Tasche).*

3. Ich habe gehört, dass es eine Seilbahn vom Stand auf den Berg Montjuïc gibt, die Telefèric de Montjuïc. Wie viel kostet sie und wie lange dauert die Fahrt?
*Sie kostet 12,50 € pro Person und die Fahrt dauert mit Wartezeit etwa eine Stunde (davon eine ¾ Stunde Wartezeit). Man hat einen schönen Blick auf den Hafen und am Ende auf die Stadt. Wir haben die Aussicht von einer Tapas-Bar aus genossen.*

4. Wie komme ich zur Seilbahn, die mich zur Metrostation Parallel in die Stadt bringt?
*Diese Frage kann ich nicht beantworten, ich habe sie nicht gefunden. Also bin ich den Berg hinuntergelaufen. Vorsicht, die Treppen sind sehr steil und teilweise ohne Geländer. Schließlich habe ich die Metrostation Parallel gefunden und bin dann zum Plaça Catalunya, um meine Koffer abzuholen.*

5. Wie komme ich vom Plaça Catalunya zum Flughafen El Plat?
*Ich gehe mit dem Koffer um die Ecke und sehe den entsprechenden Bus, auf dem groß AIR-BUS steht. Wenn ich mit Ryanair fliege, nehme ich den Bus T2, der kostet 6,35 €. Wenn ich den Bus nicht sehe, hilft mir folgende Orientierung: Von der Information rechts den Platz hoch.*

**Eine neue Erfahrung**

Das ist wohl der neue Trend in der Kreuzfahrtbranche. Man geht mit vielen anderen Menschen an Bord und verlässt das Schiff kaum noch, weil es unendliche Unterhaltungsmöglichkeiten gibt, so viele Aktivitäten angeboten werden und man so viel Platz hat. Im Anhang sind die Fakten aufgelistet.

Was hat uns gefallen, was nicht? Fangen wir mit dem Boarding an. Das geht heute per App. Man gibt seine Daten ein und fügt ein Selfie von sich hinzu. Wenn man alles richtig macht, erscheint der Sea-Pass mit dem Zugangscode. Den scannt ein netter Mensch am Terminal ein und schon ist man drin. Prima! Ansonsten steht man in der Schlange beim Einchecken. Das kann dauern.

Man betritt das Schiff über eine Gangway wie am Flughafen und kommt gleich auf die Promenade, einen schiffseigenen Boulevard. Wir waren zu früh, um unsere Kabine zu beziehen und mussten warten. Das taten wir im Windjammer-Café, wo noch mehr Leute warteten. Aber das Café ist für ein paar hundert Leute ausgelegt und man könnte es mit einem Wartesaal in der Central Station in New York City vergleichen, plus Atmosphäre.

Wenn man sich ein bisschen umschaut, fallen einem Einrichtungen auf, die es auf kleineren Schiffen nicht gibt. Da ist der Boardwalk mit dem Aqua-Theater am Heck, wo fast jeden Abend eine fanstatische Wassershow läuft, der Central Park auf Deck 8, schön bepflanzt und ruhig, abends herrlich zum Flanieren, dezente Musik, und die Eislaufbahn unten auf Deck 4 mit den wunderbaren Holly-Day-On-Ice-Shows.

Kein Wunder, dass man gar nicht mehr von Bord will. Schon gar nicht die Kleinen. Die wollen in ihr Planschparadies auf dem Pooldeck oder auf die Wasserrutsche über mehrere Decks. Wir waren eher auf der konventionellen Seite. Sind vom Schiff runter und haben uns die Gegend angeschaut. Wie, darüber habe ich berichtet. Bleibt noch über das Essen zu meckern, wir wünschen uns mehr Abwechslung und bessere Qualität. War früher besser.

Aber wir sind begeistert. Vielleicht gehen wir noch mal auf so einen Musikdampfer.

**Fun Facts: Symphony of the Seas:**

*Baujahr: 2018*
*Passagiere: 5.518 bei Doppelbelegung, 6.780 maximal*
*Größe: 228.081 BRZ*
*Tiefgang: 9,3 Meter*

*Breite: 65,68 Meter*

*Länge 362,1 Meter*

*18 Decks (16 öffentlich)*

*24 Fahrstühle*

*2.759 Kabinen, davon 599 Innen, 170 Außen, 1.801 Balkon, 85 mit virtuellem Balkon, 46 für Rollstuhlfahrer geeignet*

*In den 20 Restaurants stehen mehr als 300 Menüoptionen bereit*

*Ein einziger Bugstrahler der Symphony hat mehr Kraft als 7 Formel 1 Ferraris*

*In den 23 Pools der Harmony befindet sich mehr Wasser als der berühmte Old Faithful Geysir im Yellowstone bei einem Ausbruch in die Luft schleudert.*

Das Neueste

## Griechische Inseln, doch kein griechischer Wein

Ob wir noch einmal eine Kreuzfahrt machen, ist fraglich, denn irgendwie begann die Reise schon hektisch. Die Reederei hatte die Abfahrtszeit vorverlegt, so dass eine Anreise am selben Tag nicht in Frage kam, denn wer will einen Abflug um 6:00 Uhr morgens. Also einen Tag früher anreisen, zu akzeptablen Zeiten.

Zunächst hieß es Anstehen. Bis wir im Hotel in Ravenna ankamen, hatten wir immer viele Leute um uns herum: Schon im überfüllten Zug zum Flughafen, der wegen Bauarbeiten nur stündlich fuhr, mussten wir das erste Mal stehen. Weiter ging es mit der Sicherheitskontrolle und dem Einchecken. Es war, als ob ganz Köln nach Bologna wollte. Gott sei Dank hatten wir nur Handgepäck, so dass das Anstehen bei der Kofferabgabe wegfiel. In Bologna angekommen gab es einen Lichtblick, die vollautomatische Einschienenbahn brachte uns in 7 min zum Hauptbahnhof. Bologna Centrale hat was von Gare de l'Est in Paris, man läuft durch das Gewühl, nur jedes Mal mit dem Aufzug, rauf und runter bis zum Fahrkartenschalter. Endlich gefunden, kauft man das Ticket zum kleinen Preis und erfährt auch, auf welchem Gleis der Zug nach Rimini abfährt und wann. In Ravenna aussteigen und das Hotel in der Nähe der Fußgängerzone finden. Also die Koffer hinter sich herziehend durch die Touristenmassen, kein Anstehen, aber auch kein Weiterkommen. Ich möchte dem Ganzen noch etwas Positives hinzufügen. Auf der Fahrt im modernen Regionalexpress erinnerte ich mich beim Halt an den kleinen Bahnhöfen an Don Camillo und Peppone, die so aussahen wie in den Filmen von damals, so richtig provinziell, eben typisch Emilia Romagna.

Warum ich online eingecheckt habe, weiß ich bis heute nicht. Jedenfalls wurden unsere Daten noch einmal gründlich von der jungen Hoteldame überprüft. Nachdem das erledigt war, fragten wir nach einem Transfer zum Schiff. Dass die Kreuzfahrtschiffe jetzt von Ravenna und nicht mehr von Venedig aus ablegen, schien den örtlichen Verkehrsbetrieben neu zu sein, kein Bus, zu wenig Taxis dafür. So war es schwierig, die halbstündige Fahrt zum Schiff zu bekommen. Es gab aber die Möglichkeit, mit Kreditkarte einen privaten Transfer zu buchen. Das haben wir wegen der doppelten Identifizierung nicht geschafft. Das gab mir den Rest an Geduld. Mit ungewisser Zukunft ruhten wir uns aus, bis das Telefon klingelte. Die Dame an der Rezeption gab uns den Tipp, es doch mal mit der Touristeninformation zu versuchen, dort könne man Fahrkarten kaufen. Das klappte auch und weckte die Hoffnung, doch noch zum Schiff zu kommen. Und am Tag der Abfahrt stand der Minibus pünktlich 100 m entfernt, Mitreisende hatten ihn dort entdeckt. Was waren wir froh, als das Schiff in Sicht kam. Noch ein bisschen anstehen, an der Sicherheitseinweisung vorbei und schon konnten wir unsere Kabine beziehen.

In Ravenna hatten wir abends nach dem Desaster mit dem Transfer doch noch ein Highlight. Direkt neben unserem Hotel gab es ein Fisch-Imbiss mit Sitzgelegenheiten, frischen Fisch auf dem Pappteller und dazu einen guten Frizzante. Schon lecker. Am Sonntag hatten wir noch den Vormittag für uns. Nach einem gemütlichen Frühstück im Garten des Hotels brachen wir auf, Ravenna ist berühmt für seine Basiliken aus dem 5. Jahrhundert, auch Mausoleen und Baptisterien gehören dazu. Das Grabmal von Theoderich kannten wir schon. Gut, dass wir früh losgegangen sind, später knuppelten sich die vielen Kunstinteressierten.

Ravenna ist die Stadt der Mosaiken, von der UNESCO zum Weltkulturerbe erklärt, und es wäre schade, sie nicht gesehen zu haben. Die Opera di Religione della Diocesi di Ravenna bot eine Führung zu den wichtigsten Bauwerken an. Wir griffen zu und machten uns auf den Weg, einem übersichtlichen Plan folgend. Ich kommentiere nicht, alles ist in einem Kunstführer nachzulesen. Diese herrlichen Mosaiken in den großartigen Gebäuden muss man einfach gesehen und fotografiert haben: vom Mausoleum der Galla Placidia, vom Mausoleum zur Basilika San Vitale. Von der Basilika San't Apollinare Novo und vom Baptisterium von Neone oder vom Dom.

Voller Kunstgenuss sind wir nun an Bord der Explorer of the Seas, eines der „größeren" Schiffe der Reederei. Mit einer Länge von 311 m können über 3.000 Passagiere an Bord gehen, und ebenso viele waren da. Besonders auffällig waren die vielen Familien, gleich im Rudel mit den kleinen Süßen. Das scheint der Trend zu sein, und Royal Caribbian hat sich einiges einfallen lassen. Beim Umbau 2020 kam unter anderem eine Riesenrutsche dazu. Ältere Herrschaften wie wir waren in der Minderheit. Das war vor ein paar Jahren noch anders, aber das hängt auch von der Strecke ab.

Wir hatten eine Balkonkabine, eine preiswerte durch die Zuteilung der Reederei und einen Statusbonus, aber ganz hinten. Keine schlechte Kabine, sehr geräumig, aber man merkte schon das Alter des Schiffes, abgenutzte Stellen an den Möbeln, das Balkongeländer mehrfach gestrichen. Ich muss zugeben, wir waren von den vorherigen Reisen verwöhnt. Zuerst die aufgewertete Kabine mit absenkbaren Fenstern auf der Edge, einem Luxusschiff von Celebrity, dann die wunderschöne Kabine auf der Symphony of the Seas, dem schicksten und größten Schiff, das im Mittelmeer unterwegs war.

Die Hoffnung auf besseres Essen haben wir aufgegeben, die Abfolge der kaum wechselnden Gerichte ist immer gleich, und im riesigen Frühstückscafé namens Windjammer ist es zu bestimmten Zeiten immer brechend voll, was wiederum zum Thema Schlangestehen passt. Eine echte Errungenschaft ist jedoch die neu eingeführte Handwaschgelegenheit am Eingang. Ohne Händewaschen kein Einlass, hier wird aufgepasst. Geblieben sind die netten Barkeeper in der Schooner Bar, die guten Shows im Theater und natürlich die Eisrevue auf der Eisbahn im Studio B.

## Welcome to Kotor, Montenegro

Die Ankündigung im Cuise Compass, der Schiffszeitung, lautet übersetzt wie folgt: Kotor ist ein winziger Hafen in einem winzigen Land namens Montenegro (Schwarze Berge). Aber sobald Sie anlegen, werden Sie eine überlebensgroße Welt von Burgen und Meeresklippen erleben. Entdecken Sie die Sehenswürdigkeiten der alten Festungsstadt, eine der am besten erhaltenen aus dem Mittelalter. Versäumen Sie nicht die Kathedrale St. Tryphon. Den besten Blick auf die Stadt und den Hafen hat man von der Festung St. Johann.

Am schönsten ist die Einfahrt in die Bucht, das blaue Meer, im Hintergrund die schwarzen Berge, schon der Blick aus der Balkonkabine ist einmalig. Wegen des starken Windes in der Bucht konnte das Schiff nicht auf Reede gehen, das wäre für die Tenderboote zu gefährlich gewesen. Also haben wir gewartet und sind schließlich zu einem Spaziergang von Bord gegangen. Die Stadt hat viel für die Touristen getan, neues Hafengebäude, Untertunnelung der Hauptstraße mit Rolltreppen, das Stadttor sandgestrahlt. Jetzt gibt es Überlegungen, die Zahl der Besucher, sprich Kreuzfahrer, zu begrenzen. Es sind einfach zu viele für so eine kleine Stadt. Wir haben einen Rundgang über die Stadtmauer gemacht, auf der Suche nach dem Katzenmuseum. Haben es aber nicht gefunden, dafür viele Katzen mit ihren Behausungen. Neu ist der Futterautomat.

Dann haben wir noch einen Blick in die Kathedrale geworfen und sind anschließend auf ein Bier eingekehrt. Mehr war nicht nötig, da wir schon zweimal hier waren. So sind wir gemütlich zum Schiff gelaufen, haben es uns auf dem Balkon gemütlich gemacht und zugesehen, wie die Ausflugsschiffe am Schiff anlegen.

## Willkommen auf Korfu, Griechenland

Das Schiff legt an, es ist noch früh, die Morgensonne steckt noch tief hinter den Wolken. Am anderen Ende der Bucht sehen wir die Stadt. Um dorthin zu gelangen, nehmen wir den Shuttleservice der Reederei in Anspruch, wir hätten auch laufen können. Vom Bus aus haben wir gesehen, wie langweilig es gewesen wäre, eine Dreiviertelstunde immer an der Küstenstraße entlang zu laufen.

Im Reiseführer lasen wir über Korfu: *Korfu gehört zu den Ionischen Inseln, zu denen auch Ithaka gehört, die Heimat des Odysseus und aus Homers Epos. Hier ist es für griechische Verhältnisse angenehm grün. Korfu nahm einst eine strategische Position im Seehandel des östlichen Mittelmeers ein. Lange gehörte es zum venezianischen Reich, zwischendurch hielten es die Franzosen, dann wurde Korfu britische Kolonie.*

Der Bus setzte uns vor dem alten Fort der Venezianer bzw. der Briten ab, das über eine kleine Brücke zu erreichen ist. In der weitläufigen Anlage erreichten wir die Seeseite mit dem schönen Ausblick und dem dorischen Tempel, nicht von den alten Griechen erbaut, sondern von den Briten als Kirche. Und der Blick geht hinauf zum Leuchtturm.

Wenn man vom Fort in die Stadt geht, kommt man auf die Spianada, die Promenade, eine typisch französisch-britische Erfindung. Dort machten wir in einem der Cafés Pause und bestellten zwei griechische Kaffees und einen Ouzo. Der Kellner fand die Bestellung zu klein und ließ uns warten. Wie froh waren wir, als wir bezahlen konnten. Besser lief es mit dem speziellen Gebäck, das es nur hier gibt, Bugatsa heißen die mit Vanillecreme gefüllten Teigtaschen. Wir besorgten uns eine.

Nach dem Verzehr suchten und fanden wir im Straßengewirr die Kathedrale Agios Spiridon. Drinnen große Verehrung für den zugewiesenen Heiligen. Noch einmal zum Alten Hafen gelaufen, ganz hinten in der Bucht lag die Explorer of the Seas.

Ach, was hätten wir noch alles sehen können, im Reiseführer steht so viel. Vielleicht haben wir etwas verpasst. Aber dann kam der Regen und wir erreichten gerade noch den Shuttlebus zum Schiff.

## Sights of Athens, Greece

Am Ausgang des Kreuzfahrtterminals B in Pireus bekamen wir einen Prospekt eines Hop-On-Hop-Off-Busunternehmens in die Hand gedrückt, auf dem in deutscher Sprache stand: "Unsere blauen Busse sind hier, um Ihnen eine einzigartige Fahrt durch Athen, eine der ältesten Städte der modernen Welt, zu bieten. Mit unseren brandneuen Tickets können Sie jeden Winkel der Hauptstadt erkunden, von der Akropolis und dem Griechischen Parlament bis zu den malerischen Gassen von Anafiotika und Plaka, vom traditionellen Vorort Pireus bis zu den weißen Stränden...."

Nun, wir haben auf den Bus verzichtet und uns nach einem öffentlichen Verkehrsmittel umgesehen, das wir nur wenige Schritte vom Terminal entfernt fanden. Die Buslinie A80 fährt für 4,10 € den ganzen Tag bis zum Syntagma-Platz. Man kann auch alle anderen öffentlichen Verkehrsmittel benutzen. Eine Station vorher stiegen wir aus, um das Akropolis Museum zu besuchen, während die meisten an der Kasse der Akropolis Schlange standen.

Das moderne Museum ist allemal einen Besuch wert. Hier wird die Geschichte der Akropolis (Oberstadt) anhand von Artefakten dargestellt. Das Museum ist so verglast, dass man einen Rundumblick auf die Akropolis hat.

Interessant ist die Geschichte des Spruches des antiken Dichters Aristophanes „Eulen nach Athen tragen", also „unnütze Dinge tun" „oder Geld aus dem Fenster werfen". Auf den Münzen jener Zeit war eine Eule abgebildet, genauer gesagt ein Steinkauz.

Nach dem Museumsbesuch sahen wir uns die Wachablösung vor der Burg an. Die Evzonen sind Soldaten der ehemaligen königlichen Leibgarde und bewachen das Grabmal des unbekannten Soldaten vor dem griechischen Parlament. Mit weit ausholenden Paradeschritten marschiert die Ablösung synchron zu ihrem Posten, während die alte Leibgarde zum Wachhabenden marschiert.

Nach dem Spektakel suchten und fanden wir die Bushaltestelle, leider kam der A80 erst in 40 min. So lange standen wir im dichten Verkehr rund um den Syntagma-Platz. Der Bus brauchte 30 min um uns zum Schiff zu bringen, dort haben wir erst einmal einen Schluck getrunken und uns noch einmal den Hafen von Pireus angeschaut. Um 20:00 Uhr gab es eine schöne Eisshow im Eisring des Schiffes.

### Willkommen auf Mykonos, Griechenland

Von Piräus ging es zurück nach Mykonos, eine Insel der Kykladen in der Ägäis, die Partyinsel seit den 60er Jahren. Vor einigen Jahren wurde eine Mole für Kreuzfahrtschiffe gebaut, von dort fährt der SeaBus zum alten Hafen, in 8 min ist man da. Das Städtchen ist überschaubar, Anziehungspunkte sind „Klein-Venedig" mit seinen Luxusgeschäften und die Windmühlen, die sogenannten Kato Mili. Hier hat man eine schöne Aussicht, in der Ferne sieht man die Kreuzfahrtschiffe. Zurück im Hafen setzt man sich in ein Café oder Restaurant und genießt das bunte Treiben. Aber Vorsicht, die Preise schrecken ab. Lieber in die Stadt gehen, wo die Einheimischen sitzen.

### Welcome to Argostoli, Greece

Im Reiseführer für Kefalonia lesen wir: *Auf der Mole entlang der Hafenpromenade in Argostoli dauert es nicht lange. Die erste Schildkröte taucht auf. Nicht ohne Grund. Hier wird gefüttert. Aus dem Restaurant, das direkt am Wasser seine Gäste verköstigt. Die griechischen Teller sind groß und es bleibt immer etwas übrig für Katzen und Hunde; und eben auch für Schildkröten. Schildkrötensichtungen sind garantiert.*

Vom Schiff aus sind wir die Hafenpromenade entlang gelaufen, immer wieder ins Wasser geschaut, ob wir eine Schildkröte entdecken. Wir sind bis zur Hälfte der De Bosset Brücke gegangen, nichts, wir hatten ja auch kein Futter dabei. Alles, was wir gesehen haben, war das Hinterteil des Schiffes.

Zurück durch die Fußgängerzone Lithostroto, alles neu gebaut, dann 1953 ein Erdbeben zerstört. In einem der Cafés kehrten wir ein, auf ein schönes Bier, eisgekühlt. Meine Frau nutzte die Gelegenheit, im Bekleidungsgeschäft gegenüber eine Bluse zu kaufen, die war herabgesetzt, und so etwas kann Frau immer gebrauchen.

Von den Sehenswürdigkeiten seien zwei erwähnt: Das Denkmal des Seefahrerdichters Nikos Kavvadias und die Kathedrale mit der schönen Ikonostase.

### Rückfahrt nach Ravenna

Anzeige im Cuise Compass: Relax at sea, today is a day on Sea and we hope you have a good night's sleep etc. Ja, wir haben gut geschlafen am letzten Tag unserer Kreuzfahrt, aber eine Sache war noch zu erledigen, nämlich den Transfer vom Schiff zum Bahnhof in Ravenna zu organisieren. Hier bot die Reederei einmal einen Bus zu einem akzeptablen Preis und Termin an. Dann war die Trinkgeldfrage zu klären, wir dachten an die Kellner und den Steward. Die Barkeeper bekamen $-Scheine zugesteckt. Am Nachmittag fand die Royal Pallooza Parade in der Royal Promenade statt, bunt gekleidete Gestalten mit viel Tamtam.

Die Farewell Variety Show hat uns sehr gut gefallen. Der Komiker Neal Austin zeigte seine Künste als Komiker, Zauberer und Verrückter. Seit 1985 macht er das auf Kreuzfahrtschiffen. Zum Abschied traten dann die Royal Caribbian Singers and Dancers mit Orchester auf. Wie immer gut in Szene gesetzt. Das kann die Royal Caribbian Cruise Line. Zu unserem Erstaunen legte das Schiff bereits am Abend am Kai von Ravenna an.

## Vom Schiff bis nach Hause

Schon früh am Morgen machten wir uns fertig. Wir hatten ja nur Handgepäck und das spätere Koffersuchen entfiel. Dann kam der Aufruf und wir konnten das Schiff verlassen, sicher geleitet zum Bus, der uns zum Bahnhof von Ravenna brachte. Den Zug nach Bologna bekamen wir bequem, auch wenn der Fahrkartenkauf am Schalter einige Zeit in Anspruch nahm. Mit dem gut bedienbaren Fahrkartenautomaten in deutscher Sprache wäre es schneller gegangen.

Da wir bis zum Abflug viel Zeit hatten und die Zugverbindung schnell ist, versuchten wir am Hauptbahnhof von Bologna ein Café zu finden. Auf eine Stadtbesichtigung hatten wir verzichtet. Schließlich wurden wir fündig, auf der „verkehrten" Seite des Bahnhofs, dort wo die Gleisnummern zweistellig sind und auch die Einschienenbahn zum Flughafen ist. Also links raus aus dem Bahnhof und um die Ecke ins Café La Bottega. Hier gibt es alles, bis hin zur Pizza, zu fairen Preisen und guter Qualität.

Warum wir bei Ryanair beim Einsteigen Vorrang hatten, ist mir immer noch ein Rätsel, denn alle standen Schlange. Nach eineinhalb Stunden waren wir wieder in Köln, der „Sitz-Käfig-Haltung" entkommen. Nun gut, bei anderen Fluggesellschaften ist es nicht anders. Nun nach gefühlten einigen Kilometern zum Flughafenbahnhof, besser zum Fahrkartenschalter, laufen, freundlich einem Fremden in Englisch das Ticket kaufen und den Bahnsteig zeigen, und schon ist man dem Automaten der Deutschen Bahn ausgeliefert. Beim Bezahlen verweigerte er die EC-Karte, bei Bargeld akzeptierte er nur 10-Euro-Scheine oder weniger, bei Münzen musste man 50 Cent oder weniger dabeihaben. Nach Durchforstung unserer Geldbestände war es endgültig geschafft. Inzwischen war die Schlange hinter uns ziemlich lang geworden. Den Zug haben wir gerade mal so geschafft, der war voll, ohne Drängeln ging gar nichts. Sehnsüchtig dachte ich an die Bahn in Italien, Menschen an den Schaltern, weniger Menschen in den neuen schnellen Zügen. Mit Bestimmtheit wussten wir jetzt, dass wir in Deutschland waren.

So hektisch wie unsere Kreuzfahrt begonnen hatte, so hektisch endete sie. Dabei war die Kreuzfahrt an sich schön, aber nichts Besonderes. Wir kannten uns ja aus, von den vielen Kreuzfahrten, die wir schon gemacht hatten, wir waren verwöhnt von den Superschiffen, oder wir waren einfach älter geworden und nicht mehr an so viel Hektik gewöhnt. Ich erinnere mich an ein kurzes Gespräch mit einem deutschen Ehepaar in einem Café in Argostoli. Sie äußerten sich sehr zufrieden mit dem Schiff, hatten so ihre Erfahrungen mit deutschen Kreuzfahrtschiffen. Vielleicht waren sie auch gut gelaunt, weil sie die Schildkröten entdeckt hatten.

Um auf den Titel zurückzukommen, wir haben nicht ein einziges Mal griechischen Wein getrunken. Und mit der Explorer of the Seas waren wir vom 15. bis 22. Oktober 2023 unterwegs.

## Advent auf der Donau

Wir haben wieder zugeschlagen, zum dritten Mal in diesem Jahr, diesmal kurz vor Weihnachten: eine Flusskreuzfahrt mit MS A-Silver, Route Weihnachtsmärkte auf der Donau, Zweibettkabine außen auf dem Hayden-Deck mit Fenster direkt über der Wasserlinie. Also die klassische Flusskreuzfahrt, wenn auch zu ungewöhnlicher Zeit.

Dafür sprach einiges: Das Angebot war supergünstig, auch weil die Bahnfahrt nach Passau vom Reisebüro geschenkt wurde und es ein Bordguthaben obendrauf gab. Wir wollten sowieso mal die großen Städte an der Donau sehen und einen Weihnachtsbaum mussten wir auch nicht kaufen. Und so ging es eine Woche vor Heiligabend los.

### Erstmal nach Passau

Da die Einschiffung bereits am frühen Nachmittag erfolgen sollte, reisten wir einen Tag vorher an, denn Passau ist von uns aus nicht unter sieben Stunden zu erreichen. Das gebuchte Hotel „Wilder Mann" ist ein historisches Gebäude mitten in der Altstadt und beherbergt ein Glasmuseum. Wir bezogen ein kleines Zimmer mit einem hübschen Bett.

Nach dem Einquartieren machten wir uns wieder auf den Weg zum Christkindlmarkt am Passauer Dom St. Stephan. Wir liefen erst einmal durch, denn wir wollten ja zu Abend essen, hatten auf der Zugfahrt nichts Vernünftiges zu uns genommen. Unweit des Marktplatzes fanden wir das Richtige, ein Restaurant mit regionaler Küche. Zu den Gerichten gibt es nichts mehr zu sagen. Gut gesättigt ging es über den Weihnachtsmarkt zurück. Zum Nachtisch gab es Eierpunsch und Schmalzgebäck. Es wurde zusehends kalt und neblig, Zeit ins Bett zu gehen.

### Passau vor der Einschiffung

Wir hatten noch einen halben Tag Zeit bis zur Einschiffung. Und wir hatten Glück, das Hochwasser war zurückgegangen und so konnten wir bei strahlendem Wetter trockenen Fußes unsere Besichtigungtour beginnen. Zuerst zum Dom, einer mächtigen dreischiffigen Basilika mit drei markanten Barocktürmen, die gerade renoviert wird. Außerdem die größte Kirchenorgel der Welt mit 17.000 Pfeifen. Dann ging es weiter zum Dreiflüsse-Eck. Die besondere Lage Passaus hat die Stadt über die Jahrhunderte geprägt: Die graugrüne, selten blaue Donau aus dem Westen, der grüne Inn aus dem Süden und die schwarzbraune Ilz aus dem Norden treffen hier zusammen.

Der Rückweg führte uns am Inn entlang zu unserem Hotel. Das spätgotische Rathaus direkt an der Donau wurde im 14. Jahrhundert erbaut und symbolisiert mit seinem 38 m hohen Turm, dass die Bürger der Stadt es mit dem Fürstbischof aufnehmen konnten. An der Turmwand sind die Hochwassermarken zu erkennen. Schneeschmelze und starke Regenfälle setzten die Altstadt zu allen Zeiten oft meterhoch unter Wasser.

## Die A-Silver

Die A(madeus)-Silver ist ein 135 m langes und 10 m breites Flussschiff der Reederei Phoenix, das von zwei 2.000 PS starken Schiffsdieseln angetrieben wird. Die Außenkabinen verteilen sich auf 3 Decks und bieten Platz für 160 Passagiere. Passau hat zwei Anlegestellen, eine vor der Altstadt und eine in Passau-Lindau. Zu letzterem sind wir mit dem Taxi gefahren. Die Schiffe liegen paarweise. Um zur A-Silver zu gelangen, mussten wir über ein anderes Kreuzfahrtschiff klettern. Der Koffer wurde uns nachgetragen. Bis wir den Kabinenschlüssel bekamen, warteten wir auf dem Sonnendeck. Nach der Sicherheitseinweisung legte das Schiff ab. Wir standen ganz vorne auf der Veranda und schauten auf die Donau.

## Landeshauptstadt Wien

Nautischer Hinweis: Zwischen Passau und Wien hat die MS A-Silver 300 Flusskilometer zurückgelegt und 9 Schleusen passiert.

Wie komme Sie zur Innenstadt (zu den Weihnachtsmärkten)? Gehen Sie die Verlängerung der Reichsbrücke bis zur U-Bahnstation Vorgartenstraße. Nehmen Sie die U 1 in Richtung Oberlaa bis zur Haltestelle Schwedenstraße, Stephansplatz oder Karlsplatz. Dort finden Sie die Weihnachtsmärkte. Zurück mit der U 1 in Richtung Leopoldau.

Wir sind bis zum Stephansplatz gefahren, wo der Weihnachtsmarkt rund um den Dom aufgebaut ist. Ein sehr schöner mit seltsamen Speisen. Und wir waren im Stephansdom, die Kathedrale war geöffnet und es war gerade Messe, die sich in der Weite des Raumes verlor.

Das Neueste

Weiter ging es die Kärntner Straße hinunter zum Karlsplatz, wo wieder ein Christkindlmarkt war. Die geschmückten Fassaden der Haupteinkaufsstraße gefielen uns sehr gut.

Die Preise auf den Christkindlmärkten empfanden wir als exorbitant hoch, so dass wir nach der Rückkehr zum Schiff erst einmal einen kräftigen Glühwein zu uns nahmen.

## Von Esztergom bis Budapest

Wieder hat die MS A-Silver 211 Flusskilometer und zwei Schleusen hinter sich. Von Esztergom sind es noch 79 km bis Budapest. Diese legten wir mit dem Bus zurück, denn wir hatten den Ausflug „Donauknie" gebucht. Um 8.45 Uhr fuhren wir durch die neblige und kalte Landschaft zur größten Kirche Ungarns, der Basilika von Esztergom (St. Adalbert Kathedrale). Sie liegt hoch über der Donau und es war so neblig, dass man kaum das Portal, geschweige denn die 100 m hohe Kuppel sehen konnte. Die ungarische Führerin erklärte uns jeden einzelnen Altar und wir waren froh, aus dem eisigen Gemäuer herauszukommen.

Von dort aus fuhr der Bus entlang der Donau, die hier die Grenze zur Slowakei bildet, zum Donauknie. Da sich der Nebel noch nicht gelichtet hatte, war von der herrlichen Landschaft nichts zu sehen, selbst die Burg auf dem Berg lag im Nebel. Wozu also ein Fotostopp?

Weiter geht es an der Donau entlang. Damit uns nicht langweilig wurde, hörten wir uns die Geschichte Ungarns an, ich lernte dazu. Auf halbem Weg nach Budapest stand der Besuch von Sezentendre auf dem Programm, einem hübschen Dorf mit vielen Verkaufsständen, die unter anderem getrocknete Paprika anboten. Wir waren so im Einkaufsrausch, dass wir fast den Bus verpasst hätten. Mittags erreichten wir endlich unser Schiff in Budapest, in der Nähe der Freiheitsbrücke. Das Mittagessen wartete auf uns und nach einer kurzen Pause sollte es weitergehen.

## Budapest, Panoramafahrt mit Weihnachtsmarkt

Also wieder in den Bus zur Panoramafahrt, dank Bordguthaben kostenlos. Budapest, so erfuhren wir, ist die Hauptstadt Ungarns mit 1,8 Millionen Einwohnern und entstand 1872 aus der Zusammenlegung der selbständigen

Städte Buda und Pest. Wo die Berge sind, ist Buda, westlich der Donau, und wo es flach ist, ist Pest, östlich des Flusses. Die bekanntesten Gebäude sind die Fischerbastei (Buda) und das ungarische Parlament (Pest). Alles andere kann man im Reiseführer nachlesen. An der Großen Markthalle wurden wir rausgelassen und durch die weihnachtlich geschmückte Halle geschickt, um einige Salamispezialitäten zu probieren. Die letzte Station der Exkursion war der Weihnachtsmarkt, ein sehr schöner und großer Markt. Ein Chor sang und es gab eine 20-minütige Lasershow. Um 19.15 Uhr hieß es dann wieder an Bord, Leinen los und das Lichtermeer und das Auslaufen auf dem Sonnendeck genießen.

### Bratislava (Pressburg), Slowakei

Zwischen Budapest und Bratislava hat die MS A-Silver 218 Flusskilometer zurückgelegt. Nun folgten wir der persönlichen Empfehlung der Kreuzfahrtleitung: Oberhalb unserer Anlegestelle, nicht weit entfernt, liegt die Burg von Bratislava, von der man einen fantastischen Ausblick hat. Nur 400 bis 500 Meter Fußweg von unserer Anlegestelle entfernt befindet sich das Stadtzentrum, von wo aus alle wichtigen Sehenswürdigkeiten bequem zu Fuß zu erreichen sind.

Wir sind zur Burg hinaufgestiegen, von Bequemlichkeit keine Spur. Aber die Aussicht ist fantastisch. Unter der Brücke liegt unser Schiff. Das Reiterdenkmal zeigt den Fürsten Svatopluk den Großen. Einer, der das Fürstentum vorangebracht hat.

Im immer stärker werdenden Regen sind wir von der Burg hinunter zum Martinsdom gelaufen. Hier wurden alle Habsburger Könige gekrönt, deshalb befindet sich auf dem 85 Meter hohen Turm auch eine Kopie der Stephanskrone. In Bratislava gibt es noch viel mehr zu sehen, aber im Regen macht das keinen Spaß. Aber was wir alles verpasst haben, können wir ja in den Landganginformationen nachlesen.

Wir sind noch über zwei Weihnachtsmärkte geschlendert, haben Punsch getrunken und die Weihnachtsbäume bewundert. Verwundert waren wir über das reichhaltige Angebot an Fleischwaren. Vegetarier und Veganer haben hier überhaupt keine Chance.

Um 15.30 Uhr mussten alle an Bord sein. Leinen los! Die MS A-Silver nimmt Kurs auf Linz/Österreich. Kaffee und Kuchen in der Panorama-Lounge.

Das Neueste

Um 18:30 Uhr Abschiedscocktail mit Kapitän, Hotelmanager und Kreuzfahrtdirektor.

Um 18:45 Uhr Gala-Abschiedsdinner im Restaurant, Kleiderempfehlung für den Abend: leger-elegant.

Auf die anschließende Crew-Show wird verzichtet.


**Bis Linz an der Donau**

Von Bratislava bis Linz legt die MS A-Silver 269 Flusskilometer zurück und passiert dabei 7 Schleusen. Bis Passau sind es noch einmal 90 Flusskilometer und 2 Schleusen.

Das Schiff fährt durch eine wunderschöne Landschaft, die mit Grün noch prächtiger aussehen muss. Unsere Neugierde wird beim Anblick der großen Gedenktafel an der Schleuse geweckt. „Der Nibelungenzug", was hat es damit auf sich? Wir stöbern im Internet und werden fündig: Bevor die Donau durch die Wachau fließt, durchquert sie mit dem Nibelungengau eine Region, die spannende Geschichten zu erzählen hat. Der Name des weiten Tals zwischen Ybbs und Melk hat seinen Ursprung im Nibelungenlied: Rüdiger von Bechelaren (dem heutigen Pöchlarn) soll hier als Lehensmann des Hunnenkönigs Attila seinen Stammsitz gehabt haben. Die Handlung des Nibelungenliedes spielt teilweise an der Donau und eben auch im Nibelungengau.

Um 11:00 Uhr müssen wir unsere Aufmerksamkeit den Ausschiffungsinformationen der Kreuzfahrtleitung widmen. Unter anderem, wann die Koffer mit welchen farbigen Anhängern auszufahren sind und wie der Transfer abläuft.


**Abends in Linz an der Donau**

Bevor wir von Bord gingen, lasen wir die Informationen zum Landgang. Es gibt viel zu sehen, aber wir schafften es vorerst nur bis zur Dreifaltigkeitssäule mit angeschlossenem Weihnachtsmarkt, es regnet zu stark. Die kleinen Bratwürstchen mit Sauerkraut und Semmeln hatten uns sehr gut geschmeckt. So gestärkt ging es weiter über den Hauptplatz links in die festlich beleuchtete Promenade. Schön war auch die Malteserkirche (Church of Saint John the Baptist), die zugänglich war. Leider kommt das auf dem kopierten Prospekt nicht so gut rüber. Um 21:30 Uhr mussten alle wieder an Bord sein, die, die die das Abendessen haben wollten schon bis 19:30 Uhr, aber keine Sorge, um 22:30 Uhr gibt es den Mitternachtssnack. Vorher muss aber noch die Bordrechnung beglichen werden, die Rezeption nimmt alle Karten und auch Bargeld.

## Wieder in Passau

Schlusswort des Schiffes: *Wir freuen uns, wenn Sie die Zeit an Bord genossen und sich gut erholt haben. Oft hat man sich so gut erholt, dass man kaum an alltägliche Dinge denkt. Daher bitten wir Sie, sich gründlich zu vergewissern, dass alle persönlichen Dinge eingepackt und Schränke, Schubladen etc. geleert sind.*

Wir nahmen uns das zu Herzen und warteten nun darauf, dass das Schiff anlegen würde. Das tat es dann auch nach gefühlten zwei Stunden, denn es musste aufwendig rangiert werden. Beinahe hätten wir den Zug verpasst. Aber wir hatten Glück, andere Fahrgäste nahmen uns mit dem Taxi zum Hauptbahnhof.

## Wieder zuhause

Nach neun Stunden Fahrt konnte uns unser Kater zu Hause begrüßen. Das waren drei Stunden mehr als geplant, was unsere Urlaubslaune sehr trübte. Hochwasser und Sturm hatten der Deutschen Bahn schwer zugesetzt, so dass der ICE nur bis Frankfurt Hbf fuhr, mit einer Umleitung über Ingolstadt wegen eines umgestürzten Baumes, sich die Leute in der Regionalbahn nach Koblenz stauten und schließlich der Zug nach Hause wegen Gegenständen auf den Gleisen mehrmals länger halten musste. Was war die Hinfahrt einfach!

## Wie es uns gefallen hat?

Das war jetzt unsere dritte Flusskreuzfahrt, sonst sind wir viele Male auf dem Meer unterwegs gewesen. Diese Kreuzfahrt war gut, um die Woche vor Weihnachten mal anders zu verbringen. Wir haben viele schöne Weihnachtsmärkte gesehen und auch Städte, die wir noch nicht kannten. Budapest und Passau mit der Wachau werden sicher wieder auf dem Reiseplan stehen, zu einer anderen Jahreszeit. Dass das Unterhaltungsprogramm auf Flussschiffen im Vergleich zu dem, was vor allem die amerikanischen Reedereien bieten, sehr bescheiden ist, wissen wir jetzt endgültig. Aber warum nicht einmal eine Zigeunerkapelle an Bord holen? Von Ungarn haben wir dank der netten Reiseleiterin viel mitbekommen. Und Budapest ist wirklich eine sehenswerte Stadt. Fazit: Bei Phoenix kann man buchen, ist grundsolide, wie das Publikum. Und das Sonderangebot war unschlagbar, kostenlose Bahnfahrt, reduzierter Preis, Upgrade der Kabine und dazu noch ein Bordguthaben, das die Ausflüge abdeckte.

## Schlußwort

Ich habe alle Kreuzfahrten beschrieben, die meine Frau Eleonore und ich, einmal auch mit unserer Tochter, in den letzten zwanzig Jahren gemacht haben, es waren 24. Auf unserer ersten Kreuzfahrt waren wir auf dem neuesten Schiff der Royal Carribian Cruise Line (RCCL), der Jewel oft he Seas, und benahmen uns ganz im Stil der alten Zeit, wo man abends im Smoking und Abendkleid den Atlantik überquerte.

Das gibt es heute noch in den höheren Klassen auf einem Nobelschiff, ansonsten geht es leger bis leger-frei zu. Die Schiffe, nicht nur die von RCCL, sind noch riesiger geworden, aber die amerikanische Reederei betreibt das derzeit größte Schiff, die *Icon of the Seas*. Auf ihr kann man die Bevölkerung einer Kleinstadt mit Vergnügungspark untergebracht.

Nun werden Sie mich fragen, was soll ich denn dort verloren haben? Meine Antwort ist, je nachdem, was man will: Entspannung, Erholung, Land und Leute kennen lernen, sich wohlfühlen unter internationalem Publikum, was weiß ich noch alles.

Ohne Ufer, keine See habe ich getitelt. Doch - es kann auch eine Flusskreuzfahrt sein, von denen wir drei gemacht haben. Diese waren sehr angenehm, unspektakulär und man hat meist nicht mehr als 100 Mitreisende um sich. Auch das Ufer, also an Land, kam nicht zu kurz. Ob es nun Alaska oder Feuerland, war Vietnam oder Zululand, oder in Europa die schönsten Städte und Orte.

Nehmen Sie mein Buch als Orientierungshilfe, wenn und falls Sie Lust auf diese Art des Reisens bekommen. Ich danke Ihnen für Ihr Interesse.